成渝地区双城经济圈建设研究

Research on the Construction of the Double-city Economic Circle in Chengdu-Chongqing Region

长江经济带研究院成渝双城经济圈课题组 著

中国社会科学出版社

图书在版编目（CIP）数据

成渝地区双城经济圈建设研究／长江经济带研究院成渝双城经济圈课题组著 . —北京：中国社会科学出版社，2020.12
　ISBN 978 – 7 – 5203 – 7138 – 4

　Ⅰ.①成… Ⅱ.①长… Ⅲ.①区域经济发展—研究—成都 ②区域经济发展—研究—重庆 Ⅳ.①F127.711②F127.719

中国版本图书馆 CIP 数据核字（2020）第 169191 号

出 版 人	赵剑英
策划编辑	白天舒
责任编辑	张冰洁
责任校对	王佳玉
责任印制	王　超

出　　版	中国社会科学出版社
社　　址	北京鼓楼西大街甲 158 号
邮　　编	100720
网　　址	http：//www.csspw.cn
发 行 部	010 – 84083685
门 市 部	010 – 84029450
经　　销	新华书店及其他书店
印　　刷	北京明恒达印务有限公司
装　　订	廊坊市广阳区广增装订厂
版　　次	2020 年 12 月第 1 版
印　　次	2020 年 12 月第 1 次印刷
开　　本	710×1000　1/16
印　　张	21.5
插　　页	2
字　　数	353 千字
定　　价	119.00 元

凡购买中国社会科学出版社图书，如有质量问题请与本社营销中心联系调换
电话：010 – 84083683
版权所有　侵权必究

序　言

2020年1月3日，中央财经委员会第六次会议作出了推动成渝地区双城经济圈建设的重大区域发展战略部署，明确指出推动成渝地区形成有实力、有特色的双城经济圈将对西部乃至全国高质量发展具有重要意义。成渝地区是连接中原和西藏、云南的重要枢纽，是沟通东亚和东南亚、南亚的重要通道，一直是国家的战略大后方。推动成渝地区双城经济圈建设，有利于形成强大的战略后方，增强我国维护战略安全和经略周边的能力。

在成渝地区发展势头良好的形势下，建设成渝地区双城经济区有利于在西部形成高质量发展的新动力源和重要经济增长极，进一步增加人口和经济承载力。成渝地区双城经济圈建设有助于打造内陆开放战略高地和参与国际竞争的新基地，助推形成陆海内外联动、东西双向互济的对外开放新格局，增强空间治理和保护能力。同时，成渝地区地处长江上游，对国家生态安全保护治理至关重要。推动成渝地区双城经济圈建设将使成渝两地形成优势区域重点发展、生态功能区重点保护的新格局，保护长江和西部生态环境。成渝地区双城经济圈已初步形成了"一轴两翼双城三带"的发展格局，而川南地区是"两翼"中南翼的重要区域。宜宾市是川南地区重要的区域性中心城市，崛起势头正劲，GDP总量排名跃居全省第三位。在川南地区各个城市中，宜宾市经济指标综合排名第一位，起到了对川南地区的强大辐射带动作用。宜宾市地处万里长江黄金水道的起点，有"万里长江第一城"之称，肩负着筑牢长江上游生态屏障、维护国家生态安全的重大责任。宜宾市正积极争创四川省经济副中心，加速建设四川省首个省级新区——"三江新区"，助力"南翼"加速起飞，服务于成渝地区双城经济圈建设高质量发展。

在成渝地区双城经济圈建设发展的背景下，长江经济带研究院院长罗

序　言

来军教授围绕成渝地区双城经济圈建设关键问题策划和组织深入研究，重庆邮电大学党委书记李林、成都市社会科学界联合会主席杨继瑞、中国人民大学国际关系学院教授保建云、中国人民大学区域与城市经济研究所所长文余源等权威专家组建课题研究团队，开展研究工作，为服务国家战略、服务地方经济和社会发展发挥作用，为成渝地区双城经济圈建设提供智力支撑。

除上述专家之外，参加研究的人员还有何建洪、袁野、朱浩、程桂龙、刘世民、白佳飞、胡歆韵、郭明旭、武振楠、李卿、张奕芳、王芝清、杨钰倩、郑浩南。在此对各位研究人员致以衷心的感谢。

目 录

第一部分 成渝地区双城经济圈建设党政协调机制及关键议题研究

第一章 成渝地区党政协调机制的建设基础 …………………………（3）
第二章 党政协调机制的理论基础 ……………………………………（12）
第三章 国内外区域合作政府协调机制经验借鉴 ……………………（20）
第四章 成渝地区双城经济圈建设党政协调机制重构 ………………（26）
第五章 成渝地区双城经济圈建设党政协调关键机制设计 …………（32）
第六章 聚焦"两中心两地"的战略定位和七大任务谋划重大议题 ……………………………………………………………………（41）
第七章 以新型竞合机理重塑"经济圈"关键议题的川渝党政协调机制 ……………………………………………………………（50）
第八章 成渝地区双城经济圈建设党政协调机制中的宜宾实践 ……（55）

第二部分 成渝地区双城经济圈建设科技产业布局与合作研究

第一章 引言 ………………………………………………………………（99）
第二章 成渝地区双城经济圈科技产业布局与发展基本现状 ………（100）
第三章 成渝地区双城经济圈科技产业布局与合作的总体思路 ……（110）
第四章 科学谋划发展目标和重点任务 ………………………………（113）

目 录

第五章　宜宾市落实成渝地区双城经济圈科技产业布局的举措 …… （128）

第三部分　宜宾市在成渝地区双城经济圈高质量发展中的战略定位研究

第一章　引言 ………………………………………………………… （161）
第二章　成渝地区双城经济圈在国家高质量发展中的战略地位 …… （166）
第三章　宜宾在成渝地区双城经济圈高质量发展中的战略机遇 …… （181）
第四章　宜宾在成渝地区双城经济圈高质量发展中的比较优势
　　　　及挑战 …………………………………………………… （197）
第五章　宜宾在成渝地区双城经济圈高质量发展中的战略定位与
　　　　战略目标 ………………………………………………… （209）
第六章　宜宾在成渝地区双城经济圈高质量发展中的重点任务与
　　　　战略规划 ………………………………………………… （225）
第七章　宜宾在成渝地区双城经济圈高质量发展中的战略措施与
　　　　政策选择 ………………………………………………… （240）

第四部分　宜宾整合产教融合资源打造成渝地区双城经济圈科教"第三极"研究

第一章　引言 ………………………………………………………… （249）
第二章　产教融合是经济发展的重要趋势 ………………………… （251）
第三章　概念理解和指导理论 ……………………………………… （263）
第四章　宜宾产教融合资源现状 …………………………………… （276）
第五章　宜宾市打造成渝地区双城经济圈科教"第三极"SWOT
　　　　分析 ……………………………………………………… （311）
第六章　政策建议与目标任务 ……………………………………… （327）

参考文献 …………………………………………………………… （335）

第一部分

成渝地区双城经济圈建设党政协调机制及关键议题研究

第一章 成渝地区党政协调机制的建设基础

推动成渝地区双城经济圈建设，是总书记亲自谋划、亲自部署、亲自推动的重大战略，是形成高质量发展重要增长极、优化国家区域经济布局的战略决策，是打造内陆开放战略高地、优化国家对外开放格局的重大行动，是保护长江上游和西部地区生态环境、维护国家生态安全的必然要求，是形成强大战略后方、增强维护国家战略安全和经略周边能力的长远大计。科学合理的党政协调机制是推动成渝地区双城经济圈高质量发展不可或缺的前提条件和制度基础。

第一节 重大意义

一 国家有要求

2020 年 10 月 16 日，由习近平总书记主持的中共中央政治局会议，审议通过了《成渝地区双城经济圈建设规划纲要》。会议指出，当前我国发展的国内国际环境继续发生深刻复杂变化，推动成渝地区双城经济圈建设，有利于形成优势互补、高质量发展的区域经济布局，有利于拓展市场空间、优化和稳定产业链供应链，是构建以国内大循环为主体、国内国际双循环相互促进的新发展格局的一项重大举措。成渝地区双城经济圈建设作为与长三角、粤港澳大湾区、京津冀同等重要的国家重大战略，被中央寄予厚望，承担着构建新格局的新使命。

成渝地区双城经济圈位于长江上游，地处四川盆地，东邻湘鄂、西通青藏、南连云贵、北接陕甘，是连接中原和西藏、云南的重要枢纽，是沟通东亚与东南亚、南亚的重要通道。成渝地区双城经济圈以过去成渝经济

第一部分　成渝地区双城经济圈建设党政协调机制及关键议题研究

区和成渝城市群两个规划为基础，顺应和遵循新时代区域经济发展演进规律，凸显成都大都市圈、重庆大都市圈"双城"对成渝轴带的强辐射和新极化能级，更突出成渝"双城"在经济圈中的引领带动和辐射功能。

　　成渝地区双城经济圈是以成都和重庆两个特大城市为主体，由不同等级的市区县层次组成的，不同行政区划利益千差万别，若仅强调合作而忽视各行政层面和区域的统筹协调把握，成渝地区双城经济圈建设必将面临种种阻力和困境。因此，加快推动成渝地区双城经济圈建设的关键和前提在于建立健全成渝地区双城经济圈党政协调机制。习近平总书记强调，成渝地区应牢固树立一盘棋思想和一体化发展理念，健全合作机制，打造区域协作的高水平样板。中央有战略，地方有行动。《中共重庆市委关于制定重庆市国民经济和社会发展第十四个五年规划和二〇三五年远景目标的建议》中指出，应进一步健全推动成渝地区双城经济圈建设重庆四川党政联席会议机制，研究落实重点任务、重大改革、重大项目等；深化落实常务副省（市）长协调会议机制，发挥好联合办公室作用；健全交通、产业、创新、市场、资源环境、公共服务等专项合作机制，分领域策划和推进具体合作事项及项目；培育合作文化，健全两省市地方合作协同机制。与此同时，《中共四川省委关于制定四川省国民经济和社会发展第十四个五年规划和二〇三五年远景目标的建议》中也指出坚持把推动成渝地区双城经济圈建设作为融入新发展格局的重大举措，牢固树立一盘棋思想和一体化发展理念，优化完善合作机制，以深化川渝合作为引领、以做强成都极核为带动、以扩大改革开放为动力、以促进全域发展为取向，不断增强经济承载和辐射带动功能、创新资源集聚转化功能、改革集成和开放门户功能、人口吸纳和综合服务功能，着力打造区域协作的高水平样板。通过党政协调机制来调整减少成渝地区双城经济圈各地之间的制度障碍，打破区域之间的政策限制和交流壁垒，是加快成渝地区双城经济圈建设的前提条件和制度基础。

二　现实有需求

　　成渝地区双城经济圈建设的重要内容是政策体系逐步演变成一体化，其核心是市场经济发展到一定阶段的产物，即区域经济一体化，是市场一体化在成渝地区双城经济圈区域中的具体表现和演进。党政协调机制的高效运转

第一章　成渝地区党政协调机制的建设基础

是实现成渝地区双城经济圈建设及协调发展的重要基础。构建和完善成渝地区双城经济圈科学合理的党政协调机制，是建立和实施成渝地区统一政策体系的制度保障，能够推动消除成渝地区双城经济圈建设过程中的矛盾和冲突，促进成渝地区双城经济圈区域内各种资源优势相互整合、补充，保障成渝地区资源流通便利化，推动成渝地区双城经济圈向市场一体化方向发展。

党政协调机制的重要性体现在以下几个方面：一是凝聚共识、锚定方向。面对新形势、新机遇、新挑战，只有通过党政协调机制，锚定历史新方位，才能不断开辟成渝地区双城经济圈建设的新境界。二是统筹协调、形成合力。成渝地区双城经济圈建设过程，需要不同政府层级、不同职能部门，密切配合，通力协作。只有党政协调机制才能保障成渝地区双城经济圈建设落实"一盘棋"思想，使同政府主体顾全大局，合理分工，明确职责，各司其职，心往一处想，劲儿往一处使，通力合作，完成中央赋予成渝地区的使命。三是合作基础、制度保障。党政协调机制是成渝地区双城经济圈的制度基础，只有通过党政协调机制才能破除成渝地区之间利益藩篱和政策壁垒，加快形成统筹有力、竞争有序、绿色协调、共享共赢的成渝地区双城经济圈建设新格局。

第二节　建设基础

一　党政协调机制的内涵

党政协调机制是指为实现跨行政合作协调发展向更高水平和更高质量迈进，以党委和政府为主体，协调处理跨行政合作的矛盾，统筹安排因为跨行政合作事务而采取的各种政策和措施的总称。① 协调主要从党政机关或者地区政府层面进行，具体包括跨行政区域的协作和跨行政区域间的矛盾调解。跨区域党政协调主要是对市场主体无法克服的困难和矛盾进行协调，比如涉及跨行政区域的政策法规、大型公共基础设施一体化等，因此跨行政区域的党政协调更多的是功能性的协调。

跨行政区域合作是指区域内各政府主体基于共同的发展目标协商一致的行动，本质上是对地方关系进行重构，依据一定的章程或者协议，将资

---

① 李应博：《长三角区域协调发展机制研究》，《华东经济管理》2009年第8期。

源在地区之间进行重新配置，以获得更大的经济社会效益。① 从政府层级上来看，由于在纵向层面上已具有稳定成熟的权力、财税和职责分工，因此，跨行政区域的合作横向上没有行政隶属关系，合作更多体现在区域公共问题和经济发展的协同治理。这也就导致横向跨行政区域的政府合作关系更多表现为经济性和社会性，缺乏传统意义上的行政和政治约束。

从逻辑层次分析上来看，跨行政区域的党政协调机制主要体现在以下几个方面：一是党政协调中按照什么原则和标准来确定各层次政府主体的关系定位；二是党政协调机制中的主体责任和功能边界确定，主要是明确各参与主体的职能职责；三是党政协调方式选择，即保证党政协调机制高效运转的方式选择，具体包括协调的协调方法、协调原则、协调内容、协调目标等在内的多元体系。

二 川渝党政协调机制现状

成渝地区地域相连、文化相近、经济相融、人缘相亲，具有开展区域合作的良好基础。在先后经历了"西南六省区市七方经济协调会""西南经济区市长联席会""重庆经济协作区"等不同阶段，特别是党的十九大以来，川渝合作迈入了快车道。2018年、2019年川渝两省市分别签署了"1+12""2+16"合作协议和专项计划，这推动两省市共同参与落实长江经济带、西部陆海新通道等国家战略。

第一，川渝高层磋商机制建立。从2017年开始，针对成渝地区一体化发展，川渝两地建立党政"一把手"领导了定期磋商机制，每年定期召开党政一把手会议，是当前成渝地区区域合作体系中最高层次的协调机制。川渝两地抢抓我国新时代推进西部大开发形成新格局、"一带一路"建设、长江经济带发展、西部陆海新通道建设等机遇，成功推动成渝地区双城经济圈建设升级为国家层面的重大发展战略。

第二，专项会议制度建立。围绕成渝两地共同关心的生态、交通等跨行政区域重大事项，川渝两地诸多党政职能部门之间相应建立了联席会议

---

① 米本家：《成渝城市群区位优势突出 发展前景广阔》，2020年4月23日，https://baijiahao.baidu.com/s?id=1664726836329460686&wfr=spider&for=pc。

制度或联络制度，开展多渠道、多形式的协商、沟通和协调。① 如 2018 年，川渝签订琼江流域《河长制领域战略合作框架协议》，完成 52 条跨界河流基本信息核对，共建生态环境联防联控机制，推进生态环境协同治理。在基础设施互联互通方面，在当党政协调党政体制框架内，成渝中线高铁、渝西高铁等重大高铁项目前期工作有序推进。川渝两地联手争取中央支持，成功将甘孜—天府南—成都东、天府南—铜梁 1000 千伏特高压交流工程纳入国家电力规划并同意开展前期工作。川渝两地已建成产能 110 亿方/年的磨溪气田和产能 30 亿方/年的罗家寨气田。

第三，成渝搭建多渠道合作方式。在川渝两地党政协调机制引导下，川渝社会各界在促进成渝两地各层级城市一体化协调发展方面已开展了卓有成效的工作。如川渝两地的人大和政协每年围绕川渝一体化协调发展进行了多次专题调研和具有针对性的建议和提案；川渝两地多家智库通过举办学术论坛、开展课题研究等方式为成渝一体化协同发展提供智力支持。各行业市场主体在政府引导下，积极主动地参与成渝一体化协调发展。

第四，成渝市场体系和公共资源共享机制建立。建立"川渝专利行政执法协作"平台和食品生产环节协作互通机制、特殊食品生产及经营监管互助机制，协同维护市场公平竞争秩序，并已推动食品监管、市场监管和社会治安综合治理联动。在教育方面，互相增投普通高校招生来源计划；在医疗卫生方面，推进跨区域医联体建设，华西医院、重庆医科大学附属医院等共建专科联盟 348 个、远程医疗协作网 236 个；在公共服务方面，川渝养老保险关系转移接续实现网上办理、异地就医住院费用即时结算实现全覆盖。

第五，成渝合作平台优化提升。川渝两地已形成省市区县共商、共建、共享的合作发展共识，合作平台已拉开帷幕，已启动国家技术转移西南中心重庆分中心建设，推动川渝重大科研基础设施和大型科研仪器等资源开放共享。成立川渝毗邻地区合作联盟，广安邻水片区和潼南片区等川渝合作示范区建设已取得阶段性成效。同时，中国西部（重庆）科学城战略升级，成都东部新区获批设立，成渝地区双城经济圈建设新平台均已蓄势待发。

---

① 赵崇生：《长江三角洲地区区域合作取得实质性进展》，《宏观经济管理》2007 年第 6 期。

三 川渝党政协调机制面临的挑战

一是川渝公交化和便捷化通勤机制成为川渝党政协调的制约瓶颈。基础设施的互联互通是政策沟通的重要支撑。目前，成渝地区之间总体高速铁公路网格局还未形成。一是交通不能满足通勤需要。满足一体化需求的一小时左右通勤圈必须有现代化的综合交通体系才能实现，而目前的交通水平不能满足成渝地区大范围、大流量、日常性的通勤需求；二是快速通道密度不够。高峰期道路拥堵，线路规划建设不合理，不能满足居民大众快速出行需要；三是成渝地区基层断头公路众多。行政边界周围的断头路众多，严重影响了交界地区交通的便利性和群众生活需求；四是成渝地区在交通服务及管理制度未完全衔接，在一定程度上影响着川渝省际交通的高效性和便捷性。这在客观上对川渝党政的协调带来了时空上的瓶颈。

二是川渝行政区经济色彩成为川渝党政协调的体制障碍。在计划经济残余观念的影响下，成渝地区地方政府保护主义色彩浓重，竞争大于合作，而且合作领域总体是非常有限的。[①] 在现有的经济体制下，成渝地区协同化和一体化发展势必存在行政区划单边利益、一体化双边利益与多边利益的"两难"；存在各自的极化效应与一体化辐射效应的"两难"；存在成渝地区协同化和一体化发展当期利益与中长期利益取舍的"两难"。因为，成渝地区协同化和一体化发展不是完全取消四川和重庆的行政区划，而是川渝地区行政区划与经济区的适度分离，所以，四川和重庆各自的责权利在协同化和一体化发展过程中仍存在不一致的地方，例如户籍管理制度、社会保障体系、教育资源分配、金融服务等，要实现真正意义上的协同化和一体化还需要努力。成渝地区协同化和一体化发展的内在动力还有待提升，潜力还有待发掘。成渝地区协同化和一体化发展过程中在经济社会发展过程中的功能定位、发展目标和发展任务还有待进一步清晰，各区域的功能定位有待明确。成渝地区协同化和一体化发展过程中，对于资源分配问题，特别是发展过程中重大项目的落地、招商引资及各类人才政策、投资及税收分享、GDP分解等"过筋过脉"问题，还需要探讨出"对外统一、对内合理分享"的制度安排。

---

① 闫新新：《地方政府间合作的必要性、困境和策略选择》，《中国集体经济》2016年第33期。

三是川渝党政协调缺乏相关法律法规的指导。当前，我国缺少相关的法律，政府间合作的法律地位、权利配置规范、分担的职能职责、矛盾冲突解决机制等方面均缺乏明确的法律规范，川渝两地诸多政策依据不一、政策标准不能统一，缺乏一个相对稳定、规范操作的协调机制，导致川渝两地诸多协调敲定的合作议题无法落地或者操作性不强。尽管成渝地区政府间多次进行磋商和沟通，也签署了不少的协同与合作协议，但是决策层、协调层和执行层的信息不对称，其不少的协同与合作协议不能落地，其执行效果也大打折扣。

四是川渝党政协调的合作组织结构与平台的体系不完善。根据区域经济规律和经济区一体化发展的要求，成渝地区政府间合作必须强化地方政府间的深度协同与合作①，进而促进成渝地区双城经济圈的高质量发展。从成渝地区双城经济圈建设的现状看，成渝地区政府合作组织与平台缺乏，其组织结构与平台体系亟待建立和完善，主要表现在几个方面：其一是政策协调机制不完善；其二是协调议题及内容不明确；其三是协调政策的操作性不强；其四是协调政策的刚性不足。

五是川渝地区的"中部塌陷"和"城外衰弱"成为川渝党政协调的现实困难。众所周知，推动成渝地区双城经济圈建设，必须唱好"双城记"。只有"中部隆起"和"城外崛起"，方可与"双城极核"相得益彰，遥相呼应，才能真正建立"经济圈"。目前，川渝轴带和流域廊区的中部和边缘存在明显的"塌陷"和"衰弱"现象，成为川渝党政协调的现实困难。这就需要成渝地区各级地方政府加强协同与合作，成都东进，重庆西扩，并且要做强主轴和各类经济走廊的流域经济带，从而使整个成渝地区双城经济圈成为中国经济的重要增长极，成为引领西部大开发的重要引擎。

六是川渝毗邻一体化发展点位有待在川渝党政协调中取得共识。成渝地区双城经济圈的中部区域和边缘区域，离"双城"有相当的时空距离，是"双城"带动的衰减区。同时，这些地区往往又是成渝地区双城经济圈川渝地区的毗邻区和欠发达区。因此，川渝毗邻地区政府间更缺乏有效的协同与合作。首先，川渝毗邻地区的一体化发展是为了跻身"经济圈"，还没有把川渝毗邻地区一体化发展真正作为顺应区域经济规律和国家战略

---

① 闫新新：《地方政府间合作的必要性、困境和策略选择》，《中国集体经济》2016 年第 33 期。

空间格局调整的一项重大实践，真正作为疏阔川渝毗邻地区城镇群发展瓶颈、激发内生动力和充分整合川渝毗邻资源的必经之路；其次，对川渝毗邻地区一体化发展是一个较长历史过程的认识不足，川渝毗邻地区政府间或多或少存在急于求成、一蹴而就的急躁情绪；再次，对川渝毗邻地区一体化发展的竞合关系认识不深刻，换位思考不够，一体化发展成本共担和利益共享机制尚未破题；复次，对川渝毗邻地区一体化发展是一个系统工程的认识没有完全到位，因而存在"见子打子"和单项工作一体化思维；最后，一些干部群众对川渝毗邻地区一体化发展必须以市场机制起决定性作用的认识尚有差距，主要依靠行政推动和"等、靠、要"的现象比较明显。

七是按照产业功能区和产业集群路径错位发展是川渝党政协调的"纠结"。在成渝地区双城经济圈建设上升为国家重大战略之前，川渝地区缺乏一体化发展总体规划和配套专项规划，各地协同发展的某些规划也缺乏权威性。在此之前，川渝地区各地规划都立足于自身发展需求，在功能定位、发展方向、空间布局等都有很强的自主性和权威性，但对跨区域合作缺乏统筹考虑。

在成渝地区双城经济圈建设上升为国家重大战略之前，川渝地区的合作与一体化发展缺少有力扶持政策。过去的政策难以匹配成渝地区协同化和一体化发展所需的需求与速度，成渝地区协同化和一体化发展难以轻装上阵，一定程度上限制了成渝地区协同化和一体化发展的进度。特别是，各地跨省域合作重大项目前期沟通协调时间过长，效率不高，协同发展工作过程中出现的具体矛盾，难以及时有效协调解决。

在成渝地区双城经济圈建设上升为国家重大战略之前，成渝地区各地在产业布局的协同性方面，自觉性和主动性联合较少，有的仅有自发的低层次的生产资料和生活资料的往来与协同。在重点产业错位、产业链匹配、重大项目引进等方面，成渝地区各地方政府还存在着较为明显的"独善其身""各自为政"和"孤岛"现象，招商引资中还存在较为激烈的同质化竞争倾向，成渝地区各地在产业功能上的优势互补、同城协调发展格局尚未完全形成。①

---

① 刘鉴：《走出园区发展同质化困境》，《中国工业评论》2015年第4期。

第一章 成渝地区党政协调机制的建设基础

八是川渝党政协调中对巴蜀文化融合的关注度有待提升。在成渝地区双城经济圈建设上升为国家重大战略之前，成渝地区跨省域政务办理受网络集成差异等方面的阻碍，行政审批的跨市办理还未完全实现。一些可以共建共管共享的公共资源共享服务进展缓慢，目前个别医疗、教育项目仅达成跨省域合作协议，但实质性落地推动缓慢。

巴渝文化本来就有很强的融合度，但是被行政区划所撕裂。成渝地区各机构、部门和行业对革命老区文化、红色文化、巴蜀文化与经济社会发展的关联互动还未完全到位，融合层次和程度视野不宽，办法，思路和点子还不多。因文化融合发展领域跨度大，涉及范围广，成渝地区各地各单位部门合力机制，广度和深度一体化的融合欠佳。

第二章 党政协调机制的理论基础

总结区域发展中与政府合作相关的理论，主要有新公共管理与服务理论、合作网络治理理论、政策网络治理理论和政府跨部门合作理论。①

第一节 理论基础

一 新公共管理与服务理论

基于新制度经济学和公共选择理论，在英美等国家行政管理改革完善背景下，新公共管理服务理论逐步成熟，并得到发展。新公共管理服务理论以理性经济人为假设前提，基于新泰罗主义和传统管理主义，借鉴委托代理理论、交易费用理论和公共选择理论发展起来的学术理论，本质核心强调市场机制和自由经济思维。② 1992 年，美国戴维奥斯本和特德盖布勒将新公共管理的原则概括为十个方面③；新公共服务是由美国行政学者登哈特夫妇提出，基本观点主要包括政府的作用是服务而不是掌舵、公共利益是目的、战略思考、服务于公民等六个方面。④

二 合作网络治理理论

20 世纪 80 年代，政府合作网络治理理论兴起，认为政府治理就是

---

① 刘书明：《基于区域经济协调发展的关中天水经济政府合作机制研究》，博士学位论文，兰州大学，2011 年。
② 同上。
③ 同上。
④ Weimer D. L. Reinventing Government, How the Entrepreneurial Spirit is Transforming the Public Sector, by David Osborne and Ted Gaebler, New York: Addison-Wesley, 1992, p. 420.

政府部门与市场主体等非政府部门彼此合作，重构权力关系，重新配置权力结构，进而共同实现公共事务管理和治理的过程。在政府合作网络中，在区域合作的治理主体中，政府角色从统治到治理的根本性转变，相应的市场主体等非政府部门从没机会参与到主体参与到合作治理当中的变化，多主体、多中心的跨区域公共事务治理体系，通过制度化的合作机构，相互补充、相互掣肘，实现良性互动，共同解决跨区域合作过程中的矛盾冲突，增进彼此利益。由于跨行政区域的治理主体多元化，以及治理主体之间的权利依赖性，导致治理主体之间必然会形成一种自治化的网络结构，通过治理主体之间的相互作用，发挥各自资源优势，增进合作共识，实现跨区域的良性治理。主要内容包括以下几个方面：首先，多元治理主体是跨区域合作机制的主要特征；其次，不同利益主体和关系人参与到跨区域的制度供给的制定与执行过程，共同成为跨区域政策的施行主体和实施主体；最后，多主体的跨区域治理结构是相互合作互惠的行动策略过程。

三 政策网络治理理论

政策网络治理源自20世纪90年代末美国的政策分析法，是基于政策网络与政府治理理论互构形成的跨区域合作理论，用于分析制度操作过程中主体之间的互动策略以及相互之间的关系。

随着科学技术发展，大量的跨国家、跨区域、跨组织、跨部门的经济社会事务日益增多，传统的单一依靠政府机构的单边治理结构已不适应当下所面临的经济社会问题治理，政策网络治理的理念和实践随之产生。跨区域政策网络理论引入政府治理结构分析当中，用来刻画政府行政机构和相关利益集团之间的复杂关系。①

跨区域政策网络理论具有三个方面的特征：一是跨区域治理主体相互依赖。在跨区域经济社会发展问题治理过程中，参与治理主体目标的实现必须借助于相互合作，同时多主体的治理结构相互之间的关系非静态，是相互策略行动变化的；二是跨区域治理政策的网络结构就是各参与主体相互作用、相互策略行动的动态过程；三是跨区域政策网络理论中，所有参

---

① 于刚强、蔡立辉：《中国都市群网络化治理模式研究》，《中国行政管理》2011年第6期。

第一部分　成渝地区双城经济圈建设党政协调机制及关键议题研究

与主体的策略行动空间受到制度环境受约。①

四　政府跨部门合作理论

政府跨部门合作在演化中依靠不同政策部门之间系统协同作用，产生稳定的部门联动治理结构，且治理效果大于部门简单叠加的效果。政府治理过程中的跨部门合作产生的源头就是专业化治理结构所导致的部门分工的分散化和碎片化。通过跨越传统政府部门组织边界的部门合作跨越有效克服治理职能分散化和碎片化的问题。部门之间的有机协作和高效合作是政府跨部门治理能否成功的关键，通过政府行政不同行政机构形成子系统之间的有效协作和配合，解决因公共服务因行政专业碎片化产生的供给不足的困境，实现政府公共服务在自身系统内部有机高效的整合和重构。②

政府跨部门合作主要可以分为两种模式：协同政府模式和整体政府模式。协同政府模式的基本观点就是实现公共政策目标既不能单一独立和割裂的政府机构，亦不能通过区县政府机构边界，设立综合超级部门来实现，其强调的是在不取消行政机构边界的基础上，实现跨部门之间的合作。③ 由于协同政府模式突出的是公共政策目标以及实现目标手段的一致性问题，全程忽略讨论协同的效率问题，亦不考虑政策目标和实施手段之间的相互作用，因而产生了整体政府模式，尝试建立多元主体和中心的跨行政机构的治理结构。④ 整体政府模式是政府行政机构全面合作，不仅包括横向之间的政府机构合作，亦包括中央政府、地方政府和基层政府之间的纵向协同，因此既是决策的整体政府，也是整体政府执行。

第二节　成渝双城经济圈党政协调博弈模型分析

一　成渝地区经济利益非均衡的原因

导致区域经济利益非均衡的原因分为直接原因和间接原因。直接原因

---

① 刘书明：《基于区域经济协调发展的关中天水经济政府合作机制研究》，博士学位论文，兰州大学，2011年。
② 唐任伍、赵国钦：《公共服务跨界合作：碎片化服务的整合》，《中国行政管理》2012年第8期。
③ 解亚红：《协同政府：新公共管理改革的新阶段》，《中国行政管理》2004年第5期。
④ 孙迎春：《国外政府跨部门合作机制的探索与研究》，《中国行政管理》2010年第7期。

14

是行政边界约束与区域经济一体化之间的矛盾。每个省、市、自治州、区县都存在着行政边界，行政边界的特点是割据性，形成了阻碍区域间内部联系的约束，区域之间的资本，劳动，技术等要素的自由流动相对困难，阻碍了区域经济一体化，地方政府容易出现各自为政的局面。区域经济利益博弈实质是地方政府之间的博弈，如果地方政府追求自身利益最大化，则会降低整个社会的运行效率，导致竞争的非均衡。除此之外，行政边界容易导致财政分权的出现，地方政府会更多考虑自身的财政，就业，基础设施建设和产业发展，地方政府之间的竞争容易导致政治锦标赛，腐败，忽视环境保护只寻求 GDP 增长等问题。

根本原因是市场不完全的问题，地方政府的理性是有限的。"囚徒困境"说明微观主体的理性是有限的，无法达到帕累托最优。地方政府的理性也是有限的。另外，关于市场是不完全的假说来自 Hardin 的公地悲剧模型，资源的无节制使用和过度消耗是由于资源没有产权，这证明了市场是不完全的。Krugman 证明形成城市群的初期，市场邻近效应>生活成本效用，从而产生向中心的集聚力，随着集聚力的增加，最终形成"核心—边缘"结构。市场的不完全性进一步稳定"核心—边缘"结构，引起贫富差距，环境恶化和恶性竞争，进而阻碍了区域一体化。

二 成渝双城经济圈党政合作纳什均衡分析

由于研究成渝地区双城经济圈的区域协调，因此本研究从地方政府的区际纳什均衡入手，博弈的主体是地方政府。区际利益协调可能存在占优均衡和纳什均衡。

占优均衡是指无论对手什么策略，博弈主体都会选择一个占优策略，即一种比其他策略的效用都大的策略，如果博弈双方都有一个占优策略，则博弈存在一个唯一均衡——占优均衡，但并不是每次博弈都存在一个占优均衡。成渝地区双城经济圈协调机制只需要每个地方政府采取的策略是针对对手策略的基础上的最优策略即可。

如图 1-2-1 所示，X 轴和 Y 轴分别代表成渝双城经济圈中的成都市和重庆市。X_1、X_2、X_3 分别代表成都市的无差异曲线，Y_1、Y_2、Y_3 代表重庆市的无差异曲线，经济利益越大，无差异曲线离原点越远。成都市和重庆市的无差曲线相切于 B_1、B_2，将 B_1、B_2 连线，形成的直线 $B_X B_Y$ 是"帕累托最优曲线",在这条线上的点均为均衡点,并且达到了区域间的帕累托最优状态。成都市和重庆市的目标都是区域间的经济利益均衡点落在帕累托最优曲线上。当成都市采取政策 X_α 时,

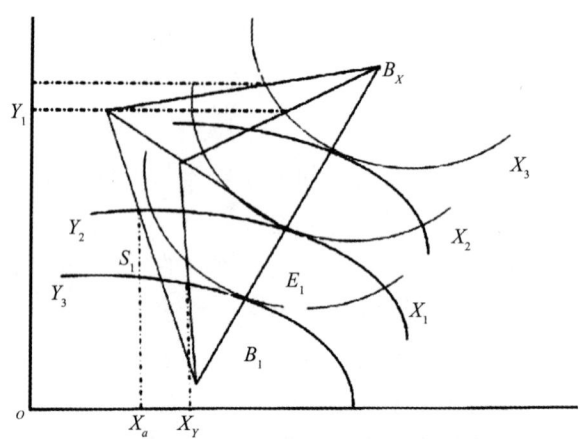

图 1-2-1 区域间的纳什均衡

重庆市看到成都市的政策后会产生反应,并采取相应对策。$B_Y S_1$ 是重庆市看到成都市政策后的"反应曲线",即 X_α 与 Y_2 的交点 B_Y 与 S_1 的连线。同理,重庆市采取政策 Y_β 时,成都市会做出反应,"对应曲线"为 $Q_1 B_X$。两条"反应曲线"的交点 E_1 就是成都市和重庆市的纳什均衡点。

如果成都市调整了政策,成都市的政策曲线 X_α 右移到 X_γ,重庆市的政策曲线会从 Y_β 左移到 Y_δ,因为总体利益是不变的,因此重庆市会对成都市的政策做一个让渡,成都市和重庆市的"对应曲线"$B_Y S_2$ 与 $Q_2 B_X$ 相交于新的纳什均衡点 E_2。$E_1 E_2$ 就是成都市和重庆市的"纳什均衡线"。

$E_1 E_2$ 与 $B_X B_Y$ 相交于 E_3,E_3 点既是区际纳什均衡点,也是帕累托最优点,因为该点同时在纳什均衡线和帕累托最优线上。所以 E_3 也是成都市和重庆市的"反应曲线"$B_X E_3$ 与 $B_Y E_3$ 的交点,成都市和重庆市的"反应曲线"在 E_3 上的斜率相同,说明成都市和重庆市采取了一致的策略,因此,区域之间的纳什均衡达到帕累托最优状态的前提是区域考核指标一体化,有且仅有此时的纳什均衡才能达到帕累托最优状态。

第二章 党政协调机制的理论基础

综上分析，区域间的纳什均衡是成渝地区双城经济圈的协调机制打破行政边界约束的理论基础。在区域间的利益分配中，博弈主体双方的策略都是针对对手所选策略的最佳利益分配。只有在不完全竞争市场中找到纳什均衡点，才能有效打破行政边界的约束，实现区域间的协调发展。

因此，成渝地区双城经济圈协调机制的建立，需要地方政府考虑到成渝地区双城经济圈的区域间纳什均衡博弈模型，将成渝地区的经济社会活动运行在纳什均衡线上。

第三节 成渝双城经济圈经济空间溢出分析

Martin 和 Ottaviano 建立了全域溢出模型，探索资本存量产生的溢出效应对新资本的形成成本的影响。Baldwin，Martin 和 Ottaviano 建立了局域溢出模型，分析溢出效应对经济活动空间分布的影响。两个模型均证明了经济的空间溢出效应，为产业转移和空间分布分析奠定了基础。

Anselin 提出了局域莫兰指数，该指数用于描述空间联系。区域 i 的局域莫兰指数用来测度区域 i 和与他相邻的区域之间的关联程度，被定义为：

$$I_i = \frac{(x_i - \bar{x})}{s^2} \sum_i w_{ij}(x_i - \bar{x})$$

$$S_2 = \frac{1}{n} \sum_i (x_i - \bar{x})^2, \bar{x} = \frac{1}{n} \sum_i^n x_i$$

x 是经济属性值，本研究采用 2019 年县域 GDP 值来测度区域之间的内在经济联系。[1] w_{ij} 为空间权重矩阵，目前，国内外较为认可的空间权重的构建方法有以下两种：（1）二进制的相邻权重矩阵，即两国之间相邻为 1，不相邻为 0。（2）以地区间的欧式距离为标准，基于地理距离的空间权重矩阵，公式中：D_{ij} 表示 i 地区和 j 地区重心点之间的距离；σ 为距离之间的衰变系数，这里令 $\sigma = 2$ 可以解释跨区域尺度上的空间联系。

---

[1] 资料来源：https://m.askci.com/news/20200210/1054121156712.shtml?from=groupmessage，https://bbs.scol.com.cn/thread-15279675-1-1.html。

$$W_{ij} = \begin{cases} 0, & i = j \\ \dfrac{1}{D_{ij}^{\sigma}}, & i \neq j \end{cases}$$

本部分采取二进制的相邻权重矩阵，Moran 显著性地图反映莫兰指数的统计检验结果。Moran 显著性地图依据局域空间自相关类型，将区域划分为 H—H、L—L、H—L、L—H，即高属性值—高属性值、低属性值—低属性值、高属性值—低属性值、低属性值—高属性值。H—H 是指高观测值区域的集聚，L—L 是指低观测值区域的集聚；H—L、L—H 分别代表高观测值区域和低观测值区域相邻，低观测值区域和高观测值区域相邻，反映局域空间分异。

分别采用 2000 年、2019 年成渝地区双城经济圈范围，四川省 18 个地级市（成都、自贡、攀枝花、泸州、德阳、绵阳、广元、遂宁、内江、乐山、南充、眉山、宜宾、广安、达州、雅安、巴中、资阳）和重庆全域 38 个区县为统计样本（万盛区已划入綦江区、双桥区已划入大足区），采用 56 个单元的 GDP 值，进行局域自相关检验，对比 19 年间成渝地区双城经济圈的范围内是否发生了显著的经济空间溢出效应。

图 1-2-2 为 2019 年成渝地区双城经济圈的自相关指数图，莫兰指数数值分布在［-1，1］，［0，1］说明各地理实体之间存在正相关的关系，［-1，0］之间说明存在负相关的关系，而 0 值则无相关关系。2019 年的莫兰指数约为 0.09，说明成渝地区双城经济圈内各地理单元之间存在正相关的关系。同理，测算出 2000 年的莫兰指数约为 0.18。另外，根据 GeoDa 画出 2000 年和 2019 年的 LISA 集聚和 LISA 显著性地图，2000 年成渝地区双城经济圈的空间集聚的高值地区在成都，眉山，资阳和德阳，空间集聚低值地区的是重庆的东北翼和东南翼。而到了 2019 年，成渝地区双城经济圈的空间集聚的高值地区在成都，眉山和德阳，空间集聚低值地区范围有所缩小，但仍在重庆的东北翼和东南翼。19 年的时间，成渝地区双城经济圈的经济空间集聚的范围并没有明显的扩大，经济的空间溢出效应不明显。

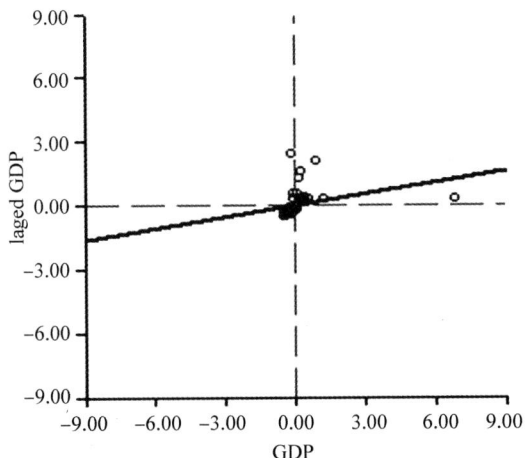

图1-2-2　2019年成渝地区双城经济圈自相关指数图

第三章　国内外区域合作政府协调机制经验借鉴

第一节　国外区域合作政府协调机制

一　欧盟政府合作机制

从欧盟合作历史进程来看，1987年欧洲单一法案生效是欧盟合作的法律基础，此后1990年签署次年生效的《申根公约》，直接推动欧盟各国的边境关卡限制，真正意义上实现了欧盟的无国界，1993年的各国签署的《马斯特里赫特条约》，标志着欧盟的正式建立。截至2018年年底，欧盟有28个成员国，形成了超国家和地方政府的多层次区域协调机制[①]，基本上实现了欧盟与成员国之间的利益诉求机制和多层次的权利平衡机制。从具体机构上来看，成立了欧洲理事会、欧盟委员会、欧洲议会、欧盟对外行动署、欧洲法院、欧洲统计局、欧洲审计院、欧洲中央银行、欧洲投资银行、欧洲经济区和地中海联盟11个超国家的欧洲跨国家机构。其中最核心的机构是欧盟委员会、欧洲理事会和欧洲议会。[②]

就国家层面而言，成员国政府居于第二个层次，在欧盟区域政策制定及协调的过程中一般都拥有自身的区域政策，但同时接受欧盟统一的区域政策的指导。就地方层面而言，欧盟各个国家内部的区域协调机构及大量的区域和地方性政府之间通过不同的渠道建立紧密的合作。就民众诉求而言，非政府区域协调组织的出现也形成了治理的力量，参与区域协调政策的制定、执行和回馈，例如区域间组织、银行、利益团体、政策联盟、政

[①] 马明珠：《淮海经济区经济发展中政府合作研究》，硕士学位论文，中国矿业大学，2019年。
[②] 陈瑞莲：《欧盟国家的区域协调发展：经验与启示》，《理论参考》2008年第9期。

党、公共舆论等。

欧盟合作特点整体上可以总结为以下两个方面：第一，组织严密，分工明确。在欧盟机制设计过程中，决策、执行和监督均进行了缜密的思考设计。从机构的职能上来看，欧洲理事会拥有立法权，是决策机构，欧盟委员会是日常管理事务的执行机构，欧洲议会是日常事务运作的监督机构。在决策、执行和监督机构设置的基础上，欧盟还设置了欧洲银行、审计局和统计局等职能部门。这样欧盟从立法、决策、执行到监督都有系统的机制来保障日常的运转，约束欧盟成员国行为，实现了所有成员国在军事、经济和社会事务的统一管理、统一行动的制度设计初衷。第二，欧盟区域合作内容广泛。欧盟不仅仅是经济合作区域上的概念，某种程度上已形成了实质性的政治共同体。经济领域的关税、就业、货币一体化均已运作成熟，同时在外交、反恐、军事等政治领域亦取得实质性的进展。①

二 世界三大湾区政府合作机制

纽约湾区由纽约州、新泽西州等31个县组成，是美国东北部以纽约为中心的大都会区，面积约2.15万平方公里，湾区内总人口约2300万人。② 纽约湾区既是世界的金融中心，拥有纳斯达克交易所和纽交所，在华尔街聚集了花旗银行、纽约梅隆银行、富国银行等全美顶级的7大银行，金融、期货、保险机构接近3000家聚集纽约湾区；同时，纽约湾区也是美国东部的教育重镇，湾区内拥有耶鲁大学、哥伦比亚大学和普林斯顿大学三所常春藤联盟名校，同时还聚集了康奈尔大学、纽约大学等共计58所著名学府。除金融和教育，纽约湾区还有康涅狄格州和新泽西州两个传统工业中心提供为湾区发展提供实体产业支撑。

旧金山湾区是美国西海岸加州北部的一个大都会区，湾区范围内共有9个县，人口约750万人，主要城市包括旧金山、圣荷西和奥克兰。旧金山湾区是全世界著名的科技重镇，世界著名的科技研发基地硅谷即位于湾区南部，汇聚了谷歌、苹果、英特尔、脸书等众多世界知名科技公司。同

---

① 马明珠：《淮海经济区经济发展中政府合作研究》，硕士学位论文，中国矿业大学，2019年。
② 何玮、喻凯：《粤港澳大湾区政府合作研究——基于世界三大湾区政府合作经验的启示》，《中共珠海市委党校珠海市行政学院学报》2018年第1期。

时，拥有斯坦福大学、加州大学伯克利分校、加州大学戴维斯分校、加州大学旧金山分校、加州大学圣克鲁兹分校等20多所著名大学。除此之外，还有劳伦斯伯克利国家实验室、劳伦斯利弗莫尔国家实验室、航空航天局艾姆斯研究中心、农业部西部地区研究中心、斯坦福直线加速器中心五个国家级研究实验室，可以说旧金山湾区是名副其实的科技湾区。

东京湾区是世界上第一个依靠规划形成的世界级湾区，位于日本本州岛关东平原南部，以东京都为中心，包括神奈川县、琦玉县和千叶县三个县，占地面积约3.7万平方公里，人口约4300万人（占日本总人口的1/3），是世界上人口密度、经济密度（全日本2/3的经济总量）和工业密度最高（全日本工业产值的3/4）的区域，湾区内装备制造、现代物流和相关高新技术产业体系成熟，是典型的工业为主的制造业湾区，因此被称为产业湾区。在形成过程中，与空间自然集聚形成的纽约湾区和旧金山湾区有着本质不同，东京湾区人为规划设计痕迹明显。此外，东京湾区内聚集了以庆应大学、武藏工业大学、横滨国立大学为代表的约260所高等教育机构，丰田、索尼、三菱等企业投资的研究机构亦发挥着重要作用。

第二节　国内区域合作政府协调机制

一　粤港澳大湾区

粤港澳大湾区范围包括香港特别行政区、澳门特别行政区和广东省的广州、深圳等珠三角九市，区域面积5.6万平方公里，总人口约7000万人（2017年年末）。2017年7月，《深化粤港澳合作推进大湾区建设框架协议》的签署，标志着粤港澳大湾区建设正式开启。

粤港澳大湾区在跨区域合作中的主要做法包括以下几个方面：第一，建立行政首长会议制度。每年定期举行行政首长会议，由湾区内政府行政主体首长参加。会议内容重点是研究粤港澳大湾区合作中的具有战略性和方向性的重大事项。行政首长会议设立秘书处。秘书处的主要工作内容是执行行政长官联席会决议，负责联席会日常事务。[①] 第二，政府日常工作

[①] 董文华：《长吉图经济合作开发中地方政府合作机制研究》，硕士学位论文，吉林财经大学，2012年。

办公室工作制度。广东珠三角九市各自在发改委设置工作日常推进办公室，负责自身辖区范围的合作落实事务，港、澳特别行政区由相应部门负责。第三，政府秘书长协调制度。主要工作内容是组织进行相关专题研究。

二 长江三角洲区域一体化

长江三角洲城市群以上海为中心，具体有苏浙皖沪三省一市27个城市，区域面积22.5万平方公里，是我国经济社会发展的重要引擎。目前，长江三角经济区已形成稳定的政府合作机制与多层次的政府合作组织，主要分为三个层次：第一，市长联席会议制度，主要作用是确定长江三角洲一体化过程中，政府间合作的基本组织原则、重大合作项目确定、跨政府间合作计划等事项；第二，沪苏浙经济合作与发展座谈会为代表的省级合作组织；第三，部门级别的专业领域合作，涵盖了旅游、生态、物流、信息共享等多个领域。

三 京津冀协同发展区

京津冀包括北京、天津、河北三省市，地域面积约21.6万平方公里，占全国的2.3%，2018年年末常住人口1.1亿人，占全国的8.1%，地区生产总值8.5万亿元，占全国的9.4%。京津冀经济区合作的做法：第一，重要的地缘战略位置，国家层面强有力的推进与支持；第二，地区政府间协议稳定合作机制。如《廊坊共识》《京、津、冀旅游合作协议》《京津冀区域环境保护率先突破合作框架协议》等；第三，政府间合作内容涵盖多个领域，组建了区域性的科教文卫等行业性协作网络；第四，京津冀一体化区域合作论坛定期召开，协商本区域的公共问题，推动地区的稳定发展。[①]

第三节 经验借鉴及启示

尽管成渝地区双城经济圈与国内外区域合作的政府模式不同，但其他

---

① 马明珠：《淮海经济区经济发展中政府合作研究》，硕士学位论文，中国矿业大学，2019年。

第一部分　成渝地区双城经济圈建设党政协调机制及关键议题研究

区域间政府的政府合作经验对成渝地区双城经济圈仍有借鉴意义。

一　国外区域合作经验及启示

主要体现在四个方面：一是让渡部分行政权力以促进区域内政府间的合作。行政权力的让渡会形成超出地方权力空间界限的管理权，一旦合作协议达成或是合作机构成立，就会形成跨界管理的职权；二是建立政府协会以共商区域发展。在世界三大湾区发展过程中，均形成了半官方性质的区域政府联合组织，以协调湾区发展过程中的政府间矛盾，强化湾区合作；三是签订政府行政协定以完善约束机制。在地方合作的过程中，各地政府都难免会利用行政权力来维护自身利益，形成贸易壁垒，于是，地方政府间协议和行政协定就成为处理跨行政边界事务的重要工具。通过对行政权力行使的约束，使地方权力之间的摩擦、冲突得以缓解，促进区域合作一体化的形成；四是以创新合作方式横向转移行政权力。地方政府的某些事务交由其他地方政府行使管辖权，并承担相应的责任。以日本东京湾区的事务委托合作机构为例，根据《日本地方自治法》的规定，日本地方政府可以与其他地方政府签订协议，将某些事务委托给另一地方政府处理，委托方将资金转移至受托方，同时责任与权限也被转移。①

二　国内区域合作经验及启示

国内区域合作经验主要体现在三个方面：一是建立政府间协调机制，促进区域联合。通过建立地方政府协调共商制度，在一定程度上促进了区域合作。成渝地区双城经济圈由原成渝城市群发展而来，应当借鉴成熟经验，重塑成渝地区双城经济圈政府协调机制。要在中央设立统筹协调机构，着眼全局协调规划成渝地区的长远发展，明确所涉及城市的发展方向和定位。特别需要推行城市地方政府部分权力让渡，建立川渝统一协调机制。建立由国家主导的政府间联席会议制度，加强各方沟通与协调，清除成渝地区双城经济圈建设中的各种障碍，促进成渝地区群的协调发展；二是重构地方政府权利结构。为了提高成渝地区双城经济圈在全国乃至全球

---

① 何玮、喻凯：《粤港澳大湾区政府合作研究——基于世界三大湾区政府合作经验的启示》，《中共珠海市委党校珠海市行政学院学报》2018年第1期。

第三章　国内外区域合作政府协调机制经验借鉴

的区域竞争力,应当对成渝地区双城经济圈范围的政府权力进行重构,将地方政府权力向协调机构适当集中,强化合作协调机构权力。与此同时,要成立成渝地区双城经济圈建设城市政府之间联合组成的专项事务小组,制定专项事务合作规划;三是注重合作利益分享机制设计,共享发展红利。跨域公共产品和公共服务的供给,可能发生某些城市得利而损害其他城市利益的情况,由此引发利益纠葛。① 因此,在成渝地区双城经济圈建设跨区域政府合作中,应当建立利益分享和激励机制,让地方政府在成渝合作中更有积极性。

---

① 何玮、喻凯:《粤港澳大湾区政府合作研究——基于世界三大湾区政府合作经验的启示》,《中共珠海市委党校珠海市行政学院学报》2018年第1期。

第四章　成渝地区双城经济圈建设党政协调机制重构

第一节　总体思路

一　指导思想

高举中国特色社会主义伟大旗帜，深入贯彻党的十九大和十九届二中、三中、四中、五中全会精神，深入落实习近平总书记对四川工作系列重要指示精神，以成渝地区双城经济圈建设规划纲要为统领，以创新成渝地区党政协调机制为核心，着力推动基础设施互联互通、现代产业体系集聚融合、协同创新体系共享共赢、生态环境共建共保、公共服务共建共享，努力构建统筹有力、竞争有序、绿色协调、共享共赢的成渝地区双城经济圈建设协调发展新机制，进一步增强政治自觉、思想自觉和行动自觉，提高共识、形成合力，加快推动成渝地区双城经济圈建设开好局、起好步。

二　基本原则

聚焦中心、服务大局。围绕党中央关于成渝地区双城经济圈建设的战略部署，紧扣成渝地区双城经济圈的目标任务，提高政治站位、强化使命担当、落实工作举措，全力服务一体化发展大局。

优势互补，共赢共享。充分发挥各地优势，创新完善合作体制机制，加强政策和规划协调对接，推动成渝双向合作，促进区域经济社会协同发展，使合作成果惠及各方。

市场主导，政府推动。充分发挥市场在资源配置中的决定性作用，更好地发挥政府作用，推动各种生产和生活要素在区域内更加便捷流动和优化配置。

立足实际、注重实效。从川渝两地经济社会发展特别是成渝地区双城经济圈建设的现实需要出发，结合各地实际，以问题和效果为导向，充分发挥职能作用，确保党政协调机制的操作性和落地性。

第二节 整体架构

坚持问题导向、目标导向、结果导向，强化"一盘棋"思想、贯彻"一体化"理念，把战略要求化为工作机制，联合推动建立与国家层面的协调推进机制，形成了以"三级运作、统分结合"为主要特征的成渝地区双城经济圈建设的政府协同治理机制设计框架结构（见图1-4-1）。

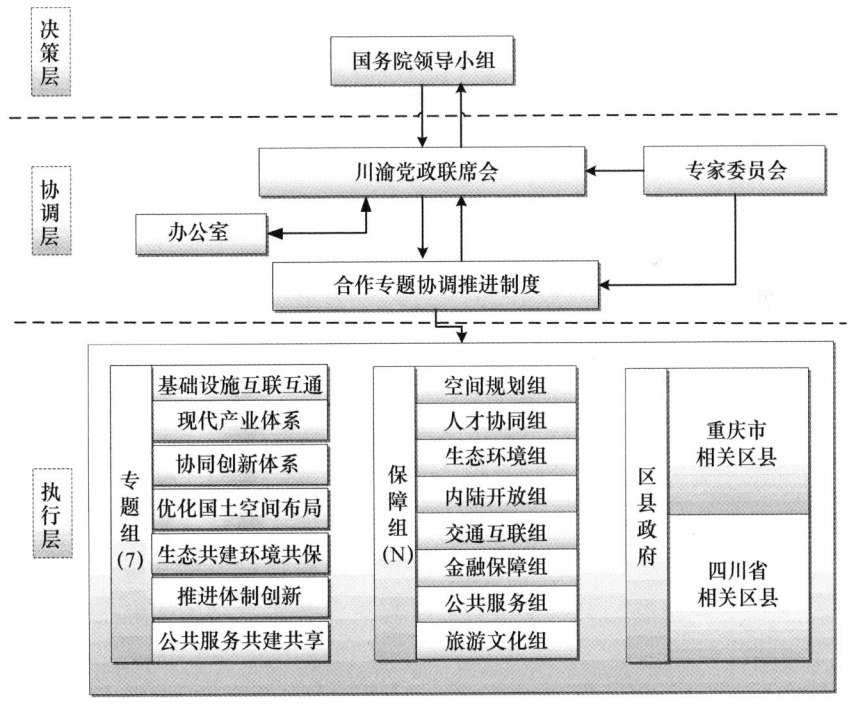

图1-4-1 成渝两地政府协同治理机制设计框架结构

成渝地区双城经济圈建设党政协调既有四川和重庆在省级层面的协调

合作，也有地级市与市之间的协调，实际上是个多层次、多主体、多领域的协调机制。"三级运作、统分结合"的政府协调治理机制，表现为多层级双边协调和多边协调并存，并带有一定的科层性，保证了行政协调灵活度，适应了川渝两地区域政府协调的结构复杂度。①

区域间的协调与合作实际上是多层次的，有时是多边的，有时可能是双边的，是多层次多边协调和双边协调并存的一种协调机制。即协同治理活动主要包括决策层、协调层、执行层三个统分结合、有机互动的层级。决策层的表现形式是中央层面的领导小组，职责是决定成渝地区双城经济圈建设的重大治理事项。②

一 中央层面：成立成渝地区双城经济圈建设领导小组

推动成渝地区双城经济圈建设，是习近平总书记亲自谋划、亲自部署、亲自推动的重大战略，是形成高质量发展重要增长极、优化国家区域经济布局的战略决策。因此，为加强对成渝地区双城经济圈建设工作的统筹指导，建议成立成渝地区双城经济圈建设小组（以下简称"领导小组"），分管相关工作的国务院副总理为组长，领导小组办公室设在国家发展改革委，主要职责是组织拟订并协调实施成渝地区双城经济圈建设发展战略规划、重大政策，承担领导小组日常工作，充分发挥市场在成渝地区双城经济圈建设中起决定性作用，多领域联动发展，实现大融合、大流通、大分工。③

二 川渝层面：设立四川重庆党政联席会议制度

成立由川渝党委政府领导及相关部门负责人组成的工作领导机构：四川重庆党政联席会议制度，由联席会议、联席会议办公室和专家委员会组成。联席会议制度主要功能是在中央领导小组的统筹领导和指导下，贯彻落实中央领导小组的相关重要决策，研究重大合作战略，确定全局性的重大合作事项。

---

① 姬兆亮：《区域政府协同治理研究》，硕士学位论文，上海交通大学，2012年。
② 同上。
③ 韩刚、杨晓东：《制度创新：东北三省区域政府合作的突破口》，《哈尔滨市委党校学报》2008年第1期。

协调层每年召开1—2次联席会议，由川渝两地党政"一把手"轮值负责，定期召开专题工作例会，深化对成渝地区双城经济圈建设重大问题和重大政策的研究，推动各项工作清单化、项目化、工程化，高效率推进既定目标任务落地见效。

联席会议办公室。成渝两地协调发展联席会议办公室为川渝联席会议的日常事务机构，由川渝双方派相关人员组成，且是长期性的机构而非临时性的办公机构，具体职能职责可以分为以下几个方面：一是确定联席会议题和议程。联席会议的议题和议程由联席会议办公室根据川渝双方的提议汇总整理，交由执行主席审定；二是起草联席会议纪要。联席会议纪要主要确定双反一定事项，是双方合作工作推进的重要依据，对双方均具有约束力；三是起草合作方案及相关政策，细化合作实施方案；四是权代表联席会议，协调、推进并监督执行层中各专题组的重点工作，指导、协调和沟通政府、企业、社会中介组织等不同形式的区域合作工作。

专家委员会。联席会议设立专家委员会，专家委员会成员由四川和重庆分别推荐，数量建议为21名，从专业类别上，可分为宏观经济组（7人）、国土空间规划组（7人）和公共事务组（7人）。专家委员会的主要职责是为联席会议、专题组、保障组和区县政府组就成渝地区双城经济圈建设过程中的重大问题提供决策咨询。

三 执行层面：构建"7+10+23"执行体系

执行层从功能定位上来看，主要是在联席会议领导下，建立合作专题协调推进制度，将联席会决策相关任务清单化、行动方案化和工作台账化，负责合作专题的协调推进。执行层由专题组（7）+保障组（10）+区县政府（23）（即"7+10+23"执行体系）构成。

专题组根据中央赋予成渝地区双城经济圈建设基础设施互联互通、现代产业体系、协同创新体系、优化国土空间布局、生态共建环境共保、推进体制创新、公共服务共建共享7个方面重点任务设置。各专题组人员构成包括川渝两地分管领导、政府职能部门及有关区、县（市）政府、相关领域专家等组成。其主要功能是落实联席会议精神，协调川渝政府部门之间的区域合作，制定相关任务清单、行动方案、工作台账，实行项目化、清单化管理①。专题组实行固定例会制度，例会每年至少召开两次，例会按事先确定的议题和议程进行。

区县政府组是由川渝两地 23 地级区县政府构成。其主要功能是围绕联席会议确定的事项承担有关推进任务；围绕成渝地区双城经济圈专题合作中的主要工作任务，提出落实措施；根据成员城市的需要，促进成渝两地城市间双边及多边合作，推进各项专题任务落地。区县政府组配合成渝联席会议办公室，对于一些把握不准的事项，可选择条件好的区域探索建立试点推行制度，通过示范推进专题合作。②

第三节　运作机制

在推进成渝地区双城经济圈建设过程中，要使其各个阶段跨政府间的合作机制有效运转，必然要有一套科学运作机制设计予以保障③。借鉴国内外跨行政区域合作中的运行机制成功经验，本研究认为就配套成渝地区双城经济圈建设党政协调机制而言，至少应形成四种运作机制。

一　政策协同机制

一是涉及国家层面政策，川渝两地共同争取国家政策支持。共同争取国家在企业和个人所得税优惠、撤县设市和撤县（市）设区、水电等优势资源综合开发利用、应对人口老龄化、设立协同发展投资基金、完善长江上游生态补偿机制等方面加大政策支持力度，在探索经济区与行政区适度分离、土地管理制度改革试点、新一轮全面创新改革试验、产教融合创新改革、城乡融合发展体制机制创新等重大改革领域给予更大支持；二是强化在产业、人才、社会保障、房地产调控等政策方面的协同。推动建立统一的环境保护标准，坚持一张负面清单管两地。建立执法司法联动机制，提升区域一体化执法司法水平。加强招商引资政策协同，共同承接产业转移。创新投融资体制，共建专项投资基金，支持开发性金融、政策性金

---

① 姬兆亮：《区域政府协同治理研究》，硕士学位论文，上海交通大学，2012 年。
② 同上。
③ 何磊：《京津冀跨区域治理的模式选择与机制设计》，《中共天津市委党校学报》2015 年第 6 期。

融、商业金融、合作金融更好地为区域发展服务。

二 税基分享机制

跨行政区域合作的能否成功并持续良性发展的关键就在于能否协调好各城市政府的利益，实现参与主体的互利和共赢。成渝地区双城经济圈建设过程中的地方政府利益主要表现为税收的共享和分配，因此，为了增强"双城经济圈"内城市政府的合作水平，实现利益共享，就必须设计构建税基分享机制。通过税基分享机制按特定比例配置收益。税基分享机制可有效避免地方保护主义。

三 信息共享机制

信息已成为政府跨区域合作中最活跃、最有价值的要素，提高成渝经济区政府间的合作水平应强化信息的交流和共享。可以从以下几个方面着手：一是川渝两地共同开发建设"成渝地区双城经济圈"门户网站。为成渝地区双城经济圈创造一个良好对外展示窗口，实现信息资源的共享和交流，为川渝合作提供一个便捷、有效的交流平台；二是建立川渝信息共享系统。成都、重庆等所有涉及城市建立集成的信息管理系统。把所涉及的城市发展战略、发展方向、土地资源情况、人力资源等系列信息进行集成，最终实现信息共享，降低合作交易费用，避免冲突。[1]

四 监督约束机制

充分激励各个主体参与到区域治理中来，同时又要保证权利在受约束的范围内，是区域治理机制研究的重要内容。[2] 联席会可探索设立负责监督、审查处罚的办公室。监督委员会的成员应由四川省、重庆市以及所涉及的城市部分人大代表或政协委员组成。[3] 同时，推动建立健全成渝地区双城经济圈建设的指标体系、评价体系、统计体系和绩效考核体系。

---

[1] 姚腾：《省级政府间经济合作机制的研究》，南京理工大学，2013年。
[2] 马海龙：《行政区经济运行时期的区域治理》，华东师范大学，2008年。
[3] 何磊：《京津冀跨区域治理的模式选择与机制设计》，《中共天津市委党校学报》2015年第6期。

第五章　成渝地区双城经济圈建设党政协调关键机制设计

第一节　产业合作和区际转移机制设计

一　成渝地区双城经济圈产业合作和区际转移的可能性

第一，重庆市和成都市首先步入后工业化阶段。产业梯度转移理论表示产业升级一般先由区域核心城市开始，世界著名的都市圈，例如伦敦都市圈和纽约都市圈都是从伦敦和纽约两大城市开始逐步实现产业升级。因为核心城市在生产要素、资源禀赋、科技创新上均具有优势。

成渝地区双城经济圈的核心城市为成都市和重庆市，首先步入了后工业化阶段。后工业化阶段的判断标准是指第一产业产值比重小于10%，第二产业产值比重小于第三产业产值比重。从表1-5-1可以看出重庆市第一产业的比重为6.6%，小于10%，成都第一产业比重仅为3.6%，小于10%，且两个核心城市的第二产业比重也明显低于第三产业，说明重庆市和成都市作为成渝地区双城经济圈的经济中心，已开始步入后工业化阶段，产业发展已经实现科技和文化创新双驱动的后工业经济社会特征（见图1-5-1）。

表1-5-1　　　重庆市与成都市三次产业比重（2019年）

地区	第一产业	第二产业	第三产业
重庆市	6.6%	40.2%	53.2%
成都市	3.6%	30.8%	65.6%

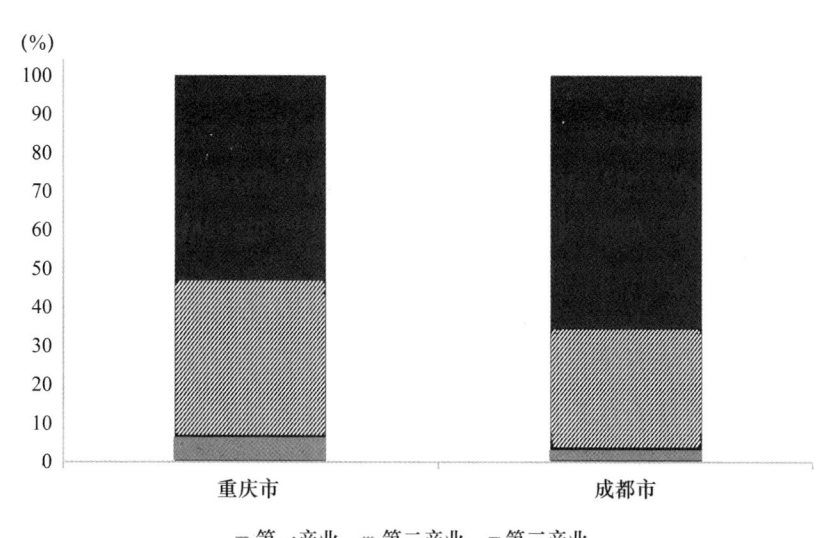

图 1-5-1　重庆市与成都市三次产业比重（2019年）

资料来源：2019年重庆市和成都市国民经济和社会发展统计公报。

重庆市和成都市率先步入后工业化阶段必然给产业合作和区际转移带来可能性。成渝地区双城经济圈的空间结构会发生变化，重庆市和成都市与周边区际关系发生改变，集聚与扩散并存。一方面，通过产业技术扩散，服务支持，创新示范等，核心城市辐射周边城市；另一方面，周边区域舒缓了核心城市的人口、就业、环境等压力，扩散的产业带动落后的周边城市发展，同时加大基础设施建设和扩充城市功能。

第二，成渝地区双城经济圈的资源互补性也为产业转移提供了可能性。成渝地区双城经济圈的建立可能会打破传统的产业分工，即部门间分工，形成新型产业分工，即部门内分工，从部门专业化迈向产品、功能专业化。各区域的产业层次不一，各自处于产业链的不同位置。成都市目前在ICT产业、化工产业、生物医药行业、航空航天行业和文化传媒产业等行业取得卓越成就，IT产业更成为成都市的支柱产业；重庆的制造业拥有优势，重庆汽车和电子制造是重庆两大支柱产业，其他城市和区县也有自己的支柱产业。

二 成渝地区双城经济圈经济技术开发

四川省十三五规划聚焦高新技术产业的发展，到2020年，全省高新技术产业和科技服务业持续健康增长，规模进一步扩大，全省高新技术产业园区和基地建设区域布局进一步优化，高新技术企业、科技型中小企业群体进一步发展壮大，创新创业生态进一步优化，为推进供给侧结构性改革、培育积蓄新动能、改造提升旧动能、转换发展新动力做出积极贡献。四川省国家高新技术产业带的目标是着力推进五大高端成长型产业、五大新兴先导型服务业、七大战略性新兴产业和传统优势产业改造提升，突破一批产业链关键点瓶颈技术、关键技术，促进高新技术产业做大做强。力争到2020年，全省高新技术产业产值达到2万亿元，占规上工业比重超过30%。截至2019年，四川省经济技术开发情况具体如表1-5-2所示。

表1-5-2　　四川省经济技术开发情况（截至2019年）

指标	数值	单位	指标	数值	单位
省级工程技术研究中心	249	个	国家级高新技术产业开发区	8	个
省级高新技术产业园区	16	个	国家级农业科技园区	10	个
省级科技企业孵化器	123	个	国家级科技企业孵化器	35	个
省级大学科技园	12	个	国家级大学科技园	5	个
省级众创空间	125	个	国家级众创空间	65	个
省级国际科技合作基地	64	个	国家级星创天地	96	个
省级文化产业示范园区	11	个	国家级国际科技合作基地	22	个
省级文化产业试验园区	5	个	国家级文化产业示范（试验）园区	1	个
省级文化产业示范基地	59	个	国家级文化和科技融合示范基地	2	个
省级文物保护单位	1136	处	国家级动漫游戏基地	1	个
省级非物质文化遗产名录	611	项	国家级文化产业示范基地	15	个
新增省级卫生城市（县城）	2	个	国家级非物质文化遗产名录	139	项
省级高水平后备人才基地	27	个	国家级高水平后备人才基地	18	个

资料来源：笔者自制。

重庆市十三五规划聚焦于全面提升信息化水平，推进新型工业化，加快发展现代服务业和农业现代化，主要表现在建设通信信息枢纽，互联网经济高地和传统制造业升级上。重庆的国家级高新技术开发区有3个，具体见成渝地区双城经济圈国家级高新技术产业开发区名单（见表1-5-3）。成渝地区双城经济圈内四川地区可以带动重庆地区的高新技术产业发展，实行园区合作模式。

表1-5-3　成渝地区双城经济圈国家级高新技术产业开发区名单

重庆市	重庆高新技术产业开发区
	璧山高新技术产业开发区
	荣昌高新技术产业开发区
	永川高新技术产业开发区
四川省	成都高新技术产业开发区
	绵阳高新技术产业开发区
	自贡高新技术产业开发区
	乐山高新技术产业开发区
	泸州高新技术产业开发区
	攀枝花钒钛高新技术产业开发区
	德阳高新技术产业开发区
	内江高新技术产业开发区

资料来源：笔者自制。

三　产业合作和区际转移机制的建立

由第四章的空间溢出效应可以看出，从2000年到2019年的19年间成渝地区双城经济圈的集聚地区仍集中于成都，重庆两翼是弱势地区，并且空间溢出效应并不明显。

基于成渝地区双城经济圈产业区际转移的契机及可能性，以及对成渝地区双城经济圈技术开发情况的分析，为加强成渝地区双城经济圈的空间溢出效应和产业建设，还需要有效的产业合作和区际转移。

园区合作上，鼓励成渝地区双城经济圈的园区开展多层次全方位合作。首先，建立园区间信息共享平台，园区之间可以互相了解政策制定、产业发展、产业动态，进而避免重复建设。其次，鼓励工业、科技、物流等园区开展业务合作。最后,鼓励具有相似功能或互补功能的园区合并,可以在资金链、创新链、分工链上实现经济联系。

产业区际转移上,要支持重庆建设内陆国际金融中心、成都建设践行新发展理念的公园城市示范区,并且要推动重庆主城区与渝西地区同城化和成德眉资同城化发展,推进成都东进、重庆西扩。要加强成渝地区承接东部产业转移的统筹协调,支持整合发展汽车、摩托车、智能制造、电子信息等优势产业,联合创建国家数字经济创新发展试验区,协同打造军民融合产业体系。要支持两地以"一城多园"模式合作共建西部科学城。要支持成渝共建"一带一路"科技创新合作区和国际技术转移中心,共同举办"一带一路"科技交流大会。

四川不仅要着力围绕生态优先、绿色发展,"共抓大保护",与重庆共建系列联防联控机制,共同推动成渝地区双城经济圈建设,更要立足自身产业比较优势,细化城市功能定位,错位推进产业发展。特别是成渝两地在大数据、智能化、新能源、新材料、航天科技等领域,应进行充分沟通和科学规划,形成符合资源禀赋的产业分工格局。例如,成都可重点依托人文环境和人才积累重点打造研发机构集群和会展集群等。同时,成都可根据投资及股份制机制,创新构建 GDP 和税利等的共享机制,建设和做强一批成渝地区双城经济圈跨行政区划的"双飞地"产业园区。下一节介绍成渝地区双城经济圈税收分享机制的建立。

第二节 税收分享机制设计

一 横向分税制

要支持成渝地区探索经济区与行政区适度分离,就必须建立互利共赢的税收分享机制。地方政府容易在产业区际转移时进行税收争夺,横向分税制的建立可以有效解决这一问题。

Shapley 提出了合作博弈中的 Shapley Value 思想,利用博弈主体对联盟的贡献来分配合作的总收益。成渝地区双城经济圈的博弈主体为地方政府,可以通过横向分税制,使产业转移达到区际纳什均衡。

横向分税制是地方政府利益协调让渡的有效机制,营造了各区域平公平竞争，共同担责，利益共享的局面，从法律上保护了各企业的利益。横向分税制的区域纳什均衡是按照不同区域的区位边际贡献来分配合作的总收益；假如A公司要从成都市迁入重庆市，成渝两地的政府应该按照对A公司产出的边际贡献比例来分享A公司上缴的地方税。那么就需要测算成渝地区双城经济圈内各区域的区位边际贡献率，区位边际贡献率是指一个区域的政策、市场、要素等对区域内产业产出的边际贡献。区位边际贡献率是针对区域而言，本研究选取GDP作为被解释变量，反映了全部产业产出的综合情况，不对每个产业的产出贡献率做进行测算，而是划分区域测算区位边际贡献率。成都对整个成渝地区双城经济圈的贡献最为突出的是科技效应，重庆的显著贡献是丰富的劳动力资源，其他地区最为显著的贡献是制造业和配套经济改革试验区。

二 税收分享机制

Tobler提出地理学第一定律："任何事物在空间上都是关联的；距离越近，关联程度就越强；距离越远，关联程度就越弱。"地理学第一定律提出了空间自相关，即空间依赖性。为了克服空间依赖性，本节使用空间计量经济研究方法测算成渝地区双城经济圈内各区域的区位边际贡献率。

以成渝地区双城经济圈各市2019年的数据为样本，数据来源于重庆统计年鉴、四川统计年鉴和中国城市统计年鉴，选择地区生产总值GDP为被解释变量，选取R&D经费内部支出RD、年末就业人员数RY、全社会固定资产投资额GD为解释变量，其中各市的全社会固定资产投资额只统计到2017年，2019年的数据是基于2017年的数据并使用2018年和2019年全社会固定资产投资增长情况比上年增长的百分比计算得到，R&D经费内部支出和年末就业人口统计到2018年，用近5年的年均增长率平滑处理，计算得到2019年各市的R&D经费内部支出和年末就业人口。R&D经费内部支出反映了科技创新的能力，本模型使用该指标测度成都对产业的区位边际贡献率；年末就业人员数测度重庆对产业的区位边际贡献率；全社会固定资产投资额GD测度其他地区对产业的区位边际贡献率。值得注意的是，成渝地区双城经济圈不包括凉山彝族自治州，但是由于空间权重矩阵要求区域间不能断开，因此加入凉山彝族自治州的数据。

空间计量模型中最为常见的是空间滞后模型（SAR）和空间误差模型（SEM），判断是否采用空间模型和使用何种模型主要采用空间自相关检验，并且观察拉格朗日乘子 LM-Error、LM-Lag、RLM-Error、RLM-Lag 的检验情况；以及参考最大似然估计值 LogL。

表 1-5-4 是空间自相关的结果，表 1-5-5 是实证分析的结果，（1）是 OLS 最小二乘回归，（2）（3）是 SAR 模型的估计结果，（4）（5）是 SEM 模型的估计结果，（3）（5）表示参数估计量方差协方差矩阵的稳健性估计结果。

空间效应检验不拒绝 H_0，表明不存在空间效应，但也可考虑建立空间计量模型进行检验；若拒绝 H_0，表明存在空间效应，可以建立空间计量模型进行检验分析。在表 1-5-4 中，莫兰指数的 p 值为 0.084，说明模型在 0.1 的显著性水平下具有空间效应。

如表 1-5-5 所示，SAR 模型最大似然估计值 LogL 为 3.501，SEM 模型最大似然估计值 LogL 为 4.606，最大似然估计值越大说明模型整体效果越显著。如表 1-5-4 所示，LM-Error 为 1.799，大于 LM-Lag 的 0.003，且 LM-Error 的 p 值仅为 0.182 低于 LM-Lag 的 p 值 0.956，说明选择空间误差模型更优。综上所述，选择 SEM 模型，通过引入邻接矩阵的空间权重矩阵 w_{ij} 到模型的误差项中，克服空间依赖性，即空间自相关。

表 1-5-4　　　　　　　　　　空间自相关检验

Test	Statistic	p-value
Spatial error：		
Moran's I	1.728	0.084
LM-Error	1.779	0.182
RLM-Error	2.362	0.124
Spatial lag：		
LM-Lag	0.003	0.956
RLM-Lag	0.586	0.444

表 1-5-5　　　　　　　　　　实证结果

	（1）	（2）	（3）	（4）	（5）
	lnGDP	lnGDP	lnGDP	lnGDP	lnGDP
main					
lnRD	0.214***	0.215***	0.215***	0.207***	0.207***
	(4.42)	(4.90)	(3.31)	(4.89)	(3.31)
lnRY	0.335**	0.334**	0.334**	0.308***	0.308**
	(2.22)	(2.46)	(2.09)	(3.08)	(2.40)
lnGD	0.406**	0.405***	0.405**	0.448***	0.448***
	(2.69)	(2.99)	(2.37)	(3.76)	(2.72)
_cons	0.125	0.186	0.186	0.0437	0.0437
	(0.27)	(0.15)	(0.19)	(0.12)	(0.14)
rho					
_cons		-0.007	-0.007		
		(-0.05)	(-0.06)		
sigma					
_cons		0.203***	0.203***	0.187***	0.187***
		(6.32)	(6.83)	(6.13)	(6.33)
lambda					
_cons				0.470*	0.470**
				(1.69)	(2.02)
R^2	0.943				
adj. R^2 LogL	0.932	3.501	3.501	4.606	4.606

注：T statistics in parentheses. * $p<0.1$, ** $p<0.05$, *** $p<0.01$.

建立空间误差修正模型（SEM）：

$$\ln GDP = \beta_0 + \beta_1 RD + \beta_2 \ln RY + \beta_3 \ln GD + \rho \sum_j w_{ij} \ln GDP + \varepsilon$$

估计结果见表 1-5-5 列（4）（5），除常数项外，其他回归系数全部通过了显著性 T 检验，其中 RD 和 GD 的回归系数通过了显著性水平为 1%

的 T 检验，RY 的回归系数通过了显著性水平为 5% 的 T 检验，从 sigama 和 lambda 的系数显著性可以看出 SEM 模型都通过了 Wald 检验和拉格朗日乘数检验。拟合优度达到了 0.932，说明模型整体回归效果良好。

在国内，横向分税制所分享的税收与中央税无关，是指地方税以及共享税中属于地方的部分，因此在构建模型之前，要明确地方税以及共享税中属于地方的部分。横向分税制使成渝地区双城经济圈的产业区际转移具备了经济财政基础。依据 SEM 模型的估计结果，成都市对产业的区位边际贡献率是 0.207，重庆市对产业的区位边际贡献率是 0.308，其他地区对产业的区位边际贡献率是 0.448。地方政府在制定产业区际转移税收分享制时时应该以上述贡献率比例为税收分享的权重，取整后的横向分税制比例为成都：重庆：其他地区 = 2：3：4。成都市的企业转移到重庆市时，成都市和重庆市的税收分享比例是 2：3；成都市的企业转移到成渝地区双城经济圈范围内的其他地区时，成都市与其他地区的税收分享比例是 1：2；重庆市的企业转移到成渝地区双城经济圈内的其他地区时，重庆市与其他地区的税收分享比例是 3：4。

第六章　聚焦"两中心两地"的战略定位和七大任务谋划重大议题

川渝党政协调要着眼于问题导向，聚集"经济圈"的"两中心两地"的战略定位和七大任务谋划重大议题。

第一节　川渝党政要协调好基础设施的互联互通

按照"统一谋划，一体衔接，互联互通，协同管理，共治共享"的思路，坚持交通一体化发展，一盘棋谋划，川渝合力打造"多向辐射、立体互联、一体高效"的现代化成渝地区双城经济圈综合交通体系。两地将重点打造一流的国际多式联运集散体系，一流的国际航空集群体系，一流的铁路枢纽体系，一流的航运体系"四个一流体系"建设。建设成渝双核"1小时快速交通廊"，建设重庆主城都市区至周边主要城市"1小时交通线"，建设重庆主城都市区"1小时通勤圈"，建设成渝区县之间"1小时交通网"。初步实现基础设施网络"一体化"、运输服务体系"一体化"、交通治理体系"一体化"三个"一体化"。构建"面向全球、辐射全国、引领西部"的成渝地区双城经济圈现代化综合交通运输体系，实现交通供需能力精准匹配、服务品质一流、资源集约高效利用、与生态环境良性互动，为西部高质量发展重要增长极和内陆开放战略高地建设提供有力支持。成渝地区未来将从以下四个方面协同发展。

一　规划方案协作

重庆、四川双方共同编制了成渝地区双城经济圈综合交通立体网规划，坚持战略思维、全局思维、系统思维，共同委托国家部委权威机构一体化开展《成渝地区双城经济圈综合立体交通网规划（2021—2035年）》编制。共同积极争取将成渝地区双城经济圈交通重大项目、重大工程、重大政策纳入《国家综合立体交通网规划（2021—2035年）》，从国家层面高位推动规划实施。此外，双方还将共同制定加强交通基础设施建设行动方案。

二 通道建设协作

加快高铁大通道建设，缩短成渝地区双城经济圈与全国主要城市群、经济区的时空距离，形成"畅通东西，连接南北"的高铁通道体系。构筑互联互通公路交通网，加密成渝地区高速公路网络，共同争取更多高速公路纳入国家高速公路网规划、成渝地区双城经济圈交通规划，争取国家资金政策支持；积极协调省际高速公路断头路建设。构建"双核四大"国际航空枢纽体系，加快建设重庆江北国际机场T3B航站楼和第四跑道，推动重庆新机场纳入国家规划并力争在"十四五"期开工建设，提升成渝两地国际化航空服务水平，助推内陆开放战略高地建设。在共同推进高等级航道建设方面，重点加快打造成渝地区双城经济圈高等级航道网络，争取将宜宾至重庆段航道"三升二"工程、嘉陵江草街至朝天门段航道提升等项目纳入国家规划，加快推进嘉陵江利泽、涪江双江、渠江航道整治工程建设。差异化推进港口布局，加快形成分工合理、相互协作的国际化港口群，重点推进港口集群深度融合。

三 协同推进机制

统筹协调成渝地区双城经济圈区域交通共谋共建等合作事宜，协调解决干线铁路、城际铁路、高速公路等跨区域重大项目规划和建设等问题。协调两地城市间建立交通建设沟通交流机制，加快推进重大交通项目进程，共同向国家争取重大项目的政策和资金支持。

四 构建一体化交通管理

建立协同联运的交通管理运行机制和信息动态交换机制，推动情报信息一体化、指挥调度一体化、执法管理一体化和运营管理一体化，实现两地间路网协同运行与应急联动系统的互联互通。

第二节 川渝党政要协调好现代产业体系建设

深化供给侧结构性改革，着力培育发展新产业、新业态、新模式，充分发挥市场决定性作用，立足成渝城市群各地比较优势，促进产业分工协作，引导产业集群发展，瞄准国际先进标准提高产业发展水平，促进产业优势互补、紧密协作、联动发展，完善成渝地区双城经济圈现代产业生态体系。

一 共建国家数字经济创新发展试验区

共同探索超大城市智慧治理模式。积极推动政务数据、公共数据、社会数据等融合共享、创新应用，探索建设西部数据资源交易中心，积极参与全国一体化大数据中心建设试点，推动5G、卫星互联网、物联网、人工智能、区块链等新型基础设施共建共用，加快经济、人口、资源等基础数据共享和跨区域开发利用，打造我国数字经济创新发展的标杆。开展国际数字经济交流，谋划打造数字经济高端合作平台，共建区域性国际数据中心。加快工业互联网标识解析国家顶级节点建设，共同推进工业互联网发展应用，加快产业智能化改造。

二 共建西部金融中心

川渝双方将以依法合规、优势互补、平等互利、合作互惠、发展共赢为基础，以金融支持成渝地区双城经济圈建设为切入点，携手共同探索金融服务国家重大战略的新机制、新模式、新举措，聚焦"两中心两地"目标定位，共同助推成渝地区经济社会高质量发展。

三 共建巴蜀文化旅游走廊

成渝地区均拥有世界文化遗产，文化旅游资源非常丰富，两地在文旅产业方面的合作潜力巨大，大有可为。两地应进一步加强文旅交流合作，推动两地旅游人口互认、品牌节会互动、精品线路互通、宣传营销互促，依托都江堰、青城山、乐山大佛、大足石刻等优势资源，携手共建巴蜀文化旅游走廊。加强沟通衔接，共同包装项目，加强文旅营销人才培养，建立合作沟通机制，共同打造巴蜀文化精品旅游线路、文化旅游品牌、文化旅游公共服务体系，建设具有国际范、中国味、巴蜀韵的世界重要旅游目的地。

四 建设成渝现代化高效特色农业带

成渝地区生态环境良好，农业自然资源丰富，发展现代高效特色农业具有得天独厚的生产条件。成渝地区应注重创立并开发符合自身特点的特色资源农业、特色立体农业、特色循环农业、特色旅游农业。在高效特色农业产业化经营与实践方面，重点探索龙头企业带动型、专业市场带动型、集成规模开发型、中介组织联动型、主导产业带动型等生产模式与配套技术。强化精准施策，力求重点突破，强化统筹协调，促进优势互补，强化质量强农，发挥品牌作用，强化创新引领，强化科技兴农，实现成渝地区农业绿色增长、小康乡村、生态文明的联动发展。

第三节　川渝党政要着力增强协同创新发展能力

一 完善创新创业服务体系

围绕产业升级和产业发展共性需求，整合公共服务资源，依托"互联网+"行动计划，构建资源共享、服务协同、功能完善的创新创业服务体系。协同科技人才招引政策，推动科技人才柔性流动、科研资金跨省使用。建立海外人才联合创新创业基地，探索"圈内注册、海外孵化、全球运营"的双向离岸柔性引才机制。创新公共服务模式，探索建立政府引导、中介服务、社会参与三位一体整体联动的服务模式，联合打造一批创新创业服务品牌。

二 共享创新创业资源

打破地区行政分割，共建以企业为主体、以市场需求为导向的产学研创新联盟。支持汽车、电子、轨道交通、新材料等产业协同创新，突破产业技术瓶颈。联合建设共性关键技术创新平台，探索科技基础设施、大型科研仪器和专利信息共享机制。加强军地科技资源开放共享和军民两用技术相互转化，支持军地企业联合开展军民两用技术研发及产业化。

三 打造高水平科技创新载体和平台

按照"一城多园"模式合作共建西部科学城,加快重庆科学城、成都科学城、绵阳科技城、两江协同创新区等建设,共建成渝科创走廊,打造西部创新高地。共同争取布局建设国家(重点)实验室、技术创新中心、临床医学中心、产业创新中心、制造业创新中心和军民协同创新平台,争取更多国家重大科技基础设施、前沿交叉研究平台等落地成渝地区。以天府新区、两江新区和一批国家级高新技术开发区为载体,大力推进大众创业万众创新,打造成渝创新驱动核心区。高水平规划建设中国西部(重庆)科学城(包括重庆大学城、西永微电园、综合保税区、团结村铁路口岸、国家自主创新示范区)。突出大学、科学、教育、创新,优化高新技术产业园、创新创业园、成果转化园、创业孵化园等体系布局,集聚一批大院所、大装置、大平台、大产业,优化大环境,促进大开放。

第四节 川渝党政要大力优化国土空间布局

川渝双方共同争取国家层面编制《成渝地区双城经济圈国土空间规划》,从国家层面加大川渝两地国土空间的布局优化和统筹协调,促进成渝地区双城经济圈建设一体化发展。强化国土空间规划引领,支持成渝两地优化国土空间布局,加大城市空间供给,强化基础设施建设,促进成渝一体化发展。

一 强化国土空间规划引领

优化成渝地区国土空间布局。坚持生态优先、绿色发展,以资源环境承载能力和国土空间适宜性评价为基础,科学划定三条控制线,落实"成都东进重庆西扩"空间战略,协同打造"双城""双核"空间结构,为统筹推进中心城区与渝西同城化发展、三峡新区建设、万州中心城市发展和川渝毗邻地区一体化发展提供空间保障。强化规划引领土地出让的统筹管理。强化规划对土地整治储备、土地供应计划的引导,强化规划、整治、供应的联动,提升资源配置质量和效益。强化规划引领"实施人地挂钩"机制。实行"人地挂钩"机制,促进生态功能区人口用地向优势地区转移集聚，形成优势地区重点发展、生态功能重点保护空间格局。

二 保障重大项目用地

为推进成渝交通基础设施协同发展，为多向出渝出川大通道提供空间保障。保障成渝交通基础设施协同发展。强化成渝地区双城交通主轴，推进重庆中心城区同周边城市交通网络规划建设，形成"1小时通勤圈"，优化川渝毗邻地区交通网络一体化布局。高标准规划建设铁路运输干线网络，优化出渝出川大通道布局，打造国际航运和物流枢纽，构建我国南向、东向开放门户的综合交通体系。

三 加大城市空间供给

推动重庆西扩，实现中心城区与渝西同城化发展，为统筹推进三峡新区建设、万州中心城市发展和川渝毗邻地区一体化发展提供空间保障。立足开放平台、优化产业布局，为共建西部科学城和西部金融中心，发展开放型经济提供空间保障。推动公共资源合理配置和公共服务普惠共享，统筹建设国家区域公共卫生防控体系、高质量教育设施、高品质养老设施和公租房保障体系，为建设具有全国影响力的高品质生活宜居地提供空间保障。

四 保障乡村振兴用地需求

推动建立跨区域的巴蜀乡村振兴示范带和巴蜀文化旅游走廊，构建城乡融合、城景融合的成渝国土空间格局。因地制宜推进"多规合一"村庄规划编制实施，统筹乡村产业发展、人口布局、公共服务、土地利用和生态保护，对农村基础设施建设和新产业新业态发展给予用地、资金、项目、政策倾斜，助力脱贫攻坚和乡村振兴。

第五节 川渝党政要共同推进生态文明建设

一 深化生态共建

扎实推进长江、嘉陵江、乌江等生态廊道建设，谋划一批山水林田湖草系统修复工程项目。深化推进广阳岛长江经济带绿色发展示范建设，加强三峡库区水土流失综合治理，推动建立健全长江流域生态补偿机制，让长江上游重要的生态屏障更加牢固。

二　深化污染共治

常态化开展跨界河流两地河长联合"巡河"，联手打好大气污染防治攻坚战，建立长江经济带上游省市危险废物联防联控机制，开展跨省级生态环境联合执法，落实跨界突发环境事件协作处置机制，共同使成渝两地天更蓝、水更清、空气更清新。

三　深化机制共商

加快建立完善成渝地区生态环境保护专项工作机制，建立生态环境保护督察工作交流合作机制，形成齐抓共管、统筹协作的大格局。协同编制成渝地区国土空间和自然资源资产保护使用规划、重点流域水生态环境保护规划、区域大气污染防治规划等专项规划，强化生态环境政策协同，形成生态保护和环境治理工作合力，实现一张负面清单管两地。

第六节　川渝党政要为行政区和经济区的适度分离提供体制机制改革创新的示范

坚决破除制成渝地区双城经济圈建设的行政壁垒和体制机制障碍，着力在规则统一制度体系、统一开放人力资源市场、各类资本市场分工协作、城乡统一的土地市场、跨区域产权交易市场、重点领域合作机制、各类市场主体协同联动机制、区域间成本共担利益共享机制等方面，大胆探索实践，加强战略协作，推动率先突破，形成可复制可推广的制度经验，促进成渝地区双城经济圈建设制度创新。

一　建立规则统一的制度体系

推动区域内政务服务水平一体化和均等化，促进审批许可事项清单合一、证照资质互认，大力推进异地证照办理。加快破除行政区划壁垒，探索经济区与科康区适度分商，建立互利共赢的税收分享机制。全面加强知识产权保护合作交流，推动信用一体化建设，推进信用信息共事，提升区域信用水平和城市信用品质。引导成渝两地商（协）会和重点民营企业共同开展项目推介、银企对接，推动建立民营企业权益受损救助补偿机制。根据国家部署探索建立区域一体化标准体系，协同建立川渝标准化联合组织，在农产品冷链物流、环境联防联治、生态补偿、基本公共服务、信用体系等领域，先行开展区域统一标准试点。在推进区域市场一体化方面，着眼打破要素自由流动的行政壁垒，深化"放管服"改革，推动建设统一的区域市场体系。建立各类市场主体协同联动机制。

二 建设川渝自贸试验区协同开放示范区

建设川渝自贸试验区协同开放示范区，逐步形成制度创新"信息共享、经验共创、模式共建"新格局。支持双方政务服务异地直通互办，开展异地间的企业设立登记服务。加强双方通关通检、认证认可、标准计量等方面的交流，共同优化通关通检流程，积极开展贸易供应链安全与便利合作。依托长江黄金水道，加强长江沿线通关一体化探索，共同推进航运物流体系建设。[①]

第七节 川渝党政要在公共服务共建共享上加强协调

一 推动教育资源共建共享

紧紧围绕国家有关成渝地区双城经济圈发展战略规划，参与共建西部科学城和长江教育创新带，优化成渝地区教育资源、功能布局，组建学前教育、基础教育、职业教育、高等教育等多领域教育联盟，推行学区化管理、集团化办学。围绕推进体制创新、强化公共服务共建共享两个重点，建立"省级"和"区市县级"对应的教育部门交流沟通与合作机制，积极推动成渝地区双城经济圈教育协同发展和教育公共服务全面对接、深度融合，加快探索建立全方位、深层次、立体化的全面合作新机制。推动成立成渝高校联盟，使两地高校在人才培养、学科联建、教师互派、课程互选、学分互认、科学研究等方面，进一步推进深度合作。推动优质中小学

---

① 陈瑜：《川渝合作将更深更实更宽广 15 个方案亮点多多值得期待》，《重庆商报》2019 年 7 月 12 日。

（幼儿园）开展跨省域合作。

二 推动推动人力资源共建共享

推动公共招聘网和公共就业服务数据共享，定期交换劳动力流动和离校未就业高校毕业生、退役军人等重点群体就业情况，建立就业服务共享协作机制，优化加强公共就业创业服务；在川渝结合部地区规划建设一批省级人力资源服务产业园（市场），联合举办人才招聘会和西部人力资源服务博览会，组织邀请海内外高端人才、高校毕业生和两地用人单位交流洽谈，增强两地人才集聚力。共同推进社会保险服务协同，重点推进养老保险关系转移接续，建立两地间养老保险关系转移接续办理流程，实现与国家公共服务平台对接，确保接转顺畅。重点打造两地人社数据交换平台，开展就业、社保、劳动关系、农民工、争议案件等方面的数据交换共享。农民工、新业态新经济平台从业人员和灵活就业人员等将不受户籍限制，按规定在两地参加企业职工基本养老保险。推动两地互认失业保险参保关系及参保年限，实现两地参加失业保险人员失业后可在失业前参保地或关系转移接续地领取失业保险待遇。

三 川渝卫生健康一体化发展

川渝两地以卫生健康供给侧结构性改革为主线，重点在医疗服务、公共卫生、健康产业等方面进一步加强联动协作，促进资源、人才、技术、信息等生产要素在区域内优化配置、良性流动，增强川渝卫生健康发展协同性、联动性。建立领导互访机制、协同推进健康中国行动、健全"互联网＋医疗健康"服务体系、开展医改经验交流互鉴、推动医疗服务区域合作、加强基层卫生交流合作、健全卫生应急和传染病防控联动机制、加强人才培养和科研合作、建立食品安全标准与风险监测协作机制、深化中医药创新协作、推动健康产业协作发展、加强国际合作交流。建立成渝地区重大疫情和突发公共卫生事件联防联控机制，共建突发公共卫生事件应急防控指挥中心、医疗物资储备中心、演练培训中心，共建国家区域疾病预防治疗中心。建立卫生应急和传染病疫情信息共享机制，两地对突发急性传染病疫情信息进行通报，实现预警信息及时共享。建立突发事件卫生应急处置协作机制。

第七章　以新型竞合机理重塑"经济圈"关键议题的川渝党政协调机制

第一节　成渝地区双城经济圈建设党政协调议题核心机制

在成渝地区双城经济圈建设背景下，川渝政府要抢抓成渝地区双城经济圈建设的机遇，以"双城记"统筹发展的最大公约数作为核心价值和基本原则，求同存异，促进贸易和投资自由化便利化，使成渝地区双城经济圈的统筹发展朝着更加开放、包容、普惠、平衡、共赢的方向演进。互联网、数字化、高铁、5G等极大地增添新时代的科技内涵，从而极大地改变了中国区域经济格局，"胡焕庸线"东西板块的内涵正在发生变化，中国区域由过去一度凸显的"东西差距"成为"东西差距""南北分化"并存，我国经济正面临跨越"中等收入陷阱"的"坎儿"。科技的迅猛发展、市场经济体制的完善和区域经济格局的演变，拓宽了资源配置的空间。资源配置的市场经济规律具有突破行政经济藩篱的内在动力，但是，又会在行政经济的束缚下，减弱其效率。因此，市域和省域不经济格局必然会被城市群经济、大湾区经济、大区域经济格局所替代。国外大城市群和大都市圈发展的实践给我们以深刻启示与有益借鉴：中国区域经济已经到了大城市群、大城市带和大都市圈包容性发展的新时期。强化合作意识才能唱好"双城记"建优"经济圈"。合作意识对四川和重庆政府间合作的重要性不言而喻，因为只有形成合作理念之后，各级政府才会主动有意识地寻求合作。在成渝地区双城经济圈建设过程中，各级政府合作意识逐渐提高，势必使合作涉及的领域也越来越广。

因此，四川和重庆要依据"经济圈"的指导思想、发展目标和定位，

第七章 以新型竞合机理重塑"经济圈"关键议题的川渝党政协调机制

就空间格局与产业布局、基础设施一体化发展、建立共同市场、公共服务等方面的共商共建共管共营共享等方面做出多规合一的规划和顶层设计，构建"两东北"有错位、有差异、有协同的一体化发展的大格局。国家有关部委和川渝层面要着力顶层设计和空间功能重构，促进地域城镇空间体系和生态、生产和生活空间的一体化，重塑成渝地区双城经济圈地缘和经济地理新格局，形成"两中心两地"的新表达。

一 以换位思考观念面对关键议题

在川渝党政协调过程中，在关键议题有争议时，川渝党政各方要多换位思考。双方如果不主动去理解别人，就容易产生误解；同时双方也会耿耿于怀。只有站在对方的角度思考，才会理解对方的诉求和价值所在，自己也会"豁然开朗"，才会"拉手"乃至"携手"，形成关键议题的共识和推进方案。

二 以动车组意识讨论关键议题

在高铁时代，已经不是"火车跑得快，全靠车头带"的传统时代，高铁是"火车头"和各动力车厢共同发力的结果。在川渝党政协调过程中，在关键议题上，不要争当"火车头"，而是秉承"动车组"意识，共同付出，"搭伙求财"，共投共建共营共治，才能共享和共赢。这样，关键议题就不会产生"纠结"。

三 以最大公约数规则来确定关键议题

在成渝地区双城经济圈建设关键议题的设计中，川渝两地需以"双城记"统筹发展的最大公约数作为核心价值和基本原则，先易后难，求同存异，走稳步，小快步，分步骤、分阶段，逐步逼近"最小公约数"，最终实现一体化甚至同城化发展目标，以实现"经济圈"开放、包容、普惠、平衡、共赢的包容性和精明性发展。

四 以股份制协同机制来解决市场化关键议题

从根本上讲，成渝地区双城经济圈建设的重大产业项目的资源配置，必须由市场机制起决定性作用。因此，面对这类关键议题，川渝党政协调只是一种导向,更多地要由市场供求机制、价格机制和竞争机制抉择。面对这类关键议题,川渝党政应该选择股份制协同机制,双方投资、风险与收益挂钩,占股大,投资大,风险也大,当然收益也大。

五 以共同平台形成关键议题的共同价值

在"经济圈"建设过程中,川渝党政要就共建"一带一路"、长江经济带发展、新一轮西部大开发、乡村振兴、军民融合等重大战略形成关键议题;双方抱团,共同向国家争取重大项目支持,共同向世界招商引资,共同深化开放开发合作形成关键议题,合力推进西部陆海新通道、中欧班列等出海出境大通道建设、重大基础设施等重大战略形成关键议题。在此过程中,要创新"一中心两省市""一城多区""共同平台""共同项目"机制,消除成渝地区双城经济圈跨行政区相向而行的"瓶颈""断头"与"缝隙",实现协同化、一体化进而"双城同城化"发展。同时,川渝党政还要就加强与陕西、广西、云南、贵州、西藏等西部省区市合作,完善与京津冀、长三角、粤港澳大湾区等重要城市群的战略对接形成关键议题。

六 以"经济圈"地方法规保障重大项目关键议题的AB错位配置

在"经济圈"建设过程中,势必涉及某个重大项目是落地四川还是落地重庆的关键议题讨论与磋商。除了要按照比较优势规律考量之外,川渝党政还要构建相对均衡的项目布局制度安排,统筹兼顾,互谅互让,共同受益。如果在四川主要布局A项目,那么就应该在重庆主要布局B项目。川渝党政要优化"经济圈"协同环境,共同制定"经济圈"川渝协同地方法规。以法治思维保障"经济圈"建设的良性竞合秩序。一旦空间错位的生产力布局格局议定,川渝党政就要依法严格遵守,加强协调,决不能破坏共同确定的"游戏规则"。特别是成渝两地在大数据、智能化、新能源、新材料、航天科技等领域,应进行充分沟通和科学规划,形成符合资源禀赋的产业分工格局。支持达州、广安、遂宁、资阳、内江、泸州等地与重庆毗邻的区(县)加强合作,新建一批新区、合作区和示范区。推进成渝地区共建国家数字经济创新发展试验区、西部金融中心、西部科学城、巴蜀文化旅游走廊、成渝现代高效特色农业带。加快四川自贸试验区建设,打造川渝自贸试验区协同开放示范区等。

七 把共同项目的分享机制作为川渝党政关键议题落地的制度安排

在"经济圈"建设过程中，有些共同项目可能在毗邻地区落地，也可能在川渝行政区划内的"飞地园区"落地。川渝合作"飞地园区"可以实现"你中有我，我中有你"的生产力布局，有助于产业形成特色型的聚集发展和规模效应。但是，川渝合作"飞地园区"要高质量发展，必须要做到"亲兄弟、明算账"。川渝党政要把合作"飞地园区"的分享机制作为关键议题。要根据川渝党政就合作"飞地园区"关键议题所形成的契约，或者按投资比例分享"飞地园区"的GDP和税收，以形成川渝合作"飞地园区"稳健发展的长效机制。

八 把干部的互派与交流作为川渝党政关键议题的重要实现路径

在"经济圈"建设过程中，川渝党政常态化的沟通交流非常重要。因此，从中央层面，要加强四川省和重庆市中管干部的互派和交流；从四川省和重庆市层面，要加强部门和毗邻地区干部的互派和交流，使"经济圈"从"地缘相近"到"人缘相亲"，促进干部的换位思考，形成"经济圈"一体化发展的人心相通。

第二节 议题落地保障措施

一 统筹规划引导

坚持和加强党对成渝地区双城经济圈区域协调发展工作的领导，加快制定出台《成渝地区双城经济圈建设党政协调机制行动方案》，进一步完善具体政策措施，健全跨地区跨部门重大规划、重点项目、重要事项协调推进机制。各市、县（区）要强化主体责任，结合实际采取有针对性的政策措施，加强对两个协同发展区建设的领导。川渝两地建设领导小组办公室要聚焦成渝地区双城经济圈建设中的重点、难点和热点问题，做好宏观政策的全局性、战略性、前瞻性和长期性研究分析，及时提供政策建议和战略谋划以供参考。

二 强化平台支撑

持续推进两江新区、重庆高新区、天府新区、成都高新区等重大成渝地区双城经济圈合作平台开发建设，重点围绕中国西部（重庆）科学城、成都东部新区等新兴平台，实现双城共建共享，促进成渝地区双城经济圈多类型、多目标科技创新，积极争取政策支持，共同推进基础研究、重大关键共性技术研究、科技创新基地建设发展、科技人才队伍建设、区域创新体系建设和科学技术普及等科研工作，服务城市生态建设发展。

三 注重考核监督

成渝地区双城经济圈建设的关键则是对政府官员的绩效评价体系是否科学合理。对各级政府部门的绩效评价体系是否科学合理，则直接引导和影响着有关政府部门是为地方小团体利益发力，还是为成渝地区双城经济圈建设发力。各地要领导亲自抓、负总责，逐条逐项细化任务、分解责任，实行工作项目化、项目清单化、清单责任化，明确时间表和路线图，施行过程控制，做到一级抓一级、层层抓落实。把年度重点任务和重点事项纳入当地高质量发展综合考核，建立通报制度和评估制度，激励干部担当作为。

第八章　成渝地区双城经济圈建设党政协调机制中的宜宾实践

第一节　宜宾党政要精准把握宜宾融入"经济圈"的战略机遇

宜宾是连接重庆和成都的重要节点城市。成渝地区双城经济圈建设,将为宜宾带来"西部大开发+'一带一路'+长江经济带"等国家战略的叠加机遇,将进一步凸显宜宾在四川省、成渝地区双城经济圈、长江上游,以及川渝滇黔结合部的重要地位。① 宜宾党政必须抢抓机遇,积极精准谋划,将成渝地区双城经济圈建设带来的机遇,转化为宜宾高质量发展的内生动力,成为引领"经济圈"中部发展的新引擎。

一　宜宾党政要深刻把握融入"经济圈"的战略意义

宜宾地处川南经济区核心区域,是四川南向开放枢纽门户,作为国家确定的成渝城市群沿江城市带区域中心城市和四川省委、省政府重点支持建设全省经济副中心的城市之一。做大做强宜宾区域增长极核,支持宜宾融入成渝地区双城经济圈建设,有利于增强成渝地区双城经济圈作为我国战略大后方的辐射带动能力,助力攀枝花钒钛产业的高质量发展和凉山州等深度贫困地区持续健康发展;有利于加快推进川南经济区一体化进程,助力成渝地区双城经济圈实现"中部崛起";筑牢长江上游生态屏障,夯实成渝地区双城经济圈建设的生态本底,实现成渝地区双城经济圈建设与

---

① 刘志慧:《宜宾融入成渝双城经济圈建设需要把握三个重点》,《宜宾日报》2020年1月17日。

第一部分　成渝地区双城经济圈建设党政协调机制及关键议题研究

西部大开发、长江经济带战略和"一带一路"建设的有机契合。

唱好"双城记",建优"经济圈",不仅仅是"双城"的二重唱,更是圈内城市群协同"双城"的"大合唱"和交响乐。在成渝地区双城经济圈中,除了成都和重庆"双城"之外,还需要形成几个综合实力较强、区位优势明显、辐射带动作用大的区域性中心城市,形成合理的城市体系和梯队,才能建优"经济圈"。据 2019 年 GDP 数据显示,宜宾有着高达 2601.89 亿元的 GDP 总量,排名四川省内前三,在宜宾前面的正是赫赫有名的绵阳市,去年绵阳 GDP 为 2856.20 亿元,排名宜宾之后的则是三星堆文化发祥地德阳,去年德阳 GDP 是 2335.90 亿元。重庆渝北区 2019 年实现 GDP 1848.24 亿元的目标,在重庆的 38 区县生产总量中排名第一。从 GDP 总量上看,宜宾是重庆渝北区 1.4 倍。

宜宾党政要深刻把握宜宾的地缘和经济地理新格局。宜宾是著名的"川南五城"。第一,宜宾是四川南向通道上的枢纽新城,在南向区位上,宜宾比成都还占有优势;第二,宜宾是长江首城,是四川融入长江经济带战略的首城;第三,宜宾是区域大城,宜宾地处川滇黔结合部,是川滇黔结合部的区域中心城市,是区域大城;第四,宜宾的长宁竹海和五粮液中外驰名,是竹都酒城;第五,宜宾生态环境优美,是著名的川南美城。因此,宜宾融入成渝地区双城经济圈,一定要对标习近平总书记对成渝地区双城经济圈的战略谋划,对成渝地区双城经济圈"两中心两地"的战略定位,对成渝地区双城经济圈七项重点任务的战略要求,顶层设计出"两中心两地"的"宜宾表达"。

宜宾党政应该进一步明确,宜宾全面融入成渝地区双城经济圈建设,一定要跳出宜宾视野,站位于国家和成渝地区双城经济圈的重大历史方位。因此,将宜宾定位为:成渝地区双城经济圈重要的西南节点城市,将着眼点放在战略性增量引进上,积极融入成渝地区双城经济圈建设中,充分认清宜宾在成渝地区双城经济圈中的定位,并找准自身在长江经济带、全四川省位置,集中力量对接战略性支撑项目,聚焦重点领域和关键环节,将大块头的增量引进作为调整产业结构、确立经济骨架的重要举措。宜宾重要的战略定位从以下几个方面理解:

第一,宜宾是国家战略大后方川滇黔结合部区域中心城市,宜宾融入成渝地区双城经济圈建设,有利于增强"经济圈"之战略大后方的支点,

第八章 成渝地区双城经济圈建设党政协调机制中的宜宾实践

增强国家维护战略安全和经略周边的能力。

第二，宜宾是川南重要的产业之城。经过几十年特别是改革开放以来的发展，经济发展基础较好，产业体系形成了一定规模，对科技人才等要素有较强吸引力。宜宾融入成渝地区双城经济圈建设，有利于在"经济圈"中南部地区形成高质量发展的重要增长极，增强人口和经济承载力，助推"经济圈"中南部地区巩固脱贫攻坚成果，甚至联动攀西地区的产业发展，有助于解决"经济圈"内外的发展不平衡不充分问题。

第三，宜宾是成渝地区南向开放的重要枢纽，是西部陆海新通道的重要支点。宜宾融入成渝地区双城经济圈建设，有助于打造内陆开放战略高地支点和参与国际竞争的新基地，助推形成陆海内外联动、东向双向互济的对外开放新格局。

第四，宜宾地处长江上游，是长江首城。宜宾融入成渝地区双城经济圈建设，对维护国家生态安全至关重要，有利于吸收生态功能区人口向城市群集中，使"经济圈"中南部地区形成优势区域重点发展、生态功能区重点保护的新格局，保护长江上游和"经济圈"中南部地区的生态环境。

二 宜宾党政要深刻把握融入"经济圈"的战略机遇

宜宾融入成渝地区双城经济圈建设，必将对宜宾经济社会发展的宏观环境、基本格局和整体态势产生积极而深远的影响，从而形成极为有利的发展战略机遇期。其主要特征体现为宜宾的战略地位将进一步凸显、战略空间将进一步拓展、战略潜能进一步释放。这是构建宜宾党政协调机制的重要站位。

1. 宜宾的战略地位将进一步凸显

习近平总书记指出，推动成渝地区双城经济圈建设，有利于形成强大的战略后方，有利于在西部形成高质量发展的重要增长极，有助于打造内陆开放战略高地和参与国际竞争的新基地，有利于保护长江上游和西部地区生态环境。这从国家战略全局的高度凸显了成渝地区的战略地位。战略大后方地位凸显。历史上，成都是"水旱从人、不知饥馑的天府之国"，重庆"缒毂西南，扼控江汉，尤为国家重镇"。自改革开放以来，我国相继实施西部大开发、东北振兴、中部崛起、东部率先发展战略，形成西

57

部、东北、中部、东部四大板块。新形势下，以习近平同志为核心的党中央对促进区域协调发展作出新的战略部署，推动构建以"一带一路"、长江经济带、黄河流域等为"战略主轴"，以京津冀、长三角、粤港澳大湾区等为"战略要地"的发展战略格局。推动成渝地区双城经济圈建设，使地处西部内陆的成渝地区成为我国区域协调发展和对开放新格局中的承东启西、沟通南北的战略要地。高质量发展重要增长极地位凸显。随着我国经济由高速增长阶段转向高质量发展阶段，成为引领高质量发展的动力源。成渝地区已形成以成都、重庆主城都市区两个国家中心城市为"双核"、以众多次级城市为支撑的城市群，经济总量、常住人口规模均占西部地区的36%左右，以不到全国2%的土地集中了全国7%的人口、6.4%的经济总量。2019年，成渝地区研发经费支出和专利授权量分别占西部地区的31%和37%，上市企业数占西部地区的36.5%，客运总量和货运总量分别约占西部地区的31%和27%。推动成渝地区双城经济圈建设，有利于发挥成都和重庆主城都市区"双核"带动作用，促进成渝地区加快传统产业改造升级和高新技术产业补链成群，加快金融、物流等现代服务业高质量发展，强化成渝地区在创新驱动、绿色转型等方面的引擎作用，强化在资本、技术、人才、信息等要素市场培育方面的核心作用，在西部地区加快形成高质量发展的新动力源。对外开放门户地位凸显。成渝地区处在"一带一路"和长江经济带的重要联结点上，是联动"一带"与"一路"的"大通道"，是衔接"一带一路"和长江经济带的"大枢纽"，在我国陆海内外联动、东西双向互济的对外开放新格局中具有独特而重要的作用。近年来，成渝地区开放发展优势快速集聚，形成中欧班列、西部陆海新通道等开放大通道，拥有重庆国际物流枢纽园区、果园港、成都双流国际机场等开放枢纽，拥有两个国家级新区、两个自贸试验区和若干海关特殊监管区等开放平台体系，开放型经济发展态势良好。截至2019年年底，成渝地区累计开行中欧班列超9000列，约占全国班列数的40%；2019年西部陆海新通道铁海联运班列开行923班。成渝地区进出口贸易总额超过1.2万亿元，占全国比重从2009年2%提高到4%，实现10年翻一番。推动成渝地区双城经济圈建设，将进一步推动成渝地区完善大通道、大枢纽、大平台、大环境，强化我国西向、南向开放的"门户"功能。重要生态屏障地位凸显。长江流经四川，横贯重庆全境，流域面积50平方

第八章 成渝地区双城经济圈建设党政协调机制中的宜宾实践

公里以上的支流共510条。四川省贡献了长江27.9%的水量,三峡库区是我国重要的淡水资源战略储备库、维系着全国35%的淡水资源涵养,关乎长江中下游3亿多人的饮水安全。推动成渝地区双城经济圈建设,将进一步促进成渝地区生态优先、绿色发展,筑牢长江上游重要生态屏障;进一步促进西部地区生态功能区人口向城市群集中,形成优势区域重点发展、生态功能区重点保护的新格局,更好维护国家生态安全。

宜宾地处金沙江、岷江、长江交汇处、川渝滇黔结合部核心区域,与成都、重庆、昆明、贵阳距离在250—500公里内,处于4个省会城市的几何中心位置,是成渝带动乌蒙山集中连片特殊困难地区脱贫的前沿城市,具有直接辐射吸纳3省8市3700万人的显著优势。是成渝经济区连结南贵昆经济区走向东南亚、攀西六盘水地区出入长江黄金水道的重要门户。在成渝地区双城经济圈建设背景下,宜宾的战略机遇势必进一步凸显。

2. 宜宾的战略空间将进一步拓展

推动成渝地区双城经济圈建设,将拓展成渝地区的经济腹地、辐射区域和影响范围,进而形成更加广阔的大市场。经济腹地扩大。成渝地区双城经济圈与原成渝城市群相比,市场规模显著扩大。原成渝城市群常住人口0.95亿人、经济总量5.7万亿元。成渝地区双城经济圈常住人口接近1.2亿人、经济总量超过7万亿元,市场体量相当于排名全球第16位的印度尼西亚。辐射区域扩大。成渝地区双城经济圈直接毗邻的9个省份(自治区),联动滇、黔、桂、藏和湖北西部、湖南西南部、陕甘青等省区部分地区。辐射区域人口达到2.9亿、GDP总量超过14万亿元、消费规模接近6万亿元。影响范围扩大。成渝地区双城经济圈的经济影响力通过中欧班列、西部陆海新通道、长江黄金水道、渝(蓉)满俄通道,衔接中国—中南半岛、孟中印缅、中巴、新亚欧大陆桥、中国—中亚—西亚、中蒙俄六大国际经济走廊,西向延伸至中亚、西亚、欧洲市场,南向延伸至南亚、非洲市场,东向延伸至日韩市场和欧美市场,北向延伸至蒙古和俄罗斯市场。比如东盟市场,拥有6.4亿人口,2016—2018年与重庆贸易额年均增速达16.6%,随着成渝地区双城经济圈建设的推进,预计今后5年贸易额年均增速将提高到20%以上。

在成渝地区双城经济圈建设背景下,宜宾的枢纽优势将进一步凸显。

目前，宜宾积极参与西部陆海新通道建设，铁公水空立体交通体系基本形成，是63个全国性综合交通枢纽之一，是川渝滇黔四省市中唯一列入全国50个高铁枢纽的地级市，是全省3个高铁枢纽配套动车所和维保基地之一。建成投运五粮液机场，全市铁路通车总里程423公里，建成5条高速、通车总里程282公里，基本形成至成都、重庆、贵阳、昆明1—2小时交通圈，至西安、兰州5小时交通圈，至长三角、珠三角、北部湾7小时交通圈。商贸物流基础良好，是商务部确定的66个区域级流通节点城市之一、全国《商贸物流发展"十三五"规划》确定的川南唯一区域性商贸物流节点城市。宜宾的开放合作载体丰富。海关、商检等口岸机构齐备，建成国家综合保税区、进境粮食指定口岸、保税物流中心（B型）、国家临时开放口岸、中国（四川）自贸试验区宜宾协同区，是四川国际贸易"单一窗口"标准版首批4个试点城市之一。中国国际名酒文化节、中国（宜宾）早茶节、中国国际智能终端产业发展大会、中国（宜宾）国际竹产业发展峰会暨竹产品交易会、中国机器人大赛等重大活动展会举办的有声有色。招商引资成果丰硕，引进中国中车、奇瑞汽车等世界500强、中国500强企业共8户，2019年实际利用国内市外资金765.15亿元，引进国内省外到位资金486.8亿元。在疫情后全球产业链、供应链、价值链、消费链进一步重组的背景下，宜宾将有更大的经济回旋空间。

3. 宜宾的战略潜能将进一步释放

成渝地区双城经济圈建设使成渝地区发展的外部环境更加有利、内生动力更加强劲、社会预期更加看好，必将促进成渝地区深入挖掘发展潜力、快速集聚发展势能，形成高质量发展良好态势。政策叠加释放强大推力。在推动西部大开发形成新格局的新形势下，国家加大对西部地区精准支持力度，出台了税收优惠、生态补偿、沿边开放等系列倾斜政策。随着成渝地区双城经济圈建设的推进，国家在交通设施、数字产业、协同创新等方面对成渝地区的政策支持力度将进一步加大。各项政策的叠加，有利于推动成渝地区进一步改善生态环境、汇聚资源要素、扩大开放水平等。转型升级释放内生动力。成渝地区协同联动发展，必将促进经济结构不断优化、新产业新业态新模式不断涌现。比如产业竞争力方面，国家对新能源汽车、自动驾驶技术等系统化集成的支持，将促进两地发挥各自在电子研发、检验检测、产业链配套等方面的优势,共同打造新一代汽车产品集成创新的生态圈,推动成渝地区由汽车制造重镇向汽车研发高地转型。信心提振释放社会活力。近年来,社会各界看好成渝地区发展,外来投资持续增多。2019年,重庆亿元以上工业项目累计引进签约689个、合同投资额6205亿元。成渝地区双城经济圈建设,让社会各界对成渝地区发展前景进一步看好。据调查,90%以上的民营企业表示对发展前景有信心;70%的在渝外商企业有扩大现有规模、投资新项目等意向。

宜宾将会由此激发出更大的战略潜能。宜宾近年来深入实施"产业发展双轮驱动"战略,形成以"中国酒业大王"五粮液、全国创新型企业丝丽雅等行业领军企业为核心,以智能制造、轨道交通、汽车等8大高端成长型产业和酿酒专用粮、竹、茶等"6+3"农业产业为特色的现代产业体系。2019年三产结构比为11∶50∶39,其中规上工业增加值同比增长10.4%,分别高于全国、全省4.7个和2.4个百分点。新兴产业蓬勃发展,引进朵唯、中兴等185家智能终端企业,建成四川省智能终端特色产业基地;引进凯翼汽车公司和奇瑞新能源汽车,建设年产能20万辆的乘用车生产基地;引进宁德时代新能源,总投资100亿元,年产能30GWh,打造中国西部最大的新能源产业基地。轨道交通产业基地建成投产,全球首条智能轨道快运系统T1示范线开通运营,天原锂宝等新材料企业正式投产,产业集群化发展态势明显。传统产业持续壮大,五粮液集团2019年营业收入突破1000亿元,成为全省第4个跨千亿台阶的工业企业,丝丽雅集团、天原集团营业收入突破240亿元。现代服务业提速增效,电商交易突破300亿元,与阿里巴巴集团签约打造国家级智能制造生态产业基地,创立"银证企担"产融结合平台,设立"天府农业板"。特色优势农业稳步发展,产业产值稳居全省前列,竹林规模居全国第6位、西部第1位,茶园规模和产量居全省第1位、产值居全省第2位。

近年来,宜宾全力推进大学城、科创城建设,成为全省唯一的学教研产城一体化试验区、全国首批国家产教融合型试点城市,四川首批省级创新型城市。大学城方面,与四川大学、电子科技大学、上海交通大学等18所高校在产教融合方面达成合作,在校大学生由2.5万人增加至5.7万人,留学生人数由零突破到50余个国家700余人、人数居全省第二。科创城方面,建成首个厅市共建智能终端四川省重点实验室、国家技术转移

第一部分 成渝地区双城经济圈建设党政协调机制及关键议题研究

西南中心川南分中心等9个省级科研创新（孵化）平台，建成宜宾同济汽车研究院等9所产研院及邓中翰等院士（专家）工作站，拥有国家企业技术中心7个，以宜宾"双城"为核心的国家高新区创建请示已被国务院批转科技部。

宜宾围绕长江上游区域中心城市建设，全力推进新型城镇化，深化城市规划建设管理体制改革，成功设立首个省级新区—三江新区。统筹推进新区建设和旧城改造，扎实推进城市"双修"，全国文明城市创建有力有效，城市形象、功能和品位大幅提升，中心城区面积153平方公里、常住人口153万人，城市综合承载能力、辐射吸纳能力持续增强。县域经济不断夯实，乡镇行政区划调整改革和村级建制调整改革扎实开展，基层组织建设坚强有力，特色小镇和中心镇建设加快推进，空间开发格局不断优化。

宜宾长江生态第一城的建设取得新成效。深入实施大气污染防治攻坚战"十大行动"，建立完善川南地区大气污染防治联防联控机制。全面落实水污染防治行动计划、河（湖）长制，与成都、乐山、眉山、阿坝签订了《四川省岷江流域突发环境事件联防联控框架协议》，与省内金沙江流域市（州）签订了《四川省金沙江流域突发环境事件联防联控框架协议》，积极构建流域环境风险联防联控体系。长江生态综合治理成效明显，大力实施美丽乡村植竹造林、城镇竹景观打造行动，成功创建国家园林城市，有序推进国家环保模范城市创建，全面启动生态文明建设示范区创建工作，全市地表水水质优良达标率100%，森林覆盖率达49.42%。

特别是省委十一届三次全会以来，川南四市全面落实清华书记"六个一体化"重要要求，着力完善区域合作机制，着力构建对外大通道，着力优化产业结构，着力建设新型城镇化，着力提升公共服务，川南经济区联席会议顺利召开，成自宜高铁（川南城际铁路）宜宾段全线开工建设，南向开放物流联盟成功组建，一体化发展进程加快推进，经济社会呈现高质量发展的良好态势，2019年全区GDP达7544.71亿元，占全省的16.18%。成宜合作更加紧密，"成都—宜宾—广西—东盟"四川国际物流大通道建设推进有力，宜宾南向国际货运班列运行稳定，《极米智能光电产业园投资协议》《教育发展合作协议》《金融发展合作协议》等12个协议有序推进。这也是成渝地区党政协调机制构建与成功运行的宜宾实例。

三 宜宾融入"经济圈"面临的挑战

第一,目前,"双城"虹吸效应大于辐射效应。高铁时代的到来,虽然有利于城市间利用资源强化城际联系,承接产业转移,扩大市场范围,但本地的人口等流动性资源容易受到一线城市强烈的虹吸效应影响,造成本地区的人口净流出。同时,交通便利度的提高容易增加居民在一线城市的高端产品消费和购房需求,造成本地资金外流。

第二,区域发展未能实现有效协同。省委十一届三次全会提出"鼓励和支持有条件的区域中心城市争创全省经济副中心",随着全省具备条件的市(州)均加入了对经济副中心地位的竞争中,各市在资源、政策等方面的争夺也日益加剧,导致区域未能实现有效协同,资源利用效率还不高。

第三,产业同质化竞争趋势明显。川南经济区内在加速产业转型的过程中,各市纷纷瞄准了新兴产业,区内城市之间以及川南各市与周边城市间都产生了同质化竞争的现象。比如,宜宾、泸州均将新能源、新材料、现代医药作为战略型产业进行培养,自贡、内江也致力于发展新材料等产业,区域内及区域间的同质化竞争趋势明显。

四 宜宾融入"经济圈"的战略定位

宜宾融入成渝地区双城经济圈,以建成四川省经济副中心为基础,到2025年实现建成成渝地区经济副中心的战略定位。宜宾要充分发挥地缘和经济地理区位比较优势、产业基础坚实、科教资源丰富、生态环境良好、开放水平较高等方面的比较优势,打造经济发展廊带、南向开放先行区、生态建设示范区、产教融合科创城、现代滨江山水城,构建"一带两区两城"支撑体系,做大做强宜宾极核,不断增强宜宾辐射带动作用,引领带动川南经济区一体化发展,推动产业共建、生态共治、科创共兴、开放共融、发展共享,共同打造成渝地区双城经济圈高质量发展的中南部板块,助力实现"经济圈"的"中南部崛起"。

一是对标"经济圈"的重要经济中心定位,宜宾党政要加强协调谋划,以建成全省经济副中心为基础,将宜宾建设成为"经济圈"经济副中心。宜宾在融入成渝地区双城经济圈建设过程中,要深入实施"产业发展双轮驱动"战略,积极构建"5+1"现代产业体系,优化调整经济结构,提升发展质量和效益,不断增强综合实力,打造长江上游区域中心城市,协同带动川南经济区的高质量发展,协同攀枝花钒钛产业的外溢,助力凉山州等深度贫困地区持续健康发展,形成全省经济发展的重要支撑和成渝地区双城经济圈中南部发展的中坚力量。

二是对标"经济圈"的科技创新中心定位,宜宾党政要加强协调谋划,将宜宾建设成为"经济圈"中南部重要的产教融合创新中心。加快建设创新驱动发展示范区和高质量发展先行区,坚定不移地推进大学城、科创城建设,加强科技创新承载平台打造,全力做好产教融合改革试点,建立以川渝境内岷江、长江流域为主线的长江上游绿色科技创新走廊,推动沿江城市之间的创新资源共享、政策共通、市场共融、人才共用,打造成渝地区科技成果转化高地,建成国家产教融合型试点城市和全国创新型城市。

三是对标"经济圈"的改革开放新高地,宜宾党政要加强协调谋划,将宜宾建设成为"经济圈"南向开放枢纽和内陆开放高地重要支点。加快宜宾三江新区建设,深化自贸区协同区改革,完善铁公水空现代化立体交通网络,打造成渝地区双城经济圈南向开放先行区,重点对接中新合作机制、粤港澳大湾区、北部湾经济区,加强各类型开放平台建设,推动知识、技术、数据、人才等创新要素加速流动和整合集聚,认真办好各类重大展会活动,不断完善枢纽门户功能,发展更高层次开放型经济,构建"开放发展四向联动"新格局,成为成渝地区双城经济圈内陆开放枢纽和内陆开放高地重要支点。

四是对标"经济圈"高品质生活宜居地,宜宾党政要加强协调谋划,将宜宾建设成为长江首座生态康养宜居城。践行绿色发展理念,坚持生态优先、绿色发展,实施长江生态修复工程和大规模绿化行动,加快发展先进制造业、新材料、节能环保产业等绿色低碳循环经济。优化城市布局,完善城市功能,提升城市能级和品质,加快两海示范区、森林康养基地建设,推进文旅融合发展,建成长江上游区域性教育科技医疗文化旅游中心,积极创建国家生态文明建设示范区、国家环保模范城市、全国绿化模范城市。

五 宜宾融入"经济圈"的路径抉择

宜宾党政要深入贯彻创新、协调、绿色、开放、共享的新发展理念，坚持高质量发展，坚定"一纵一横"融入路径，做大做强"一带两区两城"发展支撑，突出宜宾带动作用，引领带动川南经济区一体化发展，共同打造成渝地区双城经济圈中南部高质量发展增长极。

一廊带：经济发展廊带。通过加强区域产业协同合作，引导促进产业同质化竞争走向集群化发展，打造世界级白酒产业集群、国家级智能终端产业集群、西部地区先进材料、装备制造、新能源产业集群，构建川南协同、成渝配套的经济发展廊带，预计2022年川南经济区GDP突破1万亿元；2025年实现1.2万亿元，力争接近成都的1/2，超过重庆的1/3。

两区：南向开放先行区、生态建设示范区。通过全面融入"一带一路"建设和长江经济带发展，加快推进西部陆海新通道建设，构建引领川南、融入成渝、拓展四向的开放发展格局，推动更大范围、更宽领域、更深层次的对外开放，打造成渝地区双城经济圈南向开放先行区。通过探索生态优先、绿色发展新路，坚持"共抓大保护，不搞大开发"，切实筑牢长江上游生态屏障，高质量建设长江生态第一城，推动形成绿水青山就是金山银山的宜宾实践，打造生态建设示范区。

两城：产教融合科创城、现代滨江山水城。通过实施创新驱动发展战略，抢抓国家产教融合型试点城市发展机遇，提升科技创新能力，集聚创新人才，优化创新生态，推进"学教研产城"融合发展，激活创新发展的强大动能，打造产教融合科创城。通过落实主体功能区战略，推进国土空间规划编制，充分保护与利用宜宾山水生态及景观资源，构筑"显山露水、山水相融"独特城市景观风貌，打造现代滨江山水城。

1. 坚定不移贯彻协调发展理念，加快打造经济发展廊带

一是打造世界级白酒产业集群。2019年，宜宾规上工业酒类企业59户，年产值1307.5亿元，增加值增长5.4%，年产量67.7万千升、增长5.7%。预计全市白酒产值比泸州（910亿元）高397.5亿元，企业产量、营业收入、利润总额分别占全省白酒行业的18.5%、49%、65%，占全国白酒行业的8.6%、22%、19%。充分发挥宜宾食品饮料产业资源优势，突出五粮液龙头引领作用，加快整合宜宾白酒资源，力争到2025年，产业规模超过2000亿元，五粮液集团进入世界500强。联动泸州白酒产业园区、古蔺郎酒生产基地，积极开展产区塑造、集群培育、产业配套、工艺传承、人才振兴、文化弘扬等合作，鼓励支持五粮液、泸州老窖、郎酒等行业龙头，探索共建共享白酒储存检测、技术研发和文化体验中心，共同打造世界级优质白酒产业集群。

二是打造国家级智能终端产业集群。近年来，宜宾大力发展电子信息产业，累计签约产业项目185个，协议投资总额逾500亿元。2019年，规上工业企业66户，实现主营业务收入170.3亿元，位居川南第一。其中以手机为主的智能终端，产业增加值增长57.1%，年生产量5613.93万台，占全省手机产量的37.9%。抢抓电子信息·智能终端国家新型工业化产业示范基地发展机遇，紧盯成都"芯屏端软智网"电子信息产业生态圈打造和重庆"芯屏器核网"全产业链构建，积极承接电子信息产业转移，智能穿戴、智能家居，支持极米、朵唯、康佳、领歌、中兴等30家重点新兴产业企业发展壮大，推进极米智能光电产业园、宜宾康佳高科技产业园等项目，力争到2025年，产业规模达到2000亿元。联动自贡、泸州智能终端产业园和内江电子信息产业配套基地发展，健全完善电子信息产业链条，打造以智能终端为主的国家级电子信息产业集群。

三是打造西部地区三大核心产业集群。先进材料产业集群。推进宁德时代60GWh动力电池基地、天宜锂业4万吨锂电材料电池级氢氧化锂、丝丽雅集团10万吨生物基纤维非织造复合新材料等项目建设，积极创建四川省医用卫生应急产业基地，力争到2025年，产业规模达到1000亿元。加强与泸州、自贡、内江新材料基地协同合作，建成以锂电材料、生物基纤维、钒钛新材料为主的先进材料产业集群。装备制造产业集群。重点发展中车集团、四川时代、奇瑞新能源汽车、凯翼汽车等企业，力争到2025年，产业规模达到1000亿元。联动成渝汽车、摩托车、轨道交通等装备产业和内江汽车零部件制造产业，整合上下游资源，全力构建整车、发动机、动力电池和零部件研发汽车全产业链生态体系，打造西南地区汽车产业基地，加快建成以汽车、轨道交通为主的装备制造产业集群。新能源产业集群。川南页岩气田累计探明储量1.19万亿立方米，占全国页岩气探明储量的2/3，是我国首个百亿储量的页岩气田。宜宾共有页岩气开发平台85个、井339口，累计页岩气投资240亿元、产气124亿立方。积极争取设立页岩气开发利益共享机制，落实用气指标，促进页岩气就地利用。支持天原集团、北方红光、长宁天然气等骨干企业发展壮大，推进页岩气勘探开发、海丰和泰10万吨钛白粉、雅丽兴5万吨二硫化碳等项目建设，力争到2025年，产业规模达到1000亿元。联动重庆做好页岩气勘探开发，加强与成都彭州石油、长寿天然气、万州盐气、垫江天然气的协同合作，创建跨区域天然气能源化工科技合作开发体系，建成以页岩气为主的新能源产业集群。

四是打造现代服务业三大中心。长江上游区域性现代商贸物流中心。大力发展多式联运，加大南向国际铁路货运班列开行力度，加快建设长江上游成宜国际物流港。深化四川自贸试验区川南临港片区改革创新，加强与泸州港、自贡国际陆港的协同合作，联动成都国际铁路港、重庆内陆国际物流枢纽"借船出海"，高质量建成现代商贸物流中心。长江上游区域性国际会展中心。建设宜宾国际会议中心，组建宜宾市会展公司，发展"会展+"经济，推动会展产业与绿色经济、数字经济、智能经济深度融合。高质量办好中国国际名酒文化节专业展会和国际（宜宾）竹产业发展峰会暨竹产品交易会、国际（宜宾）茶业年会等特色展会。长江上游区域性大数据中心。推进长江上游区域大数据中心项目建设，与成都数字经济生态体系建设和重庆"云联数算用"要素集群开展合作，重点承接5G等新一代数字技术巨量应用数据和高清视频业务，构建信息枢纽中心、流量汇聚中心和网络节点中心，培育发展工业互联网、云服务、人工智能、物联网等新业态，创建全省数字经济创新发展试验区。

2. 坚定不移贯彻开放发展理念，加快打造南向开放先行区

一是完善对外开放大通道，构建四向联动新格局。突出南向，辐射南亚东南亚。加快推进西部陆海新通道建设，新建宜宾（珙县）—泸州（叙永）铁路连接隆黄铁路经百色至南宁，扩能改造内昆铁路（内江—宜宾—昭通）。加快宜宾—彝良、宜宾—威信等南向高速大通道建设，快速连接云南、贵州高速路网。提升南向国际铁路货运班列品质，落地落实与钦州、防城港、遵义、毕节、昭通等南向节点城市在通道建设、江铁海联运、园区建设等合作事项。倡议提出建设成都—重庆—宜宾—昆明至南

亚、东南亚的"南丝绸之路经济大走廊",打造贯穿南北的新时代西部大开发走廊和对外开放走廊,争取上升为国家战略并纳入"一带一路"统一实施。

拓展西向,对接攀西经济区。规划建设宜宾—乐山—雅安沿江铁路连接川藏铁路,联通长江经济带和进藏通道,构建东西战略大通道。通过建设宜宾—西昌—攀枝花高速铁路、大理—攀枝花—昭通铁路和宜攀高速宜宾—新市段连接攀西战略资源创新开发区(攀西经济区),经大理、瑞丽连接泛亚铁路西线至缅甸皎漂港,衔接21世纪海上丝绸之路,打通与欧洲、中东、非洲开放大通道,构建四向通达、陆海互济的立体开放大通道。

提升东向,联动重庆都市圈。规划建设重庆—泸州—宜宾沿江铁路、盐津—筠连—叙永高速、宜宾—泸州—重庆永川高速,加快推进渝昆高铁、宜宾至南溪至江安至泸州快速通道、临港综合性物流基地建设。开展长江干线重庆—宜宾段生态航道整治,改善提升岷江、金沙江通航条件,充分发挥宜宾港长江干支中转枢纽港作用,畅通物流集疏运通道,发展多式联运。联动泸州,牵手江津,谋划设立"宜泸江"沿长江统筹发展示范区,加强与长江沿线城市特别是重庆、长三角城市群、中原经济区的合作,全面融入长江经济带。

优化北向,融入成都都市圈。规划建设成都至重庆成渝地区双城经济圈南线铁路通道(成都—雅安—乐山—宜宾—泸州—重庆)和南溪—内江高速公路,加快推进成自宜高铁、成都—宜宾高速、仁寿—沐川—屏山新市高速等在建项目建设,连接成都平原经济圈,进一步强化与成都的战略互动,搭载"蓉欧+""渝新欧+"中欧班列,进入中蒙俄经济走廊,深化与中亚、欧洲的经贸合作。

二是打造三江新区增长极,拓展开放发展新空间。坚持多规合一,高水平编制发展规划。三江新区作为目前四川省唯一省级新区,是承担全省乃至国家重大发展和改革开放战略任务的综合功能平台,肩负着为全省探索区域协同发展新机制、城市转型发展新路径、产教城融合发展新模式、开放型经济发展新举措等多项重要使命。高质量推进新区建设,聘请中国城市规划设计研究院,编制新区发展总体规划,着力建立发展总体规划+空间规划+控详规等规划相统一的规划体系,并瞄准国内外顶尖专家组建咨询团队。坚持先行先试，全方位开展改革创新。按照"一个平台、一个主体、一套班子"的体制构架，积极探索与现行管理体制协调、联动的高效管理方式，谋划设立优化、协同、高效的三江新区党工委、管委会。探索开展经济区与行政区适度分离，鼓励支持三江新区在深化管理体制、运行机制、投融资、金融服务、科技创新、人才保障等方面大胆改革。坚持对标发展，培育打造国家级新区。加快推进一批交通基础设施先行项目，搭建新区内外交通骨架路网，重点抓好临港经开区、南溪经开区、长江工业园区主导产业发展，积极争取在机构设置、发展定位、项目布局等方面支持，特别是在发展空间、财税支持、科教发展、赋能赋权等政策上争取保障。以三江口为龙头，加快沿长江向东发展，形成宜泸自共建格局，联动天府新区与重庆两江新区和未来三峡新区，积极在产业协同、绿色发展、科技创新、开放合作等方面开展合作，培育打造国家级新区。

三是搭建引领性开放平台，提升开放型经济水平。建好口岸开放平台。积极争取将宜宾港水运口岸、宜宾机场航空口岸、铁路口岸纳入国家口岸发展"十四五"规划。持续深化四川自贸区协同区改革，争取纳入自贸区试验区扩区改革。高质量发展综合保税区，用好国家21项支持政策，加快建设保税加工区、保税物流区、口岸作业区、服务贸易区、综合服务区5大功能分区，拓展综合保税区的业务范围，争取贸易多元化等政策试点。加快设立发展国别产业园区、飞地园区，优先打造南亚、东南亚国际合作示范区，开展跨境贸易和跨境旅游合作，推进内陆与沿海沿江沿边协同开放。建好重大活动平台。以深化项目合作为重心，以"搭建大平台、认识新面孔、助力强合作"为取向，全力参与四川发展大会、西博会等省级平台活动，高水平承办"澜湄对话·教育合作论坛"，高规格举办"国际智能终端发展峰会""中国国际名酒文化节""南丝绸之路国际文化旅游节"等重大活动，力争打造1个到2个国家级、省级官方平台活动。支持企业参加"南亚博览会""东盟博览会"等境外知名专业展会。建好对外交流平台。突出与"一带一路"支点城市、国际大通道节点城市、南向开放重要城市建立友城关系。积极融入中、省涉外双边交流合作机制，加强与境外商会、侨团、侨企的联系，多层次开展民间外交。充分利用外贸、外资的客商资源，共建、共享信息交流平台，为本土企业"走出去"牵线搭桥。

四是提高招商引资成功率，培育产业发展新动能。提升园区承载能力。统筹优化县（区）、园区主导产业布局，用好各项支持政策，全面夯实产业园区承载功能，配套推进一流生产设施和生活配套设施建设，提升重大项目落地承载力。创新园区建设体制机制，提升园区公共服务和创新驱动能力。加快建设国别产业园区、飞地园区，打造特色出口园区，助推园区重点产业出口。精准招引目标企业。围绕主导产业，开展强链、补链和扩链精准招商，推动产业规模化、集群化、集约化发展。强化产业研判，完善目标企业库，制定产业招商路线图，聚焦目标企业精准发力，力争在"三类500强"、行业领军企业引进方面有新突破，重点在宁德时代动力电池生产基地建设核心配套、凯翼汽车及奇瑞新能源汽车核心配套、电子信息和重大装备制造核心配套等方面取得重大进展。力促项目签约落地。围绕构建"主导产业引领、核心企业带动、关键配套支撑"产业生态体系，聚焦电子信息、汽车、重大装备、新材料、大数据等关键领域，强化重大项目策划、包装和推介，灵活采用委托招商、以商招商、股权招商、精准招商等有效形式推进重大项目招引。

3. 坚定不移贯彻绿色发展理念，加快打造生态建设示范区

一是夯实生态底色，筑牢生态屏障。加强生态联保共治。探索建立川渝滇黔藏生态建设协作区，积极与重庆、云南、贵州、西藏等地联合开展长江流域生态保护修复工程。加强大气污染物协同控制，强化川南地区联防联控，科学应对重污染天气。加强生态廊道建设，与泸州、乐山共建川南盆缘山地生态走廊，以金沙江—长江干流、岷江沱江等为主体构建水生态廊道，以G93、G85等国省干道为主体构建陆路生态绿色廊道，建设成渝城市群生态隔离带。严守生态红线底线。强化"三线一单"约束机制，构建宜宾市"三线一单"管控体系及信息管理平台。强化生态环境空间管控，推进生态保护红线勘界定标。严格生态红线管控，落实天然林保护制度，创建国家生态文明建设示范区（县）。落实长江岸线保护和开发利用总体规划，统筹规划全市岸线资源，严格分区管理与用途管制，加强"三江""九河"岸线保护，打造"三江"流域基干防护林带和林水相依风光带。打赢污染防治攻坚战。抓好中、省环保督察及"回头看"问题整改。优化调整能源结构，提高清洁能源比

第八章 成渝地区双城经济圈建设党政协调机制中的宜宾实践

重,建设资源循环利用基地,积极争取宜宾水电消纳产业示范区试点。推进环保基础设施建设,实施农村生活污水治理"千村示范工程""千人万吨"水源地规范化整治建设行动,加强固废危废污染联防联治,切实改善提升人居环境品质。力争到2025年,森林覆盖率达到50%以上,空气质量优良天数比例大于85%。

二是依托生态优势,发展绿色经济。大力发展文旅康养产业。做大夜间经济,打造"醉美宜宾·浪漫三江"夜间经济品牌。高标准高质量推进"两海"生态文化旅游示范区建设,积极创建国家5A级景区和打造国家级文化旅游品牌,引领带动李庄古镇、五粮液古窖池、冠英街文旅特色街区等重点景区发展,统筹推进翠屏山、世界樟海、长江第一湾等景区建设,打造金秋湖、天宫山等文旅产业园区,构建全域旅游格局,加快打造长江上游国际生态文化休闲旅游目的地。推进国山森林康养基地、大雁岭森林康养基地、僰王山景区等康养基地建设,发展森林康养产业。大力发展体育赛事产业。新建宜宾体育活动中心、全民健身中心,改扩建叙州区体育中心、南溪文体中心等一批体育基础设施。鼓励支持南溪区发展文体产业,打造川南体育赛事中心。整体提升各类赛事活动中心运营效能,高规格组织开展宜宾国际马拉松、国际自行车、长江漂游节等重大体育赛事活动,不断提升文化体育服务供给品质,加快建设长江上游区域性体育中心。大力发展"6+3"优势特色农业。发展壮大竹、茶、酿酒专用粮、蚕桑、水果、油樟、生猪、肉牛、水产等农业主导产业,着力建基地、搞加工、创品牌、活流通,推进农村一二三产业融合发展,推进沿江宜长兴示范带、山区特色效益农业示范带建设,进一步擦亮川酒、川茶等金字招牌,打造农业资源深度开发的示范生产基地和国家级现代农业园区,力争到2025年,全市农业综合产值达到2500亿元以上。

三是完善体制机制,形成示范引领。建立完善生态文明制度体系。以国家生态文明建设示范区和"绿水青山就是金山银山"实践创新基地建设为平台载体,推进宜宾长江生态文化建设,打造宜宾长江生态文化体验带,形成宜宾市生态文明示范,为"美丽中国""美丽四川"打造宜宾样板。加强与乐山、泸州等周边城市生态文明建设合作,共建川南生态文明示范带。建立突发环境事件防控体系。建立突发环境事件应急响应机制、指挥体系运行机制,开展突发环境事件风险评估,排查治理环境安全隐患。健全城际协同应急通信预案体系和预警机制，完善灾害信息和预警平台建设，实现资源信息共享。强化各类应急处置专业救援队伍建设和装备配置，建设川滇区域中心宜宾市突发环境事件应急指挥中心基地。建立生态文明评价考核制度。对沿江地区和山区实行差别化考核，适度减少重点生态功能区和限制开发区经济增速方面的指标，增加绿色发展相关指标的考核。将绿色发展和生态文明建设主要约束性指标以及重点工程、项目纳入各区县、各部门经济社会发展综合评价和绩效考核。

4. 坚定不移贯彻创新发展理念，加快打造产教融合科创城

一是升级创新平台，构筑科创"金三角"。壮大规模办好大学城。与中央或省属高校开展合作办学，引进一批医学类应用型院校，打造全省科教基地；扩大留学生招生范围和规模；全面做好落户高校服务工作，开工建设西华大学宜宾校区项目，加快建成四川外国语大学成都学院、西南交大等学校，整体搬迁宜宾职业技术学院，高质量建设南溪高职园区。力争到2025年，高校达到10所以上，在校大学生达到10万人以上，建成一批特色高水平应用型大学、高职院校和特色学院，实现三所（个）中外国际合作办学机构或项目落地招生。引才引智发展科创城。充分发挥清华大学启迪公司、欧阳明高院士研发团队等优势，加快提升宜宾市科技创新中心整体运营效能，引进更多行业领军人物，打造与产业领域匹配的新型研发机构群落，带动项目落户、产业孵化，加快建成国家高新区和具有全国影响力的科技创新基地。力争到2025年，引进新建国家级科技创新平台1个以上，省级重点创新平台400个以上。科创联动打造"金三角"。充分发挥川南经济区联席会议制度和国家技术转移西南中心川南分中心作用，加快聚合川南科技创新资源。积极对接成都、重庆，探索共建科技协同创新机制，构建协同创新共同体，共享交流科技创新资源，共同举办科技创新活动、完善创新创业生态，协同推进大众创业万众创新，聚力打造优势互补、协同发展的成都—宜宾—重庆科创"金三角"。与重庆大学城、永川职教城加强合作交流，共建川渝"学教研产城"一体化产教融合示范区。

二是推进产教融合，跑出科创"加速度"。探索产教融合路径。抢抓国家产教融合型试点城市政策机遇，立足宜宾大学城、科创城建设，紧扣

产教城深度融合、一体化发展，探索谋划"以产兴教、以教强业、产教兴城"良性互动的长效机制，建立健全政产学研用协同创新体系。搭建产教融合平台。推进西南实训中心、四川互联网学院、高技能人才培训基地等产业融合重大平台项目建设，打造成渝地区技术技能人才培训基地、西部陆海新通道上的产业转移承接基地。培育产教融合主体。集中打造名优白酒、智能制造、轨道交通等产教融合型产业，支持五粮液集团、四川轨道交通产业公司等龙头企业积极与高校院所、研发中心等合作，共建实体性或虚拟性研究院或产教研联盟，引导带动在宜企业、院校举办"在企学历班""现代学徒制订单班"，促进科技创新、人才培养、技能培训、学科建设开放共享，加快创建国家产教融合型试点城市。

三是强化成果转化，打造发展"新引擎"。完善成果转化机制。构建市场导向机制，发挥市场在资源配置中的决定性作用，建立一批公共技术平台，推进研究成果直接应用于企业生产，引导科研人员适应市场需求，把自身研究领域与市场需求紧密相连，开展更多实用性强的项目研究。建立奖励机制，加强对企业科研成果开发、科技资源投入的监督管理，对企业的科研成果转化水平进行有效评估，鼓励支持企业加大研发投入。力争到2025年，科技创新对经济增长的贡献率达到60%以上，科技成果转化率75%。做好成果转化保障。积极引进天使投资、私募股权投资、风险投资等创投公司，与优势企业在科技金融、成果转化、技术转让、科技服务业等领域开展深度合作，共建成果孵化基地、创业就业基地等平台，加快推进宜宾领策电商产业园、西南互联网产业基地等众创空间和孵化器向创新型孵化器发展。加快军民融合发展。鼓励支持中核建中、红光化工、三江机械等军工企业与宜宾高校及科研院所深度合作，推动设立国家军民两用技术交易中心、西南地区军民融合研究院，加速新材料、新能源等新兴产业优势集聚和传统产业动能转换，加快建设国家军民融合发展示范基地。

5. 坚定不移贯彻共享发展理念，加快打造现代滨江山水城

一是突出山水特质，优化空间布局。构建开放型空间结构。依托三江主城和三江新区，建强全市城镇发展核心，壮大宜宾沿岷江—长江城镇带，推进宜泸一体化发展，打造滨江城市群。加强宜自区域联动发展轴，

支撑宜宾、自贡、内江一体化发展。培育宜高筠和宜长兴发展轴，增强对滇黔的辐射带动作用。打造南溪、筠连、兴文三个门户城市，深化宜泸、宜昭、宜毕区域合作，构建"一核一带、三轴三门户"的市域空间发展格局，力争到 2025 年，常住人口达到 245 万，建成区面积达到 245 平方公里。维育山水相融城市本底。识别并保护修复"三江六脉、七山六河"的宏观自然山水本底，顺应山水格局"框定"城市发展形态，因地制宜，形成"一核多中心、三江五片区"的城市空间结构。以山体绿心、山水连通推进城市建设，打造三江、横江—石城山等六个魅力景观区和南广河、淯江百里翠竹等四条魅力景观廊道，保护修复自然山水环境，绿色矩阵筑牢城市生态屏障。营造近山亲水宜居环境。充分挖掘和发挥三江六岸山、水、林等优势资源，城市建设积极融入山水生态和历史文化元素，重点塑造城市绿地和竹景观风貌，精心营造城市公共空间，建设湿地公园和滨江绿道，打造连续滨水廊道，构筑"城在绿中，园在城中"的自然山水园林城市绿地风貌，彰显美丽宜宾"显山露水、山水相融"的城市魅力。

二是完善功能配套，提升城市能级。完善城市功能。加快三江口 CBD 商务区、酒文化特色街区等核心商务区项目建设，完善宜宾高端商务业布局，加快建成区域性商业中心。持续实施城市"双修"，优化城市商圈布局，提升临港片区人流物流信息流的集聚度，增强产业支撑力和人口集聚力。发展社会事业。加快建设长江上游区域性教育文化医疗中心，推进宜宾市一中新校区、宜宾市第一人民医院西区院区、宜宾市妇幼保健院迁建等一批教育医疗项目，不断完善教育医疗基础设施。深化宜宾教育改革，高质量发展基础教育。推进分级协同的医联体建设，建立城市医疗集团。加快完善重大疫情防控体制机制，建立健全公共卫生应急管理体系。补齐民生短板。推进中心城区民生基础设施补短板三年行动，加强就业和社会保障，建立西南人力资源服务业产业园，集中力量打造（川南）人力资源人才和信息平台。建立川渝人社公共服务一体化信息平台，推动川渝两地人社公共服务信息数据共享、业务协同，增强社会服务水平。

三是聚焦品质品位，精细城市管理。推动城市管理法治化。加强城市管理和综合执法方面的立法工作，形成覆盖城市规划建设管理全过程的规章制度。严格规范执法，切实提高专业执法与综合执法水平。深入开展城市管理法治宣传教育活动，营造良好法治环境。强化城市管理行政执法队伍建设，提升专业化服务水平，推动城市管理智慧化。运用云计算、大数据、人工智能等技术，建设城市运行管理大数据平台，推动数字城管全覆盖，加强数据汇聚、动态分析、开放共享，延伸智慧链条，拓展应用场景，提升城市管理智能化水平，推动城市管理人文化。深入实施历史文化名城建设，积极推进社会主义核心价值观宜宾实践，加强社会诚信体系建设，大力弘扬"诚信、包容、创新、图强"宜宾城市精神，不断提升城市品质，确保成功创建全国文明城市。

第二节 宜宾党政协调要着力处理好宜宾融入"经济圈"的六大关系

区域经济演进规律告诉我们，"城市不经济"现象已显露端倪。诚如习近平总书记指出的那样，中心城市和城市群正在成为承载发展要素的主要空间形式。区域经济和城市跨行政区产业的协同是大势所趋，产业功能区跨行政区域产业大布局形态的聚集，是做大做强产业以及规模经济的市场抉择，不属于产业同构和同质化竞争。

根据新经济地理学的核心—边缘理论，宜宾"双城"的时空距离在1小时以上，处于"双核"辐射和极化的衰减区。但是，在一定程度是减弱了"双核"的虹吸效应。"经济圈"中南部地区是成渝地区双城经济圈的重要区域，需要培育一个高质量发展的城市芯片。因此，宜宾应该和完全可以依赖其资源禀赋，以产业聚集轴带与"双城"的互补协同，以产业功能的聚集与创新，以供应链、消费链及价值链的重组，实现与"双城"遥相呼应的城市群协同发展。

习近平总书记指出，推动成渝地区双城经济圈建设必须尊重客观规律，要求工作中要加强顶层设计和统筹协调、突出中心城市带动作用、强化要素市场化配置、牢固树立一体化发展理念。落实习近平总书记重要指示要求，宜宾党政在融入成渝地区双城经济圈的决策中实践中应具体处理好以下关系。

一 处理好服务国家战略全局与增强自身发展能力的关系

国家战略全局为区域发展定向赋能，区域自身发展能力决定了服务国家战略全局的能力。比如,"东部地区率先发展"的国家战略需要,催生了长三角、珠三角等世界级城市群。目前,这两大城市群GDP占全国30%左右,成为我国开放水平最高、高端要素最富集、国际竞争力一流的战略高地。把成渝地区建设成为"具有全国影响力的经济中心、科技创新中心、改革开放新高地、高品质生活宜居地",在西部地区形成高质量发展的重要增长极,是新形势下国家战略需要。成渝地区必须坚持从全局谋划一域、以一域服务全局,在服务全局中把握自身定位,加快自身发展。宜宾也需要把握自身在"经济圈"中南部的功能和宜宾在"一干多支五区协同"的重要站位,努力成为四川省域副中心城市,以为求位,争做贡献。

二 处理好解决当前突出问题与打牢长远发展基础的关系

推动成渝地区双城经济圈建设,既存在交通互联互通梗阻较多、经济融合度不高、产业同质化竞争问题突出等诸多亟待解决的矛盾,又面临着建设科技创新中心、打造内陆开放高地、筑牢长江上游重要生态屏障等引领西部地区高质量发展的长期任务。实践中,既有稳增长、稳就业、防风险等方面的紧迫压力,又有培育新增点、形成新动能等方面的长期任务。宜宾党政必须把"着眼长远抓当前"与"立足当前谋长远"有机结合起来,既做到在补短板、强弱项、破瓶颈上集中发力,有效应对矛盾叠加期;又做到在打基础、定格局、蓄势能上持续用力,切实抓住战略机遇期。

三 处理好市场驱动与政府引导的关系

国内外经验表明,市场驱动是经济圈形成和发展的根本动力,政府引导起着重要推动作用。例如,国外的纽约、巴黎、东京和我国以上海为核心的长三角等大都市经济圈的形成和发展,根本上是通过市场配置资源、形成经济溢出效应产生的结果;但也离不开政府的引导,上述几个经济圈都经历了多轮的政府规划。推动成渝地区双城经济圈建设,宜宾党政既要遵循经济发展规律、依靠市场的力量促进各类生产要素自由流动、高效集聚;又要巧用政府的"手",强化规划引领和政策引导,促进公平竞争、有序发展。

四 处理好突出特色与整合优势的关系

区域发展的生命力在于突出特色，区域发展的竞争力来自优势整合。19世纪中叶以来德国鲁尔工业区城市群就以"制造"闻名，20世纪后半叶起美国西海岸城市群就以"科创"著世，"特色"是这些城市群发展壮大过程中最鲜明的"基因"。与此同时，这两个城市群也是在产业持续调整和融合中实现抱团发展、形成区域整体竞争力的典范。宜宾融入成渝地区双城经济圈建设，既要注重分类指导，构建各具特色的发展格局，又要注重一体推动，促进优势互补、形成整体合力。

五 处理好成渝"双核"带动与区域协调联动的关系

就是从"双核"这个基本特点出发，通过发挥两个中心城市的优势带动作用，推动整个区域联动发展。"双核"是成渝地区双城经济圈的发展策源地，GDP总量占到成渝地区的40%。建好经济圈，关键在唱好"双城记"。成渝地区众多次级城市在经济圈中起着重要支撑作用，是实现区域联动一体发展的重要节点。宜宾融入成渝地区双城经济圈建设，既要注重"双城"极核的带动作用，又要注重积累宜宾势能，带动周边中小城市协同发展、城市和乡村融合发展，形成以点串线、以点带面、点面结合的发展格局。

六 处理好成渝地区双城经济圈建设和与宜宾市域内协调发展的关系

就是要立足宜宾市域特色，推动宜宾各区县发挥优势、彰显特色、协同发展，精准落实成渝地区双城经济圈建设战略部署，争取成渝一些地区双城经济圈的项目在宜宾落地。

第三节 宜宾融入"经济圈"的党政协调关键的十大议题

宜宾融入成渝地区双城经济圈建设，守了成渝地区双城经济圈的都市与城乡空间协同发展规律，也高度契合四川省委提出的"一干多支、五区协同"的区域协调发展战略，宜宾干部群众又有推进一体化发展的强烈愿望，应该因势利导，积极支持和助推。要着力构建宜宾与周边城市的利益共同体，以制度同商、空间同规、设施同网、产业同构、民生同心、交通同联、功能同建、服务同享和生态同保为抓手，坚持目标导向和问题导向，分阶段分步骤地宜宾发展建设成为具有竞争力的"圈中南部"。

一 以高质效的多规合一规划重塑"圈中南部"地缘和经济地理新格局

要依据"经济圈"的指导思想、发展目标和定位，就空间格局与产业布局、基础设施一体化发展、建立共同市场、公共服务等方面的共商共建共管共营共享等方面做出多规合一的规划和顶层设计，构建宜宾及毗邻地区有错位、有差异、有协同的一体化发展的大格局。特别是，宜宾融入成渝地区双城经济圈建设具有双向开放的潜在优势，可以率先形成一种成渝地区双城经济圈"联西接南"四向互济和陆海内外联动的开放格局，努力构建"圈中南部"的内陆开放新高地的大格局。国家有关部委和川渝层面要宜宾及毗邻地区城乡空间功能重构，促进地域城镇空间体系和生态、生产和生活空间的一体化，最终形成宜宾及毗邻地区发展示范区驱动、多通道、多廊带关联和区共建同享的"圈中南部"一体化发展路径，做实做强做优"圈中南部"，重塑"圈中南部"在成渝地区双城经济圈中地缘和经济地理新格局，形成"两中心两地"的"圈中南部"新表达。

二 把互联互通和出川出渝通道建设作为宜宾发展的重中之重

宜宾南向通道枢纽建设要深入对接国家综合交通规划、西部陆海新通道项目、交通强国试点项目、重点项目建设、运输组织管理，加大互联互通和出川出渝通道建设。对于现有的高铁和高速，要从扩容提速和通勤化、加密人流与物流能级上下功夫。对于规划和在建高铁和高速，要快马加鞭。宜宾以融入国家高铁大动脉为重点，加快推进成自宜高铁、渝昆高铁等在建项目，规划建设重庆—泸州—宜宾沿江铁路，宜宾—西昌—攀枝花高速铁路等项目，有利于突破制约宜宾经济社会发展的交通瓶颈，构建铁公水空现代化立体交通网络，基本建成全国性综合交通枢纽。统筹数字经济发展，谋划布局"数字基建"，打造大数据中心，发展5G、汽车智能化、新能源汽车、物联网、工业互联网，催生新业态。要加密宜宾机场客货运班次，加快新机场的规划与建设。要抢抓国家通用航空产业综合示范区机遇，在宜宾布局通用机场群，以更好地保护这一地区的生态环境，促进绿色产业发展。

三 构建宜宾融入"经济圈"的产业廊带和产业园区

如果说，便捷通勤与公交机制是宜宾融入成渝地区双城经济圈的"物理外在机制"，那么宜宾产业廊带布局，则是其内"化学内生机制"。因此，宜宾融入成渝地区双城经济圈在产业廊带布局上，应该以错位、差异和协同思维，化解"痛点""堵点"和"难点"，以政府平台引导，换位思考，相向而行，科学定位，合理布局，构建"两东北"产业一体化的"风口"与"支点"，以一体化产业链的"前向旁侧及回顾"效应，建链、聚链、补链、延链、扩链和强链，以市场化产权的混生排列与组合，形成中的"你中有我、我中有你"。

一是建议在宜宾建设承接产业转移廊带。在宜宾建设承接产业转移示范区，根据产业链协同机制，构建汽车、摩托车、智能制造、电子信息等产业转移廊带，加大对成渝地区承接东部和"双城"产业转移和统筹协调力度，协同打造军民融合产业体系，鼓励更多东部城市、"双城"与宜宾建立合作结对关系，并在产业布局、项目引进、资金政策等方面给予倾斜支持。特别是，要以GDP及税收分享制度安排，构建多元化产业园区机制，鼓励宜宾在"双城"设立飞地园区。

二是积极争取国家在宜宾设立农业高新技术产业示范区。宜宾不少地区是农业大县。因此，要积极争取国家在宜宾建设农业高新技术产业示范区。参照陕西杨凌模式，为建设成渝现代高效特色农业带提供支撑。宜宾要大力推动乡村振兴战略，以三次产业融合加大宜宾农业的竞争力，在持续改善适合宜宾农业基础设施和装备条件的同时，统筹推进适度规模经营、产品有效供给、产业融合发展、科技成果应用、品牌建设与市场开拓、农村电商与农产品物流、生态治理与保护。要加大农村环境突出问题综合治理力度，加大退耕还林还湖还草力度，实施化肥农药使用量零增长行动、推动农业废弃物资源化利用无害化处理，加强环境突出问题治理等。要创建农副产品和食品"三品一标"的宜宾公共品牌，进一步凸显绿色有机大农业的"全子登科"，即："米袋子""菜篮子""肉丸子""果盘子""茶杯子""奶嘴子""酒瓶子""菌笋子""烟袋子""花仙子""药引子""眼珠子""氧离子""钱袋子"等效应；巩固和提升脱贫效应，实现宜宾农业全面升级、农村全面进步、农民全面发展的目标。

三是宜宾要着力建设休闲宜居的"圈中南部"花园。擦亮"山水林画廊、公园新城市、秀美宜宾"的休闲旅游品牌，着力补齐旅游老七要素短板，即"吃厕行玩游购娱"；而且，要抓好"文商学养闲情奇"；大力推广全域、全景、全态、全程和全时旅游，打造休闲度假区。按照"精筑城、广聚人、强功能、兴产业、塑文化、优生态"的开发思路，推动重构"人城境业文"发展逻辑，建设好"圈东北"的"高品质生活宜居地"。

四是积极争取跻身国家规划建设的"巴蜀文化旅游走廊"。宜宾是巴蜀文化传承区，其资源得天独厚，面对成渝地区双城经济圈和全国巨大的干部培训市场，宜宾要加强与其他培训机构的合作，努力提高师资水平，提升培训规模和水平，打造全国知名巴蜀文化教育培训基地。宜宾要着力研究巴文化与蜀文化的结合，以及巴蜀文化表达新形式，争取跻身国家规划建设的"巴蜀文化旅游走廊"。深度挖掘宜宾巴蜀文化内涵，以现代形式和宜宾精美景区呈现国际范、中国味、巴蜀韵的宜宾表达，重塑宜宾的"网红地"和"打卡地"。

四 构建宜宾与毗邻地区的公共资源和生态环境的一体化发展机制

在成渝地区双城经济圈建设过程中，政府的作用在于统筹协调和规划引领，以"最大公约数"促进教育、科技、公共卫生、文化资源、社会保障等公共资源的配置，构建一体化投入的成本共担和利益共享机制，逼近"最小公约数"，最终实现共商共建共管共营共享。市场资源的配置与企业行为，要顺应市场规律，水到渠成，不能一蹴而就。宜宾要发挥与毗邻地区文化同源优势，创造文化精品，提升文化软实力，联合开展重大文化艺术节庆活动，建立演艺联盟，创新联合采购等文化新模式，共建共享票务网络平台，增加组织对内对外文化展演的次数和密度，积极申请并共同承办区域性、全国性甚至国际性的重大文化活动。按照"统一办理、逐步对标"的原则，逐步实现宜宾与毗邻地区行政审批跨省域"无差别"办理。对公共服务网络进行集成改造，在跨省域范围内实现异地行政审批。将万达开连绵区作为同城化的先行示范区，在民生工程及民生制度诸方面率先实现全面一体化。逐步统一宜宾与毗邻地区汽车号牌、电话区号，医保缴费年限互认，实现公交"一卡通"、医保、社保、金融"一卡通"互认互通，以及同步开展5G网络建设。在成渝地区双城经济圈建设过程中，宜宾要统筹区域生态资源保护，实现流域范围内一体化治理，同享一体化发展进程中的"天蓝、地绿、水净、空清"，筑牢长江上游和"圈东北"生态屏障。要进一步完善长江流域横向生态补偿机制，争取国家绿色发展基金向长江首城倾斜。

五 着力消除宜宾与毗邻地区发展的市场隔膜

宜宾应该推动市场相互开放，共同推进"放管服"改革，发挥市场在资源配置中的决定性作用，进一步打破行政性垄断和地域封锁，逐步实现市场体系的协调统一和完善优化。宜宾要抢抓疫情后世界产业链、供应链、消费链、价值链重组机遇，以改革创新思路，优化营商环境，利用城乡建设用地增减挂钩机制，以及国土管理放管服改革新政，争取更多的土地资源；创造条件争取专项资源，打造好园区基础设施，主动承接发达地区的产业转移和争取创新项目，争取梯度推移发展和弯道超车发展。同时，宜宾要进一步搭建区域人才共享服务平台、金融发展平台和社会信息平台，建立区域性人才市场。宜宾应该加快构建和实施区域统一市场规则和规范，完备市场监管体系，建立健全市场制度协同机制，推动监管互认、执法互助和联合执法。

六 完善宜宾融入"经济圈"建设的开放体系

协同推进开放口岸建设，拓宽贸易合作渠道，促进两地产业"走出去"；推动区域开放合作，加强与周边省市交流合作，提升同城化影响范围。宜宾要加强与毗邻地区域关联与协作，支持川渝合作示范区与产业园区。依托跨省域合作与发展峰会等合作平台，发挥其地域联动作用，实现与周边省市的产业协调发展。深度融入长江经济带发展，积极对接京津冀、长三角、粤港澳大湾区、北部湾经济区建设。积极参与国际经济走廊建设，拓宽国际产能合作。

七 创新宜宾融入"经济圈"的投融资机制

争取在国家和四川省支持下,设立宜宾发展投资基金。参照京津冀产业协同发展投资基金,由国家有关部委牵头发起,联合成渝地区,引导其他投资主体共同出资设立成渝地区协同发展专项投资基金。以此专项投资基金支持宜宾及毗邻地区重大产业项目的投资建设。提供相关引导资金,助力宜宾融入成渝地区双城经济圈建设。可探索组建由省属国企牵头,宜宾参股的发展基金。根据交通设施建设、社会事业发展等组建相应领域的发展子基金。省财政适当引导,债券优先安排,市场化运作,带动更多的社会力量参与宜宾发展。根据宜宾各种资源优势,定向推荐、定向招商;走出去,请进来,"以企引资""以好引资""以优引资""以诚引资""以网引资""以责引资""以会引资""以媒引资""以地引资""以情引资"。

八 创新宜宾融入成渝地区双城经济圈建设的组织领导机制

一是建议成立以省委或省政府领导为组长,宜宾主要领导和省级主要部门负责人为成员的领导小组,负责宜宾融入成渝地区双城经济圈建设的统筹。办公室可设在宜宾市发改委,实行定期例会制度。二是在宜宾市主要领导牵头的联席会议制度基础上,探索建立宜宾与毗邻地区联防联控、共建共享、沟通协商和财力保障等机制;根据宜宾市融入成渝地区双城经济圈建设的相关工作内容,建立一体化专项工作推进小组,定期召开工作会议,建立完善常态化工作机制。三是宜宾市发改委牵头制定宜宾市发展总体规划和专项规划,一张蓝图绘到底,形成宜宾市各部门推进宜宾市融入成渝地区双城经济圈建设的上位依据。四是制定省级层面促进宜宾市融入成渝地区双城经济圈建设的具体实施意见,明确发展目标、方向、重点、路径和具体政策与措施。出台一套支持发展的政策体系,比如参照成都东部新区、天府新区、两江新区、成都东部新区政策,或将宜宾纳入川渝自贸实验区协同改革先行区,将宜宾项目的省级部门审批权下放给宜宾。五是对宜宾融入成渝地区双城经济圈建设的年度行动计划进一步细化方案,建立一体化发展的项目库,通过具体项目分解和逐年落实,有序推动宜宾的高质量发展;宜宾发展项目在四川省计划单列,优先安排,对土地、资金、能源等资源要素实行优先保障;引导宜宾铁路、航空和河运口岸协作,共同开行中欧班列、东盟国际铁海联运班列,将成都铁路口岸服务扩大至宜宾,连接四川省和重庆市水运、铁运和空运口岸。六是针对宜宾融入成渝地区双城经济圈建设的发展年度项目及工作计划,将一体化项目推动情况纳入宜宾党委政府干部目标考核;探索和试点宜宾党政领导、部门领导、国企高管和专业人才到成渝地区双城经济圈其他城市相互交叉任职,以增进宜宾干部的换位思考和一体化思维。

九 宜宾党政要牢牢把握融入"经济圈"的重大投资项目

宜宾在融入成渝地区双城经济圈建设的过程中,宜宾党政要审时度势,瞄准"经济圈"存在的短板、问题,以为求位,科学决策,转型发展,变道超车。

1. 宜宾要积极跻身"经济圈"的补短板和打基础

目前,成渝地区发展存在不少短板,主要表现为互联互通有瓶颈、科技创新有差距、生态环保有欠账、公共服务有不足等。推动成渝地区双城经济圈建设,为我们补齐这些短板提供了契机和有利条件。比如,目前成渝之间通勤时间为1.5小时,随着成渝中线高铁、重庆主城区1小时通勤圈等一批互联互通重大项目启动建设,成渝之间互联互通不畅的短板有望补齐。再比如,成渝地区入围全国百强的医院仅9家,低于北京的21家、上海的18家,随着区域性医疗中心等规划建设,成渝地区医疗卫生方面的短板将加快补齐。宜宾要以五粮液集团的优势,准确嵌入补齐短板的重大投资和项目之中。

2. 宜宾要积极跻身"经济圈"的优结构和促升级

目前,成渝两地产业正处于加速转型升级的关键期,不少优势产业仍处于大而不强的状态。推动成渝地区双城经济圈建设,为改造提升传统产业、培育壮大新兴产业、做强做优特色产业提供了更加有利的条件。特别是国家精准支持成渝地区"联合创建国家数字经济创新发展试验区""协同打造军民融合产业体系""共建西部金融中心"有利于两地加快产业集群化、智能化、融合化转型,整体提升产业竞争力。比如汽车产业,成渝两地汽车总产量超过350万辆、占全国的13%,但代表产业变革趋势的新能源、智能网联汽车产量仅有 7 万辆、占全国的 5%。随着国家对成渝两地优势产业技术创新、产品迭代支持力度的加大，两地汽车产业提档升级步伐将进一步加快。宜宾要着力为"经济圈"的产业结构调整和升级做贡献，尤其在疫情后产业链的弥补方面精准发力。

3. 宜宾要积极跻身"经济圈"的增创新和添动力

长期以来，成渝地区在研发投入、主体培育、创新人才、技术交易等领域与东部存在较大差距（见附件）。推动成渝地区双城经济圈建设，有利于强化科研平台、集聚创新资源、畅通成果转化、完善协同机制。比如，成渝地区全社会研发投入强度（R&D）为 1.81%，远低于长三角的 2.75%、京津冀的 3.3%、粤港澳大湾区的 2.6%，国家支持成渝地区建有具有全国重要影响力的科技创新中心，将有助于提高成渝地区研发投入水平。再比如，成渝地区拥有两院院士 47 位，仅为京津冀的 6%、长三角的 12%，随着成渝合作共建西部科学城、共建"一带一路"科技创新合作区和国际技术转移中心，成渝地区将成为各类创新人才集聚的热土。宜宾要充分利用好新增高校密集的优势，为成渝地区双城经济圈增加创新要素，激发新的发展动能。

4. 宜宾要积极跻身"经济圈"的扩开放和拓空间

推动成渝地区双城经济圈建设，有利于成渝地区快速提升对外开放水平。目前，四川、重庆外贸进出口总额分别约为 7000 亿元、5800 亿元，与广东的 7.1 万亿元、上海的 3.4 万亿元差距较大，国家支持成渝地区加快建设出渝出川大通道，支持两地协同打造开放平台和物流枢纽，支持两地加快发展开放型经济，将有力促进成渝地区拓展国际市场和扩大对外贸易规模，逐步缩小与东部沿海地区在开放发展上的差距。宜宾要充分发挥西部陆海新通道南向枢纽比较优势，助力于成渝地区双城经济圈的扩大开放和拓展开放空间。

5. 宜宾要积极跻身"经济圈"的优生态和新发展

成渝地区是长江上游生态屏障最后一道关口。生态区位十分关键，生态环境也极其脆弱。川渝两地是全国地质灾害最密集、水土流失最严重地区之一。特别是重庆水土流失面积占国土面积的 31.3%。国家支持成渝地区建设多条沿江生态廊道、加强三峡库区水土流失综合治理，有助于成渝地区解决水土流失、生态涵养等方面的突出问题。成渝地区制造业密集，特别是重庆集聚了钢铁、化工、材料等一批重化工业，绿色转型任务艰巨。国家支持两地统一环保标准、实施"一张负面清单管两地"，将倒逼成渝地区政府绿色招商、企业节能减排，走绿色发展路子。宜宾作为长江首城要克服"重化围江"的传统格局，共抓大保护、不搞大开发，把宜宾建设成为名副其实的"长江美城"和高品质的生活宜居地。

十 宜宾党政要聚焦融入"经济圈"的宜宾特色和彰显宜宾战略方位

宜宾在融入"经济圈"的党政关键议题中，一定要注重凸显宜宾"酒城""竹都""长江首城""国家历史文化名城""川南强支""圈中南部区域中心城市和增长极核""圈中南部科教创新中心""南向门户枢纽和内陆开放高地的重要支撑极""江城公园城市特色的高品质宜居生活地"等比较优势，彰显宜宾在融入"经济圈"的战略方位。

附件：宜宾推动成渝地区双城经济圈建设重大项目表

宜宾推动成渝地区双城经济圈建设重大项目共56个，总投资6752.29亿元。其中基础设施类项目30个，总投资5399.68亿元；现代产业类项目12个，总投资502.44亿元；生态环境类项目8个，总投资484.1亿元；公共服务类项目6个，总投资366.07亿元。

序号	项目名称	所属类别	项目简介	建设周期	投资估算（亿元）	开工时间
1	渝昆高铁	基础设施	渝昆高铁连接成渝地区双城经济圈、滇中经济区、川南经济区、金沙江下游经济带。项目按客专、双线、时速350公里标准建设，铁路线路经自重庆西站引出，途经重庆江津永川区、四川泸州和宜宾市，贵州毕节市、云南昭通和曲靖市后接入昆明西站。新建铁路全长702公里，总投资1416.2亿元，宜宾境内线路长约149.5公里，总投资约220亿元，途经我市江安县、南溪区、临港经开区、叙州区、高县、筠连县，设高县、筠连5个车站。	6年	1416.2	2020年
2	新建宜宾西至攀枝花至大理高速铁路（简称"宜西攀高铁"）	基础设施	宜西攀高铁项目连接川南经济区、攀西一六盘水国家战略资源富集区。金沙江下游沿江经济带。线路自宜宾板桥引出，在西经昭觉、昌后接入攀枝花，线路路径为宜宾一屏山一雷波一美姑一昭觉一西昌一德昌一盐边一攀枝花，通道全长约610公里，宜宾至西昌段约380公里（其中：宜宾境内约110公里）。	5年	1043	力争"十四五"期间
3	成都至重庆成渝地区双城经济圈南线铁路	基础设施	成都至重庆南线铁路连接成渝地区双城经济圈、川南经济区、岷江流域经济带与长江经济带，全长约417公里（宜宾境内约110公里），总投资约427亿元。	5年	427	力争"十四五"期间

第八章 成渝地区双城经济圈建设党政协调机制中的宜宾实践

续表

序号	项目名称	所属类别	项目简介	建设周期	投资估算（亿元）	开工时间
4	规划内昆铁路内江一宜宾扩能改造（新建通昭至攀枝花铁路）	基础设施	内昆铁路连接成渝地区双城经济圈、川南经济区、黔西北地区、滇中经济圈。项目线路由内江经自贡、宜宾、昭通，通过新建邱场乡入至攀枝花铁路到达攀枝花。宜宾境内101公里（从翠屏区邱场乡入境，由宜宾境内主要设置一步滩、宜宾北、宜宾南4个车站，由叙州区安边镇出境入云南）、内昆铁路内江经自宾至昭通扩能改造长度约为367公里，新建通昭至攀枝花铁路约350公里。	5年	370	力争"十四五"期间
5	新建珙县至叙永铁路（简称"珙叙铁路"）	基础设施	珙叙铁路项目位于宜宾和泸州境内。线路西起既有宜珙铁路珙子榜站，向东经自宾市珙县、长宁、江安、兴文，泸州市叙永，终至既有隆叙铁路兴隆站，正线长度71公里，其中宜宾境内58.6公里，按单线、时速120公里建设，预留客运条件。	4年	61.46	2021年
6	规划沿江货运铁路	基础设施	新建沿江货运铁路连接成渝地区双城经济圈、川南经济区、岷江流域经济带与长江经济带。线路自宜宾东山，向西接入雅安，沿长江在西接泸州、宜宾后，沿岷江北上经乐山、宜宾。线路全长约417公里，宜宾境内303公里，宜宾经乐山至雅安段约114公里以货运为主兼顾客运。	4年	427	—
7	在建成自宜高铁（川南城际铁路）	基础设施	成自宜高铁位于成都地区成渝地区双城经济圈叠合部。项目按国I、双线客专，时速350km/h标准规划建设，全长约276公里，铁路线路由成都天府国际机场、自贡后接入宜宾。宜宾境内约50.14公里，投资约114亿元，经南溪区、翠屏区、临港经开区、宜宾站按铁路3个车站，设南溪大观、临港高铁，其中临港站、宜宾站按成自宜高铁、渝昆高铁、川南城际铁路共场、共站建设。	5年	114	2018年
8	在建进港铁路	基础设施	进港铁路位于宜宾市临港经开区，项目按国II、标准规划建设（预留提速至120km/h的条件），全长约22.7公里，设计时速70km/h线路由成昆铁路一步滩站引出，设置临港北、临港东顺作业区，往东顺沿宜泸高速公路进入宜宾港志诚作业区，设置临港北、临港东两个货场。	3年	25	2018年

87

第一部分　成渝地区双城经济圈建设党政协调机制及关键议题研究

续表

序号	项目名称	所属类别	项目简介	建设周期	投资估算（亿元）	开工时间
9	在建隆黄铁路叙毕段	基础设施	隆黄铁路位于四川泸州、宜宾、云南镇雄、贵州毕节、安顺境内，铁路线路由内江隆昌引出经泸州纳溪、叙永、毕节大方，至安顺黄桶，至宜宾兴文、昭通镇雄、大方至黄桶段为既有铁路，叙永至大方段为在建铁路，国Ⅰ，全长512公里，其中隆昌至叙永段189.3公里，单线，设计时速120km/h，叙毕段新建铁路里程145.5亿元。宜宾境内11.7公里（线路主要在兴文大河苗族乡，宜宾境内设置金鹅池1个车站，投资8.61亿元）。	5年	145.5	2016年
10	宜宾至新市高速公路	基础设施	项目全长66.22公里，双向4车道，路基宽度25.5米，设计速度80km/h，总投资约121亿元。目前正加快推进前期工作，力争项目国高网规划并开工。	4年	121	2021年
11	宜宾至重庆永川高速公路项目	基础设施	项目起于宜宾过境高速公路三江新区段，经宜宾市南溪区、自贡富顺县，止于泸州牛滩镇南接G76厦蓉高速纳隆规划对接规划的泸州至永川高速。项目总投资约60亿元，线路全长约45km，其中自贡13.4公里，泸州10.3公里，宜宾21.3公里。	4年	60	—
12	南溪至富顺内江高速公路	基础设施	项目全长约121.8公里（内江市境内53.7公里（含既有内江绕城18.1公里），自贡市境内46.4公里，宜宾市境内39.8公里），路基宽度26米，设计速度100km/h，总投资123.48亿元。	4年	123.48	2022年
13	重庆经叙永至云南盐津至泸州高速（云南连高速、宜宾至善珙至盐津）至泸州高速）	基础设施	项目采用双向四车道高速公路建设标准，设计速度80km/h，路基宽度25.5米，路线呈东北—西南走向，先后经过泸州市合江县、叙永县、宜宾市兴文县、珙县、筠连县，止于川滇省界筠连县塘坝乡，宜连规划的永善至盐津高速相接，路线全长104.51km），与云南省侧）约179.82km（路线在宜宾境内全长104.51km），项目投资约359.64亿元。	4年	359.64	2023年

88

第八章 成渝地区双城经济圈建设党政协调机制中的宜宾实践

续表

序号	项目名称	所属类别	项目简介	建设周期	投资估算（亿元）	开工时间
14	G247宜宾至自贡段国道公路	基础设施	本项目起于在建的G247自贡段（已完成一级公路路基施工），自北向南，在宜宾新机场所在地宗场与X144相接，路线全长52.643公里，拟建技术等级为公路一级，路基宽24.5米，项目投资为38.4亿元。	4年	38.4	2020年
15	G353宜南阳泸快速通道	基础设施	项目全长52.446公里（南溪段22.69公里，江安段29.76公里），技术标准为公路一级，设计速度60km/h，路基宽度23米，概算总投资26.8亿元。	4年	26.8	2018年
16	宜宾S440李庄至下长S437马家至南溪仙源长江布公路	基础设施	项目沿长江南岸建设，经盐李路（盐坪坝至李庄），过长江工业园区至江安县下长，在马家镇沿江布至南溪仙源长江布大桥桥头。项目长约35公里，总投资约19亿元。	4年	19	2021年
17	新机场—临港—南溪—江安快速通道	基础设施	新建城市快速通道，长60公里，含观斗山第二隧道。	3年	60	2021年
18	新机场南快速	基础设施	光荣互通立交经莱坝至新机场道路、桥梁建设工程。	3年	25	2021年
19	李庄过江通道	基础设施	项目南岸起于李庄古镇，北岸与临港东部产业园区与石鼓产业小镇相连接。目前正在开展前期研究，选择论证桥梁与地下隧道方案的可行性。	6年	15	2021年

续表

序号	项目名称	所属类别	项目简介 建设内容	建设周期	投资估算（亿元）	开工时间
20	长江二桥	基础设施	项目南岸起于叙州区蜀南大道、七星大道交叉点处，北岸连接临港侨云路，并通过西道与天原滨江片区相连接。桥梁初步方案设计为双向6车道，桥宽约40米。	5年	15	2021年
21	宜南复线及过江通道建设	基础设施	宜南快速通道西起城立交东达南溪区政府，双向8车道（含智轨）定位为连续性交主干道，道路红线宽50米，联通临港至南溪滨江脆，定位城市次干路，设计时速为60km/h，双向4车道，设计时速为40km/h。红线宽度30米，设计时速为40km/h。	4年	5	2021年
22	城南环线航天立交至城南立交连接线	基础设施	新建航天立交至城南立交连接线，七星山隧道，南广河大桥及连接线。	2年	20	2020年
23	成贵高铁公铁两用桥北连接线二期、三期工程	基础设施	新建公铁两用桥北连接线一期至光荣互通立交连接线，长约1.8公里。新建公铁两用桥北连接线二期与G85渝昆高速连接形成的互通立交工程。	2年	9	2020年
24	五粮液大桥及连接线建设项目	基础设施	项目路线全长3.3公里，起于宜飞路石马桥，止于红丰西路与古塔路交叉处，全线采用一级公路标准，兼顾城市快速路的功能，设计速度60km/h，路基宽度44米，双向八车道。	3年	23	2021年
25	机场西连接线项目	基础设施	东起机场东连接线，西接绕城高速，全长2.44公里，含一座和绕城高速相交形成的枢纽立交。	2年	5	2020年

第八章 成渝地区双城经济圈建设党政协调机制中的宜宾实践

续表

序号	项目名称	所属类别	建设内容 项目简介	建设周期	投资估算（亿元）	开工时间
26	宜南快速拓宽改造项目（含临港建设及智轨T4线建设）	基础设施	S307长约23公里道路拓宽改造，临港一南溪滨江路全线贯通及智轨T4线建设。	3年	41	2020年
27	高铁片区基础设施项目	基础设施	占地面积约3000亩，高铁站及临港前广场约380亩，商业商住用地约2400亩，商业商住用地约200亩；路网市政工程主要包括嘉信路南延长线段，志城大道南段、荆花路南段，港城大道南段、港城路及临港高铁站前路等市政道路六条宽24—56m，及配套场平工程。	3年	40	2020年
28	东部产业园基础设施项目（一期）	基础设施	项目占地8300亩，位于东部产业园，项目主要建设内容包括土地征收及建设，市政道路基础设施，河道改线等重点工业项目入驻。主要引进宁德时代、钢猫、一电、美达及创世纪等产业重点项目入驻。	3年	37.56	2019年
29	长江宜宾至重庆段航道整治工程羊石盘一上白沙河段航道整治工程（开工日期末定）	基础设施	长江宜宾至重庆段航道整治工程10个浅滩治理工程，整治航道228公里。项目由交通运输部长江航务管理局担任业主，宜宾境内有3个工程，计划总投资约11.3亿元。由于治理工程项目自下面上均处于"长江上游珍稀特有鱼类国家级自然保护区"，其中部分处于核心区和缓冲区，水生生态影响突出，审批难度大。长江航务管理局已停止开展该项目前期相关工作，并调整思路将该项目分解成三个项目：①合江门至羊石盘河段生态航道建设工程（宜宾泸州段）；②羊石盘至九龙坡河段生态航道整治工程（重庆段）；③羊石盘一上白沙河段航道整治工程（泸州境内）。其中以羊石盘一上白沙河段航道整治工程（泸州境内）为试点项目先行推进前期工作。	2年	22	羊石盘一上白沙河段航道整治工程（泸州境内）开工日期末定

91

第一部分 成渝地区双城经济圈建设党政协调机制及关键议题研究

续表

序号	项目名称	所属类别	项目简介	建设周期	投资估算（亿元）	开工时间
30	金沙江向家坝水电站灌区工程	基础设施	金沙江向家坝水电站灌区工程开发任务以灌溉为主，兼顾城乡生活、工业供水。灌区工程共布置总干渠、分干渠、支渠及分支渠等各级渠道125条，总长1675.5公里；供水管道2条，总长80.23公里；新建囤蓄水库5座，改扩建4座，新增囤蓄库容1.41亿立方米；新建灌水库4座；利用已建水库4座；新建集中提灌站7座，供水泵站2座。灌区设计灌面530万亩，涉及四川省宜宾、自贡、内江、泸州4市21个县（区）和云南省水富市；供水对象为灌区内的143个城镇（含8座县城）和50.94万农村人口的生产生活用水，并向周边自贡、内江市区的社会经济发展供水。规划阶段为北总干渠一期、北总干渠二期和南总干渠共三期实施。工程拟分为北总干渠一期，北总干渠二期和南总干渠共三期实施。	15年	305	2018年
31	全球最大的智能轨道快运系统生产制造基地项目	现代产业	四川省（宜宾市）轨道交通产业园是宜宾市与中车株洲所、省铁投集团等在宜宾合作共建集核心技术研发、整车总装、零部件生产、运营维保、综合服务为一体的全球最大的智能轨道快运系统产业生产制造基地。	5年	100	2017年
32	汽车产业配套生产基地项目	现代产业	依托于大西南的整车、零部件产业及售后市场，产业链成熟、完整的优势，在做大做强零部件产业体系的同时，按照汽车零部件企业布局，与重庆长安集团、重庆机电集团等知名上下游产业合作，在宜宾建设整车及新能源汽车电池下游产业链，配套成渝地区整车企业，助力宜宾打造西南地区大型汽车整车及零部件产业集群。	5年	50	2022年

92

第八章 成渝地区双城经济圈建设党政协调机制中的宜宾实践

续表

序号	项目名称	所属类别	项目简介	建设周期	投资估算（亿元）	开工时间
33	轨道交通维保基地项目	现代产业	依托宜宾4条高铁交汇、高铁车辆聚集和西南4省市唯一铁路枢纽地级市的辐射优势，创新长客、宜宾地方国有资本和民间资本参股运营模式，在宜宾建设长客轨道交通西南维保基地，面向西南乃至中国西部开展轨道交通维护、保养和维修。	5年	50	2021年
34	四川时代动力电池项目	现代产业	全球最大动力电池企业宁德时代投资约200亿元，建设年产60GWh新能源汽车动力电池生产项目，占地1000亩，2019年12月24日开工，计划2020年底部分建成投产，26个月全面建成，达产后预计产值300亿元。	2年	200	2019年
35	极米智能光电产业园项目	现代产业	项目规划300亩土地，建设24万平方米的厂房，投资建设无屏电视车间、光学组件车间及其他配件车间。	2年	15	2019年
36	长江上游区域性大数据中心	现代产业	项目总规划10000个机柜，分两期实施。一期目标达到5000个机柜，带宽达到2T～5T；二期再建5000个机柜，带宽达到5T～10T。一期一阶段建设规模为1000个机柜并预留200个机柜。	3年	20	2020年
37	新增100万头现代生猪生产体系建设项目	现代产业	依托温氏、德康、正邦、巨星、新希望、大北农、铁骑力士等生猪养殖龙头企业，建设1000头以上养殖单元1000个。	2年	10	2020年
38	川南现代高效特色农业产业发展示范项目	现代产业	该项目实施范围为三江新区区域内，主要建设内容为现代水果产业标准化基地、现代特色蔬菜产业园、酿酒专用粮基地、特色水产养殖基地，同步培育壮大新型农业经营主体，使得三江新区成为成渝现代特色农业经济带的重要支撑。	3年	6	2021年

93

续表

序号	项目名称	所属类别	项目简介	建设周期	投资估算（亿元）	开工时间
39	健康食材产业园项目	现代产业	健康食材产业园主要建设内容：①建设1条现代化年屠宰100万头生猪生产线；②建设1条年屠宰2000万只家禽生产线；③建设2条肉类预调理生产线；④建设1个食品安全检测中心；⑤建设1个冷链中心；⑥建设1条肉类精深加工生产线；⑦根据市场需求建设罐头、香肠等精加工生产线；⑧建设1个菜品调配中央厨房；⑨建设猪头、猪血、猪骨等综合利用生产线。	3年	10	2020年
40	长江上游成宜国际物流港	现代产业	项目总占地面积约2000亩，总投资约30亿元，将分期建设汽车整车物流分拨中心、酒类仓储及物流分拨中心、大宗商品仓储及物流分拨配送中心、供应链金融、港口运输服务等项目。	3年	30	2020年
41	宜宾酒都粮食物流中心项目	现代产业	项目选址在宜宾（翠屏）现代物流产业园区（北区）—象鼻物流园区，规划用地384亩，主要新建粮食储备物流功能区、粮食和物资应急保障功能区、综合服务功能区。宜宾黄桷庄粮油集团有限公司作为投资主体，自行投资建设。	3年	5.44	2020年
42	川南文化旅游示范项目	现代产业	该项目实施范围为三江新区域内，项目建设紧绕长江黄金水道建设开发水上旅游产品，促进文旅资源综合利用，实现乡村旅游、研学旅游、工业旅游、生态共同发展，构筑四川南向国际旅游经济走廊平台。	2年	6	2021年
43	长江上游生态建设项目	生态环境	拟全市85.3万亩天然林森林质量精准提升100万亩；实施10万亩退化天然林修复；实施乔木林森林质量精准提升100万亩；实现乡村绿化64万亩；林业基础设施建设，拟新建林区道路1523公里（包括：85.3万亩天然林防火道路，巡山公路、巡山道路420公里）。	6年	51.1	2020年

第八章 成渝地区双城经济圈建设党政协调机制中的宜宾实践

续表

序号	项目名称	所属类别	建设内容 项目简介	建设周期	投资估算（亿元）	开工时间
44	长江首城三江六岸山水林田湖草生态修复工程	生态环境	启动三江六岸生态修复工程项目，具体工程包括水污染治理、水生态修复，水资源保护，水土流失治理4大类，涉及6个区县。	4年	300	2020年
45	长江起点生态综合治理项目（临港段）	生态环境	该项目实施范围位于三江新区域内，主要建设内容为绿化栽植、长江岸线生态修复、护滩工程、水土保持治理、道路建设及附属工程。	3年	13	2021年
46	长江流域水环境生态整治工程	生态环境	新建污水处理设施，实施污水处理设施提标改造，完善污水收集管网，新建污泥处置设施，整治清理排污口等。	4年	10	2020年
47	岷江流域水环境生态整治工程	生态环境	新建污水处理设施，实施污水处理设施提标改造，完善污水收集管网，新建污泥处置设施，整治清理排污口等。	4年	5	2020年
48	农村污水处理设施建设	生态环境	经摸底调查，全市有2800多个行政村的140多万户需建设农村生活污水处理设施。	3年	50	2020年
49	宜宾市垃圾焚烧环保发电项目	生态环境	叙州区、兴文县建设规模为日处理生活垃圾900吨，装机容量1.8万千瓦；筠连县、高县建设规模为日处理生活垃圾600吨，装机容量1.2万千瓦。	5年	15	2021年
50	宜宾资源循环利用基地	生态环境	新建生活固废处理区、危废处理区、再生资源利用区，园区管理配套区和溪水景观区等。	6年	40	2019年
51	宜宾全国产教融合试点城市项目	公共服务	宜宾将投入300亿元建设大学科技园、高技能人才培训基地、四川产业教师培训基地、西南实训中心、四川互联网+教育产业融合重大平台项目，打造成渝地区产业转移承接基地、西部陆海新通道上的沿海产业技能人才培养基地。	4年	300	2020年

95

续表

序号	项目名称	所属类别	项目简介	建设周期	投资估算（亿元）	开工时间
52	蜀南竹海兴文石海生态旅游文化示范区建设（蜀南竹海创建国家5A级旅游景区）	公共服务	新建快速通道2条共计29km，景区交通将更加畅通，游客进入减少至10分钟左右；全力打造2个旅游特色小镇，开通景区观光车和观光索道，全面提升改造景区游览设施；实施景区亮化及标识标牌改造工程，新（改）建3A级旅游厕所28个，集中实施管线下地及环卫设施提档升级工程；新建智慧景区建设，加强管控景区景区局旅游购物专区和购物点；加强文物保护修复及生活污水综合治理。	3年	27	2019年
53	宜宾市一中新校区建设项目	公共服务	建设全日制初高中一体化学校，办学规模为教学班75个，在校学生3000人，总用地规模180000平方米（折合300亩）。	2年	4.5	2020年
54	宜宾市第二人民医院临港院区建设项目	公共服务	总建筑面积约29万平方米，规划床位2000张，包括门急诊、住院、医技、行政管理、科研教学、口腔及眼科中心、高端急救创伤中心、肿瘤中心、康复中心等。	4年	28	2020年
55	宜宾市妇幼保健院迁建项目（一期）	公共服务	建筑面积约5.6万平方米。	3年	3	2020年
56	宜宾市体育中心项目	公共服务	项目选址于翠屏区旧城组团、叙州区南岸西区、岷江新区、柏溪组团、南溪区仙源街道。建成后将承担篮球、排球、乒乓球赛事举办。	3年	3.5	2020年

资料来源：笔者收集自制。

第二部分

成渝地区双城经济圈建设科技产业布局与合作研究

第一章　引言

2020年1月，中央财经委第六次会议将"成渝地区双城经济圈建设"上升为国家战略，强调要"使成渝地区成为具有全国影响力的重要经济中心、科技创新中心、改革开放新高地、高品质生活宜居地"。这充分体现了国家对优化区域经济布局的高度重视，对新时代推进西部大开发形成新格局的大力支持。深入研究成渝地区科技产业发展的空间结构、技术创新水平的时间次序结构、科技资源自然分布及制度化配置结构，推进科技产业合理布局，是探索成渝地区协同打造具有全国影响力的科技创新中心、深入落实成渝地区双城经济圈建设的重大战略抓手。

当前，成渝地区经济发展基础较好，科技产业体系完备，对科技人才等要素有较强吸引力。但也应清醒地看到，第一，成渝地区科技产业发展水平、科学创新实力与全球重要科技创新地区差距巨大，与国内长三角、京津冀、粤港澳大湾区等先进地区差距十分明显；第二，重庆直辖后，双方各方面合作从未停止，在科技产业发展方面，双方具有多年的合作经验，但合作中也存在一些问题，协同发展仍然存在较多掣肘，不利于两地协同发展、优势互补、增强合力；第三，成渝双城发展承载着推动西部大开发纵、深发展的历史使命，西部地区不同城市、不同区位要素特征、发展阶段差异很大，亟须统筹整合、协同发展。因此，必须树立一盘棋意识，深刻把握全局与一域的辩证关系，建立一体化的成渝两地科技产业协同发展机制，充分发挥成渝地区在西部的综合优势，携手融入共建"一带一路"、长江经济带、新一轮西部大开发战略，以高新技术产业功能互补、设施平台互联、人才技术互通、政策制度互惠为核心，建设一批科创平台，突破一批关键核心技术，培育一批科创企业，打造一批战略性新兴产业，形成以成渝地区为核心的科技创新带，提升西部地区在全国科技产业中的话语权，增强科技产业发展与技术创新支撑西部地区高质量发展的能力。

第二章　成渝地区双城经济圈科技产业布局与发展基本现状

第一节　重庆市科技产业发展现状

十三五以来，重庆把握数字化、网络化、智能化融合发展契机，聚焦"高质量、供给侧、智能化"发展，大力实施以大数据智能化为引领的创新驱动发展行动计划，着力构建技术创新体系，加快培育科技型企业和高新技术企业，取得初步的成绩。2019年，全社会研发经费支出约460亿元、同比增长6.3%，研发经费投入强度达到1.95%；专利授权量达到4.39万件，有效发明专利3.24万件，同比增长16.13%；重庆综合科技进步指数和区域创新能力综合指标排名稳居全国前十，西部领先。

一　发展基础

（1）科技创新政策体系逐步完善。一是编制实施以大数据智能化为引领的创新驱动发展战略行动计划、科教兴市和人才强市行动计划、军民融合发展战略行动计划，完善科技创新政策措施，从战略层面谋划推动高质量发展、创造高品质生活的科技工作。二是优化科技创新空间布局。进一步优化提高新区发展水平，带动九龙坡区、北碚区、江津区和璧山区打造西部"智能谷"，串联沿江城市打造长江经济带创新大走廊，塑造大创新、大开放、大发展格局。

（2）科技产业集群加快构建。一是在集成电路领域，基本构建起"IC设计—晶圆制造—封装测试及原材料配套"的全产业链条，拥有中电科两条6英寸芯片生产线，中航微电子8英寸芯片生产线，引进SK海力士、平伟实业、嘉凌新科技封装测试线以及奥特斯IC载板和超硅12英寸硅片生产线。二是在工业机器人领域，已初步形成研发、整机制造、系统集成、零部件配套、应用服务全产业体系。引进广数、华数、川崎（重庆）等企业，年产工业机器人本体产量超过 2000 套。三是在物联网领域，已基本形成硬件制造、系统集成、运营服务"三位一体"全产业生态。中移物联网"中国移动 OneNET"接入设备超过 1000 万台，服务企业 3000 多家。四是在智能硬件（手机）领域，已初步形成了覆盖显示屏、摄像头、机壳、主板、电声器件等上游零部件基本齐全，产品检测、供应链服务等多环节支撑的产业链，已有传音、欧珀、维沃、金立等 8 家全国排名前 20 位的手机品牌商落户重庆，闻泰、沃特沃德、辉烨等 7 家排名前 20 位的 ODM 企业在渝落户。

（3）科技创新供给能力不断增强。一是培育引进高层次科技创新人才。实施系列人才建设专项，加强科技改革和政策支撑，"近悦远来"人才环境加快形成。"两院"院士累计达到 16 人，国家"千人计划""万人计划"专家和国家杰出青年科学基金获得者等国家级高层次人才达到 576 人，培育科技创新、科技创投、科技创业领军人才 109 人和"双创"示范团队 212 个。二是培育引进科技型企业，实施科技型企业"百千万"工程，安排专项经费实施集群科技项目 1520 项，启动联合微电子中心（UMEC）建设项目，组建技术创新联盟 10 家，打造了两江新区智能制造及机器人产业园、永川国家机器人新型工业示范基地、南岸国家物联网产业示范基地等一批智能化特色园区；引进培育了浪潮、秒银科技等一批云计算大数据龙头企业，形成了盼达用车、猪八戒网等一批具有全国影响力的分享经济业态。

（4）创新创业氛围显著改善。一是优化双创平台布局。在科技研发环节，科技资源共享平台先后整合共享大型科研仪器设备 3103 台（套），开设科技服务店铺 472 个，初步实现全市 10 万名左右研发人才在线协同创新。在成果转化环节，科技要素交易中心正式运行，累计建设各级各类技术转移示范机构 21 家、众创空间 307 家、科技企业孵化器 77 家。在产业培育环节，累计布局建设高新区 8 家，其中国家级高新区 4 家，全市科技创新园区达到 34 家市级特色产业基地达到 52 个。二是营造"双创"氛围。推进两江新区、永川区、重庆猪八戒网络有限公司等全国创新创业示范基地和九龙坡区全国小微企业创新创业基地建设，举办知识产权周和创

第二部分　成渝地区双城经济圈建设科技产业布局与合作研究

新创业活动周、高校创新创业文化节、"创客中国"重庆市创新创业大赛、"创青春"中国青年创新创业大赛重庆地区赛等创新创业活动。整合科普资源，建设市级科普基地147家，并以"科技活动周""全国科普日"等大规模群众性科学技术活动为龙头，组织开展"科普嘉年华""科学之夜""科普班车进区县"等系列特色科普活动，营造创新创业氛围。

（5）开放创新格局逐步拓展。一是引进一批高等院校和新型研发机构。中科院大学重庆学院、同济大学重庆研究院、中科院大学重庆转化医学研究院、中国工程科技发展战略重庆研究院、中科院计算所西部研究院等研发机构先后落户重庆，与中国兵器科学研究院、哈尔滨工业大学、吉林大学、合肥工业大学、加州大学洛杉矶分校、比利时鲁汶大学等签约共建新型高端研发机构，成功引进德国大陆集团、荷兰恩智浦等国际知名企业来渝设立研发中心。二是布局一批海外研发机构。中匈（重庆）、中德（重庆）国际技术转移中心挂牌运营，以东风小康为代表的一批民营企业相继在海外建立研发机构。三是推进军民融合协同创新。成功举办第十三届中国重庆高新技术交易会暨第九届中国国际军民两用技术博览会，成功签约项目483个、达成意向项目252个。组建首期50亿元的重庆市军民融合创投基金。

二　存在不足

尽管过去几年，重庆科技创新及科技产业取得重大突破，不过依然还存在着相当的不足和短板，离国家（西部）科技创新中心这一目标还有较大的距离。主要表现在：一是创新资源聚合度不高。高端创新资源较少，创新资源集聚不够，创新爆发力不强，缺乏引领带动科技创新的"隐形冠军"、"独角兽"企业，"985""211"重点高校仅2所、中央部门所属的在渝院所（事业法人单位）仅3家、国家级新型高端研发机构仅18家，缺乏在国内起引领作用的高校和科研机构。二是研发投入不足。2019年全市研发经费投入强度为1.95%，低于同期全国平均水平，与发达地区的差距更大。三是创新能力不强。优质企业总量偏小、企业创新能力有待提高。四是研发投入主要集中在少数大型企业和传统核心支柱产业。比如，2017年，数量占比仅2.98%的大型企业，研发经费却占全市规模上企业一半以上。此外，从研发投入的支出方向看，重庆规模上工业企业研发投入主要集中在应用研究和试验发展上，特别集中在试验发展方面，而在基础研究方向的研发支出占比极低。五是科技创新人才队伍仍有待加强。一方面，研发人员全时当量（研发全时人员工作量与非全时人员按实际工作时间折算的工作量之和）较低。2018年仅为9.2万人年，远低于东部发达省份，为广东的1/8、北京的1/3、上海和四川的1/2。规模上工业企业研发人员为9.69万人，在全国排第13位。另一方面，科技创新领军型人才、复合型技能人才缺乏。"两院"院士、国家"千人计划""万人计划"等高层次人才严重不足，对科技创新的支撑力度不够，复合型知识产权人才匮乏。知识产权中介服务机构和专业从业人员相对匮乏，影响了对科技创新的有效服务。

第二节　成都市科技产业发展现状

成都发挥高校院所数量较多的优势，大力实施蓉城科技聚变计划，以创建综合性国家科学中心为目标，构建校院企地发展共同体。布局建设10个环高校知识经济圈，实施"双一流"大学共建工程，形成"6+1"校院地协同创新体系，打造校院企地产业功能区及园区利益共同体、发展共同体。与此同时，成都还积极引入斯坦福等国外一流科教资源，引导全球优势科研资源聚集，科技创新和科技产业西部领先。

一　发展基础

（1）创新发展能力中西部领先。科技产业发展资源位居全国第六，拥有四川大学、电子科大等高校53所，中科院成都分院等国家级科研机构30家，拥有高分子材料、电子薄膜与集成器件等国家级重点实验室等研发平台57个，其中国家级重点实验室、国家级工程（技术）研究中心居同类城市第4位，聚集各类研发机构718家。学科优势比较突出。成都囊括了除军事学以外的所有十二大类学科，其中一级学科数量超过100个，位居全国第五，国家重点学科超过60个，位居全国第四，轨道交通牵引动力、干细胞等学科达到世界一流水平，新型电子薄膜材料、生物材料、航空电子、油气田开发工程等学科在全国处于领先水平。人才队伍日益壮大。有两院院士66人，国家"千人计划"102人，居同类城市前列，省

"千人计划"专家335人（占全省总量90%以上），顶尖团队18个，享受国务院特殊津贴专家2698人；各类专业技术人才达150万人，居同类城市前列。2019年，专利申请总量达80819件，其中发明28199件，专利授权50775件，其中发明9179件，万人有效发明专利拥有量25.8件，同比增长15.2%，均在中西部处于领先位置。同时，该年度20个项目荣获2019年度国家科学技术奖，占四川省获奖总数的80%，获奖数量继续保持全国前列，20个获奖项目中，成都主持完成11项、参与完成9项，其中2项主持项目荣获国家科技进步一等奖。

（2）创新驱动转型发展初见成效。企业创新主体地位进一步增强。2019年，增加国家高新技术企业1000家以上，总数有望突破4100家；入库国家科技型中小企业5235家；新增国家级孵化器3家，总数达到67家，高新技术产业主营收入突破9300亿元，同比增长14%，电子信息、机械、汽车、食品4个产业集群产值超千亿元，电子信息、软件外包、生物医药、航空制造等产业已具备国际分工参与能力，支持企业建立研发准备金制度，对符合条件的给予补助，引导企业增加研发投入64亿元，组织实施人工智能、5G、氢能、重大新药、高端装备等领域研发专项，一批产业关键技术实现突破。科研平台基础进一步夯实。2019年，新增国家地方联合工程研究中心5家；四川农业大学、成都中医药大学2个省部共建国家重点实验室通过专家评审，正式获批后国家重点实验室总数将达到12家；新增四川省工程技术研究中心、工程实验室等省级科技创新平台75家。创新要素加快集聚。一是聚集创新创业要素，2019年，举办"创业天府·菁蓉汇"系列活动123场，带动社会创新创业活动539场，服务7459家创业企业及团队，137家（次）创投机构、超10万余人参与。二是集聚创新高端人才，深化"高精尖缺"人才招引工作，举办2019年成都外籍人才招聘会，创新外国人来华工作许可"一窗式"办理服务，实现外国人来华工作行政审批事项无纸化办理，全年新引进来蓉工作外国人才1965名，同比增长10.1%。三是加快推动区域创新，高起点规划建设成都科学城，建成投用创新创业载体100万平方米，汇聚高层次人才230人、青年人才近两万人，清华四川能源互联网研究院等一批院校地协同项目落户，中科院成都科学研究中心即将建成，成都超算中心等一批重大创新平台正加快建设。推动成都高新区国家自主创新示范区率先高质量发展，聚集各类人才近60万人,年均新增科技企业1万家以上。

(3) 创新创业环境国内先进。加快建设国际知名的"创业之城、圆梦之都",2015年正式启动"创业天府·菁蓉汇"已连续运营5年,累计举办系列活动864场,带动社会开展双创活动7396场,1029家创投机构、3.3万家创业企业、超100万人以各种方式参加。创新驱动政策体系初步形成。创新创业孵化体系逐步健全。已拥有软件、集成电路设计、新能源装备等国家级科技产业基地24个;建成各类创新创业载体84家,孵化面积280万平方米,其中国家大学科技园4家、国家级企业孵化器10家、初步构建了"创业苗圃+孵化器+加速器+科技产业基地"的梯级孵化体系。产学研协同创新机制初步构建。校院地协同创新、产学研深度融合的体制机制逐步完善,已组建西南交通大学成都研究院等10家新型产业研究院、产学研联合实验室79个和新一代移动通信等产业技术创新联盟21个。2019年,开展"菁蓉汇·校企双进"系列活动817场(次),走进清华大学、上海交大、华中科大、四川大学等知名高校,累积吸引2400余家企业、1300余名专家参与,推动成都市近500家企业与高校达成728项校企合作项目,合同金额超过13亿元。同时,加快推进环高校知识经济圈建设,实现全市"2+6"双一流高校全覆盖,校地共建众创空间、专业孵化器100余家,孵化培育科技企业(团队)500余个。创新发展服务体系加快完善。科技服务业加快发展,打造了成都"科创通"创新创业服务平台,组建了成都技术转移集团,技术转移和成果转化服务体系逐步完善,科技银行、创投、担保、融资租赁、小额贷款等金融服务机构快速成长聚集,通过"科创保"引导带动保险机构开发适合科技型企业的科技与专利保险险种248个,累计支持科技型企业投保科技与专利保险1224.39亿元。

二 存在不足

不过,成都与重庆一样也面临着创新源头供给不足,特别是科技成果转化不够畅通,影响制约了科技创新能力的提升,以及科技创新投入不足、创新创业人才较缺乏、基础科学研究短板依旧突出等一系列问题。

第二部分　成渝地区双城经济圈建设科技产业布局与合作研究

第三节　双城经济圈其他主要城市科技产业发展现状

（1）经济发展严重不均衡。由于产业集聚、资源禀赋差异等原因，成渝地区双城经济圈经济发展总体上呈现"双核独大、中部塌陷"的典型特征。2019年，重庆市GDP总量达到2.36万亿元，同比增长6.3%，领跑成渝地区双城经济圈。成都市GDP总量达到1.7万亿元，同比增长7.8%，接近2万亿元大关，两者大幅领先于双城经济圈其他中小城市。同时，两个核心城市临近城市今年也得到较快发展，万州区得益于高铁、高速等基础设施投资，经济增长较快，然而在成渝地区双城经济圈之间的城市经济发展却相对落后，"中部塌陷"的问题依然显著，两座中心城市仍需攻克"背向发展"转向"相向发展"的难题。

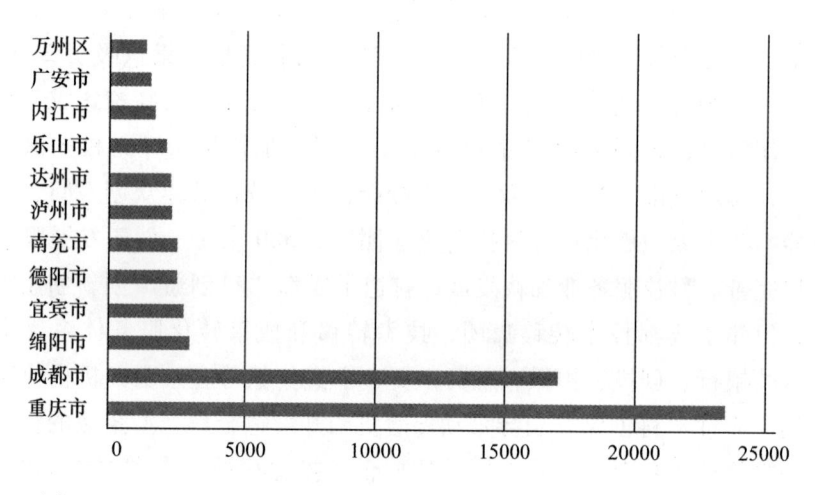

图2-2-1　2019年成渝地区双城经济圈主要城市GDP（单位：亿元）
资料来源：笔者整理。

（2）科技产业发展梯度分化严重。与经济发展水平的总体格局一致，成渝地区双城经济圈主要城市科技创新呈现出明显的分化趋势。第一梯队为成都和重庆两个核心城市，在科技创新投入和科技创新产出方面均大幅领先，这其中成都在科技产出方面更胜一筹，体现出更强科技创新实力。第二梯队为绵阳德阳，伴随成都平原经济区协同发展，成绵德一体化发展持续推进，

第二章 成渝地区双城经济圈科技产业布局与发展基本现状

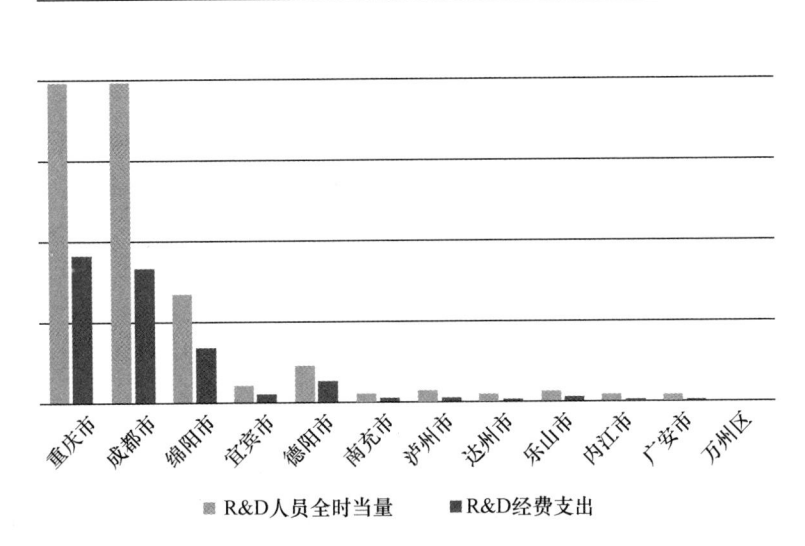

■ R&D人员全时当量　■ R&D经费支出

图2-2-2　2019年双城经济圈主要城市科技创新投入（单位：人年、百万）
资料来源：笔者整理。

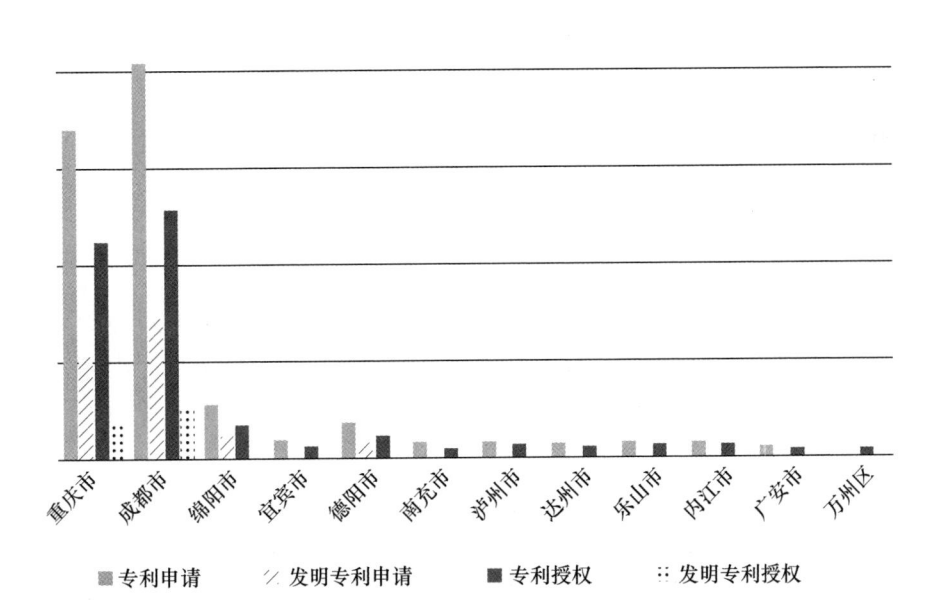

■ 专利申请　╱ 发明专利申请　■ 专利授权　∷ 发明专利授权

图2-2-3　2019年双城经济圈主要城市专利申请与授权情况（单位：万件）
资料来源：笔者整理。

107

科技创新投入和产出也均优于其他城市。第三梯队是经济区其他城市，这些城市的科技投入和产出大幅落后于第一梯队和第二梯队，需大力挖潜。

（3）科技产业布局交叉重叠，偏离自身优势和资源禀赋。一方面，经济圈辐射城市均不约而同规划布局并大力发展新材料、新能源汽车、高端装备制造、新一代信息技术、生物医药、人工智能等战略性新兴产业，区域城市间科技产业布局竞争激烈。另一方面，辐射城市规划发展科技产业未充分发挥和利用区位优势和资源禀赋以加强科技产业链集聚和升级，如绵阳、德阳毗邻成都，一体化进程中未形成有效主导产业错位、全产业互补发展的科技产业布局，宜宾应充分发挥四川甚至川渝南向开放的通道功能，利用国际开放合作融入成渝科技创新协同发展并引入新动能。

第四节 双城经济圈科技产业布局与合作中的主要问题

近年来，成渝地区双城经济区科技产业合作虽有所突破并取得一定成绩，如推动区域协同创新方面，相互开放国家级和省级科技创新基地、科研仪器设备、科技文献，共建西部技术转移联盟、共建国家技术转移西南中心重庆分中心，推动科技成果交易；电子科技大学在重庆西永微电园设立微电子产业技术研究院，重庆大学在内江设立产学研协同发展创新中心；引导产业协作共兴方面，支持汽车整车及零部件研发生产企业、科研机构创新合作模式，推进川渝城市轨道交通、生物医药等产业深入合作、协同发展；园区合作共建方面也取得积极进展，但与成渝地区双城经济圈科技创新高地要求还有较大差距，成渝之间科技产业的布局和科技创新融合发展仍有待加强，依靠成渝辐射带动双城经济圈其他城市的效果还未充分发挥，制约成渝地区双城经济区科技创新合作和科技产业优化布局的主要问题有：

一是缺乏超越行政区划的统筹协调机制和统一规划设计，双城经济圈协调发展难度大，规划目标追求"大而全"，无论中心城市或是周边城市都致力于发展最前沿、最具有创新性的产业，缺乏产业链集聚下的价值链分工协作，无序竞争严重。

二是区域合作机制不健全导致科技产业合作不够密切、对接较弱。一方面，核心城市经济实力雄厚，产业基础扎实，但由于土地资源，人力资本的成本上升，迫切需要进行产业结构调整，由于未能与经济圈范围内中小城市实现产品分工、对接，缺乏互动、协作，使得中小城市缺乏资源支撑，阻碍沿海城市和成渝核心城市的产业转移，产业布局难以改善；另一方面，中小城市化缺乏资金、技术支持，有效需求得不到满足，整体经济提升缓慢，割裂的产业布局规划严重制约着成渝地区双城经济圈一体化发展格局的形成。

三是科技产业布局同质化导致未能形成错位竞争和优势互补的良性互动，例如，成渝两地在电子信息、生物医药、装备制造等领域都布局有专业化产业集群，在发展大数据智能化产业进程中均强调大数据企业的引进和大数据园区等物理空间的配置，但并未形成两地在大数据产业链条上的分工和错位竞争，相反，同质化的布局导致招商引资等创新资源恶性竞争、关键核心技术合作创新意愿薄弱以及创新基础设施重复建设等问题。

第三章　成渝地区双城经济圈科技产业布局与合作的总体思路

基于成渝地区双城经济圈科技产业发展中同质竞争、缺乏协作等问题，必须抓住国家推动成渝地区双城经济圈建设这一契机，树立立足成渝、服务全国、放眼全球的思想，加强科技创新合作、优化产业布局；树立承担国家使命、对接国家战略意识，深入实施创新驱动发展战略，加快区域协同创新体系建设，构建开放型融合发展的区域协同创新共同体；集聚国际国内创新资源，形成良好的科技创新制度和政策环境，着力提升科技创新能力，产生大量创新成果，推动成渝地区打造具有全国影响力的智能制造基地、西部综合性科学中心、西部高质量发展引领区和内陆开放新高地。具体思路有：

（1）关键在于顶层设计，健全体制机制。成渝地区双城经济圈上升为国家战略，有必要成立超越成渝行政界限的统筹协调机构，统筹包括科技创新在内的协同发展事宜。一是编制成渝地区双城经济圈科技创新协同发展总体规划，明确两城多地功能定位、产业分工、城市布局、设施配套、交通体系等重大问题，并从财政政策、投资政策、项目安排等方面形成具体措施。二是加强与国家创新驱动战略、长江经济带等国家重大战略和规划衔接，按照成渝地区双城经济圈功能定位，围绕科技创新、产业合作、城市管理等，做好顶层设计。三是建立创新合作机制，探索共同出资设立双城经济圈创新辐射和科技产业专项发展基金，支持区域科技创新联合攻关，促进跨区域科技成果转化和产业化带动区域战略性新兴产业发展和传统产业转型升级。

（2）核心在于创新驱动，引领带动辐射。一是依托共建共享科学城，搭建一批共性技术合作研发服务平台，相互开放、共同建设科技创新的基

第三章 成渝地区双城经济圈科技产业布局与合作的总体思路

础设施。共同开展技术攻关，形成一批国际领先的自主创新成果，增强区域在重要领域参与全球科技竞争的实力。二是深化科技体制改革，突破行政壁垒，建立双城经济圈科技资源合作共享机制，以企业创新为核心，以产业技术、业态创新为重点，以高校科研机构为创新策源地，以科技中介为创新链关键纽带，合作建立跨区域的科技资源服务平台、企业孵化平台、产业联盟，为区域科技进步与创新提供支撑和保障。三是围绕区域创新园区和特色产业带建设，以企业技术创新和产业技术提升为目标，推动区域产学研用合作，促进平台、人才、项目、科技服务一体化发展，加速区域科技创新资源集聚、流动、辐射与共享，最大限度发挥成渝科技资源的效能。四是利用大数据、物联网、云计算、空间信息等新技术，强化成渝地区双城经济圈环境能耗信息的统一监测管理，建立统一环境监测平台及节能监管信息平台。

（3）定位在于分工协作，优势互补发展。功能定位清晰才能分工协作密切，优势互补才能效益最佳。成渝作为西部科技创新中心，资本、技术、人才要素资源密集，经济基础好，定位于溢出、疏解、转移，承载引领、带动、辐射、输出的功能，着力发挥科技智力资源优势，依靠科技创新推动产业链升级。经济圈辐射城市定位于溢出、承接，加强与成渝科研机构对接，引进科研成果，开展合作研发，提升工业层级并促进科技成果落地转化，为成渝提供高端原材料和配套产品，成为协同发展中优化城市布局、现代产业体系、综合交通网络、生态涵养保护的支撑。同时，成渝地区双城经济圈协同发展应强调产业对接协作，着重发展汽车制造、装备制造、电子信息、医药卫生等产业链条，促进产业形成规模、融合发展。

（4）路径在于科技支撑，产业错位布局。当前，成渝两地处于工业化后期，工业门类较为齐全且主导产业颇具特色和实力，两地工业结构存在一定重叠，但双城经济圈工业互补性更强，在产业链条衔接、优势产业互补、构建产业链集群等方面有较大合作空间。如在电子信息产业方面，成渝地区各具优势，应注重发挥成都的研发和服务优势、重庆的制造优势、经济圈辐射城市的原材料和配套优势，形成密切分工协作的产业链集群。同时，围绕区域产业链集群发展，分批启动若干特色产业基地规划建设工作，统筹产业定位和空间布局，重点在"两极"[即以成都高新区为支撑的中国西部（成都）科学城、以重庆高新区为核心的中国西部（重庆）科

第二部分 成渝地区双城经济圈建设科技产业布局与合作研究

学城]、"一廊"（即成渝科技创新走廊，涵盖成渝地区 12 家国家高新区，承载创新成果转化、高新技术产业化功能）、"多点"（即成渝地区多个创新功能区和创新节点）上做好布局和分工，努力形成布局合理、分工明确、区域联动、协同发展的跨区域特色产业链集群。

第四章　科学谋划发展目标和重点任务

推动成渝地区双城经济圈建设，最关键的是加强协同合作。要紧扣建设"两中心两地"目标任务，深入把握实体经济与数字经济的关系，加快推进大数据智能化创新，推动产业数字化、数字产业化，促进实体经济和数字经济深度融合，全力打造国家先进制造业重镇，加快建设国家数字经济创新发展试验区，大力发展现代服务业，不断培育新的经济增长点、形成发展新动能。

根据对成渝两地科技产业的现状分析。可以从人工智能、集成电路、汽车电子、5G、网络视听、电子信息制造、大健康等产业链协同，创新链协同、价值链协同方面开展布局。

第一节　协同共建国家人工智能产业基地

人工智能对其他产业具有极强的带动性和渗透性，其推动经济社会各领域从数字化、网络化向智能化加速跃升。成都、重庆凭借其各自基础，发展各具优势，均成为全国人工智能产业发展的排头兵。以语音识别、类脑计算、人工智能芯片、机器学习等关键技术为核心的企业和创新团队落户成都，重庆在部分智能技术领域率先取得突破，达到全国一流的水平。成渝地区发展各有所长，优势互补，联合推动数字经济与实体经济融合，加强人工智能、数字经济、5G产业、智能制造、云计算、新基建等领域务实合作，共同打造国家数字经济创新发展试验区和国家新一代人工智能创新发展试验区，探索新一代人工智能发展的新机制新路径，有力推动成渝地区双城经济圈创新发展。

第二部分　成渝地区双城经济圈建设科技产业布局与合作研究

一　产业布局现状

（1）成都地区。科大讯飞、陌陌、聚美优品、货车帮、锤子科技创业公司纷纷入驻成都，极米、果小美、迅游、百词斩、Tap 4fun 等本土科技创业公司也在不断涌现。人才学科方面。成都拥有四川大学、电子科技大学、西南交通大学等高等院校和国家级科研机构，高校院所聚集，人才储备丰富。在多个细分领域达到国内领先水平，其中部分领域达到国际领先水平，特别是智慧机场、网络安全、语言识别等创新应用领域，形成了教育机器人、助残机器人等产品，技术研发能力位居全国前列。

产业布局仍存在以下三个短板，一是产业整体规模不高，较北上广深而言，成都人工智能相关企业数量不多，且企业多属于中小型、应用型企业，领军企业和龙头企业缺乏，高端集聚效应和产业带动效应不够。二是金融体制有待优化，当前研发资金来源仍以政府、高校以及科研院所的项目扶持经费扶持为主，尚未形成以社会资本为核心的市场化机制，资金构成较为单一。三是产业配套相对不足，缺少规模大、精度高的制造业，无法满足企业对传感器、控制器等关键零部件的需求，在科技金融、中介服务等方面的服务支撑也有所欠缺，本土转化率不足。

（2）重庆地区。企业方面，智慧思特（环保大数据）、博拉网络（营销大数据）、中移物联网（物联网服务）、西南集成（集成电路设计）等本地科技型企业快速成长，中科院重庆研究院孵化人工智能独角兽云从科技，并引进浪潮、腾讯、网宿、海云大数据等一批国内外知名企业。技术方面，部分智能技术领域，重庆企业也率先取得突破。其中，长安汽车已掌握智能互联、智能交互、智能驾驶三大类60余项智能化技术；中国汽研"智能汽车与智慧交通应用示范区"一期已建成投用；中科云丛人脸识别技术全国领先；中科睿光成功发布全新一代国产云计算操作系统。

然而，重庆市人工智能产业依然存在不足。一是中高端人才紧缺，重庆市高校知名高校较少，总体上人工智能学科实力相对薄弱，高端领军人才培育环境不优。二是科技转化率较低，重庆市科研经费每年以10%以上的速度增长，但目前平均科研转换率仅20%，科技成果转换率和产业化率双低现象严重。

二 合作布局建议

成渝两地政府都将人工智能视作未来发展方向，并从政策上给予极大支持。同时，成都和重庆各具优势和不足，成都在应用场景、数据、科教资源和人才储备上占据优势；而重庆则在政策地位、产业基础、基础设施及布局等方面占据主动，科教资源和人才储备稍弱。成渝两地可形成优势互补，通过资源共享、协同发展，势必从竞争走向合作，借助人工智能等数字经济引擎，共同推动成渝经济圈乃至西南地区的快速发展。重庆要"发挥产业链优势，提升人工智能对经济社会发展的支撑能力"，成都要"依托重大应用场景和科教资源，加强人工智能研发创新"。

（1）打造创新发展平台。依托国家新一代人工智能创新发展试验区建设的契机，大力推进大众创业万众创新，以天府新区、两江新区和一批国家级高新技术开发区为载体，打造成渝创新驱动核心区。鼓励高校、科研院所和地方共建人工智能科技创新平台、创新孵化产业基地和示范园区。

（2）聚合形成产业链条。大力引进平台型生态构建型企业，例如，根据国家公布的人工智能创新发展试验平台的15个企业为主要对象，积极引育特定应用场景先行者型企业，以底层设施提供型企业带动人工智能软件和高性能硬件产业集聚发展。通过不断发挥中小型企业在产业发展初期的创新主力军作用，系统化打造企业分布的空间格局，推动形成特色化、集群化发展态势。

（3）布局产业创新生态。创新主体方面，成渝可围绕"政产学研"布局，推进创新主体间合作，知名企业跨区域搭建企业联盟，明确产业链分工，高校和研究机构间实现联合培养，政府政策上实现跨区域互认；创新环境方面，制定人工智能地方性法规，推进人工智能伦理道德和法律法规建设。

第二节 合作打造西部集成路协同创新中心

集成电路产业是信息技术产业的核心，是支撑经济社会发展和保障国家安全的战略性、基础性和先导性产业。成都集成电路企业主要集中于高新区，西区围绕芯片与模块、智能硬件等领域，重点布局集成电路、光电

第二部分 成渝地区双城经济圈建设科技产业布局与合作研究

显示、智能信息终端、卫星导航等产业；天府新区、高新南区及双流区围绕"云大物智"、网络安全等关键技术，重点布局芯片与模块、智能硬件、传感控制等产业。重庆聚焦"芯屏器核网"全产业链之芯，以集成电路设计业为核心构建产业创新生态，瞄准四个"百亿级"目标，培育壮大智能产业集群。

一 产业布局现状

（1）成都地区。企业方面，成都市先期引进美国英特尔、德州仪器、摩托罗拉、IBM等世界级企业，逐步形成了集成电路设计、制造、封装为主线的集成电路产业集群；园区方面，自英特尔落户成都高新区后，便成为英特尔在全球最大的芯片封装测试中心之一，英特尔成都工厂全面实现集芯片封装测试、晶圆预处理和高端测试技术于一身，带动成都产业链。成都集成电路产业发展成熟，但仍存在以专用芯片为主，缺乏通用芯片项目、大额融资、流片和测试渠道不通畅、专项政策支持力度不够等问题。

（2）重庆地区。目前，重庆市集成电路企业覆盖了芯片设计、制造、封装等全产业链环节，初步建成较完整的集成电路全产业链，引进锐迪科（集成电路设计）、SK海力士（集成电路封装测试）、京东方（显示和传感器）等知名企业，本土企业发展势头良好，超硅科技8英寸/12英寸半导体级硅片打破了国际行业巨头在该领域的垄断。重庆正加速拓展与国内行业龙头企业合作空间，将重点围绕人工智能、智能硬件、智能传感等产品方向，加快引进培育一批集成电路设计龙头企业，形成集成电路设计产业集聚区。

重庆市集成电路产业短板集中于五大层面：技术层面，半导体材料和设备依赖进口；学科方面，基础科学落后，技术难以突破；人才层面，本地流失严重，外地引进困难；资金方面，产业基金设立晚，融资投资制度未完善；环境层面，配套产业基础薄弱，各环节协同能力差。

二 合作布局建议

成都集成电路产业链完整，呈集聚发展态势，其中高附加值的设计业实力雄厚；科研人才储备多，以电子科技大学为代表的高校长期输送优秀专业人才；但流片和测试渠道不够；重庆集成电路产业链基本完备，在封装测试关节处于优势,但基础研究能力薄弱,科技转化率低。

(1)加紧搭建科技服务平台,携手提供公共服务。重庆市已出台政策建设重庆市集成电路公共服务平台,成渝双城经济圈集成电路产业科技服务平台可以在集成电路设计企业提供电子设计自动化(EDA)工具、知识产权(IP)库、检测及知识产权交易等方面进行平台搭建和资源共享。

(2)聚焦产业链优势环节,推动功能互补和产业链衔接。要以成都为重点着力发展芯片设计,以重庆为重点着力发展芯片制造、芯片封测、成品测试,贯通成渝双城集成电路产业链,实现通用芯片在多场景的应用,例如汽车电子芯片等、并依托芯片产业在计算机、通信和其他电子设备制造业产业链条向对方延伸,加强区域分工与产业协作,根据自身的优势环节做好产业对接,避免两地之间的资源浪费。

(3)洞悉产业国际发展趋势,共建世界级先进产业集群。成渝双城应紧跟国际集成电路产业动态,面向产业发展未来趋势,跨区域打造现代化的产业创新体系和全产业链,加快类脑芯片、第三代半导体等未来产业布局。选择一批具备核心技术、产业链完整、骨干企业支撑的优势产业,例如华为、中兴、阿里等,逐渐培育成渝集成电路产业带,形成区域有自主知识产权、有特色的主导产业。

第三节 共同建设汽车电子创新发展高地

一 产业布局现状

汽车电子产业是汽车工业和电子信息产业相互结合而形成的新兴产业,产品覆盖范围广,产业关联性强。随着电子信息技术的不断进步及其在汽车中的应用范围日益广泛,新的汽车电子产品不断出现。重庆、成都是西部电子信息产业聚集地,重庆围绕本地整车配套,一批有实力的汽车电子企业在个别领域逐渐形成了较强的核心竞争力。然而目前重庆面临最大的挑战是汽车产业滑坡,需要提升到中高端,而成都电子信息产业发展具有竞争力,工业发展不足,可承接重庆汽车产业低端制造的转移,因此,成渝地区双城经济圈合作发展汽车电子产业是大势所趋,有助于成渝地区实现产业转型升级。

成渝双城经济圈不仅拥有丰富的资源,同时拥有产业发展的基本生产要素优势。聚焦新一代信息技术发展方向，以建设成渝双城经济圈的战略契机为发展导向，以建设开放型汽车电子产业体系，为成渝双城经济圈高质量发展添加动能；以产学研协调合作，建设汽车电子技术创新平台，助力打造成渝双城经济圈创新共同体。

二 合作布局建议

（1）构建开放型汽车电子产业体系，为成渝双城经济圈高质量发展增添新动能。产业升级，是城市高质量发展的关键。成渝双城经济圈深入实施创新驱动发展战略，走"汽车+电子信息化"道路，实现成渝经济圈汽车电子产业合理布局，完善汽车电子产业链，打造产业升级版和实体经济发展高地，不断提升在全球价值链中的位势，为高质量一体化发展注入强劲动能。应当加快打造汽车电子产业集群，构建开放型汽车电子产业体系。在汽车电子的应用端，成都具备了独有的优势。成都聚集了一大批世界和国内知名的汽车生产企业，同时在发展汽车电子尤其是智能汽车、智慧汽车具有很好的产业基础，成都市一直将集成电路作为产业发展的重点，从产业发展的方向看，成都的产业发展重心是"一芯一屏一机"；重庆一批有实力的汽车电子企业如超力高科的车用空调、集诚汽车电子的车身控制系统等均具有较高的市场份额，形成了较强的核心竞争力。在传统的车体电子控制器、车载电子等领域重庆具有较强的生产制造能力。成都凭借自身发达的电子信息产业，重庆在汽车生产制造方面拥有相对优势，二者优势互补，加强分工合作，推动成渝双城经济圈开放型汽车电子产业体系建设。

（2）建设汽车电子技术创新平台，助力打造成渝双城经济圈创新共同体。瞄准世界汽车电子科技前沿和产业制高点，共建多层次产业创新大平台。充分发挥成渝双城经济圈创新资源集聚优势，协同推动原始创新、技术创新和产业创新，合力打造成渝双城经济圈创新共同体，形成具有全国影响力的汽车电子技术创新和研发高地。跨国公司研发机构大陆集团已在重庆设立研发中心，将致力于开发汽车电子产品应用、新能源汽车及工业领域应用产品和解决方案。四川高校包括四川大学、电子科技大学、西南交通大学、成都理工大学等，每年为汽车电子产业提供人才补给，成都重点聚焦成电、华为、蓉漂、海归四大重点集群的人才引进，主要联合电子科大、川大等开展定制人才培养，培训一批高端研发和实用技术人才。依托四川、重庆高校和研究机构，逐步推进产学研协调合作，联合共建汽车电子技术创新平台，打造成渝双城经济圈高水平创新品牌。

（3）积极布局新兴领域，打造具有影响力的汽车电子产业高地。实施以大数据智能化为引领的创新驱动发展战略行动计划，将汽车电子产业作为汽车产业转型升级的重要抓手，积极布局汽车电子产业新领域，将成渝双城经济圈打造具有影响力的汽车电子产业高地。抓住人工智能、物联网、大数据等产业的快速发展机遇，凭借两地人工智能、物联网发展基础，围绕汽车产业"新能源＋智能网联"的发展方向展开合作重点发展围绕下一代电子电器架构、高级辅助驾驶/自动驾驶系统、人机交互系统、车载操作系统、算法软件、开发工具链、云端、车端联网和路侧联网等方向深度发力。重庆长安汽车与百度合作，借助百度强大的搜索数据库、云服务和相关软件技术共同研发智慧汽车。智能汽车需要高效、低延时、低功耗的人工智能计算，格芯正加大对成都的投资，加快FD-SOI产线的建设和投产步伐。成都和重庆对汽车电子产业新兴领域均有涉足，二者应集中优势，通过合作实现优势互补，打造西部地区乃至世界具有影响力的汽车电子产业高地。

第四节　协力打造西部大数据与云计算产教融合创新中心

一　产业布局现状

成都目前拥有大数据相关企业400余家，涉及数据采集、数据存储、数据可视化、大数据应用等大数据全产业链。本土企业四方伟业、数联铭品、勤智数码位于"2018年中国大数据企业50强"榜单中，同时智宝大数据、探码科技、数之联等创业型本土企业迅猛发展，已有数家估值超10亿元。与此同时，重庆聚焦"大数据智能化"，致力于打造万亿级智能产业，已聚集相关企业3000余家，智能产业产值达4640亿元。此外，在2020年的疫情防控中，线上管理助力重庆数字化战"疫"，通过建设疫情防控主题数据库，大数据人工智能技术在疫情的管控监测、排查预警等方面发挥了重要作用。

成都和重市政府分别发布了《成都市促进大数据产业发展专项政策》《成都市大数据产业发展规划（2017—2025年）》、《重庆市以大数据智能化为引领的创新驱动发展战略行动计划（2018—2020年）》等促进大数据产业发展政策（见表2-4-1）。

表2-4-1　　　　　　　　　成渝大数据产业相关政策

城市	时间	政策	内容
重庆	2018年4月	《重庆市以大数据智能化为引领的创新驱动发展战略行动计划（2018—2020年）》	一是大力发展大数据智能产业；二是以大数据智能化推进传统产业优化升级；三是全面推进大数据智能化应用发展重点聚焦政府管理、民生服务、公共产品、社会治理、产业融合五大板块33个领域。
成都	2019年5月	《成都市引进培育大数据人才实施办法》	成都市将用3年时间支持培育1万名各类大数据人才，带动聚集大数据相关从业人员10万名以上。将力争每年引进10名国内外顶尖大数据人才，在住房、落户、教育、医疗、创业扶持等方面给予政策支持。
成都	2017年9月	《成都市促进大数据产业发展专项政策》	涵盖强化产业支撑、推进大数据应用、优化产业发展环境、支持企业发展壮大等方面。
成都	2017年10月	《成都市大数据产业发展规划（2017—2025年）》	成都将发展独具蓉城特色的行业大数据，重点推动大数据与游戏娱乐、网络视听、健康医疗、航空航天、汽车制造等行业大数据产业。

二　合作布局建议

（1）融合放大价值，开放促进共赢。一是围绕重点合作事项，协同制定年度工作计划，通过加快重点产业合作载体建设、举办成渝经济圈数据智能合作会议、开展大数据企业评估认定、加快工业大数据平台建设和应用；二是通过制定大数据行业应用标准、编制成渝经济圈大数据产业发展报告、成渝经济圈大数据"产业地图"等途径，加快形成产业氛围，促进市场开放，汇聚数据资源，落地政府应用；三是成渝大数据产业联盟、园区、机构和企业通过多种多样的方式加强联动，夯实数字化基础设施，加快数字资源的开放、共享利用，优化数字资源的配置效率，共同推动成渝经济圈大数据产业的发展。

(2) 突出创新驱动、联动协同和产业融合。一是充分发挥科技创新资源优势，挖掘成渝市场应用潜力，形成完整的大数据技术创新链条；二是瞄准成渝地区协同发展重大需求，围绕科技智博、环保、交通、健康、旅游、教育等重点领域，提升大数据服务民生的保障能力，在全国形成引领带动作用；三是推动数据资源对接、数据企业合作、数据园区共建，打造以成渝为创新核心，其余各区县为综合支撑的大数据产业一体化格局；四是大力发展基于大数据的商业模式创新，探索大数据与传统产业协同发展的新业态、新模式，促进传统产业转型升级和新兴产业发展。

(3) 共同构建多层次的大数据人才内培体系。一是探索创新成渝大数据人才联合培养、大数据人才引进、流动与共享、大数据人才创新创业等试点示范，形成大数据人才培养、技术研发、成果转化、推广应用的全链条产业生态，为重庆乃至全国大数据产业发展提供人才资源；二是利用成渝地区在人才和产业方面的优势，推动以科技创新为动力的大数据产业发展和学科建设，大力支持有条件的高校开展大数据方面的学科建设和学位教育，联合成渝地区四川大学、重庆大学、西南大学等高校和百度、阿里、腾讯、科大讯飞、浪潮等知名互联网企业，建立大数据学院，汇聚整合高端师资资源，为大数据技术人员和管理人员提供高质量社会培训；三是建设一批有针对性的竞赛平台、实训平台、在线教育平台和校园俱乐部，提升在校学生学习大数据知识和开展大数据实践的参与度。

第五节　聚合形成国内具有影响力的 5G+网络视听产业生态圈

一　产业布局现状

重庆已建成5G基站1.5万个（截至2020年4月17日），进入全国5G规模化建设第一梯队。5G技术已应用在2019智博会、重庆国际马拉松等重大活动及超高清视频、精确控制和工业互联网等应用领域中。《2020年重庆市政府工作报告》提出2020年6月30日前"新建5G基站3万个"，实现区县城市重点区域5G网络覆盖的目标。与此同时，成都5G产业发展处于全国前列，尤其是在微波通信、光通信、移动通信、专网通信、军民融合等领域已经形成全国比较优势。在网络视听方面，中国网络视听大会从2016年开始永久落户成都，"国际网络视听版权交易平台"正在建设中，极米、长虹等企业在网络视听播放设备方面的领先优势突出。此外，成都建立了全国首个5G商业街区、全国首个5G规模组网的试验体系，并开通了首个室外运行的高速验证体系。

目前，我国5G+网络视听产业区域划发展较为成熟的地区包括珠三角、长三角、京津冀地区，这些地区在产业的协同发展方面为其他地区提供了十分有借鉴意义的经验。

(1) 珠三角：2022年建成5G宽带城市群。《广东省加快5G产业发展行动计划（2019—2022）》（2019年5月）主要围绕基站建设、人才引进、5G关键技术和智能终端四个方面提出5G合作发展意见。同时指出，到2022年年底，珠三角建成5G宽带城市群、粤东粤西粤北主要城区实现5G网络连续覆盖，形成万亿级5G产业集聚区，5G关键技术自主创新能力迈入先进行列。

(2) 长三角：全国5G建设和应用示范区域。《5G先试先用推动长三角数字经济率先发展战略合作框架协议》（2018年6月）提出各省市协同开展5G网络布局，实施网络规模部署，持续提升无线宽带网络能级，协同开展基于5G物联的"城市大脑"、智慧园区、智慧交通、工业互联网等创新应用，推进5G应用及产业链协同发展，具体做法是共同推动以5G为引领的长三角新连接、新枢纽、新计算、感知和信息安全建设。

(3) 京津冀：保障冬奥会、力促"智慧冬奥"。《京津冀信息化协同发展合作协议》（2016年4月）提出为加强冬奥信息服务保障协作，共推5G网络在北京和张家口赛区先行启动建设。京津冀三地将共同完善2022年冬奥会信息基础设施建设，重点保障公用移动通信网和无线政务专网的信号覆盖。

二 合作布局建议

(1) 加速形成成渝经济圈5G产业生态体系。一是加强成渝信息通信业战略合作，打造网络连接速度最快的世界级城市群，成为全国5G创新发展引领区和千亿级5G产业集聚带，带动高水平的普惠接入和高质量的公共服务；二是构建集5G关键材料、芯片模组、核心器件、终端、软件及应用等为一体的产业发展生态体系，形成以成都和以重庆为中心的"7+X"（成都高新区、天府软件园、新川创新科技园、天府国际空港新城、两江新区、重庆高新区、经开区为5G研发创新及成果转换核心引领区，其他5G产业发展较好的区县为5G产业支撑区）的发展格局；三是依托川渝地区高校院所、科技园区和从事5G关键技术和核心设备研发、应用研发及服务等领域的企业，共同建设5G测试实验室、认证实验室等专业化配套设施，完善众创空间、孵化器和加速器等5G科技创新平台，打造5G研发企业核心聚集区。

（2）推动以5G为引领的成渝经济圈新计算、新感知建设。一是优化成渝经济圈互联网数据中心布局，推动成渝经济圈存算资源同城化。同步部署向人工智能的计算加速器资源，区域计算加速资源超20万核，数据中心存储容量实现Z级突破，力争到2022年，成渝经济圈主要城市群城镇化地区基本实现移动边缘计算节点部署。二是川渝地区加强合作，打造深度覆盖的物联专网，推动成渝经济圈智能物联平台互联互通，聚焦区域管理和社会治理，形成基于算法模型和人工智能的物联专网协同服务模式。引导城市群建设基于物联、数联、智联的城域物联专网，部署物联传感"神经元系统"，探索建设集管理、应用、决策功能的"区域大脑"平台。

（3）推动以5G为引领的成渝经济圈信息安全建设。一是成渝携手共同推进构建安全可信的信息消费环境基础，促成网络空间可识、可控、可管、可响应，基本形成区域联动、行业统筹、专业智能的安全即服务的信息安全保障体系。二是联合推动数据交易服务，发展培育数据流通市场，发展和规范数据要素市场，推动数据资源的资产化和数据流通交换体系建立，推动形成成渝一体化的数据资产交易市场。三是加强互联网信息内容管理和推动互联网信息传播制度建设，探索建立成渝经济圈安全态势感知中心，推动成渝经济圈量子保密通信干线网络建设。

第六节 联合打造全球电子信息产业制造中心

一 产业布局现状

（1）成都地区。企业方面，深天马、中光电、富士康、戴尔、联想、

TCL、精电国际等一批电子信息企业集聚成都,基本形成了一个由上游原材料和零部件、中游显示面板和模组、下游应用组成的产业链。产业方面,成都以电子科技大学为核心,以郫都区和高新西区为两翼,构建电子信息产业功能区。以"芯—屏—端—软—智—网"为支撑的电子信息产业体系,积极优化产业结构和空间多重布局,从吸引企业"扎堆"到注重创新要素"扎根",加快构建电子信息产业生态圈和创新生态链。聚焦"一芯一屏",加快建设海威华芯、成都芯谷、京东方、中电熊猫、信利(仁寿)等一批重大项目,建设成都"芯火"双创基地,推动4K/8K超高清终端产业化,支持打造体验中心。

(2)重庆地区。重庆是先进制造业重镇,凭借老工业基地的汽摩制造优势,瞄准行业巨头美国惠普并引进一批中国台湾代工企业,形成了以惠普、富士康、广达为代表的产业集群,重点生产笔记本电脑、平板电脑、手机等消费性电子终端产品。2019年,两江新区电子信息产业完成产值1756亿元,形成了以海尔、格力等为代表的信息家电产业集群,以京东方、莱宝、康宁等为代表的平板显示产业集群;以奥特斯、超硅半导体等为代表的高端电子材料产业集群;并逐步聚集了以紫光、万国半导体、中星微等为代表的集成电路企业和以恩智浦、大陆集团、日本电装等为代表的汽车电子企业。目前仍存在本土企业嵌入度低、金融市场发展滞后、生态集群意识等问题。

二 合作布局建议

(1)精准配套产业发展,抢抓发展机遇。主动服务、精准配套成渝产业发展,积极承接发展电子特种气体、移动通信终端制造、车载智能电控系统、穿戴电子设备、LED封装技术等高端电子制造企业,打造成渝地区电子信息产业配套基地。把握新一代信息技术蓬勃发展态势,推进云上软件孵化园、智慧园区、智慧医疗、智慧城市建设,研发应用推广3D打印等智能制造装备和智能化生产线,加快发展大数据、云计算、物联网产业。

(2)聚焦政策协同,保障成渝产业协作。以科学的产业政策加以规范和引导,防止产业雷同、低层次扎堆、同质化竞争。成渝双城要共同做好电子信息产业协同发展规划,统一布局重大基础设施、统一开发重要科技创新资源、统一跨区域空间布局、统一重要配套和扶持措施。着力抓好区域科技创新项目协同，联合申报一批国家重点实验室、科技重大专项、科学数据中心等。合作共建成渝科技资源共享平台，将成渝双城高校和科研院所的科教资源优势用于服务跨区域的产业技术创新，打造成渝地区企业一站式科技创新服务平台。

（3）找准产业定位，避免恶性竞争。成渝双城由于发展特征相近，两地双方参考整体规划，应该在符合自身情况的条件下，积极开展双方对话，制定对双方有利的统一的发展规划。在发展本地电子信息基础上，兼顾两地的重点发展区域，进行科学合理的产业定位，努力杜绝重合的产业市场定位。尽量避免两地在发展中遇到的产业重叠状况，避免出现恶性竞争，实现整体区域范围内的电子信息制造业的结构优化升级。

（4）立足内外市场，拓展融资渠道。在国际范围内积极寻找合作伙伴和资金来源，成渝双城联手开拓国际市场，通过合作开发两地电子信息产品的共同市场。积极谋划产品市场的定位，在两地优势产业的突出作用下，共同提高在国际市场和国内市场中的覆盖率。同时，打造两地一体化的资本市场和劳动力市场，有效推进两地资源的有效配置。

（5）加快交通建设，促进要素流通。加快发展物流通道建设，提高综合效益，增加国际枢纽空港。成渝两地要积极打破地域限制，开展广泛的合作与交流，在电子产品的公关、新产品的研发方面作出表率作用，积极与推动两地的高校与科研院所和电子信息企业的交流与合作，高效转化两地的科研成果。

第七节　同步共建西部大健康产业科技创新基地

一　产业布局现状

生物医药产业是由生物技术产业与医药产业共同组成，综合了生命科学、生物技术、传统医学、现代医学、物理学、计算机等多学科理论。我国是全球生物医药产业的第二大市场，现有生物医药公司700多家，总产值达到了2万亿元。而大健康产业包括了以健康作物种植业、健康产品制造业以及健康管理服务业为核心的产业链。"十三五"期间，国家开始向生物医药和健康产业重点支持，先后发布了《"健康中国2030"规划纲

第二部分　成渝地区双城经济圈建设科技产业布局与合作研究

要》《"十三五"国家战略性新兴产业发展规划》《"十三五生物产业发展规划"》等规划政策，为未来5年发展生物和健康产业指明方向。

成渝地区近年来生物医药产业发展迅猛，成都拥有四个生物医药产业重点园区，其中企业总数、高新技术企业数、医药工业百强企业数、独角兽企业数量和上市企业数量分别占全国重点园区的6.9%、6.7%、5.4%、4.9%和3.9%。2018年，成都市规模以上医药工业实现主营业务收入596亿元，增长21.6%。2018年，重庆市规模以上医药工业总产值破七百亿元，增长11.8%。在大健康产业方面，川渝地区也有着深厚的基础。四川由于优越的自然条件，中药资源丰富，在蕴藏量及种类上位列全国第一；重庆地区2019年全市健康产业增加值占GDP比重约6.7%，实力也不容小觑。

二　合作布局建议

（1）构建产业创新平台。面向国家疫情防控的重大需求，构建协同生物医药产业的产业创新平台。成渝两地政府、高等院校和企业共同建设产业创新平台，平台按照"政府主导，基于互联网+技术服务平台，联合骨干企业、生物医药服务外包企业、临床研究医院于一体"的协同发展模式建设，整合生物医药产业链上的优势科技资源，为生物医药研发、企业技术创新、生物医药产业发展等提供专业、便捷、集中的技术支撑。

（2）打造产业园生产性服务业。积极扶持第三方服务企业的设立和发展。支持两地产业集聚区内企业将产品研发设计、物流运输、人力资源管理、法务与知识产权等辅助职能从企业主体功能中剥离出去，为集聚区内部的配套企业发展创造条件，为产业集聚区形成共生平等的生态系统奠定基础；同时，与生产性服务业行业协会合作，专门组建面对先导产业创新集聚区连锁型生产性服务企业，有利于提高服务水平与健全产业园区生态系统。

（3）设立健康产业专项扶持资金。由政府出资共同成立健康产业发展基金扶持成渝地区健康产业发展，通过银、证、企合作、科技保险、投资引导、股权有偿资助等多种支持方式，全面撬动银行、保险、证券、创投等各种资源。鼓励中小型金融机构及金融配套服务机构落户成渝，为健康产业构建绿色通道。

（4）加快应用新兴技术手段。由于工作模式和工作环境等条件的限制，养老护理等服务行业的劳动生产率水平低、工作压力大、工作环境差，无法在薪酬待遇等方面与其他产业竞争，因此可通过运用信息技术、人工智能以及机器人等新兴技术手段推动健康产业技术革新，提升健康产业整体服务水平。

第五章 宜宾市落实成渝地区双城经济圈科技产业布局的举措

第一节 宜宾在成渝地区双城经济圈科技产业布局中的重要地位

一 具有突出的地理区位优势和广阔的经济腹地

宜宾地处云贵川三省结合部，金沙江、岷江、长江三江交汇处，是长江黄金水道的起点，川滇黔区域的战略要地，是四川省内以水、陆、空综合立体交通网络著称的川南交通枢纽城市，地理位置优越，具有广阔的经济腹地。宜宾雄厚的经济实力和完善的交通体系决定了宜宾能够担任辐射带动周边地区的增长极功能。从交通条件看，宜宾是50个全国铁路枢纽、63个全国性综合交通枢纽、66个全国区域级流通节点城市之一。随着成贵高铁的开通，以及成自宜高铁、渝昆高铁的建设，宜宾将形成川南地区半小时经济圈、成渝滇黔1—2小时经济圈，长三角、珠三角、京津冀等发达经济圈的6—8小时经济圈。优越的交通条件能够为宜宾带来大量的人流、物流、信息流、资金流，不断集聚和放大宜宾的优势，进而提升宜宾对周边地区的辐射带动能力。从经济方面看，2019年，宜宾市实现地区生产总值（GDP）2601.89亿元，按可比价格计算，比上年增长8.8%，增速位居全省第一。经济总量一举超过德阳，在全省排名第三，结束了长达18年经济总量位居全省第四的地位，为宜宾在成渝地区双城经济圈建设中发挥作用奠定了重要经济基础。

二 地处多重战略机遇和政策开发的交替叠加区

近年来，国家先后颁布"一带一路"建设、支持长江经济带发展、新

第五章　宜宾市落实成渝地区双城经济圈科技产业布局的举措

一轮西部开发开放、国际陆海贸易新通道建设、成渝城市群发展、全面创新改革试验区、自由贸易试验区等政策措施。2018年6月，四川省发布实施"一干多支"发展战略，明确提出构建"一干多支、五区协同"区域发展新格局，大力推动形成"四向拓展、全域开放"立体全面开放新态势，宜宾是7个区域中心城市之一。宜宾作为长江首城，处于"一带一路"、长江经济带、孟中印缅经济走廊的叠合部，包含在成渝经济圈之间，是联结长三角、珠三角、北部湾和南亚、东南亚和成渝地区极其重要的纽带，四川省委省政府支持宜宾争创全省经济副中心、长江上游区域中心城市、全国性综合交通枢纽、四川南向开放枢纽门户，印发《川南经济区"十三五"发展规划（2018年修订）》（川府发〔2019〕8号）明确要求川南经济区要主动承担全省南向开放主战场重任，打造全省第二经济增长极，建设南向开放重要门户和川渝滇黔结合部区域经济中心。2020年1月，四川省科技厅、省发展改革委批复支持宜宾等6个市开展省级创新型城市建设，2020年3月8日，四川省发展改革委正式印发《宜宾三江新区总体方案》，全省首个省级新区——宜宾三江新区获批，这些都为宜宾科技产业实现跨越式发展提供了难得的历史机遇。

三　体制机制改革为科技产业布局提供重要支撑

党的十九大提出要加快创新性国家建设，加强应用基础研究、加强国家创新体系建设和倡导创新文化，依靠改革创新加快新动能成长和传统动能改造提升。近年来，宜宾不断深化体制机制改革，市委深改组审议出台多个改革方案，"放管服"、科技体制、投融资、国资国企、农业农村等重点领域和关键环节改革取得新成效，出台《加快建设现代工业强市的若干政策措施》，坚定不移实施"产业发展双轮驱动"战略，出台《关于加快推进宜宾大学城和科技创新城建设的意见》，坚定不移推进"双城"建设，科教人才支撑作用切实增强，持续加大科技投入，营造全社会创新创业的浓厚氛围，全市创新发展的气场不断提升。随着科技体制改革的不断深入推进，一些思想观念、体制机制和工作方法等制约创新障碍和制度藩篱将逐步得到破除，从而为宜宾在新一轮改革中发挥后发优势、培育新竞争优势带来难得的机遇，为宜宾经济社会发展注入强劲动力和活力。近年来，宜宾在科技产业方面的布局投入和重视程度的提升积累了一定的基础，可

第二部分 成渝地区双城经济圈建设科技产业布局与合作研究

以为成渝地区双城经济圈相关产业的转移与合作提供产业基础和支撑。

第二节 宜宾市科技产业发展现状

一 宜宾市科技产业发展基础

"十三五"以来，宜宾市紧跟国家发展战略和四川省委省政府发展规划，通过大力实施创新驱动发展、着重发展"双轮驱动"和科教兴市战略，在培育创新主体、集聚创新要素、夯实创新基础、完善创新体系等方面取得了长足进步，科技创新环境、科技创新能力、科技产业布局显著改善和增强。

（1）科技创新综合实力稳步提升。2016年至2018年，宜宾市专利申请量累计8517件，专利授权量累计4857件，已接近或超过"十二五"期间总量，其中发明专利累计超过300件。全市高新技术产业快速增长，2017年达到553亿元，2018年继续增长达到653亿元。2019年，宜宾市新认定高新技术企业34家，省科技成果转移转化示范企业13家，省级科普基地2家，市级科普基地6家。获省科技进步奖一等奖2项、二等奖3项、三等奖9项。完成技术合同登记114项，交易额3.89亿元，是上年的3.6倍。宜宾市获全省首批支持建设的省级创新型城市。全年申请专利3152件，获得授予专利2010件。其中，申请发明专利469件，获得授予发明专利105件。2019年，宜宾市科学研究和技术服务业投资增长21.0%，全部工业增加值990.82亿元，比上年增长9.5%，对经济增长的贡献率为45.5%。其中，计算机、通信和其他电子设备制造业增长56.1%，科技创新综合实力不断提升。

（2）科技创新体系初步建立。宜宾市第五次党代会以来，确立了"产业发展双轮驱动"战略，统筹传统产业的巩固提升和新兴产业的加快发展，在传统的食品饮料、能源化工等产业的基础上形成了以智能终端、轨道交通、新能源汽车、新材料等为代表的战略性新兴产业。引进宜宾凯翼汽车、中车智轨产业园、四川时代新能源科技有限公司动力电池项目等大企业、大项目，成功实现了经济转型升级。2019年9月，宜宾市政府通过《宜宾市数字经济发展规划（2019—2023年）》（宜府办函〔2019〕50号），2019年10月通过《宜宾市5G产业发展规划（2019—2023年）》

(宜府办函〔2019〕54号），2019年11月通过《宜宾市加快培育发展高新技术企业若干政策（试行）》（宜府办发〔2019〕17号），大力发展高新技术产业。2020年3月，四川省首个省级新区宜宾三江新区获批，宜宾制定了定性定量发展目标。预计到2025年，"显山露水、山水相融"的城市空间格局基本形成，现代化产业体系初具规模，科技创新能力显著增强，对外开放合作水平全面提升，形成区域中心城市的核心区。到2035年，学教研产城深度融合发展的现代化城市基本建成，引领区域高质量发展的示范作用充分彰显，全面建成生态宜居、经济繁荣、社会文明、人民幸福的高品质生活宜居地。

（3）科技创新环境持续优化。宜宾市制定出台了《宜宾市科研院所改革试点责任分工方案》《宜宾市关于共同建设四川省重大科研基础设施和大型科研仪器平台的实施方案》《宜宾市深化市级财政科技计划管理改革方案》等一系列激发创新创造活力的改革措施，建立和完善了以《中共宜宾市委宜宾市人民政府关于实施创新驱动发展战略的意见》为统领的宜宾科技创新政策体系。紧紧围绕全市重点行业、重点技术领域、重大基础设施项目，大力实施"人才+"战略，着力强化人才政策激励，出台了《关于实施人才+战略构建人才支撑体系的实施意见》《关于支持高端人才创新创业的意见》，持续深化人才机制体制改革，制定出台了多项人才方面文件，引进和培养享受国务院特殊津贴专家、国家千人计划专家、四川省学术和技术带头人等各类科技创新人才，实施高层次人才计划项目，促进人才发展与经济社会发展深度融合。

（4）科教产学研融合不断发力。近年来，宜宾市扎实推进科教兴市战略，加快推进科教融合，科技人才支撑得到新加强。2019年全年普通本专科招生1.1万人，在校生5.09万人，毕业生1.36万人。研究生培养单位4个，招收研究生393人，在校生918人，毕业生68人。成人本专科在校生1.7万人。参加学历教育自学考试4.35万人次。年末有各级各类学校1567所（不含普通高等院校、技工校、职业培训机构），在校生87.26万人，专任教师5.22万人。在推进"产业发展双轮驱动"战略的同时，宜宾深入实施"双城"建设。目前，宜宾已与18所高校签订战略合作协议，17所签订项目落地协议，落地办学高校达11所，在校大学生5.7万人。中国人民大学长江经济带研究院等9所产业技术研究院及邓中翰院士工作站已正式运行。与20余家高等院校建立了市校合作机制，搭建了校企合作和成果交流对接平台，协同创新体系进一步完善。在高校、职业学校、科研院所、园区、县（区）建设了众多分散式、多层面、链条化的创新创业平台，积极构建"苗圃产业园+创客空间+科技孵化器"的孵化培育体系，加强产教融合。

二 宜宾市科技产业发展存在的问题

"十三五"以来，宜宾市科技产业发展取得了长足进步，但与同省内其他城市及成渝地区双城经济圈的整体规划发展仍存在一定的差距，在一定程度上制约了宜宾科技产业的整体布局与发展。

（1）科技产业布局不均衡，创新能力相对较弱，科技创新体系有待持续完善。一是科技产布局不够均衡。宜宾市目前形成了以智能终端、轨道交通、新能源汽车、新材料等为代表的战略性新兴产业。成渝地区双城经济圈建设需要综合不同产业，做好产业承接和转移，做好优势互补，宜宾的产业布局主要集中在几个特定领域，没有特别突出的优势科技产业，在一定程度上限制了产业的做大做强。二是产业技术创新能力不够强。企业市场主体发育有待加强，规模以上企业偏少，科技型中小企业规模小数量较少。企业技术创新能力薄弱，特别是中小企业创新意识不够强，研发投入尤其是关键核心技术创新投入不足。专利申请及授权、全市每万人发明专利拥有量在省内主要城市中排名靠后，企业产品主要集中在中低端，科技创新在产品价值中的作用没有充分体现，有竞争力的自主品牌明显不足。三是科技创新体制机制障碍依然存在。虽然每年科技产业财政投入有所增加，但与省内其他兄弟城市相比，与创新驱动发展的要求相比，科技产业方面的财政支出在全市公共财政支出中的比例还不够大。科技投融资环境有待改善。科技创新的体制机制支撑未完全确立，科技投融资有效机制尚未完全建立，科技型企业融资难、融资贵问题依然存在，知识产权质押贷款尚未突破，为科技创新体系的建立制造了障碍。

（2）优质高等教育资源相对匮乏，对科技产业布局与合作的支撑力度不够。一是高校数量相对较少，规模小，发展水平不高。宜宾本地高校只有宜宾学院和宜宾职业技术学院，近年来引进了四川轻化工大学宜宾校区等高校，但高校数量仍显不足。高校过少对科技产业的推动作用不明显，高等教育的优势不能很好地体现。二是学科结构和专业设置不尽合理，特色不鲜明，支撑发展能力不强。宜宾学院和宜宾职业技术学院两所学校专业设置主要基于自身发展定位，与宜宾发展定位和产业转型需求，特别是新一届市委、市政府提出的"8+2+5"产业发展的契合度不高。高校从事R&D人员较少，高端科技型人力资源和高技术研发机构缺乏，支撑创新发展的科技供给能力不足。三是学校品牌不响，智库作用发挥不明显。宜宾市自身仅有的两所高校没有入选985或211高校序列，也不是双一流高校，没有硕士学位和博士学位授权点，严重制约了高质量人才的培养和优秀科研教育人才的引进。新引进学校也多是异地办学，规模和社会效益短时间内很难马上体现出来，这些都成为制约宜宾高等教育质量提升的重要因素。

（3）科技创新人才储备有待加强，持续驱动科技产业创新的动能相对薄弱。科技和人才是决定一个地区发展的重要因素。近年来宜宾大力开展"双城"建设，科技与人才队伍建设取得了一定成绩。但从未来产业发展需求看，扩大开放合作的科教和人才支撑仍严重不足。表现为：一是全市的人才总量不大，科研平台欠缺。博士以上学历人才过少。与东部沿海城市相比，人才存量大大落后，科研平台较少，整体力量较弱。二是人才吸纳能力弱，特殊行业人才紧缺。宜宾与成渝等地相比，客观上在薪酬待遇、事业平台、生活环境、教育医疗等方面都还存在一定差距，人才引进难、留住难的现象还比较明显，高端人才缺乏，科技支撑不足，难以支撑科技产业高速发展。三是研发人才和外向型人才奇缺。企业自主创新能力较弱，研发投入不足，研发人才奇缺，产品科技含量偏低，新技术运用不够，缺乏具有自主知识产权的技术和自有知名品牌。国际化专业人才、外向型经济人才、高层次人才、创新型人才匮乏已经成为制约宜宾扩大开放合作的一大瓶颈。

（4）科技创新成果产出及转移转化效果不够理想。一是产学研融合力度不够。应用研发体系还较薄弱，产学研深度结合机制有待突破，特别是企业创新激励机制还不十分健全，企业创新动力还有待加强，创新文化不够浓厚，科技成果转化的市场体系不够完善。二是科技创新与市场需求结合不够紧密。公共研发投入还不能完全满足市场需求，政府采购与企业技

第二部分　成渝地区双城经济圈建设科技产业布局与合作研究

术产品研发脱节，研发成果与市场需求脱节，高技术人才不能满足企业需求，金融政策和产品与企业需求依然存在较大偏差。三是科技服务业需要进一步发展。科技服务业处于起步阶段，目前还存在规模比较小、功能比较单一等问题。整个科技服务行业呈现结构有待进一步调整、发展有待进一步平衡、服务市场有待进一步规范的问题，导致科技服务体系功能不够完善。

第三节　宜宾市科技产业发展目标

坚持问题导向、目标导向、结果导向，深刻认识区域经济与科技产业发展序次发展规律、认识"百年未有之大变局"中区域科技产业发展中按"产业链集聚"的新趋势，审慎评估、大胆谋划，强化"一盘棋"思想、贯彻"一体化"理念，深化与成都、重庆对接合作，尽快把战略要求转化为战略行动。紧紧依托成渝地区双城经济圈"双城＋一带＋两翼"[1] 的产业布局，发挥宜宾在川南经济区的中心城市作用，突出宜宾在"两翼"、"多点"布局中的排头兵功效，做好成渝地区双城经济圈"科技产业链集群"的转移承接、协同共进工作，把宜宾建设成成渝地区双城经济圈科技副中心，让宜宾成为成渝地区科技产业集群发展与产业链转移的一个实验场所与科技高地、创新高地。到2025年，科技产业调整布局基本形成，科技创新能力显著增强，对外开放合作水平全面提升，形成成渝地区双城经济圈科技产业中心城市。到2035年，科技产业深度融合发展模式更加成熟，引领区域科技产业高质量发展的示范作用充分彰显，建成具有宜宾特色的区域科技产业体系。形成高新技术产业快速发展，产业结构科学合理，产业集群优势特色显著；企业创新主体更加强大，自主创新能力持续提升；科技创新环境更加优越，科技成果转化及产业化能力大幅提高；科教人才队伍质量规模"双提升"，科教服务发展更加有力的局面，在成渝地区双城经济圈中的辐射带动效果逐步显现。

---

[1] 根据成渝地区双城经济圈的规划，经济圈内包含的主要地理区域包括成都、重庆两个中心城市，形成双城；成、绵、德、渝城市经济带，形成一带；川南城镇密集区、南遂广城镇密集区，形成两翼。

第五章　宜宾市落实成渝地区双城经济圈科技产业布局的举措

第四节　宜宾市科技产业发展重点任务

加快推进科技产业发展，积极承接科技产业转移，着力发展人工智能、集成电路、汽车电子、大数据、5G、软件和信息服务、电子信息制造、航空航天、生物医药、先进装备制造十大行业；重点实施科技创新主体培育引育工程、科技创新园区拓展提升工程、高水平科研院所建设工程、人才集聚与产教协同工程、科技成果转移转化促进工程五大工程，加快推进"双城"建设和科教兴市战略，围绕全省唯一"学教研产城一体化试验区"以及南亚、东南亚和"一带一路"国家留学生基地建设，将宜宾打造成为成渝地区双城经济圈中的区域性科技产业中心。

一　科技创新主体培育引育工程

（1）以人工智能行业为引领，推动现有优势科技产业转型升级。根据《宜宾市新一代人工智能发展工作方案》（宜府函〔2019〕7号），到2025年，人工智能技术研究和重点产品开发取得突破。到2030年，全社会智能化生产应用水平显著增强，掌握部分人工智能核心关键技术，人工智能在生产生活、社会治理等方面应用更加广泛，人工智能产业加快发展，形成较为完备的人工智能产业链。要以现有智能终端、轨道交通、新能源汽车、新材料等主导科技产业为基础，加大培育支持力度，进行企业的现代化转型升级。一是推动人工智能相关行业与实体经济深度融合，推进"互联网＋先进制造业"建设。开展大数据川南区域中心建设，依托大学城和科创城两大创新平台，大力发展战略新兴产业和先进制造业，争取形成优势产业有提升、传统产业有提档、新兴产业有突破的产业转型升级新局面，努力建成川南智能产业基地、南向开放智能化应用示范城和数字经济先行示范区。二是以电子信息制造、集成电路、汽车电子、先进装备制造等为重点，全面启动传统产业智能化改造工作。开展数字化车间和智能工厂认定试点，促进制造业加速向数字化、网络化、智能化发展，加快推动工业互联网融合发展和"宜宾制造"向"宜宾创造""宜宾智造"转变。

第二部分 成渝地区双城经济圈建设科技产业布局与合作研究

专栏一 宜宾优势科技产业转型升级计划

以宜宾现有重点发展的智能终端、轨道交通、新能源汽车、新材料产业布局为基础，着重发展人工智能、电子信息、先进装备制造三大产业集群，做好已有企业的转型升级和提质增效建设，进行技术革新和更新换代，提高企业的地区竞争力和行业引导力，提升主导产业的核心竞争力。

1. 人工智能相关产业

重点发展大数据、人工智能、5G、软件和信息服务等相关行业。在大数据方面，加强大数据采集、存储、分析、预测、计算处理等关联硬件、软件的研发。在人工智能方面，加强数字经济、云计算的投入，加强智能感知、语音识别、图像识别、可穿戴设备的前沿探索。在5G方面，加强5G产业的覆盖和基础设施的提升，做好无线设备、传输设备、终端设备等方面研究。在软件和信息服务方面，加强软件开发、系统集成、网络技术咨询、信息化建设、电子商务、服务外包等方面的研究。

2. 电子信息相关产业

重点发展集成电路、电子信息制造、汽车电子等相关行业。在集成电路方面，加强半导体产业的引进和研发，完善集成电路产业链，开拓IC设计、封装测试、智能卡芯片、通信芯片、移动智能终端芯片设计。在电子信息制造方面，增加工业物联网、智能家居、智慧城市的建设，发展好智能手机行业，增加电子元器件、电子测量仪器与电子专用设备科技等方面的研究。在汽车电子方面，加强新能源汽车研发，着重发展汽车电子控制装置、车载汽车电子装置研究，加强制动防抱死控制、牵引力控制、电子动力转向、汽车信息系统、导航系统、汽车音响及电视娱乐系统、车载通信系统等研发。

3. 先进装备制造业

重点发展以轨道交通为代表的先进装备制造业。以现有"宜宾智轨"项目为基础进一步加大轨道交通先进技术的研发和投入，完善配套的整车研发、核心零部件、一般零部件、整车装配、维修重造等各环节的研究，形成完整的产业链，带动上下游企业的集群式发展。同时加强微纳3D打印、微纳传感器、智能机器人等先进装备制造技术的研发。

（2）大力引进弱势行业及空白产业，壮大科技创新企业集群。大力发展航空航天、生物医药等高精尖和宜宾空白科技行业，构建创新型企业、高新技术企业、中小微企业的"金字塔形"培育加速机制，推动一批创新主体快速发展壮大。力争全市高新技术企业到2020年突破100家、2021年达到120家。一是做强一批"大而尖"创新型企业。以先进制造和高科技产业为方向，通过实施重大科技专项、构建产业技术创新战略联盟等途径，针对关键瓶颈技术组织产学研科研力量集中攻关，重点支持若干战略性新兴产业领域的骨干企业提升技术创新能力，增强核心竞争力，成为"科技小巨人"。二是做大一批"小升高"高新技术企业。重点围绕大数据、人工智能、先进制造装备、智慧医疗等产业，筛选一批优质企业进行培育，助推发展成为高新技术企业。重点关注在细分领域具有较强创新能力和技术优势的"隐形冠军"或独角兽企业。在政府采购、企业融资、创新平台建设、科研项目支持、高端人才引育、国际科技合作、发展空间拓展等方面给予支持。三是育成一批"新小微"科技型中小企业。通过"科技创新券"等政策引导，扶持科技型中小企业提升创新能力及配套能力。充分发挥科技企业孵化器、科技园区的孵化育成作用，储备一大批符合区域产业导向、有一定创新能力的科技型中小企业。充分利用成渝地区双城经济圈相关政策和支持，培育和壮大科技型中小企业集群。（具体可引进企业可参照成渝地区已有或已引进企业名单，见表2-5-1）

表2-5-1　　　　成渝地区已有或已引进重点企业参照名单

主要产业	行业分类	成都已有或引进代表企业	重庆已有或引进代表企业	宜宾可重点发展方向
人工智能相关产业	大数据	阿里巴巴、成都大数据股份有限公司、四方伟业、数联铭品、勤智数码	阿里巴巴、重庆大数据研究院有限公司、维普、誉存科技、撼地大数据	区块链、大数据采集与预处理、数据清洗、数据挖掘
	人工智能	京东、科大讯飞、中移动（成都）产业研究院、新华三、绿盟科技、中科信息、启英泰伦	face++、中科云丛、商汤科技、日海智能、博彦科技、网宿、中科睿光	语音识别、人脸识别、智能可穿戴设备、智慧教育终端、深度学习

续表

主要产业	行业分类	成都已有或引进代表企业	重庆已有或引进代表企业	宜宾可重点发展方向
人工智能相关产业	5G	华为、中兴、联想、卫士通、成都数创物联、创意信息	华为、中兴、联想、中移物联网	智能终端、中高端5G智能手机终端、5G毫米波
	软件和信息服务	IBM、腾讯、甲骨文、赛门铁克、大东网络、中科创达、日电信息系统	浪潮、腾讯、猪八戒、中天信息、航天信息、传音通讯、易联软件、东联信息、锐明信息、中科创达	计算机软件、云计算与软件服务、企业电子商务
电子信息相关产业	集成电路	英特尔、德州仪器、摩托罗拉、伟创力、飞思卡尔半导体、四川和芯微、芯原微电子、成都九芯微、成都储翰科技、成都振芯科技	锐迪科、SK海力士、紫光、万国半导体、中电科声光电、西南集成、龙尚科技、芯讯通、华润微电子、西南集成	高端芯片研发、IC设计、封装测试
	电子信息制造	京东方、中电子、富士康、戴尔、TCL、九洲电子、诺基亚、极米科技、亚信科技、前锋电子、富通光纤光缆	京东方、紫光展锐、纬创、仁宝、惠普、富士康、广达、奥特斯、莱宝、康宁、四联集团、超硅科技	智能终端、光电显示、智能硬件、高端电子制造
	汽车电子	一汽大众、一汽丰田、吉利汽车、浙江大华、国蓝中天、成都艾博智、成都科灵智能	长安汽车、长安福特、力帆、金康、长安徕斯、中国汽研	智能汽车、节能和新能源汽车、车载电子装置
先进装备制造业	先进装备制造	雷电微力、中铁岩锋、可为科技、润泽通轨道、江山轨道	中船重工、泰山电缆、发那科、川崎、ABB、重庆川仪	高端装备、智能设备、轨道交通装备
生物医药业	生物医药	奥泰医疗、盛迪医药、金瑞基业生物、科伦博泰生物、海思科制药、康弘生物、迈克生物	北大医药、药友制药、中关村医学工程转化中心、金山科技、中联信息、西山科技	智慧医疗、生物医学成像与图像处理、生物材料
航空航天业	航空航天	成都飞机工业集团、成都发动机集团、加德纳航空、成都航宇、朗星无人机、中科航发、海特高新、海克斯康测量技术公司	东方红卫星移动通信、重庆西南铝、重庆商飞、重庆通航、重庆中航科技、隆鑫机车、宗申发动机、银港科技、金世利钛业	航空航天智能结构、遥感科学与技术、民用航天、飞行汽车

资料来源：课题组根据资料整理。

专栏二　宜宾弱势及空白产业引进提升计划

生物医药和航空航天产业对前期的资金投入和行业基础要求较高，但对科技产业的引领带动和产业链分工、集聚有积极作用，要以宜宾横竖生物、四川一电航空航天智能制造产业基地项目为基础进行生物医药和航空航天产业的建设，实现高新技术的提升带动和跨越式发展。

1. 生物医药产业

生物医药产业由生物技术产业与医药产业共同组成。生物技术产业涉及医药、能源、化工等多个领域。制药产业与生物医学工程产业是现代医药产业的两大支柱。成渝地区具有较为丰厚的医药科研资源，要加强生物医药类企业的引进工作，在生物芯片技术、生物信息技术、生物制药、化学制药、中药制药等方面寻求突破点，在生物医学材料制品、医学影像和诊断设备、现代医学治疗设备、医学信息技术、康复工程技术和装置等方面寻求合作，提升宜宾的生物医学研究和医疗制造水平。

2. 航空航天产业

航空航天产业包括飞行器设计与工程、飞行器动力工程、飞行器制造工程、飞行器环境与生命保障工程、航空航天工程、工程力学与航天航空工程等方面，属于高精尖领域。宜宾可重点引进和发展无人机、飞行汽车、机载设备、高性能结构复合材料、航空紧固件、空管系统和设备、发动机等研究领域，实现弯道超车与技术融合，实现新技术、新产品、新材料、新工艺的同步研发，带动其他行业发展与提升。

二　科技创新园区拓展提升工程

（1）将宜宾三江新区打造成高能级开发开放平台。2020年3月8日，四川省发展改革委正式印发《宜宾三江新区总体方案》。作为全省首个省级新区，宜宾三江新区将肩负着为全省探索区域协同发展新机制、探索城市转型发展新路径、探索产教城融合发展新模式、探索开放型经济发展新举措四项主要任务，打造长江上游绿色发展示范区、创新型现代产业发展集聚区、国家产教融合建设示范区和四川南向开放合作先行区。要依据现有智能终端、轨道交通、新能源汽车、新材料和现代服务业"4+1"产业布局，结合已落户企业和拟落户企业情况反复测算分析，细化三江新区的规划方案，提升科技产业的整体建设水平。

第二部分　成渝地区双城经济圈建设科技产业布局与合作研究

（2）高标准建设临港经济技术开发区。按照《关于促进全省开发区改革和创新发展的实施意见》（川办发〔2019〕10号）精神，聚焦打造国家级经济技术开发区"升级版"，优化科技成果转移转化、股权激励、科技金融结合等机制，以临港经开区为龙头，推动现有"4+1"产业向中高端迈进，吸引集聚一批科技企业、研发机构、科研人才，做强先进制造、大数据等创新型产业集群，建成川南内陆地区科技创新示范高地。组织实施重大科技专项，围绕以大数据智能化为引领的创新驱动发展，努力在数据挖掘、深度学习、智能驾驶技术等关键技术领域取得阶段性突破，加强先进制造、生物科技、新材料、航空航天等领域科学研究，集中力量突破一批核心技术，引领产业转型升级。继续从支持引进科研机构、公共服务平台建设、产业孵化器建设、新产品开发、培育和引进高新技术企业等方面予以专项扶持，深化园区市场化运营管理改革，完善研发、中试、孵化和产业化的全过程服务，加大高新技术产业比重和高新技术企业密度等创新指标的评价权重，推动大学城和科创城"双城驱动"提质增效。

（3）实施科技创新园区功能提档升级计划。贯彻实施好《宜宾市科创中心入驻机构和团队扶持及管理试行办法》（宜府办函〔2019〕22号），发挥宜宾市科创中心对全市经济发展的创新引领作用，构建良好的创新创业生态环境，切实增强产业发展智力和技术支撑。积极引进高端创新资源落户科创城，灵活运用平台专项支持、融资对接服务等措施，与国内外知名企业开展合作，引进培育新型研发机构。培育高水平创新平台，对接国家和成渝双城经济圈科技创新规划，立足产业基础和技术需求，重点建设大数据、人工智能实验室等重大科研基础设施，争取网联智能汽车国家技术创新中心等国家级创新平台落地，力争国家和成渝地区双城经济圈部分大科学工程和装置在宜宾布局。常态化举办川渝滇黔区域经济和科技交流会议，促进宜宾更好地融入成渝城市群等国家战略，促进部分创新资源向宜宾集聚。积极申办高端国际会议及专业论坛，吸引有关国际自然科学、哲学社会科学等专业领域的大会、论坛以及知名企业年会项目来宜举办，提升宜宾的科技创新氛围和影响力。

三　高水平科研院所建设工程

（1）加强重点优质高校引进工作。围绕人工智能、集成电路、汽车电子、大数据、5G、软件和信息服务、电子信息制造、航空航天、生物医药、先进装备制造等重点领域，引入省内外、南亚及东南亚学科排名靠前、科研实力突出、社会影响广泛的高等院校或创新绩效显著的科研机构，重点引进成渝地区优质高校，补齐宜宾在相关领域的创新短板。力争通过3—5年的时间，引进国内外50所以上知名高校、科研机构等创新资源以多种模式落户宜宾，并实现"引得来、留得住、发展好"的良性循环。（成渝地区重点院校和科研机构关注名单可参照表2-5-2）

（2）创新高校科研院所引进合作模式。按照"需求导向、协同联动、合作共赢"的原则，对知名高校和科研机构采取"一事一议"方式，灵活运用设立新型研发机构、共建联合研发基地（中心）、建立科技成果转化基地（中心）或技术转移转化服务机构等多种模式。积极为引进的机构提供线上线下、多层次投融资服务；对引进机构符合条件的，可在享受国家财税普惠政策基础上，额外制定相关财税重点支持政策，依靠智力聚集支撑产业发展，提升全市科技创新能力，引领和支撑创新发展。

（3）大力支持本地院校跨越式发展。加强本地高等教育资源的整合优化和拓展提升。推动本地高校"双一流""双万"建设。引导宜宾学院加强优势学科建设，争取一流学科，一流专业，力争获得硕士学位授权点。引导宜宾职业技术学院抓住优质高职院校纳入四川省"双一流"建设计划契机。加强本地高校学科专业设置与宜宾科技产业发展的契合度。重点加强与东南亚、南亚国家的教育合作，举办澜湄区域对话—教育合作论坛（中国宜宾）等系列活动，推动建成川南留学生交流培养基地，努力把宜宾打造成为外籍留学生来川国际实习分基地，做好"留学宜宾"名片。

表2-5-2　　　　成渝地区重点院校和科研机构关注名单

序号	类别	名称	简介	重点关注学科	地址
1	高等院校	电子科技大学	985、211、双一流高校	大数据、人工智能、通信与信息工程、电子科学与技术	成都

第二部分　成渝地区双城经济圈建设科技产业布局与合作研究

续表

序号	类别	名称	简介	重点关注学科	地址
2	高等院校	重庆大学	985、211、双一流高校	机械工程、交通运输工程、大数据、人工智能、计算机科学与技术、生物医学工程	重庆
3	高等院校	西南交通大学	211、双一流高校	高端装备、智能制造、机械工程、交通运输工程	成都
4	科研机构	中国科学院重庆绿色智能技术研究院	设电子信息技术研究所、智能制造技术研究所、三峡生态环境研究所、生物医药与健康研究所	3D打印技术、石墨烯材料与应用、精准医疗关键技术与装备、基于机器工人与工业大数据的绿色智能制造系统	重庆
5	高等院校	重庆邮电大学	行业特色高校	大数据、人工智能、通信与信息工程、计算机科学与技术、电子科学与技术、自动化	重庆
6	高等院校	西南财经大学	211、双一流高校	金融学、应用经济学、管理科学与工程	成都
7	高等院校	四川大学	985、211、双一流高校	智慧医疗、临床医学、口腔医学、医学信息工程	成都
8	高等院校	陆军军医大学	行业特色高校	智慧医疗、创伤、烧伤与复合伤研究	重庆
9	高等院校	西南大学	211、双一流高校	经济学、食品科学与工程、生物科学	重庆
10	科研机构	中国科学院成都生物研究所	设有应用与环境微生物研究中心、农业生物技术研究中心等5个研究机构	生物多样性保护与生物资源可持续利用研究	成都

资料来源：课题组根据资料整理。

四　人才集聚与产教协同工程

（1）千名高端人才集聚工程。围绕先进制造、大数据、人工智能等重点领域，加大重点人才、专项人选遴选支持力度，加快集聚高层次人才，建成川南一流创新人才集聚高地。一是开展国内外一流科学家引育工作。以"一事一议""一人一策"方式进行认定和支持，大力引进培育能突破关键技术、发展高新产业、带动新兴学科的国内外一流科学家及团队。二是加快引进千名"高精尖缺"人才。统筹打造引才品牌，大力实施"筑巢引凤"工程，以市委、市政府名义定期举办"宜宾国际人才创新创业洽谈会"，在市政府驻外办事机构增加引才工作职能，引进各类紧缺急需优秀人才一千名。三是培养千名高层次人才。整合现有人才培养工程，建立各领域各部门相互衔接、覆盖人才不同发展阶段的培养体系。加大重点人才专项支持力度，强化跟踪培养，遴选一批具有发展潜力的青年拔尖人才给予重点支持。

（2）万名产业人才培养工程。一是打造高素质企业家队伍。大力弘扬企业家精神，开展宜宾品牌企业成长行动，分级分类对全市规模以上科技企业主要负责人进行轮训，在项目申报、团队建设、产业对接、市场推广等方面提供支持服务，培养百名创新型企业家。采取专题培训、创新论坛、互动交流、导师帮带等方式，提升经营管理能力，培养千名优秀青年企业家。二是壮大产业技术人才队伍。按照"一产业一人才培养计划"，同步制定产业规划和人才培养规划，同步安排产业资金和人才保障资金，以研发人才、企业工程师等产业人才为重点，大力实施专业技术人才知识更新工程，力争培养万名产业技术人才。

（3）推动高等教育与科技产业深度融合。按照《关于印发四川省职业技能提升行动实施方案（2019—2021年）的通知》（川办发〔2019〕55号）精神，完善中职、高职与应用型本科一体化人才培养体系，逐步提高中职升高职和应用本科的比例。完善"双基地""双师型""双证书"职教培养机制，支持和规范社会力量举办职业教育，鼓励大型企业参与举办高质量职业教育，推动全部中职高职院校与优质企业结对发展，全面推行现代学徒制，推进产教协同育人。全面深化"产教城"融合发展。以城市为基础、产业为引领、教育为支撑，促进高校学科、人才、科研与城市发展良性互动，构建梯次有序、功能互补、资源共享、合作紧密的"产教城"融合发展网络。深化协同创新，支持高校依托优势学科与地方政府、园区、科研院所、龙头企业等共建一批产业技术研究院、技术应用与服务中心等平台。

五 科技成果转移转化促进工程

（1）增强科技成果转移转化主体内生动力。根据《宜宾市技术转移体系建设方案》（宜府函〔2019〕51号）的建设目标，到2020年，适应新形势的宜宾技术转移体系基本建成。到2025年，全面建成结构合理、功能完善、体制健全、运行高效的宜宾市技术转移体系。加快形成促进科技成果转移转化的协同机制，建立科技成果转移转化联席会议，研究、协调科技成果转移转化工作中的重大事项。激发研发机构、高等院校科技成果转移转化活力，建立健全专业化技术转移服务机构，或委托独立的专业服务机构，开展科技成果转移转化工作，鼓励研发机构、高等院校开展研发合作、转让许可、作价入股、创办公司等多种形式的科技成果转移转化。充分释放企业科技成果转移转化需求，鼓励企业主动承接和转化研发机构、高等院校具有实际应用价值的科技成果，支持开展"研发众包"等模式探索；扶持科技型中小微企业在科技成果应用、技术创新、创造就业等方面发挥更大作用。

（2）完善科技成果转移转化生态和服务体系。根据《宜宾市人民政府关于加快推进数字经济发展的意见》（宜府发〔2019〕4号），建设以"三中心一基地"为核心的数字经济生态体系，创建全省数字经济创新发展试验区。建成跨区域的"数据交易中心""数据应用中心""培训研究中心"，以及独具特色的"数字+产业发展基地"。建立开放共享的科技成果信息库，以财政性资金和社会资金所建设的各类科技成果转化平台为基础，建立资源汇聚、开放共享、分工协作的科技成果转化公共服务平台，鼓励企业和社会各界对科技成果信息库开放的信息进行加工、利用，盘活科技成果数据资源，定期举办科技成果转化交易对接会，推动技术供需有效对接。优化科技成果转移平台建设，依托行业龙头企业、高等院校和科研院所，在重点领域建设一批以成果转移转化为主要功能的专业化众创空间，为初创期科技企业和科技成果转化项目提供孵化场地、创业辅导、投融资对接、技术对接、研究开发与管理咨询；完善科技金融体系，打造"专业机构+风险投资"综合孵化模式；探索建设符合科技成果转移转化特性、线上线下结合的区域性技术交易服务平台，构建川渝滇黔结合部枢纽型技术交易市场。精准培育专业化技术转移服务人才，建设技术转移人才培养基地，支持技术转移服务机构与研发机构、高等院校或国际知名机构合作；建立技术转移服务人才激励机制，表彰和奖励一批在本市成功转化科技成果，有突出业绩的专业服务机构和个人。

第五节　宜宾市科技产业发展主要措施

一　加强政府组织领导，明确科技产业定位与发展重心

2020年4月29日，成都高新区、重庆高新区签署战略合作协议，共建具有全国影响力的科技创新中心，提出要共建西部科学城加快构建"两极一廊多点"创新格局。宜宾要把握住"多点"的机遇，成立宜宾市成渝地区双城经济圈科技产业发展工作领导小组，统筹推进行动计划实施。研究细化实施方案，明确年度任务、具体项目和工作要求，出台配套政策措施，定期开展专项督察。打造成渝地区双城经济圈科技创新副中心，建立以企业为主体、市场为导向、产学研深度融合的技术创新体系，明确科技产业规划与发展重点，处理好政府和市场的关系，争取在创新法制环境、新技术培育、新产品应用、开放创新等方面试点示范，消除科技创新中的"孤岛"现象，营造良好的科技创新政策环境。

二　突破体制机制障碍，强化科技产业资金投入与支持

科技创新体制机制是制约科技产业发展的重要因素，对调动科技企业的活力和市场竞争力、参与度有重要影响，要突破传统科技创新体制机制的障碍，避免坐等靠与止步不前等弊端，持续进行改革，为科技产业发展提供更多便利。要加强资金等方面的配套支持，稳步提高科技产业财政支持力度，建立完善的社会科技投融资体系，为企业开辟科创天使投资基金等绿色融资通道。各级财政要建立优先投入和稳定增长机制，加强财税金融政策联动，优化财政资金投入结构，坚持存量适当调整、增量重点倾斜，优先保障重点工作、重大工程、重要项目的实施。

三　改善产业发展环境，完善科技产业创新基础建设

科技创新基础设施是突破科学前沿、解决经济高质量发展的物质技术基础。宜宾拥有优越的地理位置与广阔的经济腹地，要进一步发挥交通、

航运等方面的便利,提升基础设施建设,改善投资环境,为科技产业发展提供基础保障。要把宜宾打造成渝地区双城经济圈科技创新副中心,创造条件,利用好国家、四川省"十四五"规划和成渝地区双城经济圈建设实施方案编制等机遇,多方呼吁国家层面、省上层面和重庆及成都,打造成都—宜宾—重庆沿江科技创新走廊,支撑成渝双城经济圈科技创新中心定位的实现,夯实成渝地区双城经济圈科技创新的物质技术基础。

四 加快优质科技企业培育引进,建设科技创新平台

优质科技企业的建设一方面靠本地培育,另一方面需要加大引进力度。要根据需要加强优质科技企业的引进工作,根据宜宾重点科技产业加强同行业标杆企业合作,提升宜宾科技企业的实力和水平。科研平台是吸引和汇聚科技创新人才,开展科技创新活动的重要载体。凡是重视科技创新的大企业、大集团,都拥有自己的实验室和研发机构,都在重要城市布局设立研发中心或平台。要主动加强与大企业、大集团和全国著名研发机构科技创新合作,争取在宜宾建立科技创新学术、咨询、研发等分支机构、分院;同时建好院士工作站、工程中心、创新中心。根据引进项目类别,对引进设立的研发机构经认定为新型高端研发机构、引进建设的联合研发基地(中心)、科技成果转化基地(中心)、技术转移转化服务机构等,实行分类激励,资助经费可用于平台建设、科技人才(团队)引进、项目研发和成果转化。

五 加强高等教育建设,培育和引进优质科教资源

高等院校不仅具有知识传授、科学研究、创新创业等功能,也是培养创新人才、产生新知识、衍生新企业,加强学科建设、促进科技创新协同能力提升的摇篮。2020年4月27日,重庆市教委与四川省教育厅在渝签署推动成渝地区双城经济圈建设教育协同发展框架协议,将强化重庆和成都的中心城市带动作用,加快推动成渝地区双城经济圈教育协同发展。宜宾要抓住成渝教育协同发展的机遇,加强与全国著名高校,特别是成渝地区优质高等院校的联系,推动优质高校在宜宾建立分校与研究院所,提升宜宾的高等教育水平,为科技产业发展提供人才和智力支持。要注意高校专业类别同宜宾经济社会发展需要的契合度,重点培养宜宾经济社会发展

急需的大数据、人工智能、生物医药、智能制造等类别专业,提升教育的针对性。

六 加强人才队伍建设,培育和引进科技创新领军人才

人才队伍是科技产业发展的重中之重,要加强人才队伍的培养和引进。一方面积极加强宜宾本地高校、企业相关科技人才的培养,另一方面下大力气积极引进相关科技人才。要加快完善人才发展政策体系,建立健全一套有利于海内外高层次人才引进、就业、发展的系统制度,形成更加精准、更具竞争力的人才政策优势,遴选和发掘一大批科技创新人才。通过给予比较优厚的物质待遇、比较优质的生活环境、比较宽松的流动机制,培养一批科技创新人才栖息地。要提高人才政策吸引力和竞争力。设立人才开发专项资金,出台促进人才优先发展的政策意见,制定引进顶尖人才及团队"一事一议"、柔性引才用才和企业引进培育高层次人才奖补等配套措施,大幅度提升人才奖励资助水平,使人才优势不断助推宜宾科技产业发展和升级。

附 我国主要科技产业技术发展与产业链体系

一 新一代信息技术产业

新一代信息技术产业是指通过对新一代信息技术和设备的研发和应用,对信息和网络相关固件、基础设施和服务能力等进行智能化改造的产业。新一代信息技术,既包含信息领域的一些分支技术如集成电路、计算机、无线通信等纵向升级,又包含信息技术的整体平台和产业的代际变迁,主要包括人工智能、云计算、大数据、物联网、集成电路和下一代信息网络6个部分。

1. 人工智能

产业链。人工智能第三次发展浪潮方兴未艾,产业链大致可以分为"基础层—技术层—应用层"。(1)基础层提供计算力,主要包含人工智能芯片、传感器、大数据及云计算。其中芯片具有极高的技术门槛,且生态搭建已基本成型。目前该层级的主要贡献者是 Nvidia、Mobileye 和英特尔在内的国际科技巨头。中国在基础层的实力相对薄弱,中国企业在CPU领域很难与巨头抗衡,AI专用芯片为中国企业提供了另辟蹊径的可能。(2)技术层提供技术开发及输出,依托运算平台和数据资源进行海量识别训练和机器学习建模,开发面向不同领域的应用技术,包括语音识别、自然语言处理、计算机视觉和机器学习技术。科技巨头谷歌、IBM、亚马逊、苹果、阿里、百度都在该层级深度布局。中国人工智能技术层在近年发展迅速,目前发展主要聚焦于计算机视觉、语音识别和语言技术处理领域。除了BAT在内的科技企业之外,出现了如商汤、旷视、科大讯飞等诸多独角兽公司。(3)应用层提供商业化解决方案,将人工智能技术集成到产品和服务,从特定行业或场景切入。从全球来看,Facebook、苹果将重心集中在应用层,先后在语音识别、图像识别、智能助理等领域进行布局。目前,应用层的企业规模和数量在中国人工智能层级分布中占比最大。

核心技术。(1)感知智能,主要包括语音识别、图像识别、自然语音处理和生物识别等。人工智能基础技术支撑已基本具备,特别是在计算机视觉、自然语言处理(NLP, Natural Language Processing)等感知智能上有诸多突破,自动驾驶、机器人等是当前人工智能的主流发展方向。(2)认知智能,指机器具备的独立思考并解决问题的能力,前沿领域有深度学习、强化学习、迁移学习等分支,主要应用于商业智能。

面临的挑战。人工智能技术在中国实现了快速的发展,虽然中国在部分技术和快速应用上具备了一定的竞争力,但是基础层技术的薄弱仍然是牵制中国人工智能发展的关键制约因素,同时还面临标准落地难、法律法规不完善以及人才缺乏的挑战。

2. 云计算

市场规模:近年来,政府高度重视企业上云和云计算产业的发展,云计算技术所依赖的硬件设备标准化程度和软件异构能力逐步提升,企业自主研发能力增强。上述因素叠加促进了云计算产业发展,据测算,2018年,我国云计算整体市场规模达907.1亿元,增速31.2%。国际巨头利用与国内云服务商的合作方式,加快其合规化进入中国,云服务市场竞争环境日趋激烈。同时,云服务产业在基础设施方面越来越向规模化、集约化、高负载方向发展,2019年物理机销量10年来首次出现负增长,市场全面向云转移，新旧IT交替出现拐点，云计算市场持续强劲增长，平均增幅达40%。2018年中国排名前四的云计算厂商分别是阿里云、腾讯云、中国电信和金山云，这四家厂商总的市场份额从2017年的61.8%上升到2018年的69.9%，成为中国云计算市场的主导力量。

核心技术：（1）核心云基础设备的研发和产业化，通过弹性计算、资源监控管理与调度、安全控制管理、数据中心绿色节能、虚拟整合等关键技术加大低能耗芯片、高性能服务器、海量存储设备、网络大容量交换机等设置研发，突破数据接口、数据迁移、数据交换等方面的云计算关键安全技术。（2）云计算与新一代信息技术集成创新。加强数据挖掘技术、理论、模型和方法的研究，加快云计算与物联网、移动互联网、大数据等新一代信息技术融合发展，推进云计算在电子政务、工农业、和智能制造等领域的广泛应用。

3. 大数据

产业链及细分市场：大数据产业链底层由基础设施与数据资产池构成，其上构建大数据分析与操作平台，在数据处理分析的基础上，挖掘各个垂直行业应用，最终为用户提供服务，大数据产业链由技术推动，向产业链两端发力。细分市场：（1）大数据硬件是指数据的产生、采集、存储、计算处理、应用等一系列与大数据产业环节相关的硬件设备，包括传感器、移动终端、传输设备、存储设备、服务器、网络设备和安全等。2018年大数据硬件市场规模为2244.7亿元，同比增速达到14.8%。（2）大数据软件是指用于实现数据采集、存储、分析挖掘和展示的各类软件，包括大数据计算软件、大数据存储软件、数据查询检索软件、基础平台软件、平台管理软件、系统工具软件和大数据应用软件等。2018年大数据软件市场规模为822.5亿元，同比增速达到30.5%。（3）大数据服务是指依托大数据资源管理与分析的相关服务产业，包括数据交易服务、数据采集服务、数据应用服务、数据增值服务等。2018年大数据服务市场规模为1317.3亿元，同比增速达到36.6%。（4）大数据安全是用以搭建大数据平台所需的安全产品和服务，以及大数据场景下围绕数据安全展开的大数据全生命周期的安全防护。2018年大数据服务市场规模为28.4亿元，同比增速达到30.5%。

区域分布：目前我国已形成了以 8 个国家大数据综合试验区（贵州、京津冀、辽宁、内蒙古、上海、河南、重庆、珠三角）为引领，京津地区、长三角地区、珠三角地区、成渝地区、两湖地区五大聚集区域协同发展的格局。

4. 物联网

产业规模：产业进入高速增长期，2018 年产业规模已达 1.35 万亿元。物联网作为战略性新兴产业的重要组成部分，已成为当前世界新一轮经济和科技发展的战略制高点之一。自 2018 年以来，物联网产业展现出良好的发展势头，市场规模达到 1.35 万亿元左右，同比增长 17.4%。

产业链：可分为四个层次，分别是：感知层、网络层、平台层和应用层。从产业链传导角度看，物联网从"快速联网"到"规模联网+应用服务"方向发展，具有通用性以及与物联网连接相关的上游产业链环节将最先受益，包括芯片、传感器、无线模组、通信网络与设备、物联网连接平台等。作为中下游的平台层与应用层，其发展依赖于物联网连接数规模化、应用场景的丰富，因此在物联网发展过程中，相对比较靠后才会受益，但市场爆发后受益将非常明显，其中智慧城市、工业物联网、车联网等大垂直应用最可能将率先发展，这些细分应用领域未来将随着物联网的发展而爆发。

核心技术及发展趋势：（1）传感器和芯片是感知层核心零部件，无线传感器及无线传感器网络、传感器智能化集成化将是传感器未来发展趋势。（2）人工智能、区块链及大数据等典型技术是平台层的关键。（3）应用领域：智慧城市、工业互联网和健康物联网成为最主要应用。

5. 集成电路

产业链：中国已成为全球集成电路产业增速最快、市场需求最大的地区，集成电路产业链不断优化，IC 设计占比不断提高。从产业链角度来看，目前集成电路产业已经形成了 IC 设计、芯片制造、封装测试独立成行的垂直分工模式。集成电路设计行业处于产业链最上游，负责芯片的开发设计，分析定义目标终端设备的性能需求和产品需求，是引领集成电路产业发展、推动产业创新的关键环节，占集成电路产业链的比重一直保持在 27% 以上，并由 2012 年的 28.8% 增长至 2018 年的 38.57%，发展速度总体高于行业平均水平，已成为集成电路各细分行业中占比最高的子行业。

企业：虽受中美贸易摩擦影响，但是在资本和政策的大力扶植下，我国集成电路设计、制造、封测产业依然取得了显著的成果，如设计方面的华为海思第二代 AI 芯片麒麟 980，制造方面的中芯国际第一代 FinFET 技术研发已进入客户导入阶段、长江存储突破性技术—Xtacking 等。总体来看，我国半导体产业持续保持快速发展势头，在部分细分领域，如智能卡芯片、通信芯片、移动智能终端芯片设计等方面，我国企业的产品技术和质量能够比肩世界先进水平。但在高端通用芯片领域，如 CPU、DSP、FP-GA、存储器、模拟芯片等，我国企业在研发、设计和制造方面与全球领军企业还存在较大差距。

6. 下一代信息网络

产业链：5G 上游主要包括无线设备（基站天线、射频模块、基带芯片、小基站等）、传输设备（光器件与光模块、光纤光缆、SDN/NFV 解决方案等）；中游主要是运营商；下游包括终端设备（可穿戴、车联网、VR/AR 等）及一些应用厂商。目前还处于 5G 建设期阶段，上游受到 5G 网络架构变革在材料和技术上有新选择，上游行业处于重塑阶段。从 5G 的建设需求来看，5G 将会采取"宏站+小站"组网覆盖的模式，历次基站的升级，都会带来一轮原有基站改造和新基站建设潮。预测我国 5G 产业总体市场规模将达到 1.15 万亿元，比 4G 产业总体市场规模增长接近 50%。

终端：智能手机等 5G 终端成新蓝海。在消费领域，5G 能够极大提升个人通信服务体验，并带动虚拟现实、超高清视频、个人 AI 辅助等一大批新兴技术产品落地。同时，5G 商用将率先在消费级市场落地，如虚拟现实、超高清视频、智能终端等。其中智能手机将是 5G 商用初期主要终端类型。过去半年，国内运营商和国内外终端厂商已在多个场合展示了 5G 智能手机，其中包括华为、OPPO、vivo、小米、一加、努比亚、中兴通讯等多家企业的产品。

二 高端装备制造业

高端装备制造业是以高新技术为引领，处于价值链高端和产业链核心

✡ **第二部分 成渝地区双城经济圈建设科技产业布局与合作研究**

环节，决定整个产业链综合竞争力的战略性产业，是现代产业体系的脊梁，是推动工业转型升级的引擎。高端装备主要包括传统产业转型升级和战略性新兴产业发展所需的高技术高附加值装备。

1. 轨道交通装备制造业

产业链结构。目前，我国轨道交通装备制造业已形成完整的产业链。研发设计、品牌、营销以及原材料等环节位于产业链的上游，整车车辆、核心零部件的研发与生产位于产业链的核心，维修、物流和租赁等产业链下游。

行业竞争格局。从轨道交通装备制造业分工来看，车辆和零部件相关的研发部门、整车车辆和核心零部件的生产主要是在中国中车内部进行的分工，增压器、调速器、缓冲器、紧固扣件、通信信号系统等其他车辆配件、零部件的市场结构则表现出较强竞争力，包括几百家企业，已初步具备完整的产品系列生产和研发能力。以动车组为例，车体、转向架、牵引系统等核心装备的生产厂商主要是中车旗下的四方、唐客、长客等企业，刹车片、连接器、车轴等各类耗材零件生产及零部件更换、运营检测等售后维护企业众多，在专业化分工生产中形成了自己的竞争优势。

2. 航空航天装备制造业

行业竞争格局。目前，我国航空工业主体是由中国航空工业集团公司、中国商用飞机有限责任公司两大系统及所属各企业、航空科研机构、专业公司、后勤保障单位所构成。中航工业集团主要产品包括战斗机、直升机、运输机、新舟系列飞机、通用飞机以及发动机、无人机的生产制造。中国商飞公司承担国家大型飞机重大专项中大型客机项目，主要产品包括C919、ARJ21飞机。此外，在民用航空零配件及无人机领域，中国航天科工集团、中国电子科技集团具有明显优势。

区域布局。目前我国基本上形成了以长三角及中部的陕西为核心，以珠三角、东北地区为两翼，以北京、天津、四川等研发、制造为支撑的航空产业格局。具体来看，环渤海地区拥有得天独厚的地域优势、资源优势、经济优势，是国内航空制造业重要的研发、设计和制造基地；长三角地区以上海为龙头，江苏、浙江两翼协同发展，初步形成了包括研发、设计、制造在内较完整的装备制造产业链；珠三角地区基本形成以珠海为龙头,以广州、深圳为依托的"三角形"航空产业空间布局;西部地区以四川、陕西为龙头,产业特色鲜明,四川与陕西依托工业基础优势和资源优势,发展势头最为强劲;中部地区主要集中在湖南、江西、湖北等省份。

卫星及应用产业。由于卫星产业较为特殊,涉及国防安全,产业上游主要由中国航天科技集团负责。中国航天科技集团公司承担着我国运载火箭、应用卫星、载人飞船、空间站、深空探测飞行器等宇航产品及全部战略导弹和部分战术导弹等武器系统的研制、生产和发射试验任务,是我国航天科技工业的主导力量。在卫星应用领域,包括导航应用、通信等领域由众多民企参与。

3. 智能制造业

产业区域布局。综合来看,长三角地区工业基础较好,机器人制造集成与应用市场起步较早,形成了以上海、昆山、无锡、常熟、徐州、南京为代表的产业集群,在我国机器人产业发展中基础相对最为雄厚,已经建立了国内相对功能完善、系统健全的机器人产业生态体系;珠三角地区机器人产业链条建设较为完备,基础技术实力充足,培育壮大了一批拥有自主知识产权的优秀本土机器人企业,形成以深圳、广州、佛山、东莞为代表的产业集群,在数控设备、无人物流、自动化控制器、无人机领域具备一定的领先优势;京津冀地区机器人得到国家政策的大力扶持,产业逐步发展壮大;东北地区虽具有一定机器人产业先发优势,但近年来产业整体表现较为有限;中部地区和西部地区机器人产业发展基础较为薄弱,但已表现出相当的后发潜力。

前沿技术。(1)微纳3D打印,在微米甚至纳米级别的尺度下,通过细微的3D打印工艺,使材料快速成型为目标物体的技术,能够满足微纳机电系统、生物医疗、新材料、新能源、微纳传感器和印刷电子等领域对复杂三维微纳结构的巨大产业需求,目前主要有微立体光刻、双光子聚合激光3D直写、电喷印、微激光烧结和电化学沉积五种工艺。(2)云制造,将先进的信息技术、制造技术以及新兴物联网技术等交叉融合,实现多主体协同交互,发展方向主要聚焦在云计算、物联网、语义Web、高性能计算、嵌入式系统等技术的综合集成,同时基于知识的制造资源云端化、制造云管理引擎、云制造应用协同、云制造可视化与用户界面等技术也是需要重点攻关的核心技术。(3) 数字孪生技术,是充分利用物理模型、传感器更新、运行历史等数据,集成多学科、多物理量、多尺度、多概率的仿真过程,在虚拟空间中完成映射,从而实现产品全生命周期内生产、管理、连接的高度数字化及模块化。

三 生物产业

产业整体发展。生物产业具有技术含量高、研发资金需求量大、知识和人才需求密集等特点,行业发展一般可分技术积累、产业崛起、快速发展和持续发展四个阶段,我国生物产业起步较晚,仍处于第一阶段,由于在资金、技术、人才、科研等方面投入不足,我国生物产业技术水平与世界先进国家存在较大差距,在仿制药领域也面临印度等国强劲竞争。但近年来伴随医疗卫生体制改革积极推进,对战略性新兴产业的重视程度不断提高,生物产业在未来国民经济发展中的支柱性地位基本确立,生物技术领域的基础研究蓬勃发展,技术创新不断突破,已连续多年在生命科学论文发表量、生物技术专利申请量方面位居全球第二,生物技术产业规模不断壮大并成为中国经济的一个重要增长点,初步形成了以长三角地区、环渤海地区、珠三角地区为核心的生物医药产业聚集区。

核心技术。(1) 基因测序,是一种新型的基因检测技术,为个体提供连续基因大数据,是精准医疗的基础和重要实现途径,对精准医疗深入开展具有支撑作用,具有广阔应用场景及增长空间。目前已经发展到了第四代,其中二代测序技术具有通量大、精度高、价格相对低廉等特点,在市场上仍具有不可颠覆优势,基本被欧美公司所垄断。(2) 基因芯片,中国基因芯片研究起步较晚,但技术和产业发展迅速,实现了从无到有的阶段性突破,并逐步走向技术应用和产品销售阶段,在表达谱芯片、重大疾病诊断和生物的相关设备研制上取得了一定突破。(3) 生物技术,主要包括基因疗法2.0、液体活检、细胞图谱、神经旁路和医疗机器人等。

四 新材料产业

产业规模。近年来我国新材料行业的产值复合增长率保持在20%以上,处于快速成长期,预计2020年年底突破5万亿元。具体来看,一般将新材料的发展周期分为概念期、导入期、成长期、成熟期和衰退期,概念期是技术研发或产品设计阶段，如石墨烯、液态金属、超导材料等前沿新材料；导入期是技术研发成功后进行批量试产或应用测试阶段，如碳纤维、高性能分离膜材料、3D 打印材料等；成长期一般已经完成市场验证，销售开始快速增长，利润也显著增加，目前国内部分关键材料已经度过导入期正式进入快速增长的成长期，如钛合金、锂电池材料、高温合金等；处于成熟期的产品技术基本定型，但国产化率较低，相关产业营收增长处于中速水平，如特钢、有色金属材料、工程塑料、特种橡胶等先进基础材料以及芳纶纤维、电子级多晶硅、电子化学品等关键战略材料。我国新材料行业处于贸易逆差地位，对外依存度依然较高。

前沿新材料。（1）石墨烯，因其特殊结果和突出性能成为材料科学研究热点，目前，石墨烯产业已初步形成以"长三角"为集聚区、多地碎片化发展格局，其中，无锡、常州、德阳、重庆、上海等地已形成初具规模的石墨烯产业集群。（2）超导材料，目前全球产业化的超导市场以低温超导为主，我国在高温超导材料方面的研发和产业化处于世界先进水平，已有一批公司初步实现第二代高温超导材料产业化。（3）纳米材料，我国纳米材料的研发和生产起步较晚，目前国内规模较大的纳米应用产品主要集中在纳米粉体材料及相关产品，而纳米生物材料、纳米电子材料及器件、纳米医疗诊断等高端领域产业化规模较小，主要处于基础研究或实验室应用研发阶段。（4）增材制造材料，2019 年我国增材制造已开始在航天航空、汽车、医疗器械、智能装备等制造领域进行整合，但在材料性能上依然与国外存在较大差距。

五　新能源产业

1. 风电

产业链。全球风电年新增容量近年来仍维持稳定增长，中国累计装机容量于 2016 年成为全球第一，占比超过 30%。我国风电产业链上游主要是风力发电材料研发生产企业及零部件制造企业处于产业链上游，由于我国部分风力发电组件技术与资金门槛较低，造成了我国风力发电设备企业数目较多，部分零部件产品供大于求，出现产能过剩。风能产业链中游的整机制造环节较为成熟，金风科技、国电联合以及明阳风电等公司风电装机占有率不断提升，市场集中度不断提高。产业链下游的风电运营环节，国有企业是风电场开发运营领域的绝对主力，中广核、中国国电、国家电投等国企累计装机占比超过70%，市场份额高度集中。

发展趋势。（1）水平轴风电机组成为应用主流技术。风力发电的主要技术包括水平轴风电机组技术、海上风电技术、变桨变速技术和功率调节技术等。其中，水平轴风电机组技术由于具有风能转换效率高、转轴较短、在大型风电机组上更凸显了经济性等优点，成为世界风电发展的主流机型。（2）智能风能技术逐步应用。风能应用易受环境因素影响，大数据和人工智能技术不断发展能大幅提高风力预报，使得风力发电产出的电压、电流以及功率变得稳定，实现整合入网并极大提高输送范围。

2. 光伏发电

产业链。近年来，太阳能光伏发电维持高速增长，并随着技术的不断突破以及规模化应用的实现。我国累计装机容量于2016年超过德国引领全球，新增装机也是连续多年居首，初步实现产业化。光伏产业链上游核心主要是晶体硅的提供商，目前我国晶体硅提纯技术自动化程度还相对有限，与发达国家存在差距。中游主要包括太阳能电池及组件制作企业，我国光伏电池及组件行业集中度较高，行业前十企业如阿特斯、天合光能等企业占据市场份额达到60%左右，分化趋势较为显著。下游是进行太阳能发电的输电及消费企业。

发展趋势。我国光伏发电经历了晶体硅光伏发电、薄膜电池、聚光技术三代发展，晶体硅光伏发电技术由于其高光电转化率的优势以及成熟的发展成为了市场主流应用技术，伴随技术创新和更替，未来第三代太阳能技术有望成为市场主流并得到大规模应用。同时，我国对太阳能的开发利用还存在较大扩展空间。

3. 核电

产业链。我国核能产业链包括上游环节的核燃料及原材料，中游的核反应堆制造、核电核心设备制造及核电辅助设备制造，以及下游的核电站建设、运营维护等。核能上游产业是指核燃料和原材料的生产。核燃料主要是指铀矿，目前世界铀矿主要集中在澳大利亚、哈萨克斯坦和加拿大等地，我国铀矿探明储量位居世界第10位以后，属于贫铀国家。核能中游产业的核反应堆是一个能维持和控制核裂变链式反应，从而实现核能到热能转换的装置，也是核电厂的核心。目前核反应堆技术主要由美国、法国、俄罗斯等国掌握，而我国通过引进技术以及自我研发创新也已经逐渐掌握了相关技术—如具有自我知识产权的核反应堆 CNP 等系列。核电辅助设备制造包括核岛堆内构件、压力容器、核岛起重设备、核岛循环冷却装置等，此环节在核能产业链里进入门槛相对较低，因此我国核电辅助设备的国产化程度较高，生产能力已经追上国外先进水平，但受制于核心零部件和关键原材料供应的不足仍存在一些技术瓶颈。核能产业链下游处于寡头垄断的局面，行业高度集中。目前国家允许控股核电站的运营商只有中核、中广核及国家电力投资公司三家。

核心技术。开展先进大型压水堆、高温气冷堆、超临界水冷堆及关键核级材料等关键技术研究，开展高安全性先进核燃料元件、智能化核电装备、模块化小型堆技术研究及工程化试验验证，开展国产化第三代及第四代核电站主设备及快堆关键设备等设计制造攻关。

第三部分

宜宾市在成渝地区双城经济圈高质量发展中的战略定位研究

第一章 引言

本部分对宜宾在成渝地区双城经济圈高质量发展中的战略定位问题进行系统研究。内容包括：成渝地区双城经济圈在国家高质量发展中的战略地位、宜宾在成渝地区双城经济圈高质量发展中的战略机遇、宜宾在成渝地区双城经济圈高质量发展中的比较优势及挑战、宜宾在成渝地区双城经济圈高质量发展中的战略定位与战略目标、宜宾在成渝地区双城经济圈高质量发展中的重点任务与战略规划、宜宾在成渝地区双城经济圈高质量发展中的战略措施与政策选择六个部分。研究得出如下十一个方面的结论。

第一，宜宾在成渝地区双城经济圈高质量发展中的战略定位需要与成渝地区双城经济圈在国家高质量发展中的战略地位相衔接和匹配。成渝地区双城经济圈在国家高质量发展中具有不可替代的战略地位。高质量发展新时代满足人民日益增长的对美好生活向往需要的发展，是把新发展理念融入社会经济发展实践的新兴发展模式。宜宾制定和实施国家高质量发展战略时，必须坚持并贯彻新发展理念，推动建设现代化经济体系。在制定成渝地区双城经济圈高质量发展战略时，需要考虑国家高质量发展战略的专门领域。可以把国家高质量发展战略区分为高质量创新发展战略、高质量协调发展战略、高质量绿色发展战略、高质量开放发展战略和高质量共享发展战略。

第二，宜宾在成渝地区双城经济圈高质量发展中的战略定位必须与成渝地区双城经济圈高质量发展的战略目标保持一致性和相互协调性。成渝地区双城经济圈作为我国高质量发展战略实施的重要核心经济区域，能够成为国家在西部地区布局的具有全国影响的高质量增长极、国家在西部地区打造的具有全国影响的高质量科技教育创新中心、国家在内陆地区打造

✡ 第三部分 宜宾市在成渝地区双城经济圈高质量发展中的战略定位研究

的具有全国影响的高质量全面深化改革新地域、国家在内陆地区打造的高质量全方位开放新高地、国家在内陆地区打造的具有全国影响的高品质生活宜居城市群。推动成渝地区双城经济圈建设需要根据国家的战略定位，制定科学合理的发展战略目标。可以把"高质量增长极、高质量科教创新中心、高质量全面深化改革核心地域、高质量全方位内陆开放新高地和高品质生活宜居城市群"，简称为成渝地区双城经济圈高质量发展的"五高"战略目标。

第三，宜宾推动成渝地区双城经济圈高质量发展有利于宜宾融入国家高质量发展战略体系之中，为宜宾参与和推动川渝两省市的省级区域合作创造了条件。党和国家领导人的关注、关心和支持给宜宾高质量发展带来的新的压力和动力，国家区域发展格局重塑也给宜宾发展带来新机遇，能够弥补宜宾的发展短板并推动宜宾的供给侧结构改革，促进宜宾的生态环境保护和绿色发展。同时，成渝地区双城经济圈高质量发展能够促进宜宾基础设施和互联互通建设，强化宜宾的综合交通枢纽和通道建设，促进宜宾与重庆之间的互联互通，密切宜宾与经济圈主要城市之间的互联互通，强化宜宾在我国西南地区的交通枢纽地位，推动宜宾全方位对外开放，夯实宜宾的经济园区建设基础。

第四，成渝地区双城经济圈高质量发展有利于促进宜宾先进制造业产业集群形成和发展，弥补成渝地区双城经济圈建设中先进制造业产业集群形成与发展存在的缺陷和不足。促进宜宾深度融入成渝地区双城经济圈发展体系之中，加快宜宾的内陆开放战略新高地的建设和发展，推动宜宾成为我国西部内陆地区新兴开放城市的建设步伐。同时，成地区双城经济圈高质量发展，为宜宾推动长江上游生态屏障建设创造了新的战略机遇，宜宾需要充分利用国家推动长江经济带建设和成渝地区双城经济圈建设的政策叠加效应，推动宜宾的创新发展、协调发展、绿色发展、开放发展和共享发展。

第五，宜宾在成渝地区双城经济圈高质量发展中具有综合比较优势，需要适应新环境，应对新挑战。成渝地区双城经济圈高质量发展，为宜宾的高质量发展创造了难得的历史机遇，有利于宜宾实现跨越式发展，为把宜宾建设我国西部地区重要的交通枢纽中心、长江上游生态第一城、西南地区重要科教创新之城、内陆地区全方位对外开放新高地、现代制造业产

第一章 引言

业群聚集地和高品质宜居城市创造了难得的宏观环境和国内条件。宜宾在成渝地区双城经济圈高质量发展中具有国家发展战略比较优势、新技术发展比较优势、产业转型升级比较优势、区域发展政策比较优势、区域一体化发展比较优势、区域科教创新等综合比较优势，同时具有显著的地理区位与区域发展比较优势。当然，宜宾在成渝地区双城经济圈高质量发展中面临高质量发展的战略定位、大城市竞争、城镇化、区域合作与发展竞争、基础设施建设、内陆开放、城市治理等多方面的挑战。宜宾需要根据成渝地区双城经济圈高质量的新环境，充分发挥比较优势，进行科学合理的战略定位，制定和实施发展战略及相应的政策措施。

第六，需要以国家推动成渝地区双城经济圈建设的战略布局为基础，从全球化及国际发展、国家发展战略、西部内陆地区开放开发、国家重要增长极培育、打造内陆开放新高地、四川省区域副中心城市建设等角度对宜宾的发展条件、发展基础和发展环境进行系统、全面、科学的战略性评价。宜宾具备建设成为全球化背景下新兴大国的代表性城市、国家发展战略规划的关键节点城市、西部地区开放发展区域中心城市、成渝地区双城经济圈建设核心支点城市和四川省推动成渝地区双城经济圈建设的省域副中心城市的条件、资源和基础。

第七，需要从国家战略角度考察宜宾在成渝地区双城经济圈高质量发展中的战略定位问题。宜宾在成渝地区双城经济圈高质量发展中的战略定位为：把宜宾建设为成渝地区双城经济圈高质量发展的战略支点城市、国家战略落实的样板城市、国家内陆开发开放的区域中心城市、国家重要增长极培育的依托城市、国家高质量发展的典范城市、国家打造经济新高地的创新城市。宜宾在成渝地区双城经济圈高质量发展中的战略目标可以概括为宜宾的"五城发展战略"，即把宜宾建设具有全国影响力的重要经济中心城市、科技创新城市、改革开放新高地城市、高品质生活宜居城市和高质量发展城市。

第八，宜宾在成渝地区高质量发展中的战略规划包括：总体发展战略规划、交通基础设施建设战略规划、现代产业体系建设战略规划、国土空间布局与城镇建设战略规划、生态环境保护战略规划、公共服务共建共享建设战略规划、协调创新发展能力建设战略规划和体制机制创新战略规划。宜宾在成渝双城经济圈高质量发展中的战略措施包括五点：统筹协

第三部分　宜宾市在成渝地区双城经济圈高质量发展中的战略定位研究

调，主动融入，要素市场优化配置，重要增长极培育，一体化发展和一体化部署。

第九，需要明确宜宾在成渝地区双城经济圈高质量发展中的重点任务，在重点领域取得突破。宜宾在成渝地区双城经济圈高质量发展中的重点任务为：一是做大经济规模，做强现代产业，培育新兴增长极，建设具有全国影响力的重要经济中心城市；二是推动科教创新，聚集科创人才，建设新兴科教创城市；三是全面深化改革，全方位开放合作，打造改革开放新高地城市；四是加速新兴城镇化，提升生态环境品质，建设高品质生活宜居城市；五是塑造宜宾高质量发展城市品牌，建设西部数字经济和数字金融中心城市，建设高质量发展典范城市。需要突破的重点领域为：建设新兴增长极，培育现代产业体系，人才与人力资源开发，全面深化改革与全面对外开放，建设现代数字城市和智慧城市，推动绿色发展。

第十，宜宾在成渝地区双城经济圈高质量发展中战略目标的实施路径包括五方面：一是启动新跨越式发展，高效落实"产业发展双轮驱动"部署，推动宜宾经济强市达到新要求，加快建设具有全国影响力的经济中心城市；二是推动新兴科教创新，强力推进"产教研城"一体化建设，强力推动宜宾科教强市达到新目标，加快建设新兴科教创新城市；三是激发新改革开放活力，高效提升城市治理能力，强化城市治理体系现代化建设，打造沿江开放新高地，加快宜宾改革开放新高地城市建设；四是强化高品质名城规划建设，强力推动大交通强市和新兴城镇化建设，强力推动"两山"理念的宜宾实践取得新成效，建设高品质生活宜居新城；五是塑造宜宾高质量发展城市品牌，建设西部数字经济和数字金融中心城市，建设高质量发展典范城市。

第十一，宜宾在成渝地区双城经济圈高质量发展的重点措施为：统筹发展规划，主动成都和重庆的中心城市辐射，与兄弟城市共谋一体化发展与一体化部署，建设高铁宜宾与数字宜宾，充分利用国家多重战略的叠加政策优势。配套政策包括：新基建和投资促进政策，生态环境保护政策，人口及人力资源开发政策，现代产业发展与科技创新政策，城市化与新兴城镇体系建设政策，数字经济及数字金融发展政策，新开放与国际化发展政策和乡村振兴和社会保障政策。

总之，宜宾在成渝地区双城经济圈高质量发展中的战略定位和战略目标制定，需要对宜宾发展的条件和基础进行战略评价，需要科学的战略定位并制定合理的发展战略目标，同时需要从顶层设计和统筹安排的角度，制定发展战略规划和战略措施，最终实现宜宾在成渝地区双城经济圈高质量发展中的"五城"战略目标。

第二章　成渝地区双城经济圈在国家高质量发展中的战略地位

研究宜宾市在成渝地区双城经济圈高质量发展中的战略定位问题，首先必须充分理解并明确成渝地区双城经济圈在国家高质量发展中的战略地位。2020年1月3日习近平总书记主持召开中央财经委员会第六次会议，研究黄河流域生态保护和高质量发展问题、推动成渝地区双城经济圈建设问题。会议指出，推动成渝地区双城经济圈建设，有利于在西部形成高质量发展的重要增长极，打造内陆开放战略高地，对于推动高质量发展具有重要意义。① 由此可见，成渝地区双城经济圈在国家高质量发展中具有不可替代的战略意义。因此，需要从国家高质量发展的战略高度谋划成渝地区双城经济圈建设问题，同时也需要从国家高质量发展、成渝地区双城经济圈建设两个层面推动宜宾高质量发展。

第一节　国家高质量发展战略的理论解释

党的十九大报告明确指出："发展是解决我国一切问题的基础和关键，发展必须是科学发展，必须坚定不移贯彻创新、协调、绿色、开放、共享的发展理念"②。同时，党的十九大报告还指出："实现'两个一百年'

---

① 《人民日报》2020年1月4日第1版：习近平主持召开中央财经委员会第六次会议强调抓好黄河流域生态保护和高质量发展大力推动成渝地区双城经济圈建设，人民网，http://paper.people.com.cn/rmrb/html/2020-01/04/nw. D110000renmrb_ 20200104_ 2-01. htm。

② 习近平：《决胜全面建设小康社会　夺取新时代中国特色社会主义伟大胜利——在中国共产党第十九次全国代表大会上的报告》，人民出版社2017年版，第21页。

第二章 成渝地区双城经济圈在国家高质量发展中的战略地位

奋斗目标、实现中华民族伟大复兴的中国梦,不断提高人民生活水平,必须坚定不移把发展作为党执政兴国的第一要务,坚持解放和发展社会生产力,坚持社会主义市场经济改革方向,推动经济持续健康发展"[①]。可见,要充分理解国家高质量发展的战略性,需要从发展的基础性和关键性、新发展理念的指导性和高质量发展的重要性三个维度进行考察和理论解释。

第一,发展的基础性、关键性和第一重要性。发展作为党执政兴国的第一要务,主要目标的解放和发展社会生产力。一般而言,发展是指一个国家或者一个地区一段时间内总产出水平的增长和经济结构的优化。没有总产出的增长也就是没有经济增长,就不可能大规模创造财富,我国就不可能实现在全面建成小康社会的基础上,基本实现社会主义现代化,更不可能把我国建设成富强文明民主和谐美丽的社会主义现代化强国。发展是我国建设社会主义物质文明基础。同样,仅仅有经济产出数量的增长,没有经济结构的优化,也不可能实现社会主义现代化和建成社会主义现代化强国。经济结构优化表现在五个方面:产业结构优化、产权结构优化、技术结构优化、治理结构优化和开放结构优化,根本目的是促进经济增长由规模数量外延扩张型向质量效益提升的内涵式增长转变。

第二,新发展理念的指导性。坚持新发展理念、贯彻新发展理念和建设现代化经济体系。我国的社会经济发展必须在新发展理念的指导下进行,必须坚持并贯彻新发展理念,以此作为建设现代化经济体系的出发点和指导原则。新发展理念是新时代背景下坚定不移地贯彻创新、协调、绿色、开放和共享的发展理念。创新是发展的核心动力或者说第一动力,没有创新的发展最终会失去发展的核心动力导致发展的最终停滞。协调是发展的总体目标和部署要求,专注区域协调发展、城乡协调发展、社会经济协调发展、物质文明与精神文明协调发展、经济建设与国防建设协调发

---

① 习近平:《决胜全面建成小康社会 夺取新时代中国特色社会主义伟大胜利——在中国共产党第十九次全国代表大会上的报告》,人民出版社2017年版,第29—30页。

第三部分　宜宾市在成渝地区双城经济圈高质量发展中的战略定位研究

展,强调相互协调的重要性,但并不是平均发展和简单的平衡发展,是有重点、有主次的协调发展。绿色发展则是发展的总体保障和严格标准,发展不能够以牺牲生态环境为代价,必须严格按照生态环境保护标准,实现可持续发展,实现发展的代际平衡,建设社会主义生态文明。开放发展则是发展的总体方向,封闭必然导致落后,没有开放就没有进步,也不可能同时利用国内和国外两种资源。共享发展则是发展的最终目标是服务人民和依靠人民,也就是以人民为中心的发展,使广大人民群众能够共同分享发展的成果,使发展成果惠及全体人民群众。

第三,高质量发展的重要性和战略性。没有高质量的发展,就不可能有高质量的社会主义现代化,也不可能建成高质量发展的社会主义现代化强国。所谓高质量发展是指能够很好满足人民日益增长的美好生活需求的充分而平衡的发展,主要体现为强劲的发展动力、充分的发展活力、较高的发展效率、持续的创新力和强大的竞争力,培育创新能力、提高全要素效率、促进产业升级、优化经济结构和提高治理能力是实现高质量发展的根本途径。

由此可见,发展是我国在全面建成小康社会基础上,基本实现社会主义现代化和把我国建设成富强民主文明和谐美丽社会主义现代化强国的第一要务,也是我国解决面临的所有社会经济问题的基础和关键,更是成渝地区双城经济圈建设的根本途径,也是考察宜宾在成渝地区双城经济圈建设中的战略地位的出发点。但我国社会经济的发展必须是新发展理念指引下的高质量发展,也就是高质量的创新发展、高质量的协调发展、高质量的绿色发展、高质量的开放发展与高质量的共享发展。可以用下图描述发展、新发展理念和高质量发展视野中的国家高质量发展战略:

从图3-2-1可以看出,我国制定和实施国家高质量发展战略,是坚持并贯彻新发展理念和建设现代化经济体系的必然之举。可以把国家高质量发展战略区分为高质量创新发展战略、高质量协调发展战略、高质量绿色发展战略、高质量开放发展战略和高质量共享发展战略。

第二章 成渝地区双城经济圈在国家高质量发展中的战略地位

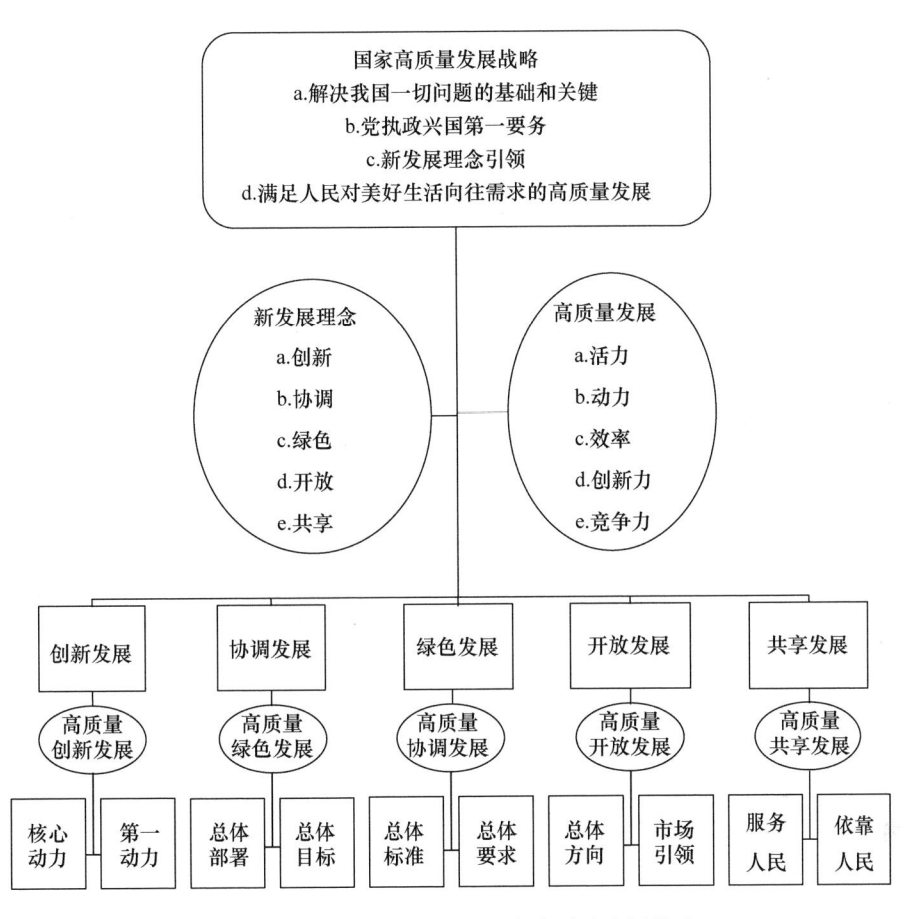

图 3-2-1 新发展理念与国家高质量发展战略

第二节 成渝地区双城经济圈在国家高质量发展中的战略地位

成渝地区双城经济圈在国家高质量发展中占据着不可替代的重要战略地位。正如习近平总书记在中央财经委员会第六次会议中所指出的那样,"要推动成渝地区双城经济圈建设,在西部形成高质量发展的重要增长极"。事实上,打造内陆开放战略高地和在西部形成高质量发展的重要增长极是国家推动建设成渝地区双城经济圈建设的战略目标。成渝地区双城

第三部分　宜宾市在成渝地区双城经济圈高质量发展中的战略定位研究

经济圈在国家高质量发展中的战略地位表现为如下五个方面：

第一，国家在西部地区布局的具有全国影响的高质量经济增长极。成渝双城经济圈覆盖四川省和重庆市的主要核心城镇，是我国西部地区产业、人口及各类生产要素流动和集聚程度最高的核心经济增长地地域，在我国西部地区社会经济发展中扮演着举足轻重的不可替代的战略地位。四川省是我国西部地区排名第一的人口大省和国内生产总值大省，重庆市则是我国西部地区唯一的中央直辖市、工业中心城市、长江上游地区是经济中心和交通枢纽。成渝地区双城经济圈不仅是西部地区的核心经济增长地域，也是与粤港澳大湾区、长三角经济区、京津冀一体化经济区、长江中游经济圈具有同等地位的重要国家战略经济区。根据2020年2月28日国家统计局发布的统计数字，2019年年末中国大陆总人口140005万人，国内生产总值为990865亿元，[①] 四川省2019年年末户籍人口9099.5万人，国内生产总值46615.8亿元，[②] 重庆市2019常住人口3124.32万人，国内生产总值为23605.77亿元。[③] 可见，2019年四川省户籍人口占全国的比重约为6.5%，国内生产总值占全国的比重为4.7%，重庆市常住人口占全国的比重为2.23%，国内生产总值占全国的比重为2.38%。总体而言，2019年，成渝地区双城经济圈所在的四川省和重庆市总人口占全国的比重大约8.7%，国内生产总值占全国的比重大约为7%。从人口规模和国内生产总值两个指标看，成渝地区双城经济圈都具备成为具有全国影响的高质量发展经济增长中心的禀赋条件。

第二，国家在西部地区打造的具有全国影响的高质量科技创新中心。科技创新是推动经济增长和结构优化的核心动力或者成为第一动力，没有科技创新，就没有宏观经济与区域经济的持续增长。在我国西部地区，重庆和成都的人口规模和国内生产总值都排名前两位，两座城市的科研机构和高等院校也在西部地区占有重要的战略地位。根据成都市统计局2020

---

① 中华人民共和国国家统计局：《中华人民共和国2019年国民经济和社会发展统计公报》，http://www.stats.gov.cn。
② 四川省统计局：《2019年四川省国民经济和社会发展统计公报》，http://tjj.sc.gov.cn/。
③ 重庆市统计局：《2019年重庆市国民经济和社会发展统计公报》，http://tjj.cq.gov.cn。

第二章　成渝地区双城经济圈在国家高质量发展中的战略地位

年3月28日发布的数据,[①] 2019年成都市年末共有高新技术企业4149家，比上年新增1036家，增长33.3%；实现高新技术产业营业收入9471.8亿元，增长10.8%。新兴服务业蓬勃发展，规模以上互联网和相关服务、研究与实验发展、科技推广和应用服务业营业收入分别增长32.7%、24.8%、22.0%。新兴工业产品增产增量，太阳能电池、城市轨道车辆产量分别增长103.0%、70.4%。网络零售新业态加快发展，限额以上企业（单位）通过互联网实现商品零售额777.8亿元，增长15.0%。根据重庆市统计局2020年3月20日发布的数据，2019年全年重庆市规模以上工业战略性新兴制造业增加值比上年增长11.6%，高技术制造业增加值增长12.6%，占规模以上工业增加值的比重分别为25.0%和19.2%。新一代信息技术产业、生物产业、新材料产业、高端装备制造产业分别增长16.0%、7.9%、10.3%和7.8%。全年高技术产业投资比上年增长18.0%，占固定资产投资（不含农户）的比重为6.8%；工业技术改造投资增长6.9%，占工业投资的比重为39.0%。全市限额以上批发和零售企业实现网上商品零售额比上年增长13.5%，高出非网上商品零售额增速8.6个百分点。可见，成都和重庆作为西部地区的两座科技中心城市，能够被打造成具有全国影响力的西部地区高质量科技创新中心城市基础，成渝地区双城经济圈具备成为具有全国影响力的高质量科技创新中心的条件。

第三，国家在内陆地区打造的具有全国影响的高质量改革新高地。我国要实现社会主义现代化并最终建成社会主义现代化强国，必须制定和实施高质量发展战略，在若干重点地区或者说若干核心增长地域取得战略突破。成渝地区双城经济圈的建设和发展，需要持续不断的全面深化改革，通过改革推动体制机制创新。因此，成渝地区双城经济圈能够成为国家在西部地区打造的具有全国影响的高质量改革新高地，在国家的全面深化改革进程中扮演着与粤港澳大湾区、长三角经济区、京津冀经济区同等重要的作用，突出表现在三个方面：一是成渝地区双城经济圈成为我国推动内陆地区全面深化改革的先行区，在西部内陆地区的改革举措，率先在成渝

[①] 成都市人民政府：《2019年成都市国民经济和社会发展统计公报》，http://gk.cheng-du.gov.cn/uploadfiles/070332020803/2020033111405287.doc。

第三部分 宜宾市在成渝地区双城经济圈高质量发展中的战略定位研究

地区双城经济圈先行先试,为我国内陆地区的全面深化改革提供经验;二是成渝地区双城经济圈成为我国改革的重点地区,率先取得突破,率先积累经验,率先取得成效,为新时代全国的全面深化改革提供新动力;三是成渝地区双城经济圈成为我国全面深化改革的新兴试验区,一些在全国还没有推行的改革举措和政策措施,率先在成渝双城经济圈进行试验,取得积极成效后,向全国其他地区推广,使成渝地区双城经济圈成为国家全面深化改革的典范区域。

第四,国家在内陆地区打造的具有全国影响的高质量开放新高地。国家高质量发展战略的制定和实施,必须以高质量的全方位开放为引领和重要推动力量,成渝双城经济圈能够成为引领我国内陆地区的全方位对外开放的新高地。改革开放以来,成都市和重庆市始终我国内陆地区对外开放的两座核心城市和前沿城市,在我国内陆地区对外开放中扮演着引领者和推动者的重要角色。根据成都市政府发布的统计数据[1],2019年,成都市全年实现进出口总额5822.7亿元,比上年增长16.9%,其中,出口总额3309.8亿元,增长20.6%;进口总额2512.9亿元,增长12.3%。深化"一带一路"合作,对"一带一路"沿线国家实现进出口总额1714.2亿元,增长23.0%,占全市的比重为29.4%;对欧盟、东盟进出口总额分别增长36.5%、20.6%。贸易结构持续优化,高新技术产品出口额2532.9亿元,增长19.8%。根据重庆市统计局发布的统计数据[2],2019年重庆全年货物进出口总额5792.78亿元,比上年增长11.0%。其中,出口3712.92亿元,增长9.4%;进口2079.86亿元,增长13.8%。按美元计算,货物进出口839.64亿美元,比上年增长6.3%,其中,出口537.99亿美元,增长4.8%;进口301.65亿美元,增长9.0%。全市货物出口前三位国家(地区)是欧盟、美国和德国,分别出口949.01亿元、926.57亿元和391.03亿元,分别比上年增长15.2%、下降7.1%、增长1.2%。货物进口前三位国家(地区)为东盟、韩国和中国台湾,分别进口697.21亿元、308.41亿元和299.04亿元,分别比上年增长62.1%、

---

[1] 成都市人民政府:《2019年成都市国民经济和社会发展统计公报》,http://gk.chengdu.gov.cn/uploadfiles/070332020803/2020033111405287.doc。

[2] 重庆市统计局:《2019年重庆市国民经济和社会发展统计公报》,http://tjj.cq.gov.cn/。

第二章　成渝地区双城经济圈在国家高质量发展中的战略地位

下降0.9%、增长40.8%。国家还在成渝地区布局有两个国家自由贸易试验区，四川自由贸易试验区和重庆自由贸易试验区，两个自贸区都是国家于2017年3月批准设立。中国（四川）自由贸易试验区分为成都、泸州2部分，3片区，中国（四川）自由贸易试验区成都天府新区片区，中国（四川）自由贸易试验区成都青白江铁路港片区，中国（四川）自由贸易试验区川南临港片区，总面积119.99平方公里。中国（重庆）自由贸易试验区施范围为119.98平方公里，包括两江片区、西永片区、果园港片区3部分。由此可见，成都和重庆在我国西部地区扮演着不可替代的对外开放角色，成渝地区双城经济圈能够成为我国内陆地区高质量开放的新高地。

　　第五，国家在内陆地区打造的具有全国影响的高品质生活宜居地。我国制定和实施高质量发展战略的主要目的是满足人民对日益增长的美好生活的需求和向往，正如党的十九大报告所指出的那样："新时代我国社会主要矛盾已经转化为人民日益增长的美好生活需要和不平衡不充分的发展之间的矛盾，必须坚持以人民为中心的发展思想，不断促进人的全面发展、全体人民共同富裕"[1]。成渝地区双城经济圈具备打造具有全国影响乃至全球影响的高品质生活宜居地的条件。根据成都市统计局2020年3月28日发布的统计数据，2019年，成都市年末市辖区面积3677平方公里，其中建成区面积949.6平方公里，共有铺装道路面积1.3亿平方米，成都市自来水供水总量11.8亿立方米，其中居民家庭用水6.8亿立方米，成都市污水处理率95.7%。年末天然气用气人口781.7万人，天然气输供气38.7亿立方米，城市气化率98.8%。生活垃圾无害化处理量527.2万吨，无害化处理率100%，成都市全年空气质量达标天数（空气质量指数小于或等于100的天数）287天，比上年增加15天，首次消除重污染天气，PM10、PM2.5平均浓度分别下降5.6%、6.5%。地表水断面Ⅰ—Ⅲ类占比90.7%，比上年提升15.2个百分点，县城以上集中式饮用水水源地水质达标率100%。[2] 根据重庆市统计局3月20日发布的统计数据，2019年

---

[1] 习近平：《决胜全面建设小康社会　夺取新时代中国特色社会主义伟大胜利——在中国共产党第十九次全国代表大会上的报告》，人民出版社2017年版，第19页。
[2] 成都市人民政府：《2019年成都市国民经济和社会发展统计公报》，http://gk.chengdu.gov.cn/uploadfiles/070332020803/2020033111405287.doc。

173

第三部分　宜宾市在成渝地区双城经济圈高质量发展中的战略定位研究

重庆全市自然保护区58个,其中国家级自然保护区7个,完成营造林面积约42.67万公顷。全市森林覆盖率50.1%,重庆全市的功能区声环境质量稳中向好,昼间达标率为99.2%,全市城市区域环境噪声昼间平均等效声级为52.0分贝,道路交通噪声昼间平均等效声级为64.6分贝,重庆城市区域噪声总体水平等级为二级,评价为较好,重庆市道路交通噪声总体水平等级为一级,评价为好,重庆市环境空气质量满足优良天数316天,与上年持平,重庆市主城区环境空气细颗粒物(PM2.5)平均浓度为38微克/立方米,下降5%。① 宜宾作为成渝地区双城经济圈中除成都、重庆以外的重要中心城市,生态环境优良,更具备建成高品质生活宜居城市的条件,根据宜宾市统计局4月14日发布的统计数据,2019年年末宜宾市有国家级自然保护区3个,面积420平方公里,宜宾市划定生态保护红线373平方公里。有国家级自然公园1个,国家级生态乡镇10个、省级生态乡镇73个,有省级湿地公园4个,省级生态县(区)5个,省级生态园林城市(县城)3个,成功创建国家园林城市,省级生态园林城镇3个,省、市级生态小区131个,市级以上生态村1750个。② 可见,通过推进成渝地区双城经济圈建设,能够把其打造成具有全国影响的高品质生活宜居地域,宜宾市更具备建设成具有全国影响的高品质宜居生活中心城市的条件。

概言之,成渝地区双城经济圈已经成为中国高质量发展战略实施的重要核心经济区域,能够成为国家在西部地区布局的具有全国影响的高质量经济增长极、国家在西部地区打造的具有全国影响的高质量科技创新中心、国家在内陆地区打造的具有全国影响的高质量改革新高地、国家在内陆地区打造的具有全国影响的高质量开放新高地、国家在内陆地区打造的具有全国影响的高品质生活宜居地。

第三节　成渝地区双城经济圈的高质量发展目标

从前面的分析可以看出,成渝地区双城经济圈在国家高质量发展中具

---

① 重庆市统计局:《2019年重庆市国民经济和社会发展统计公报》,http://tjj.cq.gov.cn/。
② 宜宾市统计局:《宜宾市2019年国民经济和社会发展统计公报》,http://tjj.yibin.gov.cn/。

有不可替代的战略地位，是国家布局在西部地区的高质量发展的重要增长极和内陆开放的战略高地。因此，推动成渝地区双城经济圈建设，需要从国家高质量发展角度进行顶层设计，明确高质量发展目标，同时制定和实施相应的发展战略。在国家高质量发展战略体系中，推动成渝双城经济圈建设，实现五个高质量预期目标：高质量经济增长极、高质量科技创新中心、高质量深化改革新地域、高质量开放新高地和高品质生活宜居城市群。可以用图3-2-2概括说明。

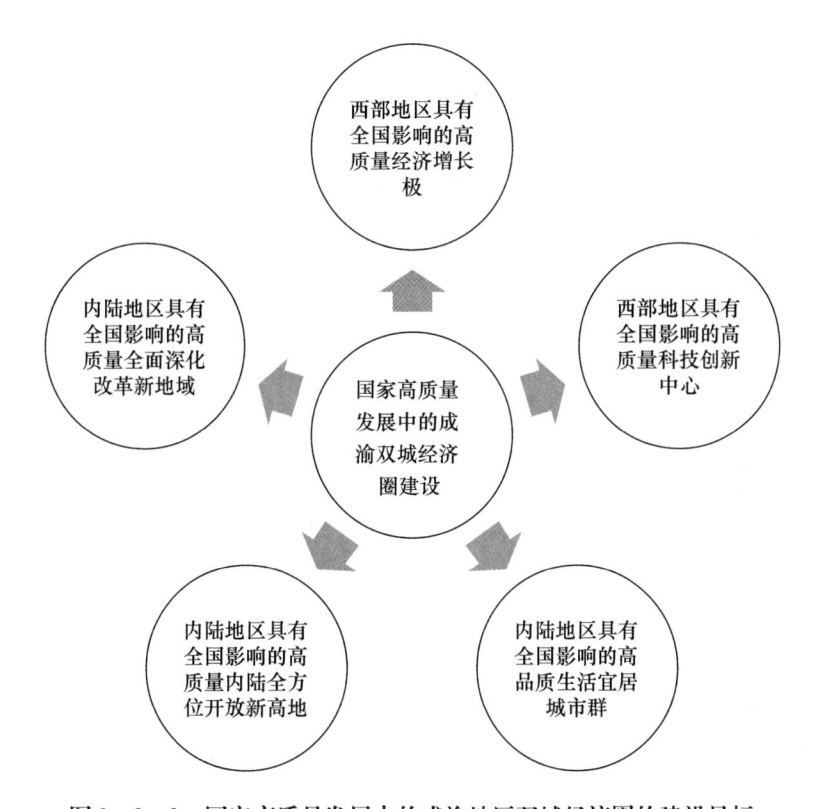

图3-2-2 国家高质量发展中的成渝地区双城经济圈的建设目标

从图3-2-2可以看出，在国家高质量发展战略体系中，推动成渝地区双城经济圈建设需要实现五个战略目标，笔者简称为成渝地区双城经济圈建设的"五高"目标，"五高"目标可以概括为：高质量增长极、高质量创新中心、高质量全面深化改革核心地域、高质量内陆开放新高地、高

第三部分 宜宾市在成渝地区双城经济圈高质量发展中的战略定位研究

品质宜居城市群。宜宾在参与和推动成渝地区双城经济圈建设时，需要从成渝地区双城经济圈建设的"五高"目标，确定自身在成渝地区双城经济圈建设中的高质量发展定位。可以从如下五个方面进行解释。

其一，高质量经济增长极。打造高质量增长极是成渝地区双城经济圈建设的首要目标。一般而言，增长极（Growth Pole）是指对周边区域及相关区域产生主导性影响的经济区域中具有经济增长推动作用的产业地域联合体，产业地域联合体则是特定地理区位与特定产业门类时空组合的统称。事实上，经济增长极（Economic Growth Pole）是指依托一定的地理空间，存在具有经济增长推动性影响的主导产业、产业联合体或者产业群，具有显著的经济扩散效应与聚集效应，能够提供最终商品、劳务或者中间产品的城市及城市群。因此，经济增长极具有五个显著特点：一是依托于特定地理空间的城市或者城市群；二是城市或者城市群具有发达的交通系统与经济腹地相互联系；三是城市或者城市群存在主导产业门类、产业联合体或者产业群；四是城市或者城市群中的主导产业、产业联合体或者产业群对经济增长具有显著的推动性影响效应；五是城市或者城市群对周边地区、经济腹地、相关区域具有显著主导性影响效应，表现为城市或者城市群的经济集聚效应与扩散效应，成为要素和产品集聚与扩散地域。高质量增长极则需要具备五个特点：一是增长动力强劲，二是增长推动效应显著；三是区域带动作用强；四是投入产出效率高；五是产业融合度高。

其二，高质量科教创新中心。推动高质量科教创新中心建设的成渝地区双城经济圈建设的重要内容及关键目标。从国家或者区域高质量发展角度分析，创新是指对特定地区的生产要素及生产条件进行新组合并引入经济体系之中的人类社会活动。本研究把创新概括为八方面的内容：一是发明新技术；二是开发新产品；三是引进新技术；四是引进新产品；五是发明或者引进新的生产流程或者工艺流程；六是发明或者引进新管理方式；七是发现并利用新数据及信息；八是发现或者进入新市场。高质量科教创新则主要包含五方面的能力：一是高效的高新技术发明能力；二是强大的技术密集型新产品开发能力；三是高效的新技术与新产品引进能力；四是强大的新数据及新消息的收集及处理能力；五是高效的新市场开拓能力。成渝地区双城经济圈建设高质量科技创新中心的目标包括五方面内容：一是成为我国西部地区高新技术的研究中心；二是成为我国西部地区技术密

第二章 成渝地区双城经济圈在国家高质量发展中的战略地位

集型产品开发中心;三是成为我国内陆地区新技术和新产品的引进中心;四是成为我国内陆地区数据及信息收集、处理与应用中心;五是成为我国内陆地区新市场开拓中心。

其三,高质量全面深化改革核心地域。习近平总书记在党的十九大报告中指出,"坚持全面深化改革","必须坚持和完善中国特色社会主义制度,不断推进国家治理体系和治理能力现代化,坚决破除一切不合时宜的思想观念和体制机制弊端,突破利益固化的藩篱,吸收人类文明有益成果,构建系统完备、科学规范、运行有效的制度体系,充分发挥我国社会主义制度优越性"[①]。深化改革是实现国家高质量发展目标的必要条件和途径,也是成渝地区双城经济圈建设的重要动力源泉。只有全面深化改革,不断破除不适应成渝地区双城经济圈高质量发展要求的体制机制,进行持续的体制机制创新,才可能充分发掘经济增长的最大化潜力,促进资源配置的持续优化。国家推动成渝地区双城经济圈建设的另一个重要目标,是把成渝地区双城经济圈打造成我国内陆地区深化改革和核心地域,形成深化改革的新成果和新典范,进而为全国的全面深化改革提供经验。把成渝地区双城经济圈建设成高质量深化改革核心地域,表现在五个方面:一是针对成渝地区社会经济发展实际,扎实推进区域治理能力和治理体系的现代化;二是破除一切不适合成渝地区双城经济圈高质量发展的不合时宜的陈旧的思想观念和僵化的体制机制弊端;三是突破经济圈建设中面临的各种利益固化的藩篱和各种利益约束;四是吸收我国其他地区特别是东部沿海地区改革的经验进行制度创新,同时借鉴国际社会中发展经济的好的做法和经验,为我所用;五是充分发挥我国社会主义制度的优越性,构建科学规范、运行有效的成渝地区双城经济圈建设的制度体系。

其四,高质量全方位内陆开放新高地。成渝地区双城经济圈深居内陆,不沿边,不靠海,不具有对外开放的地理区位优势和交通条件,需要持续推进高质量全方位的内陆新高地建设。习近平总书记在党的十九大报告中指出:"推动形成全面开放新格局","开放带来进步,封闭必然落后","中国开放的大门不会关闭,只会越开越大,要以'一带一路'建

---

① 习近平:《决胜全面建成小康社会 夺取新时代中国特色社会主义伟大胜利——在中国共产党第十九次全国代表大会上的报告》,人民出版社2017年版,第21页。

第三部分　宜宾市在成渝地区双城经济圈高质量发展中的战略定位研究

设为重点，坚持引进来和走出去并重，遵循共商共建共享原则，加强创新能力开放合作，形成陆海内外联动、东西双向互济的开放格局"[1]。因此，把成渝地区双城经济圈建设成我国内陆地区的高质量全方位的内陆地区开放新高地，需要在六个方面取得积极成果：一是扩大对外开放的地理空间范围和产业领域，推动成渝地区双城经济圈的广域开放和全域开放，形成成渝地区双城经济圈的全方位对外开放新格局；二是同时增加成渝地区双城经济圈的"走出去"与"引进来"的能力建设，提高成渝地区双城经济圈对外开放能力；三是以创新能力开放合作为重点，通过共商共建共享方式拓展成渝地区双城经济圈对外开放的新领域；四是积极推动并融入国家"一带一路"建设之中，把成渝地区双城经济圈建设成为国家内陆地区对外开放的前沿经济区域；五是通过融入长江经济带建设及其流域开放开发体系之中，把成渝地区双城经济圈建设成为我国东西双向互济开放新格局形成的战略依托经济区域；六是积极推动西部陆海新通道建设，把成渝地区双城经济圈建设成为我国内陆地区陆海内外联动发展的核心经济区域。

其五，高品质生活宜居城市群。成渝地区双城经济圈作为我国西部地区最大的城市群和城市连绵发展经济区域，不仅具有雄厚的经济发展基础，还具有良好的生态环境条件，是我国加快生态文明体制改革、建设美丽中国的重要实施区域，能够建设成为具有全国乃至世界影响的高品质生活宜居城市。正如中央财经委员会第六次会所强调的那样：成渝地区双城经济圈建设，"要尊重客观规律，发挥比较优势，推进成渝地区统筹发展，促进产业、人口及各类生产要素合理流动和高效集聚，强化重庆和成都的中心城市带动作用，使成渝地区成为具有全国影响力的重要经济中心、科技创新中心、改革开放新高地、高品质生活宜居地，助推高质量发展"[2]。在推进成渝地区双城经济圈高质量发展过程中，需要而且能够把成渝地区双城经济圈建设成高品质宜居城市群，必须在四个方面取得积极进展和突破：一是积极推进绿色发展，构建区域绿色消费与绿色生产的制度保障体

---

[1] 习近平：《决胜全面建设小康社会　夺取新时代中国特色社会主义伟大胜利——在中国共产党第十九次全国代表大会上的报告》，人民出版社2017年版，第34—35页。

[2] 《人民日报》2020年1月4日第1版：习近平主持召开中央财经委员会第六次会议强调抓好黄河流域生态保护和高质量发展大力推动成渝地区双城经济圈建设，人民网—人民日报，http：//paper.people.com.cn/rmrb/html/2020-01/04/nw.D110000renmrb_20200104_2-01.htm。

系，把成渝地区双城经济圈建设成绿色低碳循环发展的区域经济体系；二是着力解决成渝地区双城经济圈建设中面临的突出环境问题，构建四川省与重庆市相互合作、政府主导、企业为关键主体、各种社会组织和人民群众共同参与的区域环境治理体系；三是加大成渝地区双城经济圈建设中的生态系统保护力度，构建成渝地区双城经济圈的生态廊道和生物多样性保护网络，提高成渝地区双城经济圈的生态系统质量和稳定性；四在成渝地区双城经济圈建设中推进生态环境监管体制改革，强化成渝地区双城经济圈生态文明建设的总体设计和组织领导，构建成渝地区双城经济圈国土空间开发保护制度。

可见，成渝地区双城经济圈在国家高质量发展中居于重要的战略地位，推进成渝地区双城经济圈建设需要根据国家的战略定位，制定科学合理的发展战略目标。国家高质量发展中成渝地区双城经济圈的建设目标是把成渝地区双城经济圈建设为我国西部内陆地区的重要的高质量经济增长极、高质量科教创新中心、高质量全面深化改革核心地域、高质量全方位内陆开放新高地和高品质生活宜居城市群。

第四节 结论

研究宜宾在成渝地区双城经济圈高质量发展中的战略定位问题，首先需要充分了解成渝地区双城经济圈在国家高质量发展中的战略地位，还必须分析宜宾在成渝地区双城经济圈高质量发展中的机遇和面临的挑战，准确认识宜宾在成渝地区双城经济圈高质量发展中的前景和目标，系统分析宜宾在成渝地区双城经济圈高质量发展中的战略地位和战略规划，据此制定宜宾在成渝地区双城经济圈高质量发展中的战略措施和政策选择。

宜宾在成渝地区双城经济圈高质量发展的战略定位，需要与成渝地区双城经济圈在国家高质量发展中的战略地位相衔接和匹配。成渝地区双城经济圈在国家高质量发展中具有不可替代的战略地位。高质量发展新时代满足人民日益增长的对美好生活向往需要的发展，是把新发展理念融入社会经济发展实践的新兴发展模式。我国制定和实施国家高质量发展战略时，必须坚持并贯彻新发展理念，推动建设现代化经济体系。在制定成渝地区双城经济圈高质量发展战略时，需要考虑国家高质量发展战略的专门领域。可以把国家高质量发展战略区分为高质量创新发展战略、高质量协调发展战略、高质量绿色发展战略、高质量开放发展战略和高质量共享发展战略。

宜宾在成渝地区双城经济圈高质量发展中的战略定位，还必须与成渝地区双城经济圈高质量发展的战略目标保持一致性并相互协调。成渝地区双城经济圈作为我国高质量发展战略实施的重要核心经济区域，能够成为国家在西部地区布局的具有全国影响的高质量增长极、国家在西部地区打造的具有全国影响的高质量科技教育创新中心、国家在内陆地区打造的具有全国影响的高质量全面深化改革新地域、国家在内陆地区打造的高质量全方位开放新高地、国家在内陆地区打造的具有全国影响的高品质生活宜居城市群。推动成渝地区双城经济圈建设需要根据国家的战略定位，制定科学合理的发展战略目标。可以把"高质量增长极、高质量科教创新中心、高质量全面深化改革核心地域、高质量全方位内陆开放新高地和高品质生活宜居城市群"简称为成渝地区双城经济圈高质量发展的"五高"战略目标。

第三章　宜宾在成渝地区双城经济圈高质量发展中的战略机遇

研究宜宾在成渝地区双城经济圈高质量发展中的定位问题，除了充分理解成渝双城经济圈在国家高质量发展中的战略地位外，还需要分析宜宾在成渝地区双城经济圈高质量发展给宜宾带来的机遇及宜宾可能面临的挑战和风险。正如本部分第二章所分析的，在我国社会经济高质量发展过程中，成渝地区双城经济圈扮演着国家高质量发展的战略区域、西部地区重要高质量增长极、西部地区高质量科技教育创新中心、内陆地区高质量全面深化改革新地域、内陆地区高质量全方位开放新高地和内陆地区高品质生活宜居城市群，本章把成渝地区双城经济圈简称为国家高质量发展的"五高"经济圈，与粤港澳大湾区、长三角、京津冀共同构成我国高质量发展的战略经济区。宜宾作为成渝双城经济圈国内生产总值排名第 4 的重要中心城市（重庆、成都、绵阳为前 3 位），在成渝地区双城经济圈高质量发展中扮演着不可替代的重要职能，需要充分利用成渝地区双城经济圈高质量发展带来的各种机遇，同时需要妥善应对各种可能的挑战和风险。因此，需要从宏观和中观层次系统分析宜宾在成渝地区双城经济圈高质量发展中的机遇与挑战问题。

第一节　宜宾在成渝地区双城经济圈高质量发展中的总体战略机遇

推动成渝地区双城经济圈建设和高质量发展，为新时代宜宾的社会经济发展创造了难得的战略环境和历史机遇，有利于宜宾的高质量发展。2020 年 1 月 3 日，中共中央总书记、国家主席、中央军委主席、中央财经

第三部分　宜宾市在成渝地区双城经济圈高质量发展中的战略定位研究

委员会主任习近平主持召开中央财经委员会第六次会议，研究黄河流域生态保护和高质量发展问题、推动成渝地区双城经济圈建设问题。会议指出，推动成渝地区双城经济圈建设，有利于在西部形成高质量发展的重要增长极，打造内陆开放战略高地，对于推动高质量发展具有重要意义。要尊重客观规律，发挥比较优势，推进成渝地区统筹发展，促进产业、人口及各类生产要素合理流动和高效集聚，强化重庆和成都的中心城市带动作用，使成渝地区成为具有全国影响力的重要经济中心、科技创新中心、改革开放新高地、高品质生活宜居地，助推高质量发展。

事实上，中央财经委员会第六次会议做出推动成渝地区双城经济圈建设的重大决策，充分体现党中央在新形势下促进我国区域协调发展的深远谋划和战略眼光，是推动"一带一路"建设、长江经济带发展、新时代西部大开发形成新格局的重大举措。会议强调，成渝地区双城经济圈建设是一项系统工程，要加强顶层设计和统筹协调，突出中心城市带动作用，强化要素市场化配置，牢固树立一体化发展理念，做到统一谋划、一体部署、相互协作、共同实施，唱好"双城记"。要加强交通基础设施建设，加快现代产业体系建设，增强协同创新发展能力，优化国土空间布局，加强生态环境保护，推进体制创新，强化公共服务共建共享。习近平总书记亲自主持召开会议研究推动成渝地区双城经济圈建设问题，这是站在中华民族伟大复兴、总览全局协调发展的高度作出的战略部署，体现了党中央对重庆、四川工作的关心重视和殷切期待，为新时代西部大开发实现新突破注入了强大动力，为成渝地区双城经济圈打造内陆开放战略高地、形成高质量发展重要增长极指明了方向、提供了路径、明确了目标。成渝地区双城经济圈高质量发展为宜宾带来的战略机遇表现在如下六个方面。

其一，宜宾参与跨省级行政区之间区域合作的战略机遇。川渝两省市在成渝地区双城经济圈高质量发展中提升级行政区区域合作为宜宾带来难得的发展机遇。成渝双城经济圈是四川、重庆两地发展的重大机遇。2020年3月17日，推动成渝地区双城经济圈建设四川重庆党政联席会议第一次会议以视频会议形式召开，会上深入学习贯彻习近平总书记在中央财经委员会第六次会议上的重要讲话精神和关于统筹推进新冠肺炎疫情防控和经济社会发展工作的重要指示要求，紧紧围绕党中央确定的战略目标和重点工作研究贯彻落实措施，务实推动成渝地区双城经济圈建设开好局、起

第三章 宜宾在成渝地区双城经济圈高质量发展中的战略机遇

好步。重庆市委书记陈敏尔主持会议并讲话,四川省委书记彭清华出席会议并讲话。四川省与重庆市合作推进成渝地区双城经济圈建设为宜宾参与跨省级行政区合作创造了战略机遇。

其二,宜宾参与和融入国家高质量发展体系中的战略机遇。宜宾参与和推动成渝地区双城经济圈高质量发展,事实上是开启了宜宾高质量发展的新征程。推动成渝地区双城经济圈高质量发展,在西部形成高质量发展的重要增长极,对于维护国家战略安全、经济安全、生态安全,推进"一带一路"建设、长江经济带发展和新时代西部大开发形成新格局具有重大意义,必将深刻改变两地战略位势、区域能级和发展格局,为更好融入全国乃至全球经济大循环集聚了竞争优势,也为进一步缩小与发达地区差距创造了重大机遇。推动成渝地区双城经济圈建设,既是四川担当国家使命的政治任务,也是四川省在历史交汇期迎来的重大战略机遇,有利于提升战略位势、促进区域协同、拓展发展空间,推动改革开放在新时代新起点上再出发、开启四川现代化建设新征程,具有重要里程碑意义。重庆将坚持两手抓、两手硬,统筹推进疫情防控和经济社会发展,抓住用好成渝地区双城经济圈建设的战略机遇,坚决夺取疫情防控斗争的全面胜利,尽最大努力把疫情影响降到最低,奋力开创重庆高质量发展新局面。宜宾不仅需要融入成渝地区双城经济圈高质量发展体系之中,还需要参与和融入国家高质量发展体系之中,谋得新发展机遇。

其三,党和国家领导人关注关心和支持给宜宾高质量发展带来的战略机遇。国家领导人关注、关心和支持成渝地区双城经济圈高质量发展带来的战略机遇。大力推动成渝地区双城经济圈建设,是习近平总书记亲自研究、亲自谋划、亲自部署的重大战略,充分体现了以习近平同志为核心的党中央把握大势、统揽全局的远见卓识,进一步丰富和发展了我国区域协调发展战略布局,有利于发挥比较优势,在西部形成高质量发展的重要增长极,打造内陆开放战略高地,对于推进"一带一路"建设、长江经济带发展和新时代西部大开发形成新格局具有重要支撑作用。大力推动成渝地区双城经济圈建设,有着重大的战略意义。成渝地区双城经济圈高质量发展,已经为国家战略,党和国家领导人高度关注、关心和支持,宜宾作为成渝地区双城经济圈的重要经济中心城市,也必然为党和国家领导人所关注、关心和支持,给宜宾高质量发展提供了压力和动力。

第三部分　宜宾市在成渝地区双城经济圈高质量发展中的战略定位研究

其四，国家区域发展格局重塑给宜宾带来的战略机遇。成渝地区双城经济圈高质量发展，有利于拓展成渝地区战略腹地，成渝地区历来是我国的战略大后方，成渝地区双城经济圈建设，其中"成渝"指向"双核"，"地区"指向更加纵深的经济腹地，"经济圈"则代表成渝地区经济的辐射范围和能量。通过推动成渝地区双城经济圈建设，探索打破行政区划壁垒，推动经济区与行政区适度分离，有助于优化国土空间布局，增强人口和经济承载能力，对重构成渝地区经济地理、带动西部经济薄弱地区发展、形成强大战略后方、增强维护国家战略安全和经略周边能力、推动新时代西部大开发具有重要而深远的影响。宜宾需要充分利用成渝地区双城经济圈高质量发展引发的区域发展格局重塑带来的战略机遇，实现高质量发展目标。

其五，弥补发展短板给宜宾带来的战略机遇。成渝地区高质量发展，有利于解决发展不平衡不充分问题，成渝地区已是西部地区发展的领头羊，但发展的极核在重庆主城区和成都市。从市区人口看，重庆主城区、成都市"双核"人口都超过千万，次级城市市区人口达到300万—500万才符合城市群发展规律，但目前最大的次级城市—绵阳市区人口不足200万，无法有效支撑。从经济总量看，"双核"均已超过1.5万亿元，但无论是北翼的绵阳—德阳、南翼的宜宾—泸州—永川—江津区域还是东北翼的万州达州—开州区域，都没有超过5000亿元规模，差距还相当大。从空间结构看，要推动成渝地区形成以重庆主城区为"重心"、成都市为"顶点"、川渝东北翼和西南翼为两大"支点"的黄金等边三角形的空间格局，这是缓解成渝地区"双核独大、两翼不振"不平衡不充分发展矛盾、打造西部地区高质量增长极的撒手锏。成渝地区双城经济圈高质量发展，有利于弥补宜宾的发展短板，给宜宾带来新的发展机遇。

其六，为宜宾生态环境保护和绿色发展带来战略机遇。成渝地区双城经济圈高质量发展，有利于筑牢长江上游生态屏障，成渝地区地处长江上游，对长江中下游地区生态安全承担着不可替代的作用。重庆境内长江干流里程达691公里，三峡库区是全国最大的淡水资源战略储备库，维系全国35%淡水资源涵养和长江中下游地区3亿多人饮水安全。建设成渝地区双城经济圈，切实强化"上游意识"，担起"上游责任"，让"生态优先、绿色发展"理念蔚然成风，有利于筑牢长江上游重要生态屏障，维护长江中下游乃至更大范围地区生态安全。还有利于充分发挥其他政策战略合力,推动建设成渝双城经济圈的作用,还在于这是全域融入"一带一路"和长江经济带建设、提升内陆开放水平的重要手段,也是巩固脱贫攻坚成果、推动区域乡村全面振兴的有效路径,有利于"推动内陆开放"和"推进乡村振兴"。因此,宜宾需要充分利用成渝地区双城经济圈高质量发展的历史机遇,推动生态环境保护,走绿色发展之路。

总而言之,成渝地区双城经济圈高质量发展,给宜宾高质量发展带来难得的战略机遇,有利于宜宾参与和融入国家高质量发展战略体系之中,为宜宾参与和推动川渝两省市的省级区域合作创造了条件,党和国家领导人的关注、关心和支持也给宜宾高质量发展带来的新的压力和动力,国家区域发展格局重塑也给宜宾发展带来新机遇,能够弥补宜宾的发展短板,推动宜宾的供给侧结构改革,促进宜宾的生态环境保护和绿色发展。

第二节 促进宜宾基础设施和互联互通建设

成渝地区双城经济圈高质量发展,有利于推动宜宾的基础设施建设,促进宜宾成为成渝地区双城经济圈的重要交通枢纽中心城市。表现在如下六个方面。

其一,有利于宜宾的综合交通枢纽和通道建设。成渝地区基础设施互联互通建设的力度和深度都会显著加大,重点推动出川出渝大通道建设,高标准建设铁路运输干线网络,今年力争开工成渝中线高铁、成南达万高铁、渝西高铁等项目。共同推进水利能源设施建设,2020年全面开工建设渝西水资源配置工程。统筹加强川渝地区电网规划建设。共同建设现代信息基础设施,加快5G网络建设,推动国家级互联网骨干直联点宽带扩容。

其二,有利于加强宜宾与重庆之间的互联互通建设。2020年3月,重庆国际物流枢纽园区管委会与成都市青白江区国际铁路港管委会在重庆达成战略合作协议,双方将充分发挥始发地作用,协力通道建设,联动海关、铁路等相关部门,促进货源组织、口岸服务、一体通关、硬件设施共享的合作。目前,成都、重庆间时间最短的铁路大通道——成渝中线高铁也已经完成项目勘察设计一次性的总体招标,中铁二院正加快编制可研报告,力争年内开工建设。此外,重庆正与国铁集团商议,计划对成渝高铁

第三部分 宜宾市在成渝地区双城经济圈高质量发展中的战略定位研究

进行提速改造,在既有成都到重庆最快 1 小时 13 分的基础上,进一步缩短"双核"间时空距离,实现 1 小时内到达。

其三,有利于宜宾与经济圈主要城市之间的互联互通基础设施建设。根据有关部门的部署,2020 年川渝两省市将推进跨区域、跨方式的客货运信息互联互通;推行成都、重庆两市公交和地铁"一卡通",推动川渝汽车客运联网售票注册用户和线路、票务信息共享,并探索推进铁公、铁空等旅客联程联运。两省市交通运输部门还将对毗邻地区国省干线公路、快速通道等进行专题研究和对接,统筹建设标准和建设时序,加快实施一批支持毗邻地区融合发展的旅游路、产业路、资源路。并支持毗邻地区开行公交线路或公交化运营的客运班线,便捷联通市(县、区)重要枢纽、大型商圈、旅游景区等。

其四,有利于强化宜宾在我国西南地区的交通枢纽地位。成渝地区双城经济圈建设,在通道建设方面,不仅仅局限于川渝两地,目前还正在大力发展"多式联运",例如,加快实施达州至万州直达高速公路,开辟达州至万州港的铁水联运通道,共同培育南向国际道路跨境运输市场,拓展四川、重庆经广西、云南至东盟的国际道路跨境运输线路。

其五,有利于宜宾全方位对外开放的基础设施建设。成渝建设建成亚欧大陆重要航空枢纽对推进成渝地区双城经济圈建设,打造具有全国影响力的改革开放新高地意义重大。按照民航"十三五"规划,我国综合机场体系由三大世界级机场群、十大国际航空枢纽以及 29 个区域枢纽构成。成都、重庆位于十大国际航空枢纽城市范围,2018 年双流机场位列全球机场第 26 位,双流、江北机场分别进入中国旅客吞吐量前 10 名。2018 年,双流机场货邮吞吐量为 66.5 万吨,江北机场为 38.2 万吨,与国内第 4 名(深圳宝安机场)差距在 1 倍和 3 倍左右。国内有北方、华东、中南、西南、西北和东北 6 大枢纽机场群,前三大机场群均有国际枢纽机场坐镇,定位为世界级机场群。比较客运和货运吞吐量,2018 年长三角机场群为 2.28 亿人次、558 万吨,京津冀的机场群为 1.45 亿人次、240.7 万吨,粤港澳机场群为 2.15 亿人次、830.25 万吨,成渝机场群为 1.02 亿人次、106.6 万吨,还有较大差距。今后需加大加快建设的步伐。

其六,有利于推动宜宾的经济园区建设。可以积极试点和共建川渝临空经济带,打造"两昌"(荣昌—隆昌)飞地园区。深化临空经济供给侧

第三章　宜宾在成渝地区双城经济圈高质量发展中的战略机遇

结构性改革，规划成渝产业布局和基础设施互联，积极发展国际竞争力强、附加值高的航空产业以及知识密集型、技术密集型、资本密集型的临空指向性产业，形成以机场为中心、辐射周边区域的临空商贸、航空旅游、航空文化等高端关联产业，全面构建中国西部特色的航空港经济圈。推动产业合作园区建设，支持川渝两地物流企业参与内江物流园区建设，打造配套重庆荣昌的集货中心，协调推动重庆智慧物流云平台在内江拓展服务功能，通过干部互派、全域融合等方式打造成渝"两昌（荣昌—隆昌）飞地园区"。支持有条件的地方设立南向对外合作园区，积极承接国际产业转移，提升产业外向度。推动成渝自贸试验区、国别合作园区与广西钦州保税港区等开放平台合作，吸引粤港澳企业共建临港产业园区，发展适铁、适海产业和现代物流业。

简言之，成渝地区双城经济圈高质量发展，促进宜宾基础设施和互联互通建设，强化宜宾的综合交通枢纽和通道建设，促进宜宾与重庆之间的互联互通，密切宜宾与经济圈主要城市之间的互联互通，强化宜宾在我国西南地区的交通枢纽地位，推动宜宾全方位对外开放，夯实宜宾的经济园区建设基础。

第三节　促进宜宾先进制造业产业集群形成和发展

成渝地区双城经济圈高质量发展，为宜宾先进制造业产业集群的形成和发展创造了战略机遇。纵览当今世界众多经济发达地区，绝大多数都是通过发展产业集群而实现了经济上的突飞猛进。先进制造业产业集群是成渝地区双城经济圈发展为我国高质量发展的新动力源和中国经济增长"第四极"的重要基础，需要下大力气进行培育。成渝地区双城经济圈发展先进制造业，仍面临不小的挑战和问题。科技研发投入低，研究与试验发展经费支出方面，2018年成渝双城经济圈的研究开发（R&D）经费支出占GDP的1.8%，远低于长三角城市群的2.8%、珠三角城市群的2.6%、京津冀城市群的3.3%；万人发明专利拥有量方面，成渝城市群每万人发明专利拥有量为5.3件，分别比长三角城市群低12.3件、比珠三角城市群低13.7件、比京津冀城市群少12.4件。科技研发投入是先进制造业发展的动力保障，目前成渝双城经济圈的科技投入力度与其他三大城市群相比

第三部分 宜宾市在成渝地区双城经济圈高质量发展中的战略定位研究

还有较大差距,成渝双城经济圈的科技研发投入不足就如同跑道上的赛车缺乏汽油,必将影响其奔跑速度。成渝地区双城经济圈高质量发展仍然面临如下几个问题:

其一,产业协同意识和程度低,制造业的集群化"加速"受到掣肘。目前成渝城市群正在形成以成都为核心的医药、化工、能源以及服务业的集聚地和以重庆为核心的汽摩制造、物流运输基地,但区域内其他城市产业协同尚未实现,大都以机械、冶金、电子等产业为支柱各自为战。成都和重庆均以电子信息和汽车制造为经济支柱产业,能够形成上下游较为完备的产业链,但在产业协同上还缺乏有效布局。比如京东方科技集团在重庆和成都都建设了第6代柔性AMOLED生产线,成渝双城经济圈产业层面上更多还是竞争大于合作,未来要想取得更大的发展,融入国家战略,还需打破各自为战的观念。

其二,顶层设计不足,融合机制不健全。尽管成渝两地在宏观层面签署了若干合作协议,但在顶层设计上缺乏对制造业的一体化布局,更没有可落地化的政策支持,区域协同创新机制、产业融合机制、交通一体化发展等机制均不健全。长三角城市群在促进一体化、融合发展方面具有全国领先性。仅2019年,就签署了三角地区市场体系一体化建设合作备忘录、编制了科创产业协同发展专项、签署《深化G60科创走廊九城人才交流合作协议》规划,从顶层规划科技创新和产业发展。成渝地区有一体化融合的历史基础,但内部协作紧密度还远远不够。以交通为例,四川南充距离重庆约160公里,江苏苏州距离上海约110公里,两者仅相差50公里,但苏州与上海之间的高铁平均10分钟发一班,运行时间30分钟左右,而南充与重庆之间的高铁或动车平均一小时发一班,通行时间平均长达80分钟左右。

其三,产业竞争力方面,成渝地区双城经济圈,一是缺乏核心技术,二是缺乏龙头企业。以装备制造业为例,成渝双城经济圈的规模以上高端装备制造企业较少,大多数企业缺少核心技术,缺乏自主创新能力,产品科技含量不高、附加值不高,多数企业生产制造呈现"二多三少":初加工居多、配件生产多、高精产品少、品牌产品少、整体产品少的情况。高端装备关键共性技术、先进工艺、核心装备、基础原材料及零部件受制于人,也导致成渝高端装备制造产业整体发展后劲不足。

第三章 宜宾在成渝地区双城经济圈高质量发展中的战略机遇

宜宾作为成渝地区双城经济圈高质量发展的中心城市，可以为弥补成渝地区双城经济圈高质量发展存在的不足作出自己的贡献，在如下三个方面取得进展。

第一，把宜宾建设为国家产业基础再造先行示范中心城市。中央财经委第五次会议明确，要实施产业基础再造工程，打好产业基础高级化、产业链现代化的攻坚战。成渝地区作为我国重要的产业基地，是全国建设现代化产业体系的重要组成部分，在很多具有国家战略性和全局性的产业链中具有不可替代的作用。成渝地区布局有一批国家科研"大院大所"，有能力也有责任在基础研发、基础材料、高端通用芯片、基础软件产品以及高端制造装备等关键领域的核心技术上作出突破。向国家争取在成渝地区优先实施产业基础再造工程，进行高端产业和重大科研的大谋划和大布局，将进一步提升成渝地区的产业和科技实力，占据未来科技和产业制高点，更好落实中央赋予建设重要经济中心和科技创新中心的历史性使命。

第二，把宜宾建设成国家重要的安全防务产业基地城市。世界面临百年未有之大变局，安全的概念正不断拓展，不仅包括国防安全，也涵盖公共安全、生态安全、防灾减灾、网络安全等广阔领域，安全防务产品和服务有着极大的市场需求和成长空间。成渝地区是重要国防科工基地，拥有唯一的国家科技城；信息安全产业规模占全国的1/5、位居全国第二，成都还是国家重点布局的网络安全产业化三大基地之一；在自然灾害和突发事件应急救援需要的监测预警、预防防护、处置救援、应急服务等领域，有着一批重点企业和优势产品。但四川安全防务产业军工意味过于浓厚，并没有把开拓公安、国安和消防救援装备研发制造领域、发展需求增长迅猛的社会安防产品和服务放在突出位置，在今后的发展中可形成突破式发展。

第三，把宜宾可打造我国绿色能源开发利用中心城市。成渝地区具有丰富的水能资源，四川省水电装机容量接近8000万千瓦，仅开发了全省理论蕴藏量的一半；天然气总资源量位居全国之首；重大能源装备研发生产也很有实力，这些对国家能源供给、能源安全十分重要。成渝地区在绿色能源开发和综合利用上做好文章，具有重要的示范意义。由于水电、油气等资源开发主体多为央企，在成渝地区布局绿色能源开发利用先行区，有利于加强和大型央企对接，加大国家对水能、油气的开发投入，探索电

第三部分　宜宾市在成渝地区双城经济圈高质量发展中的战略定位研究

力体制、利益分享等改革机制，获取产业和企业发展的成本优势，为全国发展提供更加可靠和稳定的能源保障。加之在全球汽车产业正经历换代革命的背景下，成渝地区还可依托市场规模和水电供给优势，加快发展新能源汽车生产和使用，努力打造本地化的新能源汽车全产业链和优势品牌。

简言之，成渝地区双城经济圈高质量发展，有利于促进宜宾先进制造业产业集群形成和发展，弥补成渝地区双城经济圈建设中先进制造业产业集群形成与发展存在的缺陷和不足。

第四节　促进宜宾深度融入成渝地区双城经济圈城市群和全面开放

成渝地区双城经济圈高质量发展，为宜宾深度融入成渝地区双城经济圈城市群，推动经济圈主要城市之间分工合作与一体化发展创造了新的条件。2016年4月，经国务院批复同意的《成渝城市群发展规划》明确提出，到2030年，成渝城市群要实现由国家级城市群向世界级城市群的历史性跨越。对比发达经济体的世界级城市群，成渝城市群要在未来十年左右实现历史性跨越任重而道远。那么，成渝地区双城经济圈建设的提出，将推动成渝城市群建设的步伐大大加快。综合各方面看法，成熟的世界级城市群应具备4个条件：（1）完备的城镇体系，拥有一个或几个国际性城市并形成若干个都市圈和城市群连绵，区域内城市密集并组成有机整体；（2）超大的发展规模，城镇人口至少达到2500万，经济规模达到万亿美元级；（3）复合的交通枢纽，拥有一个或几个国际贸易海港、国际航空港及信息港，区域内拥有发达、便捷的现代交通网络；（4）重要的发展极核，是国家乃至国际经济的核心区域，汇聚有若干世界级产业和跨国大型企业。目前在全球公认有六大世界级城市群，分别是：美国东北部大西洋沿岸城市群、北美五大湖城市群、日本太平洋沿岸城市群、英伦城市群、欧洲西北部城市群和我国长三角城市群。我国作为超大规模的全球第二大经济体，需要也必将在进一步崛起中形成多个世界级城市群。对比除长三角城市群外的五大世界级城市群，成渝城市群差距极大又极具潜力，需要深入把握并更好担当起向世界级城市群跨越的国家使命、历史使命。

宜宾深度融入成渝地区双城经济圈城市群发展，能够提供成渝地区城市群的能级和影响力。中国社科院和联合国人居署联合课题组2019年11月共同发布的《全球城市竞争力报告2019—2020》，将全球1006个城市分为5等、10级。5等由高到低分别为全球城市（A）、国际枢纽城市（B）、国际门户城市（C）、区域枢纽城市（D）与区域门户城市（E）；10级分别为A+、A、B+、B、C+、C、D+、D、E+、E。其中A+和A等级城市仅有纽约、伦敦、东京、北京和巴黎；B+等级城市包括首尔、上海、芝加哥；B等级城市包括悉尼、都柏林、香港等26个；C+和C等级城市数量为125个，其中成都和重庆分别位列C+和C等级。报告发布的全球城市经济竞争力排行中，成都和重庆分别排名54位、81位，居成都前面或排名相近的国内城市除了北上广深和香港，还有苏州（25位）、南京（42位）、武汉（43位）、台北（44位）、杭州（64位）、无锡（65位）、长沙（68位）、青岛（76位）。这表明，尽管成都被热捧为国内新一线城市榜首，但距离成为国际性城市还有很长的路要走；由于成渝地区城镇化、工业化进程滞后于全国，成渝城市群的大中城市数量与能级，明显偏少偏低。

宜宾能够成为推动成渝地区城市群发展的中心城市。城市群作为在现代工业化基础上城市化发展的高级空间形式，从第一次工业革命发生在英国催生英伦城市群算起，经过了数百年最短的也有一百多年的演进。从发展历程看，成熟的世界级城市群历经很长时间的雏形分散、极化集聚、转型协同阶段，最终才进入成熟融合阶段。成渝城市群目前总体上还处在极化集聚同时开始着力转型协同的阶段。现在全球正处于新一轮科技革命和产业变革的孕育期，处在从工业文明形态转向信息文明形态的演进期。从多方面看，成渝城市群也完全可望成为新的工业革命和信息文明时代崛起的一个极具标志意义和战略价值的世界级城市群。正因为成渝城市群在发展能级、水平和阶段上相对滞后，又具有地理多样性、区域结构完备性等特点，一旦跻身全球公认的世界级城市群，将极大标志着中国特色社会主义道路和体制的成功，标志着我国成功解决超大经济体的区域协调发展问题；既将极大带动广阔西部地区的发展，又对世界上的其他发展中国家和地区具有示范意义。

事实上，成渝地区双城经济圈高质量发展，还有利于推动宜宾的内陆开放战略新高地建设。中央财经委员会第六次会议指出，推动成渝地区双

第三部分 宜宾市在成渝地区双城经济圈高质量发展中的战略定位研究

城经济圈建设,有利于在西部形成高质量发展的重要增长极,打造内陆开放战略高地,对于推动高质量发展具有重要意义。成渝地区能够定位于国家向西向南的开放战略高地,突出"一带一路"南向拓展的经略中心地位,依托自身"安全腹地"优势和南向国际新通道,打造内陆开放新高地。世界局势演变凸显成渝地区的对外开放的战略价值。中美关系一度因为美方率先发起的贸易战而陷入紧张,虽然随着中美第一阶段协议的签署而有所缓和,在未来很长一段时期之内,双方在经济和贸易领域仍然面临很多冲突和摩擦。成渝双城经济圈高质量发展,能够从如下三个方面,促进宜宾的全方位对外开放:

其一,促进宜宾融入国家全方位对外开放体系。一些国家对"一带一路"建设存有疑虑,部分经济体不断与"一带一路"沿线国家加强接触,甚至挑拨沿线国家与我国的关系,意在争夺区域经济的主导权。作为我国的全面战略合作伙伴,俄罗斯也对"一带一路"倡议存在疑虑,认为"一带一路"可能削弱俄罗斯对中亚五国的传统影响力。尽管俄罗斯总统总理在不同场合多次表示赞同和认可"一带一路"战略,但是俄罗斯经济战略将不会向"一带一路"倾斜。面对上述世界局势的复杂化以及演变趋势,我国亟须寻找一个更为稳定的、具备战略深度的国际合作区域,成为我国在国际浪潮中的避风港湾,而成渝地区对外开放正好能够实现这一历史使命。

其二,促进宜宾参与"一带一路"建设,推动宜宾的南向开放。为了化解"一带一路"建设被遏制战略包围的战略危机,以及应对与其他国家和地区的国际经贸所面临的不确定性问题,我国需加强"一带一路"南向开放,以及通过沿边开发开放加强和东南亚、南亚、西亚的区域合作,形成更稳健的地缘国际合作区域,这也是总体国家安全战略要筹谋的重要战略选项。这有助于拓展我国的地缘空间,化解地缘政治压力,促进我国与周边国家之间建立互信机制,实现政治、经济、文化、社会等多领域的合作共赢,并有利于维护我国周边的安全和周围局势的稳定。成渝地区正处于"一带一路"南向开放的重要区位上。

其三,为宜宾参与全球市场竞争提供新机遇。成渝地区不仅要加强与南亚、东南亚国家的经贸合作,更重要的是以高质量发展为依托,代表国家参与南亚、东南亚区域国际竞争,并在竞争中建立并保持"既合作又对标且领先"的态势。根据世界经济论坛《2019年全球竞争力报告》，在全球参与排名的141个经济体中，东盟国家中有7个、南亚国家中有2个排名在100位之内，除新加坡、马来西亚分别排名第1、第27位外，其余均在第40至80位区间，产业多为劳动密集型，且产业结构较为单一。中国大陆排名第28位，不仅综合竞争力显著强于南亚和东南亚国家，而且在劳动力技能、产品市场效率等方面的优势恰是南亚和东南亚国家所不具备的，这使得成渝地区具备了参与竞争并保持"既合作又对标且领先"态势的条件。

简言之，成渝地区双城经济圈高质量发展，有利于促进宜宾深度融入成渝地区双城经济圈城市群的发展体系之中，还有利于加快宜宾的内陆开放战略新高地的建设和发展，推动宜宾成为我国西部内陆地区新兴开放城市的建设步伐。

第五节 促进宜宾的长江上游生态屏障建设

成渝地区双城经济圈高质量发展，能够促进宜宾的长江上游生态屏障建设。成渝地区双城经济圈在我国生态环境保护和绿色发展方面，具有如下三方面的重要作用。

第一，成渝地区双城经济圈是我国主体功能区规划的重点区域。成渝地区双城经济圈肩负着多重任务，既是全国主体功能区规划的重点开发区，对于西部乃至全国高质量发展和形成重要增长极的意义重大，也是长江上游重要的生态屏障区，对于维系长江经济带生态安全具有十分重要的地位。成渝地区双城经济圈建设要坚持五大发展理念，将绿色城镇化融入城市群建设，尊重自然格局，依托现有山水脉络等优化城市空间布局形态，推进生态共保环境共治，共守长江上游生态安全，筑牢长江上游生态屏障。

第二，成渝双城经济圈是我国生态环境保护的重点区域。成渝双城经济圈是我国生态环境保护的重点经济区域。成渝地区作为长江上游生态屏障的最后一道关口，具有水土资源"固定器"、环境污染"过滤器"、江河流量"调蓄器"和生态风险"缓冲器"的重要作用，是横亘在长江中上游交界处的"绿色长城"，对保障三峡工程安全运行、维护长江生态安全

第三部分　宜宾市在成渝地区双城经济圈高质量发展中的战略定位研究

至关重要，在整个流域中具有不可替代的生态功能和战略地位。成渝地区双城经济圈城镇分布密集，每万平方公里拥有城镇113个，土地等自然资源开发利用强度大，部分支流水环境恶化。随着成渝地区双城经济圈的建设发展，生态屏障建设和城市化快速发展的深层次矛盾会不断凸显，生态环境压力持续增加，将成为长江上游孕育生态压力最突出的区域。

第三，成渝地区双城经济圈是我国长江上游重要的生态屏障。成渝地区双城经济圈是万里长江第一个真正意义上城镇体系高度健全、人口高度聚集、经济活力强劲的城市群，面临着自然灾害易发频发、生态系统退化趋势尚未得到根本遏制等生态短板，是长江流域城市群中对生态需求最为迫切的区域。成渝经济圈的自然区和经济区重叠，以17.6%的长江上游流域面积，承载9000多万人，占长江上游人口45.5%以上，具有鲜明的大城市带大郊区特点，沿江岸线区域、三峡库区、盆中丘区等关键区域，在水源涵养、水土保持和水环境安全等方面具有战略意义，历来就是长江上游生态保护的主战场。

宜宾作为成渝地区双城经济圈的重要生态屏障城市，在长江上游生态环境保护方面重要的地位和价值，但仍然面临着如下六方面的挑战。

其一，宜宾仍然面临区域生态环境退化和自然灾害频发的生态风险。农耕面积大，农药等污染隐患较多，呈现出多源、复合性特征；矿产资源开发和农林产业布局与生态重建滞后的冲突；水利水电资源开发与河流生态环境日益恶化的冲突；旅游开发中的破坏性开发。这些不合理的开发使一些区域生态环境退化明显，自然灾害频发，影响到区域生态系统结构的完整性并降低其生态功能的有效性。

其二，宜宾仍然面临着水土流失风险和治理难题。成渝丘陵区由于土层浅薄，极易引发水土流失，存在分布广、强度高、总量大的现象。根据第二次全国水土流失遥感普查成果，四川水土流失面积15.65万平方公里，占全省土地总面积的1/3，每年土壤侵蚀总量达10亿吨，每年流入长江的泥沙总量达3亿多吨。

其三，宜宾仍然存在局部生态环境恶化风险。成渝部分地区属于西南岩溶山区，具有独特的双层水文结构，基岩裸露度高、土被破碎不连续、土层瘠薄，脆弱的岩溶生态环境与人文环境一起构成脆弱的人地系统，截至2016年年底，川渝石漠化面积超过140万公顷，部分地区有继续恶化

第三章 宜宾在成渝地区双城经济圈高质量发展中的战略机遇

的风险。

其四，宜宾的生物多样化保护仍然任重而道远。成渝地区环境地貌单元独特，生态系统复杂多样，分布有众多珍稀动植物和特有物种，是我国生物多样性保护的关键区域。受掠夺性捕捞、江河水质污染及梯级水电开发的影响，水生生物资源遭到很大破坏，许多珍稀鱼类及其他水生生物也随之消失。国家级、省（市）级自然保护区还涉及诸多问题需提速整改，部分区县自然保护区内还有违规建设项目。

其五，宜宾的城乡污染和治理责任重大。成渝生态环境问题不容忽视，特别是大气环境问题尤为严重，雾霾环境问题在全国属于较高水平。交通运输具有高能耗与高排放的特点，2015年成渝综合交通总能耗933万吨标准煤、碳排放总量2770万吨，对环境影响较大。此外，随着人口急剧增长，如大量污水、垃圾和工业三废处理不当直接排入河流，将使生态屏障功能日渐衰退。

其六，宜宾仍然面临着生态屏障建设机制优化问题。管理运行机制与生态系统运行机制之间不协调，行政管理的条块分割与生态系统的整体系统性不匹配，导致跨区域联动协调机制还不健全。统筹协调机制不完善，由于生态屏障建设是一个跨省（市）的系统工程，存在职能部门"九龙治水"的现象。规划调控和考核评价机制不健全，尚缺乏专门的规划部署和考核评价机制，生态屏障建设的目标体系、工程项目、建设举措与政策配套尚不完善。区域合作机制缺乏实施效力，生态屏障建设涉及不同的行政区域和较多的利益群体，成本内化而收益外化，利益划分不清导致协议往往缺乏实施效力。横向补偿机制尚未完全建立，生态价值的计量和下游区域之间受益程度的测度较难，将受益在中下游各省（市）之间进行分配更难。

简言之，成地区双城经济圈高质量发展，为宜宾的长江上游生态屏障建设创造了新的战略机遇。在推进成渝地区双城经济圈建设和高质量发展过程中，宜宾需要根据本市空间区位的地理特征、经济特点、生态要素、生态承载力，以及人口增长、饮用水资源、土地使用空间、土壤污染、大气污染、危险废弃物、外来物种入侵等方面进行系统谋划，促进长江上游生态屏障建设。

第三部分　宜宾市在成渝地区双城经济圈高质量发展中的战略定位研究

第六节　结论

成渝地区双城经济圈高质量发展，为宜宾的经济增长和高质量发展创造了难得的历史机遇和战略环境。本章的研究结论为：

第一，成渝地区双城经济圈高质量发展，推动宜宾融入国家高质量发展战略体系之中，为宜宾参与和推动川渝两省市的省级区域合作创造了条件，党和国家领导人的关注、关心和支持也给宜宾高质量发展带来的新的压力和动力，国家区域发展格局重塑也给宜宾发展带来新机遇，能够弥补宜宾的发展短板，推动宜宾的供给侧结构改革，促进宜宾的生态环境保护和绿色发展。

第二，成渝地区双城经济圈高质量发展，促进宜宾基础设施和互联互通建设，强化宜宾的综合交通枢纽和通道建设，促进宜宾与重庆之间的互联互通，密切宜宾与经济圈主要城市之间的互联互通，强化宜宾在我国西南地区的交通枢纽地位，推动宜宾全方位对外开放，夯实宜宾的经济园区建设基础。

第三，成渝地区双城经济圈高质量发展，有利于促进宜宾先进制造业产业集群形成和发展，弥补成渝地区双城经济圈建设中先进制造业产业集群形成与发展存在的缺陷和不足，也促进宜宾深度融入成渝地区双城经济圈城市群的发展体系之中，加快宜宾的内陆开放战略新高地的建设和发展，推动宜宾成为我国西部内陆地区新兴开放城市的建设步伐。

第四，成地区双城经济圈高质量发展，为宜宾推动长江上游生态屏障建设创造了新的战略机遇，宜宾需要充分利用国家推动长江经济带建设和成渝地区双城经济圈建设的政策叠加效应，推动宜宾的创新发展、协调发展、绿色发展、开放发展和共享发展。

第四章 宜宾在成渝地区双城经济圈高质量发展中的比较优势及挑战

研究宜宾在成渝地区双城经济圈高质量发展中的战略定位问题，还需要系统分析宜宾在成渝地区双城经济圈建设中面临的新形势、新环境、比较优势及其面临的问题及挑战。中央提出成渝地区双城经济圈建设战略后，四川省和重庆市的各级领导积极响应并学习党中央的号召，积极推动并落实成渝地区双城经济圈建设各项政策，同时展开系列调研活动，相关城市的领导也积极谋篇布局，已经形成推动成渝地区双城经济圈建设的整体合作。宜宾市也积极行动起来，推动宜宾参与成渝地区双城经济圈建设。宜宾需要明确自身在成渝地区双城经济圈高质量发展中面临的新形势和新环境，充分发挥综合比较优势和区域比较优势，研究宜宾参与成渝地区双城经济圈高质量发展中需要解决问题、面临和风险和挑战，据此明确宜宾在成渝地区双城经济圈高质量发展中的战略定位并制定相应的战略规划、战略措施及相关政策。

第一节 宜宾在成渝地区双城经济圈高质量发展中面临的新环境

宜宾在成渝地区双城经济圈高质量发展中，面临着新形势与新的环境，宜宾实现高质量跨越式发展的条件已经初步具备。四川省委彭清华书记在传达学习中央财经委员会第六次会议精神专题会议上指出"支持7大区域中心城市率先崛起，推动川南、川东北两翼地区加快发展"。川南经济区位于西南地区成渝贵昆四个城市的几何中心位置，与成渝构成成长三角区。2019年，全区GDP达7544.71亿元，占四川全省的16.18%，继续

第三部分 宜宾市在成渝地区双城经济圈高质量发展中的战略定位研究

稳居四川省五大经济区第 2 位,在成渝地区双城经济圈中仅次于成都、重庆都市区,位居第 3 位,具备打造成为成渝地区双城经济圈高质量发展"第三极"的基础条件。宜宾在成渝地区双城经济圈高质量发展中面临的环境具有如下特点:

第一,宜宾实现跨越式发展的条件更为成熟。宜宾位于川南经济区核心区域,作为四川省南向开放大通道"桥头堡"、国家确定的成渝城市群沿江城市带的区域中心城市,被四川省委、省政府列为重点支持建设全省经济副中心的城市之一,境内交通条件优越、产业基础坚实、科教资源丰富、开发开放平台齐备、综合承载能力较强,2019 年全市 GDP 总量位居全省第 3 位,稳居川南第 1 位。以宜宾为核心的川南经济区在成渝地区双城经济圈建设中能够起到重要作用,会成为核心发展区,并通过宜宾的节点作用,与云南的滇中经济区和贵州的黔中经济区联动发展,在西南地区构建大西南城市群,辐射带动凉山州等深度贫困地区持续健康发展,助力实现成渝地区双城经济圈"中部崛起",不断增强成渝地区双城经济圈在新时代西部大开发中的辐射带动作用,加快促进西部区域协调发展。以宜宾为核心的川南经济区有条件打造成为成渝地区双城经济圈高质量发展"第三极",与成都、重庆构筑形成支撑成渝地区双城经济圈的"金三角"。可见,宜宾实现跨越式高质量发展的条件已经基本具备。

第二,宜宾成为全国重要的综合交通枢纽中心城市的时间提前。宜宾港是长江上游唯一同时具备集装箱、重大件、滚装等功能为一体的现代化综合枢纽港,是国家西部陆海新通道中主通道(成都经宜宾至北部湾出海口)重要物流节点。2018 年 3 月宜宾港申请获批为国家临时开放口岸,并通过每半年一次申请延期的方式维持口岸开放。2019 年年底宜宾五粮液机场正式投运。2019 年 1 月,中国铁路总公司、四川省政府联合批复了宜宾铁路枢纽总图规划(2016—2030 年),标志着宜宾在国家层面和西南地区的铁路枢纽地位(全国只有 14 个地级市,宜宾为川滇黔渝唯一的地级市)正式确定。近年来,宜宾大量引进智能终端、轨道交通、新能源汽车等产业项目,投产后大量物资销往南亚东南亚;同时宜宾不断推进大学城、科创城建设,留学生人数由零突破到 50 余个国家 700 余人,人数居全省第 2 位。宜宾港的水运口岸、宜宾机场航空口岸、铁路口岸应该加快发展,通过扩大开放改善营商环境,为川南经济区以及川滇黔结合部区域产品和服

第四章 宜宾在成渝地区双城经济圈高质量发展中的比较优势及挑战

务走出去提供更便捷条件。

第三，宜宾将更早建成长江上游最大的生态中心城市。宜宾位于金沙江、岷江、长江三江交汇处，是长江上游重要生态屏障和水源涵养地，为践行习近平总书记关于长江经济带"共抓大保护、不搞大开发"和"绿水青山就是金山银山"的理念，宜宾已包装了长江廊道建设、竹产业建设、自然保护地建设、野生动植物疫源疫情防控体系建设、候鸟栖息地及湿地公园建设、天然林保护修复、森林质量提升等重点项目，未来五年将投入50多亿元，进一步筑牢长江上游生态屏障。习近平总书记多次发表重要讲话，强调推动长江经济带发展必须走生态优先、绿色发展之路，涉及长江的一切经济活动都要以不破坏生态环境为前提，共抓大保护、不搞大开发，共同努力把长江经济带建成生态更优美、交通更顺畅、经济更协调、市场更统一、机制更科学的黄金经济带。重庆、四川、云南、贵州、西藏是长江经济带重要地区，《长江经济带发展规划纲要》明确要求大力保护长江生态环境，创新区域协调发展体制机制。推进川渝滇黔藏的生态建设协作，对于保护和修复长江流域生态环境，推动长江经济带、成渝地区双城经济圈建设，具有重大的现实意义和历史价值。

第四，宜宾更有机会成为西部地区重要的科教创新城市。宜宾作为四川唯一推荐上报的国家产教融合型的试点城市，区位优势独特、产业支撑有力、科教资源丰富。目前，已与四川大学、电子科技大学、上海交通大学等18所高校在产教融合方面达成合作，建成产研院21个、院士（专家）工作站10个、国家级企业技术中心7个。下一步，宜宾将投入300多亿元建设大学科技园、西南实训中心、四川互联网学院、高技能人才培训基地、西南人力资源服务业产业园等产教融合重大平台项目，打造成渝地区技术技能人才培养基地、西部陆海新通道上的沿海产业转移承接基地。宜宾"双城"建设力度将不断升级，通过吸引成渝科教资源、人才资源，积极与重庆大学城开展合作交流，共建川渝"学教研产城"一体化产教融合示范区。同时，宜宾应积极开展科技成果所有权和长期使用权改革试点，为加快成渝地区双城经济圈建设提供更多科技支撑。

第五，宜宾全方位对外开放速度将加快。宜宾战略地位突出、交通优势明显、开放平台良好，以宜宾为引擎推动成渝地区南向开放，有利于加快四川省、重庆市与粤港澳大湾区、北部湾经济区、南亚和东南亚的开放

第三部分　宜宾市在成渝地区双城经济圈高质量发展中的战略定位研究

合作进程，形成南出长三角、珠三角、中南半岛、东盟自贸区、孟中印缅经济走廊和孟加拉湾的开放大通道体系，深入对接南亚、东南亚国际大市场，推动成渝地区双城经济圈由内陆腹地变为开放前沿，构建中国南向开放新格局的战略支点。宜宾积极建设川渝·东盟产业园、川渝南向开放投资平台、"一带一路"进出口商品集散中心宜宾分中心等，大力发展外向型经济，助推成渝地区双城经济圈成为国家内陆开放战略高地和参与国际竞争的新基地。宜宾纳入自贸区扩区改革已势在必行。设立自由贸易试验区是中央为推进新形势下改革开放提出的一项重大举措。加强自由贸易试验区建设，是进一步深化经济体制改革，提高对外开放水平，实现经济转型升级，加快经济高质量发展的重要实践途径。2018年7月，宜宾获批为四川自贸试验区首个协同改革先行区，目前在新兴产业、开放平台、制度创新三个方面改革成效显著，为全省开展协同改革先行区示范建设提供了"宜宾经验"，具备纳入自贸试验区扩区改革的基础条件。将宜宾纳入自贸试验区扩区范围，有利于促进成渝地区双城经济圈南向开放，促进区域板块互学互建、交流协作，打造区域开放发展新引擎，强化四川自贸试验区南向辐射带动，推进内陆与沿海沿江沿边协同开放。

第六，宜宾发展先进制造业面临难得的历史机遇。中央财经委员会第六次会议上明确提出成渝地区双城经济圈建设是一项系统工程，要加快现代产业体系建设。宜宾地处国家战略叠加区，具备区位条件独特、经济基础坚实、科教资源丰富、交通体系完备、开放平台良好等优势。宜宾加快建设成渝地区双城经济圈的先进制造业基地，有助于发挥宜宾在产业、交通、人才、开放平台等方面的比较优势，能够为成渝地区承接东部的汽车、智能制造、电子信息等产业转移提供强有力支撑。应采取相关政策，推动宜宾产业发展，比如通过基金股权投资、退出保底保息、建立资金池等模式在宜宾设立成渝"千亿"产业协同发展基金，用于推动成渝地区双城经济圈中具有国家战略、国际引领的智能制造、装备制造、汽车产业、新材料、航空产业等高新产业项目落地。有助于加快推动成渝地区双城经济圈的现代产业体系建设，增强协同创新发展能力，促进创新链与产业链深度融合，打造产业升级和实体经济发展新高地，切实提升成渝地区双城经济圈在西部、全国乃至全球产业价值链中的地位。

第七，把宜宾建设成具有全国影响的高品质宜居城市的必要性提高。

第四章 宜宾在成渝地区双城经济圈高质量发展中的比较优势及挑战

习近平总书记在中央财经委员会第六次会议上对成渝地区双城经济圈建设做出"突出中心城市带动作用""强化公共服务共建共享,打造高品质生活宜居地"等重要指示。省委彭清华书记在传达学习中央财经委员会第六次会议精神专题会议上指出"支持七大区域中心城市率先崛起,推动川南、川东北两翼地区加快发展"。与周边城市相比,宜宾的区位交通、经济实力、产业基础、医疗教育等比较优势突出,通过建设川渝滇黔结合部的宜居宜业现代化都市区,规划区域性商贸物流中心、金融中心、国际会展中心、国际休闲度假中心、医疗康养中心、信息服务中心,创建国家数字经济创新发展试验区,优化提升城市服务功能,促进经济要素合理流动和人口、产业高度集聚,与滇中经济区和黔中经济区联动发展,形成以宜宾中心城市引领川渝滇黔结合部城市群发展,带动革命老区、民族地区和贫困地区加快发展。

总而言之,成渝地区双城经济圈高质量发展,为宜宾的高质量发展创造了难得的历史机遇,有利于宜宾实现跨越式发展,为把宜宾建设我国西部地区重要的交通枢纽中心、长江上游生态第一城、西南地区重要科教创新之城、内陆地区全方位对外开放新高地、现代制造业产业群聚集地和高品质宜居城市创造了难得的宏观环境和国内条件。

第二节 宜宾在成渝地区双城经济圈高质量发展中的综合比较优势

在未来30年,是我国从全面建成小康社会向基本实现社会主义现代化迈进、最终建成社会主义现代化强国的,建设历史阶段。宜宾需要全面落实既定战略部署,转变发展方式、优化经济结构、转换增长动力、推动超常规、高质量发展,全面建成全省经济副中心的重要时期。面对我国经济社会发展发生的深刻变化,随着成渝地区双城经济圈建设的加快推进,宜宾将迎来一系列发展机遇。

其一,国家发展战略带来的综合比较优势。宜宾需要抓住成渝地区双城经济圈高质量发展带来的机遇,当然面临机遇并不代表着抓住机遇。宜宾市挖掘机遇、抓住机遇的基本做法应是,厘清和顺应经济社会发展趋势,把握国家与区域重大战略,依据自身的比较优势和发展潜力,一是争

第三部分　宜宾市在成渝地区双城经济圈高质量发展中的战略定位研究

取和提高在国家与区域战略体系中的站位；二是争取和获得国家、地方支持的建设项目；三是发挥自主建设能力；四是促进招商引资和社会建设力量。宜宾市相关的国家与区域重大战略有："一带一路"建设、长江经济带发展、新一轮西部大开发、成渝地区双城经济圈建设、西部陆海新通道建设等。这些国家重大战略深入实施并在宜宾交汇叠加，有利于宜宾更好承接国家和省重大生产力与重大项目布局。

其二，新技术发展比较优势。成渝地区双城经济圈高质量发展，为宜宾的新技术发展和技术创新提供了新条件和新机会。从全球的技术发展来看，当今的时代是技术发展日新月异的时代，第三次工业革命和第四次工业革命叠加发展，以电子和信息技术为代表的第三次工业革命仍在积极发展之中，而以人工智能、大数据等为代表的第四次工业革命已经不断深化，人工智能、物联网、机器人技术、自主交通工具、纳米技术、3D打印、材料科学、生物技术、新能源技术、能量存储和量子计算等新兴技术竞相发展。从国内来看，我国经济已由高速增长阶段转向高质量发展阶段，正处在转变发展方式、优化经济结构、转换增长动力的攻关期，建设现代化经济体系是跨越关口的迫切要求和我国发展的战略目标。

其三，产业转型升级比较优势。宜宾需要使用成渝地区双城经济圈高质量发展带来的产业转型发展机遇。转变发展方式、优化经济结构、转换增长动力的经济社会发展背景和趋势为宜宾带来了高质量发展的机遇。近年来，宜宾经济呈现出明显的动力转换趋势，一方面，劳动力、土地、资源要素成本不断上升，传统低成本优势逐步减弱；另一方面，以创新为引领的新要素开始形成，全要素贡献率不断提升。未来一段时间，随着宜宾深入实施"产业发展双轮驱动"战略，新兴产业占比将不断扩大，人力资源质量加速提高，人工智能、大数据等新生产要素支撑增强，将有利于宜宾经济发展动力由传统要素驱动为主加快向创新驱动为主转变。近年来，宜宾对外开放平台体系逐步完善，大学城和科创城建设已经取得重大突破，一批国际国内一流高校在宜宾共建应用型大学、研究生院、职业技术学院、产业技术研究院、院士（专家）工作站。随着一系列人才引进政策措施的实施，对人口人才的吸引力不断增强，更多创新要素向"双城"集聚，将有利于宜宾加快建设产教融合示范区，打造全省科教新高地，增强科技、教育、人才对经济社会发展的支撑作用。

第四章　宜宾在成渝地区双城经济圈高质量发展中的比较优势及挑战

其四，区域发展政策比较优势。四川省委全会提出支持宜宾争创全省经济副中心、建设长江上游区域中心城市、全国性综合交通枢纽、四川南向开放枢纽门户，南亚东南亚和"一带一路"国家留学生基地，为宜宾在更高站位上实现更大发展提供战略引领。每项战略都将带来相应的机遇。就成渝地区双城经济圈建设而言，有利于持续发挥成渝经济圈对宜宾经济发展的引领带动作用，形成以宜宾为中心城市引领川渝滇黔结合部的区域发展新模式，带动革命老区、民族地区和贫困地区持续健康发展，带动西南与全国同步实现现代化。

其五，区域一体化发展比较优势。宜宾将更加充分地融入成渝地区一体化发展，开拓成渝腹心地区市场；将更有条件争取成渝重大项目辐射宜宾或在宜宾布局落地；将更加有力地共同推进长江上游港口群建设，加速建设区域性交通物流枢纽；将更加有效地加强与成都、重庆及周边地区的合作，与成渝两地合作建立特色产业园区、飞地园区；将更加有效地加强与成渝知名教育科研机构合作，共建各类技术创新平台载体，提升创新要素集聚功能，全面增强创新能力。

其六，区域科教创新比较优势。通过推进成渝地区双城经济圈长江上游绿色科技创新走廊建设，支持宜宾建设成渝地区双城经济圈的科技创新副中心。中央财经委员会第六次会议上明确提出"推动成渝地区双城经济圈建设，使成渝地区成为具有全国影响力的科技创新中心"。建立以川渝境内岷江、长江流域为主线的成渝地区双城经济圈长江上游绿色科技创新走廊，推动西部科学城宜宾科创园、"一带一路"科技创新合作区和科技转移中心宜宾分中心等建设，有利于快速整合创新资源，整体提升成渝地区双城经济圈的科技创新实力；有利于推动沿江城市之间的创新资源共享、政策共通、市场共融、人才共用，发挥宜宾全国首批产教融合试点城市、科教资源高度集聚等优势，推动川南经济一体化和川滇黔渝结合部经济高质量发展，助推宜宾建设成渝地区双城经济圈科技创新副中心，提升宜宾在川南地区的科技创新核心枢纽地位。

简言之，宜宾在成渝地区双城经济圈高质量发展中，具有国家发展战略比较优势、新技术发展比较优势、产业转型升级比较优势、区域发展政策比较优势、区域一体化发展比较优势、区域科教创新等综合比较优势。

第三部分 宜宾市在成渝地区双城经济圈高质量发展中的战略定位研究

第三节 地理区位与区域比较优势

宜宾在成渝地区双城经济圈高质量发展中，具有显著的地理区位优势和区域比较优势。随着成渝地区双城经济圈高质量发展战略的持续推进，宜宾的比较优势和发展潜力能够得到充分发挥的机会，则地理区位与区域比较优势能够充分发挥出来。宜宾在成渝地区双城经济圈高质量发展中的地理区位与区域比较优势表现在如下几个方面：

其一，自然地理区位优势。宜宾能够充分发挥地理区位优势，建设成为成渝地区双城经济圈高质量发展"第三极"。充分发挥宜宾在地理区位、产业基础、科教文卫、生态环境、对外开放等方面的比较优势，做大做强宜宾核心，引领带动川南经济区一体化发展和长江上游区域协调发展，共同打造成渝地区双城经济圈高质量发展"第三极"，构筑成渝地区双城经济圈发展"金三角"。

其二，省域经济副中心比较优势。宜宾正在建设四川省的经济副中心城市。深入实施"产业发展双轮驱动"战略，积极构建"5+1"现代产业体系，优化调整经济结构，提升发展质量和效益，不断增强综合实力，高质量建设经济强市、科教强市、文化旅游强市，打造长江上游区域中心城市，牵引带动川南经济区、凉山州等深度贫困地区持续健康发展，形成全省经济发展的重要支撑和成渝地区双城经济圈发展的中坚力量，建成全省经济副中心。

其三，交通地理区位优势。宜宾具备建设成全国性综合交通枢纽中心的地理区位。作为63个全国性综合交通枢纽、50个全国铁路枢纽（川渝滇黔唯一地级市）、66个全国区域级流通节点城市之一，特别是随着国际陆海贸易新通道建设快速实施，宜宾已成为全省除成都以外，交通潜在优势最为突出的市。未来潜力巨大，铁路方面，以宜宾为节点，将上海—重庆—宜宾—攀枝花—大理—保山—瑞丽货运铁路通道作为长江经济带连接印度洋皎漂港的战略大通道；宜宾至西昌铁路、宜宾至遵义货运铁路、沿江铁路货运通道纳入国家中长期铁路网规划，尽快开工建设意义重大；公路方面，宜宾至屏山新市高速公路纳入国高网规划并开工建设意义重大；港口方面，将宜宾港纳入到"十四五"国家口岸发展规划，推动宜宾市建

第四章 宜宾在成渝地区双城经济圈高质量发展中的比较优势及挑战

设港口型国家物流枢纽承载城市，打造为西部陆海新通道主要通道重要物流节点枢纽，意义重大。

其四，先进制造业基地优势。近年来，宜宾深入实施"产业发展双轮驱动战略"，传统产业转型升级步伐加快，五粮液、丝丽雅、天原等企业在行业内的领军地位持续巩固。新兴产业新动能加快培育，智能制造、汽车、轨道交通三大新型产业相继落地、建设、投产，预计通过5年左右的努力，这三大产业将实现2000亿元以上的销售收入，基本实现"再造一个产业宜宾"的目标。在未来，宜宾建设西南第三大汽车产业基地、西部新能源产业基地、四川省轨道交通产业示范基地，打造千亿级智能制造产业和纺织产业，均具有优势条件和发展前景。

其五，南向开放比较优势。宜宾正加快建成成渝地区南向开放枢纽门户。深化自贸区协同区改革，努力完善铁公水空现代化立体交通网络，重点对接中新合作机制、粤港澳大湾区、北部湾经济区，加强各类型开放平台建设，推动知识、技术、数据、人才等创新要素加速流动和整合集聚，认真办好各类重大展会活动，不断完善枢纽门户功能，发展更高层次开放型经济。

其六，区域产教融合发展比较优势。宜宾正在推进创建全国产教融合试点城市。宜宾坚定不移推进"双城"建设，深化高校科研院所合作，目前已与18所高校签订了合作协议，四川轻化工大学宜宾校区等6所高校已建成招生，8个产研院和邓中翰院士工作站挂牌运行，在校大学生由2016年的2.5万人增加到现在的5.7万人，留学生人数由零突破到600余人、涵盖50余个国家、居全省第2位。目前，宜宾市成为四川推荐的首批国家产教融合型试点城市、也是西南地区唯一的试点城市上报国家发改委审批。在未来，宜宾有条件建设并争取国家支持：宜宾建设国家产教融合试点城市，支持川渝高校和国内外高校来宜建立分校或研究生分院、产业技术研究院、院士工作站、重点实验室等，在政策、资金、招生代码、教师编制等方面给予宜宾特殊支持，支持建成全国具有影响力的"一带一路"国家留学生基地，打造长江上游区域性教育科技中心。

其七，区域绿色发展比较优势。宜宾正在推进创建长江经济带绿色发展示范区。宜宾地处金沙江、岷江交汇处，肩负着筑牢长江上游生态屏障、维护国家生态安全的重要使命。为深入贯彻习近平总书记在长江经济带座谈会上重要讲话精神，按照省委彭清华书记来宜调研指出的"万里长江第一城，首先必须是生态第一城"的重要要求，严格生态红线管控，落实天然林保护制度，推进宜宾创建国家园林城市、国家环保模范城市、全国绿化模范城市、建设长江绿廊，构建以"三江六岸"城镇为重点的全域生态保护格局，促进宜宾在长江经济带共抓大保护、不搞大开发中形成示范。

其八，区域金融发展比较优势。宜宾正推动建设四川金融副中心。2018年宜宾金融业增加值113.34亿元，占GDP比重5.59%，金融业已成为地方经济支柱型产业之一。截至2018年年底，全市存贷款余额4627.97亿元，居四川省第4位；2018年实现小微企业的贷款余额567亿元，同比增长24.24%，增速居四川省第1位；全市银行业机构27家，上市及挂牌公司总数65家，均居川南区域第1位。在四川省年度金融生态环境综合评价排名中，宜宾位居第3位，有基础、有条件建设成为四川省金融副中心。

简言之，宜宾在成渝地区双城经济圈高质量发展中具有显著的地理区位与区域发展比较优势。

第四节　宜宾在成渝地区双城经济圈高质量发展中的面临的挑战

宜宾在成渝地区双城经济圈高质量中面临着多方面的挑战，还需要破解高质量发展过程中出现的各种矛盾、困难和问题。宜宾具备良好的基础和优势，发展前景也非常广阔。同时，但仍然存在诸多挑战，需要妥善应对。

其一，高质量发展战略定位不明确带来的挑战。宜宾在国家与区域发展战略中的站位还需要进一步提高。宜宾市的地理区位、资源禀赋、发展基础、建设成效、政策思路等方面均具备了很高的水平，为此，在国家与区域发展战略中的站位应该比较突出。然而，在一些重要的战略设计、发展规划中，比如长江经济带发展相关规划，宜宾市的战略站位没有得到充分的或者应有的体现，有关宜宾的表述几乎没有，而其他城市，比如宜昌，相关表述多次出现。在省级的一些文件材料中，一些表达也和宜宾市

第四章　宜宾在成渝地区双城经济圈高质量发展中的比较优势及挑战

的战略地位不相符，比如泸宜内自合作、泸宜联动等。与实际相符的战略表达和政策表达应该是宜泸内自合作、宜泸联动、宜泸一体化、宜泸两地等。

其二，成都和重庆的大城市竞争带来的挑战。成都市等周边更大城市的虹吸效应进一步加剧。地区经济圈的建设，以及高铁时代的到来，虽然有利于城市间利用资源强化城际联系，承接产业转移，扩大市场范围，但本地的人口等流动性资源容易受到一线城市强烈的虹吸效应影响，造成本地区的人口净流出。同时，交通便利度的提高容易增加居民在一线城市的高端产品消费和购房需求，造成本地资金外流。

其三，城镇化率较低带来的挑战。宜宾的城镇体系有待进一步完善。宜宾城市建设总体水平与四川省、重庆市平均水平相比还有差距。2018年全市城镇化率49.64%，分别低于全国、全省9.94个、2.64个百分点。城镇综合承载能力还不够强，城市商贸、教育、医疗、文化等功能配置不够合理，综合管廊、智慧城市、海绵城市等规划建设还需加强。

其四，交通关键环节约束带来的挑战。宜宾的通道建设仍存在瓶颈制约。宜宾既有通道仍存在交通运输瓶颈制约，对外联系通道还不够畅通，与周边城市间的快速通道交通网络较为薄弱，尚未形成内部完善、外部通达的城际交通网络体系，特别是连接成都、重庆等中心城市的快速通道需进一步强化。长江黄金水道宜宾至重庆段航运能力还需提高。

其五，内陆对外开放地理区位劣势带来的挑战。宜宾对外开放建设仍然较为薄弱。虽然宜宾是四川首个中国（四川）自由贸易试验区协同改革先行区，并在产业发展、开放平台、制度创新三方面开展协同改革，但与成都、重庆相比差距较大，尤其在建设一流政务服务环境、贸易便利化、金融创新服务实体经济及人力资源交流等诸多方面，仍需进一步加大开放力度。

其六，川南地区城市发展竞争带来的挑战。宜宾与川南兄弟城市产业同质化竞争仍然较为突出川南经济区内在加速产业转型的过程中，各市纷纷瞄准了新兴产业，区内城市之间以及川南各市与周边城市间都产生了同质化竞争的现象。比如，宜宾、泸州均将新能源、新材料、现代医药作为战略型产业进行培养，自贡、内江也致力于发展新材料等产业，区域内及区域间的同质化竞争趋势明显。

其七，区域利益冲突和发展竞争带来的挑战。四川省委十一届三次全会提出"鼓励和支持有条件的区域中心城市争创全省经济副中心",随着全省具备条件的市(州)均加入了对经济副中心地位的竞争中,各市在资源、政策等方面的争夺也日益加剧,导致区域未能实现有效协同,资源利用效率还不高。

其八,城市治理能力和治理体系现代化带来的挑战。宜宾需要不断提升城市的治理能力并提高城市治理体系的现代化。如何把机遇转化为建设实践,并进一步转化为发展成效,需要在争取和获得国家、地方支持的建设项目,发挥自主建设能力,促进招商引资和社会建设力量上做好工作,把机遇利好转变为实际生产力的进步。在成渝地区双城经济圈高质量发展中,城市治理能力和治理体系现代化的水平直接影响到区域比较优势能否充分发挥。

简言之,宜宾在成渝地区双城经济圈高质量发展中面临高质量发展的战略定位、大城市竞争、城镇化、区域合作与发展竞争、基础设施建设、内陆开放、城市治理等方面的挑战,需要妥善应对。

第五节 结论

宜宾在成渝地区双城经济圈高质量发展中面临着新环境,具有比较优势,同时也面临着新挑战。成渝地区双城经济圈高质量发展,为宜宾的高质量发展创造了难得的历史机遇,有利于宜宾实现跨越式发展,为把宜宾建设我国西部地区重要的交通枢纽中心、长江上游生态第一城、西南地区重要科教创新之城、内陆地区全方位对外开放新高地、现代制造业产业群聚集地和高品质宜居城市创造了难得的宏观环境和国内条件。宜宾在成渝地区双城经济圈高质量发展中具有国家发展战略比较优势、新技术发展比较优势、产业转型升级比较优势、区域发展政策比较优势、区域一体化发展比较优势、区域科教创新等综合比较优势,同时具有显著的地理区位与区域发展比较优势。当然,宜宾在成渝地区双城经济圈高质量发展中面临高质量发展的战略定位、大城市竞争、城镇化、区域合作与发展竞争、基础设施建设、内陆开放、城市治理等多方面的挑战。宜宾需要根据成渝地区双城经济圈高质量的新环境,充分发挥比较优势,进行科学合理的战略定位,制定和实施发展战略及相应的政策措施。

第五章 宜宾在成渝地区双城经济圈高质量发展中的战略定位与战略目标

研究宜宾在成渝地区双城经济圈高质量发展中的战略定位问题，需要充分理解国家推动建设成渝地区双城经济圈的战略目标、战略部署、战略规划与战略措施，充分考虑四川省和重庆市在推动成渝地区双城经济圈建设中的战略举措和配套政策措施，同时需要详细了解兄弟城市推动成渝地区双城经济圈的区域布局与政策谋划，还需要充分了解国际政治经济环境和世界发展环境的演化趋势。从现在21世纪中叶的30年，是我国完成扶贫攻坚任务、全面建成小康社会后实现社会主义现代化、建设社会主义现代化强国的重要历史阶段，有着极其重要的战略和历史意义，是中国崛起和实现中华民族伟大复兴目标的关键历史阶段，宜宾推动成渝地区双城经济圈高质量发展的战略定位必须纳入国家发展的战略体系与战略视野之中，统筹谋划，科学决策，系统研究。

第一节 宜宾在成渝地区双城经济圈高质量发展中的宏观环境评价

一 宏观评价的层次和维度

2020年既是"十三五"规划的收官之年，也是未来发展规划的谋划和制定之年，更是百年大变局的转折之年，新冠肺炎疫情对我国和世界经济都产生历史性的冲击和影响，宜宾"十四五"时期推动成渝地区双城经济圈建设的发展战略与目标的制定和实施，需要充分考虑国家和世界发展面临的新形势和新环境。2020年第一季度（1—3月），全国经济增长同比

第三部分　宜宾市在成渝地区双城经济圈高质量发展中的战略定位研究

下降6.8%，四川省经济增长同比下降3.0%，宜宾市增长速度为0.3%，国际货币基金组织2020年4月公布的最新预测数据认为世界经济2020年增长速度为-3%，宜宾推动成渝地区双城经济圈建设需要考虑这一新形势和新情况。因此，在制定宜宾推动成渝地区双城经济圈高质量发展的战略和目标时，不仅需要长远的战略眼光，站位必须高远，还需要有国际视野。成渝地区双城经济圈高质量发展是我国未来相对长的历史阶段的重要区域发展战略，具有全局性、长远性和战略性影响，宜宾作为成渝地区双城经济圈的重要核心支点城市和次级增长中心，在成渝地区双城经济圈高质量发展中扮演着不可替代的战略地位。因此，宜宾需要对其推动成渝地区双城经济圈高质量发展中的发展战略进行评价，明确战略定位，设计战略目标，制定战略规划，确定战略措施。

宜宾作为成渝地区双城经济圈建设的重要核心支点城市，在推动成渝地区双城经济圈建设中扮演着不可或缺的战略角色，需要从成渝地区双城经济圈建设的战略规划与长远布局对宜宾的发展战略进行系统评价。本研究中的宜宾发展战略评价是指对宜宾发展基础和条件的战略性评价。宜宾在制定和实施"十四五"发展战略时，需要对现有发展战略进行系统评价，继承优势，补齐短板，同时对未来的发展战略进行前期研究和预评价，为宜宾"十四五"发展战略的制定和实施提供依据。

宜宾在推进成渝地区双城经济圈高质量发展中的宏观评价，需要从全球、国家、西部、经济圈、省域五个层次进行。第一层次评价，也可称为全球层次评价，需要分析宜宾在全球化世界中的发展水平、市场地位、产业竞争力、发展特色、比较优势、创新能力、地方治理及区域创新能力等，地方政府在应对突发性公共卫生事件及其他不可抗力时的表现也是重要的评价维度。第二层次评价，也可以称为国家层次评价，需要分析宜宾在全国发展中的战略地位和战略影响，包括宜宾在全国中发展水平与层次、宜宾在全国市场中的地位和影响力、宜宾在全国产业分工体系中的地位和影响力、宜宾在全国的特色产业及特色产品、宜宾在全国的比较竞争优势、宜宾在全国的创新竞争力、宜宾在全国范围内出现突发公共卫生事件及应对灾害的能力等。第三层次评价，也称为大区域层次评价，主要指宜宾在我国西部地区特别是西南地区的地位和影响力的评价，同时也涉及宜宾在长江经济带中的地位和影响力的评价，涉及宜宾在西部地区、西南

第五章　宜宾在成渝地区双城经济圈高质量发展中的战略定位与战略目标

地区及长江经济带的发展水平及发展层次、市场影响力、产业分工地位、比较优势、发展特色、创新能力及应对灾害、不可抗力的能力。第四层次评价，也可以称为经济圈层次评价，是指宜宾在成渝地区双城经济圈的地位和影响力，包括宜宾与成都、重庆两个中心城区之间的分工合作关系评价，宜宾与双城经济圈内其他地区之间的分工合作关系评价。第五层次评价，也称为省级层次评价，指宜宾在四川省内特别是四川省南部地区社会经济发展中的地位与影响力评价，宜宾作为成渝地区经济圈内经济影响力仅次于成都、重庆，排名第三的重要中心城市，在四川省内排名仅次于成都的重要省域副中心城市，需要从省域社会经济发展角度进行综合评价。宜宾的发展战略评价的五个层次可以用图3-5-1描述：

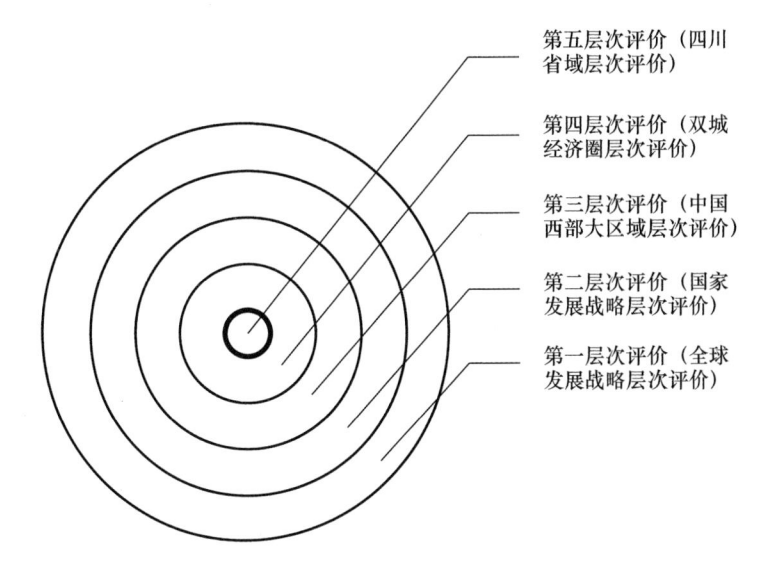

图3-5-1　宜宾推动成渝地区双城经济圈高质量发展的宏观环境评价

从图3-5-1可以看出，需要从五个层次科学评价宜宾推动成渝地区双城经济圈发展战略，也就是从五个维度对宜宾的发展战略进行系统评价，五个层次的评价紧密相关，第一层次为国际评价，第二层次为国内评价，第三层次为地带评价，第四层次为区域评价，第五层次为省域评价，第五层次评价是基础评价，第一层次评价最为宏观，每一层次之间存在着累计关系。第一层次评价的主要目的是评价宜宾与国外最先进发达地区的

✡ 第三部分　宜宾市在成渝地区双城经济圈高质量发展中的战略定位研究

比较优势及发展差异，第二层次评价的主要目标是评价宜宾在全国范围内与相同行政层级之间的比较优势及发展差异，第三层次评价的主要目标是评价宜宾与西部地区相关地区之间的比较优势及发展差异，第四层次评价的主要目标是评价宜宾与成渝地区双城经济圈内相关地区的比较优势及发展差异，第五层次评价的主要目标是评价宜宾与四川本省内兄弟城市之间的比较优势及发展差异。

二　宏观评价结论

在对宜宾发展战略进行评价时，还需把宜宾纳入国家发展战略体系之中进行宏观战略考察，可以用"从国家角度看宜宾发展战略评价、从宜宾角度看国家战略落实情况"。因此，宜宾推动成渝地区双城经济圈高质量发展的宏观评价包括如下五方面。

其一，从全球发展视角对宜宾发展条件和基础进行战略评价，宜宾是全球化国际社会中新兴大国的代表性城市。在全球化的国际社会中，中国作为正在崛起的新兴大国，具有不可替代的大国地位和大国影响力，宜宾作为新时代中国国际化发展的代表性城市之一，在对本市的发展基础和发展条件进行战略评价时，需要全球化视野和国际眼光。宜宾作为成渝地区双城经济圈建设和长江经济带建设双叠加的重要中心支点城市，在地理区位、白酒产业、长江航运、生态环境等多个方面具有全球性影响效应，具有建设国际江海联运枢纽与洲级陆海联运新通道的地理区位优势和资源禀赋条件，同时具备建设全球性影响的高端白酒产业及相关文化产业的基础条件和历史文化资源，也具备发展具有世界影响的先进装备制造业的产业基础和研发环境，同时也具备发展联通世界的数字化现代服务业及现代物流业的交通条件，还具备成为全球重要的康养产业和文化旅游目的地的生态条件和人文环境。

其二，从国家发展角度对宜宾发展条件与基础进行战略评价，宜宾是中国国家发展战略规划的关键节点城市。中国作为全球第二经济体、第一货物贸易大国、第一制造业大国，在持续推进的现代工业化和现代城市化发展的结果，宜宾则是推动中国发展和崛起的重要战略支点城市之一，其白酒产业、装备制造业、交通运输也都为国家发展做出了突出贡献。在中国发展与崛起进程中，需要以北京、上海、深圳、广州为代表的国际化大

第五章 宜宾在成渝地区双城经济圈高质量发展中的战略定位与战略目标

城市的引领，以成都、重庆为代表的国家中心城市的强力推动，以宜宾为代表的区域中心城市为战略节点，以数量众多的中小城市为广阔腹地和市场网络，相互分工合作，共同推进国家发展和崛起。

其三，从西部发展角度对宜宾发展条件和基础进行战略评价，宜宾是我国西部内陆地区发展与开放的区域中心城市。宜宾在我国西部发展特别是西南地区发展具有不可替代的重要战略地位，是我国西南腹地的区域中心城市，在川渝滇黔毗邻地区发挥着区域中心城市功能，具有显著的区域集聚和区域扩散职能，随着成贵高铁开通、渝昆高铁和成自宜高铁启动建设、长江上游沿江高铁项目（宜宾—西昌—攀枝花—大理—丽江）的规划建设，宜宾作为我国西部区域中心城市的地位和影响力持续提高。

其四，从成渝地区双城经济圈建设角度对宜宾发展条件和基础的战略评价，宜宾是推动成渝地区双城经济圈建设核心支点城市，也可以称为成渝地区双城经济圈的第三中心城市。成都和重庆是成渝地区双城经济圈的中心城市，发挥着中心引领和核心推动作用，而宜宾作为成渝地区双城经济圈的第三大城市，扮演着不可替代的核心支点城市功能，已经具有引领和推动成渝地区双城经济圈建设的次中心城市的区域经济职能。

其五，从四川发展角度对宜宾发展的条件和基础进行战略评价，宜宾是四川省推动成渝地区双城经济圈建设的省域副中心城市。成渝地区双城经济圈跨越四川省和重庆市两省级行政区，宜宾则是成渝地区双城经济圈核心地域中四川省行政管辖范围内的第二大城市，是四川省南部的省域副中心城市，也就是说宜宾是四川省在推动成渝地区双城经济圈建设中的次中心城市，发挥着仅次于成都的中心城市作用，是四川省参与成渝地区双城经济圈建设的重要代表性城市。

因此，在制定和实施宜宾"十四五"发展战略规划时，需要从全球发展、国家战略、西部开发、成渝地区双城经济圈建设和四川省区域经济发展五个层面对宜宾发展的条件和基础进行战略评价，为宜宾的发展战略定位、发展战略目标设计、发展战略规划和发展措施选择提供战略依据。可以用图 3-5-2 总结。

第三部分　宜宾市在成渝地区双城经济圈高质量发展中的战略定位研究

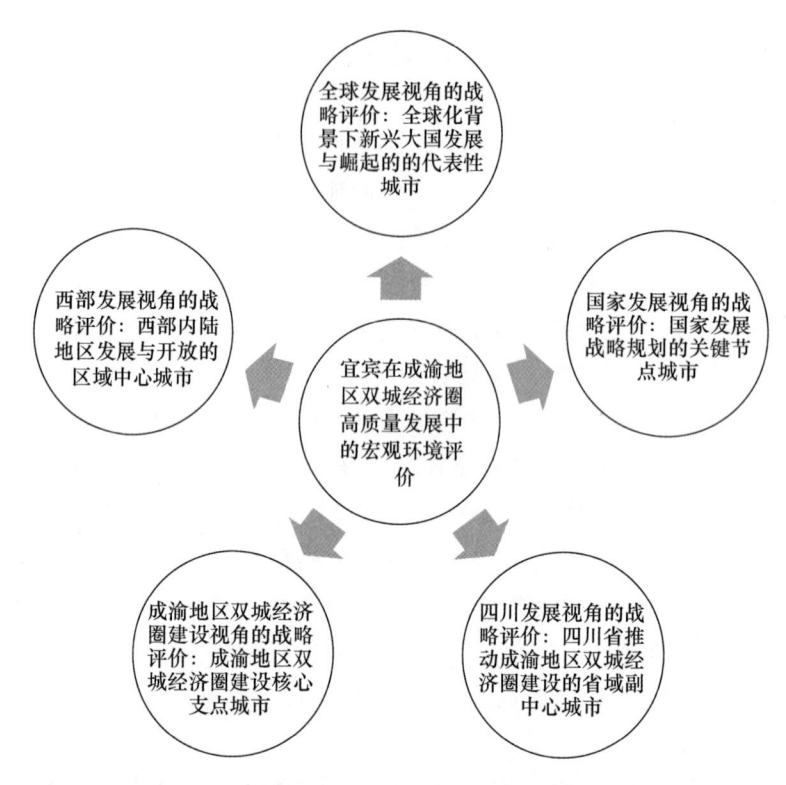

图 3-5-2　宜宾在成渝地区双城经济圈高质量发展的宏观环境评价

从图 3-5-2 可以看出，在制定和实施宜宾市的发展规划时，需要从全球化与国际发展、国家发展战略目标与战略规划、西部内陆地区的开发开放与发展、成渝地区双城经济圈重要增长极的建设及打造内陆开放新高地、四川省区域经济持续发展等角度对宜宾的发展条件、发展基础和发展环境进行系统、全面、科学的战略性评价。通过"十四五"时期及未来较长时间的发展，把宜宾建设成为全球化背景下新兴大国的代表性城市、国家发展战略规划的关键节点城市、西部地区开放发展区域中心城市、成渝地区双城经济圈建设核心支点城市和四川省推动成渝地区双城经济圈建设的省域副中心城市，从战略角度分析，具备可能性和可实施性的条件及基础。

第五章 宜宾在成渝地区双城经济圈高质量发展中的战略定位与战略目标

第二节 基于西部高质量发展重要增长极的战略定位

根据2020年1月3日习近平总书记主持召开的中央财经委员会第六次会议精神及要求，成渝地区双城经济圈建设有两大战略目标：一是在西部形成高质量发展的重要增长极，二是打造内陆增长战略高地，最终目标是推动全国高质量发展目标的实现。深刻把握和理解成渝地区双城经济圈的两大战略目标的内涵，是"十四五"时期宜宾推动成渝地区双城经济圈发展的战略评价与战略定位的关键。

就国家赋予成渝地区双城经济圈的第一大战略目标即在西部形成高质量发展的重要增长极，是宜宾进行发展战略评价与发展战略定位的逻辑起点。在西方形成高质量发展的重要增长极，主要包括五方面内容：一是成渝地区双城经济圈是国家层次的战略布局，与粤港澳大湾区建设、长三角经济区建设、京津冀一体化发展并列为中国国家层面的战略发展区域，是国家宏观发展战略布局体系的重要构成；二是成渝地区双城经济圈是推动和带动我国西部地区发展的战略区域，推动西部发展、服务西部建设的成渝地区双城经济圈建设的首要目标和历史重任；三是成渝地区双城经济圈必须成为国家的重要增长极，促进经济增长以推动国家整体发展是成渝地区双城经济圈的首要目标，需要把其建设为国家核心增长地域，以中心城市及城市群的推动经济增长的核心地理空间，以城市为中心的产业群及产业组织体系是推动经济增长的内在动力，具有地理空间的集聚效应和扩散效应；四是成渝地区双城经济圈以实现高质量发展为目标，创新发展、协调发展、绿色发展、开放发展、共享发展的新发展理念是成渝地区双城经济圈建设的题中应有之义；五是成渝地区双城经济圈建设程度肩负着实现国家战略目标的重任，是我国全面建成小康社会、国家崛起和实现中华民族伟大复兴目标实现的承载地和实现区域。宜宾的战略评价与战略定位也必须从五个维度进行：一是国家宏观战略布局维度，把宜宾纳入国家宏观战略布局体系之中思考发展问题，也就是中国发展中的宜宾发展；二是西部地区发展维度，把宜宾纳入西部地区发展视野，也就是中国西部开发与发展中的宜宾发展；三是重要增长极的维度，把宜宾作为成渝地区双城经济圈的增长极的核心支点城市进行考察，也就是重要增长极培育中的宜宾

第三部分　宜宾市在成渝地区双城经济圈高质量发展中的战略定位研究

发展;四是高质量发展维度,把宜宾作为成渝双城经济圈实现高质量发展、贯彻落实新发展观的典型城市进行考察,也就是落实高质量发展的新发展观典型的宜宾发展;五是实现国家战略目标的维度,是把宜宾发展纳入中国崛起与中华民族伟大复兴的历史进程之中进行考察,也就是实现国家发展战略目标的宜宾发展。据此,可以用表3-5-1总结从成渝地区双城经济圈首要战略目标角度的宜宾发展战略评价与战略定位问题。

表3-5-1　　成渝地区双城经济圈高质量发展
战略目标实现与宜宾发展战略定位（Ⅰ）

编号	成渝地区双城经济圈高质量发展战略目标的考察维度（Ⅰ）	宜宾发展战略定位的考察维度	宜宾发展战略定位
1	国家宏观战略布局	把宜宾纳入国家宏观战略布局体系之中思考发展问题	国家发展战略中的宜宾发展
2	西部发展的战略区域	把宜宾纳入国家西部地区发展的战略视野之中	国家西部发展中的宜宾发展
3	国家重要的增长极	把宜宾作为成渝地区双城经济圈的增长极的核心支点城市进行考察	国家重要增长极建设中的宜宾发展
4	国家高质量发展实施地域	把宜宾作为成渝双城经济圈中实现高质量发展、贯彻落实新发展观的典型城市进行考察	国家高质量发展中的宜宾发展
5	国家战略目标实现地域	把宜宾发展纳入中国崛起与中华民族伟大复兴的历史进程之中进行考察	中国大国崛起中的宜宾发展

资料来源:笔者自制。

从表3-5-1可以看出,宜宾作为成渝地区双城经济圈的重要核心支点城市,承载着国家赋予成渝地区双城经济圈的国家战略目标与战略重任,未来,宜宾的发展战略评价与发展战略定位必须突出其为实现国家战略目标和战略重任的城市精神和城市品格,也就是国家发展战略目标体系实现中的宜宾发展战略定位。通过融入成渝地区双城经济圈建设,宜宾需要从国家宏观战略布局、国家西方发展战略规划、国家重要增长极培育、国家高质量发展目标、国家战略目标实现角度,对宜宾发展进行战略定位,把宜宾建设成为国家发展战略布局的重点依托城市、国家西部发展的区域中心城市、国家重要增长极培育城市、国家高质量发展标杆城市、国家发展战略目标深度落实的典范城市。

第三节 基于打造内陆开放战略高地的战略定位

对国家赋予成渝地区双城经济圈的第二大战略目标而言,需要在国家打造内陆开放战略高地的历史视野中对宜宾发展战略进行评价与定位。打造内陆增长战略高地,其内涵也包括五方面的内容:一是成渝地区双城经济圈的内陆性,不沿海和不沿边是其与粤港澳大湾区、长三角、京津冀三个经济区的最大不同。内陆型经济圈是其显著特色,也是我国在内陆地区规划建设的第一个双城经济圈,还是我国内陆最大的双城经济圈,第一个和最大的内陆双城经济圈是其突出特点;二是成渝地区双城圈的开放性。成渝地区双城经济圈,虽然位居内陆,但不能够封闭,必须开放,而且是在新时代背景下的全方位开放,但这种开放又是内陆地区的对外开放,具有显著的内陆开放性特点;三是成渝地区双城经济圈具有战略影响性。也就是成渝地区双城经济圈建设对中国社会经济发展具有全局性、战略性和长期性的影响效应,其不是一个地方性的次级经济区域,而是全国性的战略经济区域;四是成渝地区双城经济圈的高地性。也就是成渝地区双城经济圈建设追求高水平、高质量、高标准和高目标,不是低水平、低质量、低标准和低目标的重复建设和规模扩张;五是成渝地区双城经济圈的成长性。成渝地区双城经济圈还处于规划建设之中,距离最终建成还需要付出持续不断的努力,其建设也是一个长期的历史进程,不可能短期之内一蹴而就。

因此,宜宾在进行发展战略评价与发展战略定位时,需要从五个维度进行考察:一是内陆发展维度,成渝地区双城经济圈作为内陆经济圈,建设的主要目的是推进内陆地区的高质量发展,宜宾必须立足于西部内陆广阔的经济腹地谋求自身发展;二是内陆开放维度,宜宾必须融入成渝地区双城经济圈的开放发展潮流,必须以内陆开放引领未来的发展;三是战略影响维度,宜宾通过融入成渝地区双城经济圈建设而发挥在全国发展大局中的战略性影响效应;四是高地维度,成渝地区双城经济圈是高质量、高

第三部分 宜宾市在成渝地区双城经济圈高质量发展中的战略定位研究

标准、高目标和高要求的核心增长地域，宜宾需要以成渝地区双城经济圈高标准建设作为发展定位基础，不能降低发展标准和要求；五是打造维度，成渝地区双城经济圈从提出、规划、建设和最终达到预期目标是一个长期的历史过程，需要持续的长期努力，宜宾作为成渝地区双城经济圈的第三大城市，也必须进行长期规划，久久为功，而不能够进行短期、短线操作，必须有长期持续努力的精神。同样，可以用下表总结成渝地区双城经济圈的打造内陆开放战略高地目标，并分析宜宾发展战略评价与战略定位问题（见表3-5-2）：

表3-5-2　　　　　成渝地区双城经济圈高质量发展战略目标实现与宜宾发展战略定位（Ⅱ）

编号	成渝地区双城经济圈高质量发展战略目标的考察维度（Ⅱ）	宜宾发展战略定位的考察维度	宜宾发展战略定位
6	国家规划的内陆经济圈	宜宾需要立足于宽阔的内陆腹地谋求自身发展	国家内陆发展中的宜宾发展
7	国家推动的开放经济圈	宜宾需要通过扩大开放引领自身发展	国家开放发展中的宜宾发展
8	国家战略影响型经济圈	宜宾需要通过融入成渝地区双城经济圈建设而彰显宜宾的战略影响与战略定位	国家战略性崛起中的宜宾发展
9	国家战略高地型经济圈	宜宾需要以建设经济新高地为目标融入成渝地区双城经济圈建设之中	国家建设经济新高地中的宜宾发展
10	国家推动打造的经济圈	宜宾需要进行战略规划并持续推动成渝地区双城经济圈建设	国家推动打造的战略经济圈中的宜宾发展

资料来源：笔者自制。

从表3-5-2可以看出，宜宾作为我国西部地区内陆型城市，在融入成渝地区双城经济圈建设中，必须立足我国西部广阔的经济腹地，充分发挥宜宾作为我国西南地区特别是川渝滇黔的结合部重要枢纽城市的地理区位优势和区域发展比较优势，从国家推动内陆地区发展、国家推动内陆地区开放、国家战略崛起、国家经济新高地建设、国家打造战略经济圈等维度对宜宾发展进行战略定位，把宜宾建设成我国内陆城市发展的典范、我

第五章 宜宾在成渝地区双城经济圈高质量发展中的战略定位与战略目标

国内陆城市开放的新前沿、国家崛起的战略支点城市、国家经济新高地建设的排头兵和国家打造的战略经济圈的核心推动力量。

第四节 宜宾在成渝地区双城经济圈高质量发展中的总体战略定位与战略目标

一 总体战略定位

宜宾在推动成渝地区双城经济圈高质量发展中，需要从国家发展战略出发，在对宜宾的发展条件和基础的进行战略评价的基础上，明确宜宾的发展战略定位。可以用图3-5-3总结：

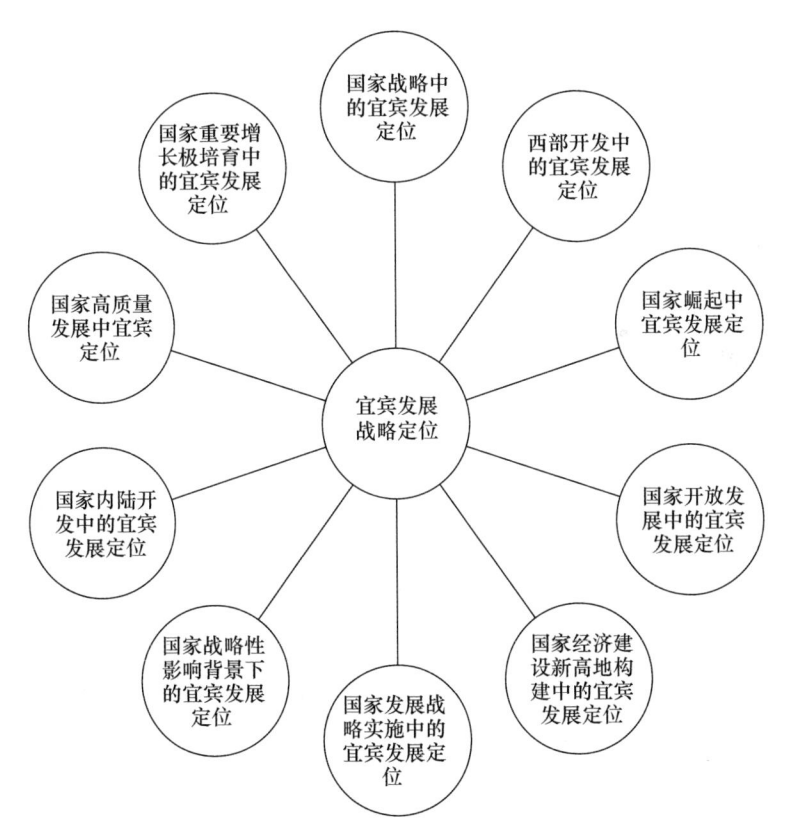

图3-5-3 宜宾在成渝地区双城经济圈高质量发展中的战略定位

第三部分 宜宾市在成渝地区双城经济圈高质量发展中的战略定位研究

从图3-5-3可以看出，在对宜宾的发展条件和基础进行战略评价的基础上，需要从国家推动建设成渝地区双城经济圈的战略目标出发，从战略角度对宜宾发展进行定位。通过参与和推动成渝地区双城经济圈建设，宜宾应着眼于把自己建设成为：成渝地区双城经济圈建设的战略支点城市、国家战略落实的样板城市、内陆开发开放的区域中心城市、重要增长极培育的依托城市、高质量发展的典范城市、打造经济新高地的创新城市。科学的发展战略定位是设计和制定发展战略目标的逻辑起点和出发点，也是进行战略决策、制定发展战略规划和落实战略措施的基础和前提。

二 宜宾在成渝地区高质量发展中的主要战略目标

宜宾在成渝地区双城经济圈高质量发展中，需要根据科学发展观的要求，在对宜宾社会经济发展条件和基础进行综合性战略评价的基础上，进行精准的发展战略定位，确定宜宾的发展战略目标，进行科学、系统、全面的发展战略规划，同时提出实现发展战略目标、落实发展战略规划的战略措施。

在制定宜宾的发展战略目标时，需要从现实基础、时间和空间三个维度进行综合判断并科学的战略决策。在成渝地区双城经济圈地域空间范围内，除了成都和重庆两座中心城市，宜宾扮演着重要的战略支点城市的角色，也可以称为宜宾扮演着第三中心城市的重要职能。因此，在制定宜宾的发展战略目标时，既要充分考虑宜宾的人口规模、城镇布局、经济基础、产业结构和产业竞争能力，同时还必须充分考虑国家赋予的成渝地区双城经济圈建设目标，把宜宾的发展战略目标纳入成渝地区双城经济圈建设目标体系之中。在2020年1月3日下午中央财经委员会第六次会议中要求，"使成渝地区成为具有全国影响力的重要经济中心、科技创新中心、改革开放新高地、高品质生活宜居地、助推高质量发展"，这是成渝地区双城经济圈建设的总目标，也是成渝地区双城经济圈所有城市需要共同参与共同推动实现的战略目标。因此，"十四五"期间，宜宾推动成渝地区双城经济圈建设的战略目标为。

其一，把宜宾建成具有全国影响力的成渝地区双城经济圈的重要经济中心城市。不仅要把宜宾建设成为四川省的副中心城市，还必须把宜宾建

第五章　宜宾在成渝地区双城经济圈高质量发展中的战略定位与战略目标

设成为在成渝地区双城经济圈中具有全国影响力的重要经济中心城市,从建设在全国具有重要影响力的经济中心角度把宜宾纳入成渝地区双城经济圈建设体系之中,突出宜宾发展的三个特点:一是在全国具有重要影响力的城市,二是推动成渝地区双城经济圈建设的城市,三是成渝地区双城经济圈建设的经济中心城市。

其二,把宜宾建成具有全国影响力的成渝地区双城经济圈的科技创新中心城市。宜宾的发展必须依靠科技创新,科技创新是现代城市发展的内生动力,没有科技创新,就不可能实现高速和高质量发展,与不可能在长期的区域分工合作中赢得主动,更不可能长期保持区域比较竞争优势。宜宾建设科技创新中心城市过程中,需要牢牢把握科技创新人才的培养和引进,始终坚持科技强市战略不放松。宜宾科技创新中心城市建设过程中,突出三个特点:一是科技创新能力在全国具有重要影响力和知名度,二是科技创新是推动城市发展的内生动力,三是成为成渝地区双城经济圈建设的重要科技创新中心。

其三,把宜宾建成具有全国影响力的成渝地区双城经济圈的改革开放新高地城市。任何中国城市的发展,都必须进行改革开放,没有改革开放,就没有中国经济40年来的持续发展。在成渝地区双城经济圈建设中,宜宾需要在现有改革开放基础上,进一步全面深化改革和全方位对外开放,实现更高的目标,把宜宾建设成改革开放新高地城市。

其四,把宜宾建成具有全国影响力的成渝地区双城经济圈的高品质生活宜居城市。在整个成渝地区双城经济圈中,宜宾的地理区位和生态环境都具有显著的比较优势,具备建设高品质生活宜居城市的历史文化基础和资源禀赋优势。因此,宜宾需要持续搞好生态环境建设,筑牢长江上游第一城的生态屏障,持续加强生态环境修改工程,持续淘汰高污染的落后产能,对环境污染实施"零容忍"政策。

其五,把宜宾建成具有全国影响力的成渝地区双城经济圈的高质量发展城市。在宜宾推进成渝地区双城经济圈建设过程中,必须持续贯彻落实新发展理念,走可持续高质量发展之路,始终坚持创新发展、协调发展、绿色发展、开放发展和共享发展。当然,高质量发展城市建设过程,是一个持续不断的长期历史进程,不可能一蹴而就,需要宜宾的各级政府的持续努力和共同努力。

第三部分　宜宾市在成渝地区双城经济圈高质量发展中的战略定位研究

三　宜宾在成渝地区双城经济圈高质量发展中总体战略目标

因此，把宜宾建设成为具有全国影响力的成渝地区双城经济圈的重要经济中心城市、科技创新中心城市、改革开放新高地城市、高品质生活宜居城市和高质量发展城市是"十四五"时期宜宾发展的主要战略目标，可以用图3-5-4总结：

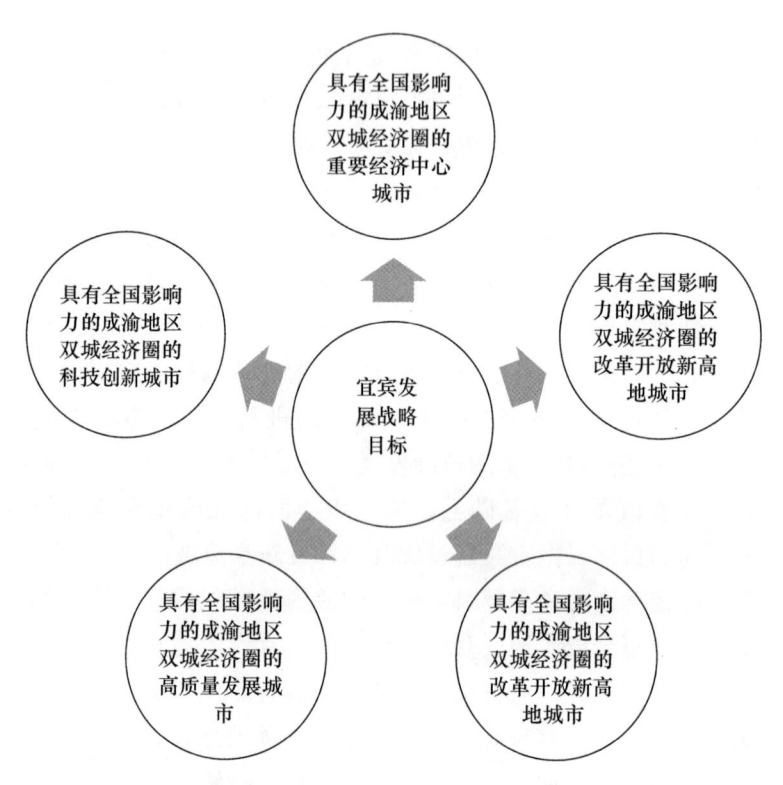

图3-5-4　宜宾在成渝地区双城经济圈高质量发展中"五城发展"战略目标

从图3-5-4可以看出，宜宾推动成渝地区双城经济圈建设的战略目标涉及五个方面，可以概括为依托成渝地区双城经济圈、建设具有全国影响力的重要经济中心城市、科技创新城市、改革开放新高地城市、高品质生活宜居城市和高质量发展城市，笔者简称为宜宾的"五城"发展战略目标，与相关的发展战略规划和发展战略措施统称为宜宾的"五城发展战

第五章　宜宾在成渝地区双城经济圈高质量发展中的战略定位与战略目标

略"。当然，在宜宾的"五城发展战略"制定和实施过程中，需要充分体现宜宾的城市特色和比较优势。

第五节　结论

宜宾在成渝地区双城经济圈高质量发展中的战略定位与战略目标的制定，需要对宜宾发展的条件和基础进行战略评价，对宜宾的未来发展进行科学的战略定位，据此明确宜宾的发展战略目标，制定详细的发展战略规划和可行的发展战略措施。

第一，对宜宾发展的条件、资源和基础进行战略评价。以国家推动成渝地区双城经济圈建设的战略布局为基础，从全球化及国际发展、国家发展、西部内陆地区开放开发、国家重要增加值极培育、打造内陆开放新高地、四川省区域副中心城市建设角度对宜宾的发展条件、发展基础和发展环境进行系统、全面、科学的战略性评价。宜宾具备建设成为全球化背景下新兴大国的代表性城市、国家发展战略规划的关键节点城市、西部地区开放发展区域中心城市、成渝地区双城经济圈建设核心支点城市和四川省推动成渝地区双城经济圈建设的省域副中心城市的条件、资源和基础。

第二，对宜宾的未来发展进行战略定位。需要从国家战略目标出发，从战略角度对宜宾发展进行定位。宜宾推动成渝地区双城经济圈建设的战略定位为：把宜宾建设成成渝地区双城经济圈建设的战略支点城市、国家战略落实的样板城市、国家内陆开发开放的区域中心城市、国家重要增长极培育的依托城市、国家高质量发展的典范城市、国家打造经济新高地的创新城市。

第三，明确宜宾的发展战略目标。宜宾推动成渝地区双城经济圈建设的战略目标可以概括为宜宾的"五城发展战略"，即把宜宾建设具有全国影响力的重要经济中心城市、科技创新城市、改革开放新高地城市、高品质生活宜居城市和高质量发展城市。宜宾的"五城发展战略"目标还可以进一步细化以充分体现宜宾的城市特色与城市比较优势。

第四，制定宜宾的发展战略规划和战略措施。宜宾需要制定实施宜宾总体发展战略规划、交通基础设施建设战略规划、现代产业体系建设战略规划、国土空间布局与城镇建设战略规划、生态环境保护战略规划、公共

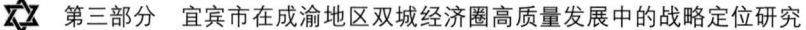

第三部分　宜宾市在成渝地区双城经济圈高质量发展中的战略定位研究

服务共建共享建设战略规划、协调创新发展能力建设战略规划和体制机制创新战略规划。宜宾推动成渝地区双城经济圈建设的战略措施包括五点：统筹协调、主动融入、要素市场优化配置与增长极培育、一体化发展和一体化部署。宜宾推动成渝地区双城经济圈建设的发展战略规划与发展战略措施的制定和实施，需要发挥各单位的积极性，邀请各领域顶级专家共同参与。

总之，宜宾在成渝地区双城经济圈高质量发展中的战略定位和战略目标制定，需要对宜宾发展的条件和基础进行战略评价，需要科学的战略定位并制定合理的发展战略目标，同时需要从顶层设计和统筹安排的角度，制定发展战略规划和战略措施，最终实现宜宾推动成渝地区双城经济圈高质量发展中的"五城"发展战略目标。

第六章 宜宾在成渝地区双城经济圈高质量发展中的重点任务与战略规划

未来30年，是我国实现两个"百年"奋斗目标，实现国家崛起和中华民族伟大复兴的关键历史阶段，也是我国全面建成小康社会后开拓创新、持续发展的关键时期，宜宾推动成渝地区双城经济圈建设是在这一宏观背景下开展的，不仅需要制定战略目标和战略规划，还需要明确重点任务和实施路径，同时制定重点措施和配套政策。宜宾"十四五"时期推动成渝地区双城经济圈建设的过程是一个持续不断的历史进程，需要明确重点任务和重点领域，选择合理的实施路径，确定重点措施实施领域，同时制定科学合理的配套政策措施。

2020年在全球范围内出现新冠肺炎疫情已经对中国和世界经济产生了深刻的历史性影响，也是世界百年未有之大变局的典型表现。2020年第一季度，全国出现6.8%的负增长，四川省也出现3%的负增长，宜宾市虽然没有出现负增长，但增长速度只有0.3%，世界经济出现衰退不可避免。宜宾在制定推动成渝地区双城经济圈建设的重点任务和实施路径时，需要充分考虑国内和国际经济形势的严谨性，进行科学的、长远的战略决策，促进宜宾在成渝地区双城经济圈高质量发展中战略目标的最终实现。

第一节 宜宾在成渝地区高质量发展中的重点任务

要实现宜宾推动成渝地区双城经济圈高质量发展的战略目标，需要根据宜宾的发展战略定位与战略目标，明确重点任务和重点领域，据此规划和设计具体的实施路径。宜宾推动成渝地区双城经济圈高质量发展的发展

第三部分 宜宾市在成渝地区双城经济圈高质量发展中的战略定位研究

战略可以概括为"五城发展战略",即把宜宾建设成渝地区双城经济圈中具有全国影响力的重要经济中心城市、科技创新城市、改革开放新高地城市、高品质生活宜居城市和高质量发展城市。要实现宜宾推动成渝地区双城经济圈建设的"五城发展战略"目标,需要完成如下五方面的重点任务。

第一,做大经济规模,做强现代产业,培育新兴增长极,建设具有全国影响力的重要经济中心城市。把宜宾建设成渝地区双城经济圈中有全国影响力的重要经济中心城市,是宜宾推动成渝地区双城经济圈建设的首要任务。没有一定的经济规模,没有有竞争力的现代产业体系,缺乏新兴增长极,是不可能成为具有全国影响的重要经济中心城市。经济规模有限,现代产业体系不完善,新兴增长极培育不足,是宜宾建设有全国影响力的重要经济中心城市的最大的短板,也是未来需要破解的发展难题。根据宜宾市统计局2020年4月14日发布的《宜宾市2019年国民经济和社会发展统计公报》发布的数据,经过四川省统计认定,宜宾市2019年全年实现地区生产总值(GDP)2601.89亿元,按可比价格计算,比上年增长8.8%。其中,第一产业增加值277.64亿元,增长2.9%;第二产业增加值1308.92亿元,增长9.6%;第三产业增加值1015.33亿元,增长9.8%。三次产业对经济增长的贡献率分别为4.2%、57.0%和38.8%。三次产业结构由上年的10.8∶50.3∶38.9调整为10.7∶50.3∶39.0。人均地区生产总值57003元,比上年增长8.3%。万元地区生产总值能耗比上年下降3.9%。根据四川省统计局发布的统计数据,经国家统计局初步核算,2019年四川省地区生产总值(GDP)46615.8亿元,按可比价格计算,比上年增长7.5%,其中,第一产业增加值4807.2亿元,增长2.8%;第二产业增加值17365.3亿元,增长7.5%;第三产业增加值24443.3亿元,增长8.5%。三次产业对经济增长的贡献率分别为4.0%、43.4%和52.6%。人均地区生产总值55774元,增长7.0%,三次产业结构由上年的10.3∶37.4∶52.3调整为10.3∶37.3∶52.4。从上面的数据对比可以看出,2019年宜宾国内生产总值约为占四川全省的5.58%,宜宾的第三产业比重低于全省平均水平。在全省经济中的比重和影响力仍然相对较低,有待进一步提高。在四川全省范围内,成都和绵阳的国内生产总值都高于宜宾,2019年成都市的国内生产总值(GDP)17012.65亿元,

第六章 宜宾在成渝地区双城经济圈高质量发展中的重点任务与战略规划

按可比价格计算，比上年增长7.8%，大约相当于宜宾市国内生产总值的6.54倍。与成渝地区双城经济圈的另一座中心城市重庆相比，宜宾的劣势更为明显，2019年重庆市国内生产总值为23605.77亿元，同比增长速度为6.3%，重庆的国内生产总值大约相当于宜宾的9.07倍。因此，做到经济规模，做强现代产业和建设新兴增长极是宜宾推动成渝双城经济圈建设的必然选择，把宜宾建设为该经济圈中有全国影响力的重要经济中心城市任重而道远。

第二，推动科教创新，聚集科创人才，建设新兴科教创城市。科技创新能力和高等教育水平是衡量一座城市持续发展能力的重要指标。宜宾已经具有一定的科技基础，根据宜宾市统计局2020年4月公布数据，2019年宜宾市新认定高新技术企业34家，省科技成果转移转化示范企业13家，省级科普基地2家，市级科普基地6家。获省科技进步奖一等奖2项、二等奖3项、三等奖9项。完成技术合同登记114项，交易额3.89亿元，是上年的3.6倍，宜宾市获全省首批支持建设的省级创新型城市，全年申请专利3152件，获得授予专利2010件。其中，申请发明专利469件，获得授予发明专利105件。虽然宜宾具有一定的科研实力，但在四川全省范围内，宜宾的科研实力与兄弟城市相比，仍然不仅不具有显著优势，甚至还处于劣势地位。就四川全省而言，2019年全省高新技术产业实现营业收入1.9万亿元，比上年增长7.6%。年末省级工程技术研究中心249个，全年共申请专利131529件，其中发明专利申请39539件；PCT专利申请444件；专利授权82066件，其中发明专利授权12053件；拥有有效发明专利60231件，商标申请281564件，商标注册225104件，国外商标申请93件，商标的质押融资金额30.6亿元，作品著作权登记171087件，地理标志产品核准使用专用标志企业830家，专利新增实施项目14245项，新增产值2102.4亿元；专利质押融资金额63.5亿元。2019年宜宾市发明专利数占全省的比重大约为0.87%。说明宜宾的科教创新能力相对较弱。宜宾的高等教育仍然发展滞后，甚至落后于周边的兄弟城市。因此，宜宾推动科教创新，大力吸引人才，建设新兴科教创城市的任务非常艰巨。

第三，全面深化改革，全方位开放合作，打造改革开放新高地城市。宜宾推动成渝地区双城经济圈建设的过程，也是一个深化改革的过程和全方位对外开放的过程，没有改革开放，就没有新高地城市的崛起。宜宾地

第三部分　宜宾市在成渝地区双城经济圈高质量发展中的战略定位研究

理区位优势明显，具有良好的对外开放合作的条件。根据宜宾市统计局发布数据，宜宾2019年全年货物进出口总额141.12亿元，比上年增长45.7%。其中，出口90.65亿元，增长49.2%；进口50.48亿元，增长39.8%。货物进出口顺差40.17亿元，比上年增加15.53亿元，宜宾全年外商直接投资（不含银行、证券、保险领域）新设立企业7家。实际使用外商直接投资金额4.37亿元，比上年增长65.0%，折0.66亿美元，增长64.2%。国内市外招商引资履约项目551个，实际利用国内市外投资765.15亿元。新签约项目366个，协议引资2080亿元。新开工亿元以上项目180个，协议投资1429亿元。但就四川全省而言，优势并不明显。根据四川省统计局发布的数据，2019年全省实际利用外资124.8亿美元，比上年增长13.1%，新批（备案）外商直接投资企业676家，累计批准（备案）12984家，外商投资实际到位资金92.3亿美元，全年对外承包工程新签合同金额185.1亿美元，比上年增长80.0%；完成营业额63.7亿美元，增长4.0%。新增境外投资企业90家，境外投资企业累计1155家；2019年四川全省实际到位国内省外资金10955.1亿元，增长4.4%；2019年四川全省进出口总额6765.9亿元，比上年增长13.8%。其中，出口额3892.3亿元，增长16.8%；进口额2873.6亿元，增长9.9%，如果以美元计价，2019年四川实现货物贸易进出口总值980.5亿美元，增长9.0%。其中，出口563.8亿美元，增长11.9%；进口416.7亿美元，增长5.4%。通过对比计算，可以得出，2019年宜宾进出口贸易额占四川全省的比重大约为2.1%，宜宾实际使用的外商直接投资占四川全省的比重大约为0.72%。可见，宜宾打造改革开放新高地城市的任务也非常艰巨。

第四，加速新兴城镇化，提升生态环境品质，建设高品质生活宜居城市。提高城镇化水平，建设美好生态家园，推动高品质生活宜居城市建设，也是宜宾推动成渝地区双城经济圈建设的重要任务。根据宜宾市统计局发布的数据，2019年年末全市户籍总人口551.5万人，比上年年末减少0.8万人，户籍人口城镇化率37.87%，比上年年末提高2.28个百分点，年末常住人口457.3万人，比上年年末增加1.7万人；常住人口城镇化率51.19%，比上年末提高1.55个百分点，全年出生人口5.23万人，出生率为9.24‰；死亡人口3.17万人，死亡率为5.60‰；人口自然增长率为3.64‰。可以看出，宜宾户籍人口出现下降态势，说明城市对人口的吸引力不足。根据四川省统计局发布的数据，根据2019年全国人口变动情况抽样调查资料测算，2019年四川省全年出生人口89.4万人，人口出生率10.70‰；死亡人口59.3万人，人口死亡率7.09‰；人口自然增长率3.61‰。年末常住人口8375万人，比上年年末增加34万人，其中城镇人口4504.9万人，乡村人口3870.1万人，常住人口城镇化率53.79%，比上年年末提高1.5个百分点，2019年年末四川全省户籍人口9099.5万人，比上年年末减少22.3万人。户籍人口城镇化率为36.78%，比上年年末提高0.91个百分点。从统计数据对比可以看出，宜宾市的常住人口城镇化率仍然低于全省平均水平。因此，加速宜宾的新兴城镇化，提高常住人口城镇化比率，建设美好生态家园，是宜宾面临的重要任务和挑战。

第五，立足新发展理念，激活内生发展动力，打造高质量发展城市。成渝地区双城经济圈建设以高质量发展为主要目标，需要全面和彻底贯彻新发展理念，激发城市发展的内生动力。事实上，宜宾虽然为四川省内国内生产总值第三大城市，但与兄弟城市的差距并不显著。2019年绵阳市的国内生产总值为2856.20亿元，同比增长8.1%，2019年南充市全年地区生产总值（GDP）2322.22亿元，比上年增长8.0%，2019年德阳市国内生产总值为2335.91亿元，同比增长速度为7.2%。2019年泸州市国内生产总值为2081.26亿元，同比增长速度为8.0%。2019年内江市的国内生产总值为1433.30亿元，同比增长速度为7.8%。2019年自贡市国内生产总值为1428.49亿元，同比增长速度为7.8%，2019年乐山市国内生产总值为1863.31亿元，同比增长速度为7.6%。可以看出，2019年绵阳市国内生产总值超过宜宾254.31亿元。当然，2019年宜宾的经济增长速度达到8.8%，高于四川全省的7.5%，也高于大多数兄弟城市，这是宜宾的优势。

第二节 宜宾在成渝地区双城经济圈高质量发展中的重点领域

宜宾推动成渝地区双城经济圈高质量发展的重点任务的顺利完成，还需要明确重点领域并在重点领域率先取得突破，每一项重点任务都包含若干重点领域。

第三部分　宜宾市在成渝地区双城经济圈高质量发展中的战略定位研究

第一，在把宜宾建设成成渝地区双城经济圈的具有全国影响力的重要中心城市过程中，需要专注三个重点领域：一是做大经济规模，没有一定的经济规模，就不能够成为经济中心城市，更不可能成为具有全国影响的重要中心城市，需要推动人口和生产要素向宜宾大规模流动和高效集聚，形成人口与要素的规模集聚效应；二是建立现代产业体系，培养城市产业集群、深化产业之间的水平分工与垂直，形成现代产业的网络集聚效应和规模经济效应；三是培育新兴经济增长极并做大增长极规模，形成规模报酬递增效应。

第二，在把宜宾建设成成渝地区双城经济圈的新兴科教创城市过程中，也需要专专注三个重要领域：一是培养企业研究开发能力，增加城市研究快发投入，促进城市科技创新；二是发展高等技术教育和职业技术教育，培养创新人才，促进人力资源开发；三是采取人才特殊政策广泛吸引和广泛使用全国乃至全世界优秀杰出人才。

第三，在把宜宾打造为成渝地区双城经济圈的改革开放新高地城市过程中，需要专注两项重要领域：一是全面深化改革取得新突破与新成果，通过深化改革谋求城市发展的体制机制比较优势，提升宜宾的城市治理能力并建设现代城市治理体系；二是全方位对外开放取得新进展，助推宜宾实现跨越式发展。

第四，把宜宾建设成成渝地区双城经济圈的高品质生活宜居城市过程中，需要专注的重点领域有三：一是建设高品质城市，强化城市基础设施建设，特别是城市交通、通信和公共服务基础设施建设，形成高标准的城市基础设施和公共产品供给网络体系；二是建设现代化智慧城市，大规模引入以5G/6G为代表的高速互联网、大数据、超级计算、人工智能等现代技术改善城市功能，便利化和智慧化城市生活方式；三是建设生态环境优美的宜居城市，彻底改善城市生态环境，形成具有全国乃至全球吸引力的山水宜居名城。

第五，在把宜宾打造成渝地区双城经济圈的高质量发展城市过程中，同样需要关注三个重点领域：一是高效率发展，不断提高全要素生产率，不断提高城市主导产业与核心产业的市场竞争力；二是协调发展，经济结构不断升级和优化，全面融入成渝地区双城经济圈的产业链、供应链与价值链的均衡发展体系之中；三是绿色发展，产业结构不断优化、转型与升

第六章 宜宾在成渝地区双城经济圈高质量发展中的重点任务与战略规划

级,淘汰传统落后产业,持续建设和引进现代高技术产业和新兴产业,走内涵式绿色发展之路。

可以用下图总结宜宾在成渝地区双城经济圈高质量发展中的重点任务和重点领域(见表3-6-1):

表3-6-1 宜宾在成渝地区双城经济圈高质量发展中的重点任务与重点领域

编号	重点任务	序号	重点领域
Ⅰ	把宜宾建设成成渝地区双城经济圈的具有全国影响力的重要经济中心城市	1	做大宜宾的经济规模
		2	建立宜宾的现代产业体系
		3	培养宜宾的新兴经济增长极
Ⅱ	在把宜宾建设成成渝地区双城经济圈的新兴科教创新城市	4	提高宜宾的城市研究开发能力
		5	发展高等技术教育与职业技术教育,培养与开发高素质人力资源
		6	采取特殊人才政策,吸引和使用优秀人才
Ⅲ	在把宜宾打造为成渝地区双城经济圈的改革开放新高地城市	7	全面深化改革取得新突破与新成果
		8	全方位对外开放取得新进展和新优势
Ⅸ	把宜宾建设成成渝地区双城经济圈的高品质生活宜居城市	9	建设高品质的现代化城市
		10	建设现代化智慧城市
		11	建设生态环境优美的宜居城市
Ⅴ	在把宜宾打造成渝地区双城经济圈的高质量发展城市	12	高效率发展、提高宜宾的全要素生产率和产业竞争力
		13	协调发展、促进宜宾经济结构优化与升级
		14	绿色发展、促进宜宾走内涵式发展之路

资料来源:笔者自制。

从表3-6-1可以看出,宜宾在成渝地区双城经济圈高质量发展中,需要完成5项重点任务,专注14个重点领域。

第三节　宜宾在成渝地区双城经济圈高质量发展中实现战略目标的路径选择

宜宾在成渝地区双城经济圈高质量发展中重点任务的顺利完成，特别是重点领域的建设任务的顺利完整，需要规划和设计可行的实施路径，同时强化重点措施以保证重点任务的完成。为了保证宜宾发展战略目标是顺利实现和重点发展任务圆满完成，科学合理与可行的实施路径包括如下五方面内容：

第一，启动新跨越式发展，高效落实"产业发展双轮驱动"部署，推动宜宾经济强市达到新要求，加快建设具有全国影响力的经济中心城市。通过推动成渝地区双城经济圈建设，把宜宾建设成具有全国影响力的经济中心城市，必须满足三个要求：一是在全国范围内具有竞争优势的支柱产业、主导产业或者新兴产业，二是在全国范围内具有不可替代的比较优势或者特色优势，三是具有全国影响的经济增长贡献或者具有全国影响的经济增长极。宜宾目前的产业竞争力、区域比较优势发挥和经济增长能力还远没有达到这三个要求，按照传统发展模式或者传统的发展战略，短期内不可能实现发展战略目标。因此，需要实施新跨越式发展战略，所谓"新"，是与传统的跨越式发展战略所有不同，表现在三个新：一是新机遇，充分利用国家推动成渝地区双城经济圈建设所带来的新发展机遇，把新发展机遇转化为经济发展成果；二是新政策，充分有利用国家应对新冠疫情所推动的新宏观政策措施和新基建投资战略，强力推动大规模的新兴投资项目落地宜宾；三是新跨越，以现有建设基础为出发点，特别是以建设四川省经济副中心城市取得的成就为新出发点，实现更高的经济规模与经济增长目标。

第二，推动新兴科教创新，强力推进"产教研城"一体化建设，强力推动宜宾科教强市达到新目标，加快建设新兴科教创新城市。与成渝地区双城经济圈的其他兄弟城市相比，科教创新能力不足的宜宾的最大短板，突出表现为宜宾缺乏有实力和有影响的研究开发机构，也缺乏具有全国甚至区域影响的知名大学或者高等教育机构。宜宾毗邻的兄弟城市中，自贡

第六章 宜宾在成渝地区双城经济圈高质量发展中的重点任务与战略规划

和泸州布局有区域影响的大学，宜宾在建设和引进高水平大学和高水平职业教育机构取得了积极成果，但高水平高等教育和高水平技术职业教育的短板不可能短期内得到弥补，需要久久为功。宜宾另一个短板是高水平创新人才存量与增量的不足，严重制约了宜宾的新兴科教创新城市建设。因此，需要在三个方面努力推进：一是采取超常举措，从全国乃至全球引进或者利用高水平科研院所和高科技跨国公司，增加科创实体的数量并提高科创质量；二是打破常规，建设或者引进高水平大学或者高水平职业技术教育机构；三是采取超常制度创新，引进或者利用全国乃至全球的各行各业的高水平杰出人才，实施超常的人才发展战略。

第三，激发新改革开放活力，高效提升城市治理能力，强化城市治理体系现代化建设，打造沿江开放新高地，加快宜宾改革开放新高地城市建设。在全国各城市都在全面深化改革、全方位推动开放合作的背景下，宜宾要谋得深化改革和扩大开放的先机，在推动成渝地区双城经济圈建设过程中，必须以更大的勇气谋求更深度的改革，以更广阔的视野推动全方位的开放合作，需要在三个方面其他突破：一是高效推动"放管服"改革，提高政府的科学决策能力和政策执行力，以制度创新优势谋得先动发展先机；二是打破传统开放合作的惯性思维，从新兴全球化和国家的国际发展战略角度，全力推动宜宾的对外开放和国际化发展，充分用足活成渝地区双城经济圈建设、四川省自贸区建设、南向海陆大通道建设、"一带一路"建设、长江经济带建设的政策红利，打造沿江开放新高地；三是充分利用现代高速互联网、大数据与智能技术，建设智慧城市，提高宜宾市的区域治理能力并推进城市治理体系的全面现代化，使宜宾成为全国乃至全球的要素流入的洼地和改革开放的高地。

第四，强化高品质名城规划建设，强力推动大交通强市和新兴城镇化建设，强力推动"两山"理念的宜宾实践取得新成效，建设高品质生活宜居新城。现代化的基础设施条件、高效的公共产品供给能力和高品质的生态环境，必要的常住人口规模，是现代化经济中心城市的必备条件。宜宾最大的短板便是城区常住人口规模相对较小，在存在户籍人口持续流出现象，城市基础设施和高质量公共服务机构供给不足，特别是高水平教育机构和高水平医疗机构供给不足。因此，宜宾需要从三个方面发力，把宜宾建设成成渝地区双城经济圈的高品生活宜居新城：一是超常规的创新思

第三部分　宜宾市在成渝地区双城经济圈高质量发展中的战略定位研究

维,在全国乃至全球范围内吸引户籍人口与非户籍人口到宜宾生活与投资兴业;二是超强的效率,建设具有区域乃至全国影响的国家重要的应对重大疫情和应急管理的医疗物资储备保障基地,同时建设具有区域吸引力乃至全国吸引力的交通、通信、教育、医疗等公共服务机构;三是彰显特色优势和比较优势,持续强化文化旅游合发展,建设具有区域乃至全国吸引力的旅游目的地和高品质的康养胜地。

第五,塑造宜宾高质量发展城市品牌,建设西部数字经济和数字金融中心城市,建设高质量发展典范城市。高质量发展的关键在于提高经济运行效率,促进经济转型升级,强力推动高新技术产业发展,走协调发展、绿色发展和可持续发展之路。目前,传统产业特别是白酒及相关产业仍然是宜宾的支柱产业,2019年五粮液集团营业收入已经突破1000亿元大关,但宜宾的新兴产业也具备良好的发展基础,2019年宜宾的智能制造、轨道交通、汽车、新材料等新兴产业发展也进入快车道,新兴产业的规上工业增加值增长约24%,取得这些不可忽略的发展成就。但不可否认,与成渝地区双城经济圈的中心城市成都和重庆相比,宜宾的新兴产业发展仍然非常滞后,就是与省内的绵阳相比,仍然存在差距。因此,依托成渝地区双城经济圈建设,宜宾建设高质量发展典范城市需要在三方面取得突破:一是持续强化智能终端、轨道交通、汽车和新材料产业发展,力争取得新突破;二是千方百计引入以5G为代表的高速互联网、大数据、云计算、人工智能、区块链技术及相关产业,培养新兴产业和新兴增长极,从增量突破实现高质量发展目标;三是充分利用宜宾得天独厚的地理区位优势,特别是宜宾位于长江上游川渝滇黔的结合部的大西南地理中心,具有不可替代的区位优势,建设辐射西南乃至整个西部地区的数字经济及数字金融中心城市,促进宜宾经济的数字化高质量发展。

由此可见,宜宾"十四五"时期推动成渝地区双城经济圈建设重点任务特别是重点领域任务的实现,需要统筹安排,妥善谋划科学合理的实施路径,通过启动新跨越式发展、新兴科教创新、激发新改革开放活力、建设高品质名城和高质量典范城市的实施路径,促进宜宾"五城"发展战略目标的实现。可以用下图总结:

从图3-6-1可以看出,宜宾推动成渝地区双城经济圈高质量发展的重点任务的完成,需要从五个方面推动落实,需要统筹安排和进行顶层设

第六章　宜宾在成渝地区双城经济圈高质量发展中的重点任务与战略规划

计，精细谋篇布局，精准发力驱动，还要从五个方面综述实策，通过推动成渝地区双城经济圈建设，最终目标是把宜宾建设为具有全国影响力的经济中心城市、新兴科教创新城市、改革开放新高地城市、高品质生活宜居城市和高质量发展典范城市。

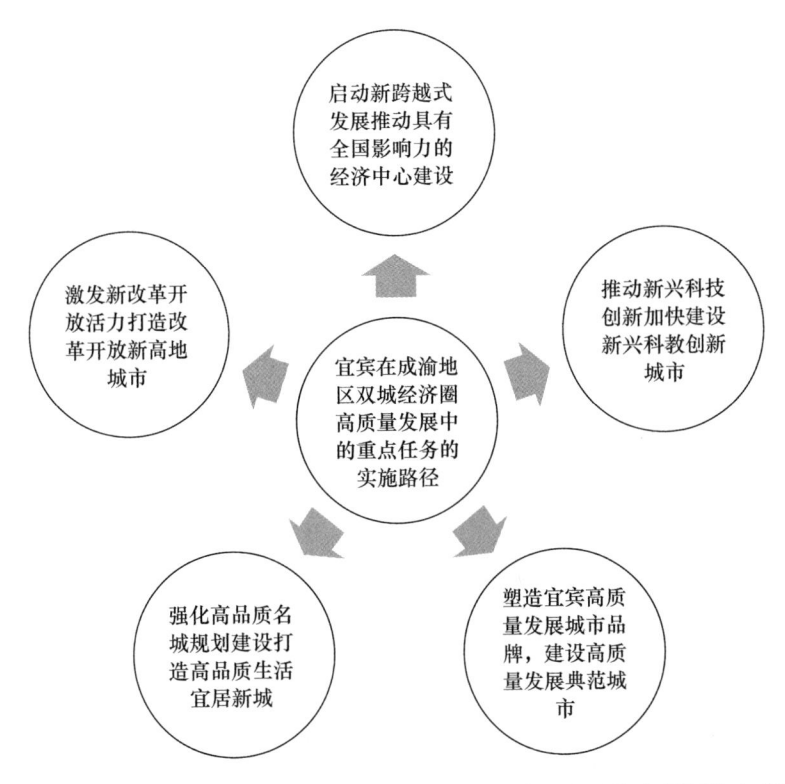

图3-6-1　宜宾在成渝地区双城经济圈高质量发展中的实现战略目标的实现路径

第四节　宜宾在成渝地区双城经济圈高质量中的发展战略规划

宜宾在成渝地区双城经济圈高质量发展战略目标的实现，需要科学的发展战略规划和发展战略措施作为保障。需要尊重客观规律，充分发挥宜宾的比较优势，集中多领域、多学科的力量，编制科学合理、内容详细的发展战略规划。同时，需要强化顶层设计并统筹协调，进行科学的战略决

第三部分 宜宾市在成渝地区双城经济圈高质量发展中的战略定位研究

策、统一谋划，制定科学可行的发展战略措施。宜宾的发展战略规划的编制，涉及多方面的内容，直接目标的把发展战略目标进一步细化、优化、体系化并设计实现目标的可行方案。宜宾在成渝地区双城经济圈高质量发展中的战略规划包括八方面的内容：

其一，宜宾推动成渝地区双城经济圈建设总体发展战略规划。成渝地区双城经济圈建设的需要，需要对宜宾的总体发展战略规划进行改进和完善，以适应新的发展目标和新的发展条件，促进宜宾的五城发展战略目标的实现。规划说明在宜宾推动成渝地区双城经济圈建设过程中，如何把宜宾建设成具有全国影响力的重要经济中心城市、科技创新城市、改革开放新高地城市、高品质生活宜居城市和高质量发展城市的实现路径和政策工具。

其二，宜宾推动成渝地区双城经济圈建设交通基础设施建设战略规划。交通基础设施的互联互通是成渝地区双城经济圈建设的关键，宜宾融入成渝地区双城经济圈建设的过程也是宜宾与经济圈中心城市及其他城市在交通基础设施建设发明实现高水平互联互通的过程。需要从宜宾发展的新战略目标出发，对原有的交通基础设施建设规划进行修改、完善和升级，以适应新的发展环境和条件。

其三，宜宾推动成渝地区双城经济圈建设现代产业体系建设战略规划。成渝地区双城经济圈不是一般的经济区、城市群和都市圈的最大的不同在于，该经济圈是国家布局在西部内陆地区的战略经济区域，需要在经济圈的各城市之间形成一体化的现代产业体系，形成性的经济综合体，因此，需要从经济圈的整体发展角度进行产业体系规划。宜宾需要从成渝地区双城经济圈的现代产业体系一体化角度重新规划本市的产业体系发展规划，形成一体化的无缝对接现代产业体系。

其四，宜宾推动成渝地区双城经济圈建设国土空间布局与城镇建设战略规划。如何适应成渝双城经济圈建设的需要，推进宜宾国土空间布局优化，提高宜宾的城镇化率，促进宜宾城镇体系布局优化和现代化，是宜宾未来发展历史重任，需要对宜宾现有的国土空间布局和城镇建设规划进行修改、完善和升级，以适应新发展环境和目标的新要求。

其五，宜宾推动成渝地区双城经济圈建设生态环境保护战略规划。

第六章 宜宾在成渝地区双城经济圈高质量发展中的重点任务与战略规划

宜宾作为长江上游生态保护第一城，筑牢长江上游生活环境保护屏障始终是宜宾发展的重要目标和前提，在推动建设成渝地区双城经济圈建设过程中，还需要从把宜宾建设成为成渝地区双城经济圈的高品质生活宜居城市角度，对原有生态环境保护规划进行战略性调整和优化，促进宜宾的生态环境保护融入成渝地区双城经济圈建设的一体化生态体系保护之中。

其六，宜宾推动成渝地区双城经济圈建设公共服务共建共享建设战略规划。成渝地区双城经济圈建设的一个重要目标是在经济圈范围内形成一体化的公共服务体系，使得经济圈内各个成员城市都能够共享一体化的公共服务体系，打破各个城市共同体系建设的彼此孤立状态，进行一体化建设、整合与体系优化。因此，宜宾需要从新发展战略目标出发，进行公共服务共建共享体系构建进行战略规划。

其七，宜宾推动成渝地区双城经济圈建设的协调创新发展能力建设战略规划。持续提高宜宾的协调创新发展能力是宜宾推动成渝地区双城经济圈建设的内在动力和要求，协调创新发展能力建设也是一个持续不断的过程，不可能一蹴而就，需要进行战略规划。

其八，宜宾推动成渝地区双城经济圈建设的体制机制创新战略规划。体制机制创新的宜宾推动成渝地区双城经济圈建设的内在要求，也是提高宜宾区域治理能力和区域治理体系现代化的要求。实际上，宜宾推动成渝地区双城经济圈建设的过程，也是提高宜宾治理能力和治理体系现代化的过程，更是促进宜宾的体制机制创新的过程。因此，需要从宜宾的发展战略定位与新发展战略目标出发，适应成渝地区双城经济圈建设要求，对宜宾未来发展的体制机制创新进行战略规划。

总之，宜宾在成渝地区双城经济圈高质量发展过程中，需要制定实施宜宾总体发展战略规划、交通基础设施建设战略规划、现代产业体系建设战略规划、国土空间布局与城镇建设战略规划、生态环境保护战略规划、公共服务共建共享建设战略规划、协调创新发展能力建设战略规划和体制机制创新战略规划。宜宾发展战略规划的制定和实施部门如表3-6-2所示。

表3-6-2 宜宾推动成渝地区双城经济圈高质量发展的战略规划

编号	规划名称	牵头制定和实施部门
1	宜宾在地区双城经济圈高质量发展中总体发展战略规划	长江经济带研究院、宜宾市发改委
2	宜宾在成渝地区双城经济圈高质量发展中交通基础设施建设战略规划	长江经济带研究院、宜宾市发改委、宜宾市交通运输局
3	宜宾在成渝地区双城经济圈高质量发展中现代产业体系建设战略规划	长江经济带研究院、宜宾市发改委、宜宾市工业和军民融合局
4	宜宾在成渝地区双城经济圈高质量发展中国土空间布局与城镇建设战略规划	长江经济带研究院、宜宾市发改委、宜宾市住房和城乡建设局
5	宜宾在成渝地区双城经济圈高质量发展中生态环境保护战略规划	长江经济带研究院、宜宾市发改委、宜宾市生态环境局、宜宾市自然资源和规划局
6	宜宾在成渝地区双城经济圈高质量发展中公共服务共建共享建设战略规划	长江经济带研究院、宜宾市发改委、宜宾市文化广播电视和旅游局、宜宾市教育体育局、宜宾市应急管理局
7	宜宾在成渝地区双城经济圈高质量发展中协调创新发展能力建设战略规划	长江经济带研究院、宜宾市发改委、宜宾市科技局
8	宜宾在成渝地区双城经济圈高质量发展中体制机制创新战略规划	长江经济带研究院、宜宾市发改委、宜宾市财政局、宜宾市人力资源社会保障局

资料来源：笔者自制。

从表3-6-2可以看出，宜宾在成渝地区双城经济圈高质量发展中的战略规划需要在宜宾长江经济带研究院、宜宾市发改委的统筹协调安排下，动员各部门和各方面的力量共同参与制定和实施。

第五节 结论

宜宾在成渝地区双城经济圈高质量发展过程中，需要明确重点任务及重大领域，同时统筹安排，制定科学合理的实施路径、重点措施和政策体系，用活用足国家赋予的各种优惠政策，把宜宾建设成成渝地区双城经济圈中具有全国影响力的经济中心城市、科技创新城市、改革开放新高地城市、高品质生活宜居城市和高质量发展城市。

宜宾在成渝地区双城经济圈高质量发展中的"五城"发展战略目标，

第六章 宜宾在成渝地区双城经济圈高质量发展中的重点任务与战略规划

需要完成的重点任务为：一是做大经济规模，做强当代现代化产业，培育新兴增长极，建设具有全国影响力的重要经济中心城市；二是推动科教创新，聚集科创人才，建设新兴科教创城市；三是全面深化改革，全方位开放合作，打造改革开放新高地城市；四是加速新兴城镇化，提升生态环境品质，建设高品质生活宜居城市；五是塑造宜宾高质量发展城市品牌，建设西部数字经济和数字金融中心城市，建设高质量发展典范城市。

在完成重要任务过程中，还需要在重点领域取得突破，这些重点领域包括：建设新兴增长极、培育现代产业体系、人才与人力资源开发、深化改革与全面开放的新举措、建设现代数字城市和智慧城市、推动绿色发展。

实施路径包括五方面内容：一是启动新跨越式发展，高效落实"产业发展双轮驱动"部署，推动宜宾经济强市达到新要求，加快建设具有全国影响力的经济中心城市；二是推动新兴科教创新，强力推进"产教研城"一体化建设，强力推动宜宾科教强市达到新目标，加快建设新兴科教创新城市；三是激发新改革开放活力，高效提升城市治理能力，强化城市治理体系现代化建设，打造沿江开放新高地，加快宜宾改革开放新高地城市建设；四是强化高品质名城规划建设，强力推动大交通强市和新兴城镇化建设，强力推动"两山"理念的宜宾实践取得新成效，建设高品质生活宜居新城；五是塑造宜宾高质量发展城市品牌，建设西部数字经济和数字金融中心城市，建设高质量发展典范城市。据此，宜宾还需要制定相应的发展战略规划。

第七章 宜宾在成渝地区双城经济圈高质量发展中的战略措施与政策选择

确定宜宾在成渝地区双城经济圈高质量发展中的战略定位和战略目标后，需要把宜宾推动成渝地区双城经济圈高质量发展的战略规划落到实处，则需要制定相应的战略措施和配套政策。值得关注的是，与成渝地区双城经济圈的其他川南城不同，宜宾作为我国西南地区的交通枢纽和长江上游重要的航运中心，宜宾在南向通道建设和长江上游生态环境保护方面肩负着重要的国家重任，居于不可替代的地位。正如习近平总书记在中央财经委员会第六次会议上对成渝地区双城经济圈建设做指出的那样，"要加强南向货运通道建设，减轻长江航运压力""要强化长江上游生态大保护，推动两地生态共建和环境共保"。四川省委十一届三次全会明确提出支持宜宾创建全国性综合交通枢纽、四川南向开放枢纽门户、南亚东南亚和"一带一路"留学生基地。从地理位置看，四川省和重庆市深处内陆，突出南向可打通地理距离最近的出海大通道。宜宾创建南向开放枢纽门户，南向大通道建设是重要一环，随着成渝地区的开放力度加大，宜宾的对外开放通道建设也迎来快速发展时期。因此，需要从长远的战略角度，制定和实施宜宾在成渝地区双城经济圈高质量发展中的战略措施和配套政策。

第一节 宜宾推动成渝地区双城经济圈高质量发展中的战略措施

宜宾在成渝地区双城经济圈高质量发展中的战略目标的实现和发展战

第七章　宜宾在成渝地区双城经济圈高质量发展中的战略措施与政策选择

略规划的落实，需要强力和高效的战略措施为保障。中央财经委员会第六次会强调：成渝地区双城经济圈是一项系统工程，要加强顶层设计和统筹协调，突出中心城市的带动作用，强化要素市场化配置，牢固树立一体化发展理念，做到统筹谋划、一体部署、相互协作、共同实施，唱好"双城记"。因此，宜宾推动成渝地区双城经济圈高质量发展的战略措施包括五个方面：

其一，统筹协调战略措施。以国家战略和顶层设计为指导，系统安排与统筹协调，与经济圈的其他城市共同推进成渝地区双城经济圈建设。

其二，主动接受辐射和融入战略措施。主动接受成都和重庆两座中心城市辐射和带动，充分配合成都和重庆两座中心城市唱好成渝地区双城经济圈建设的"双城记"，主动融入成渝地区双城经济圈建设的战略布局之中。

其三，要素市场配置与增长极培育战略措施。从经济圈建设角度提高宜宾要素市场配置效率，促进宜宾的要素和产业积极效应，把宜宾培育成成渝地区双城经济圈的新兴增长极。

其四，一体化发展战略措施。与经济圈的其他兄弟城市分工合作，共同推动成渝地区双城经济圈的一体化发展，打破地方封锁和地方保护主义，共谋一体化的合作发展，特别是要推动与泸州、自贡、内江、乐山的分工合作和一体化发展。

其五，一体化部署战略措施。成渝地区双城经济圈建设目标的实现，需要各个成员城市相互协作，统筹谋划和共同实施，各个成员城市之间在交通基础设施建设、公共服务体系建设、国土布局与城市体系建设、生态环境保护、现代产业体系建设等诸多方面需要一体化行动和一体化部署。

可以用图3-7-1总结宜宾推动成渝地区双城经济圈高质量发展的战略措施：

从图3-7-1可以看出，宜宾在成渝地区双城经济圈高质量发展中的战略措施，包括统筹协调、主动融入、要素市场优惠配置与增长极培育、一体化发展与一体化部署等多个方面内容。

第三部分 宜宾市在成渝地区双城经济圈高质量发展中的战略定位研究

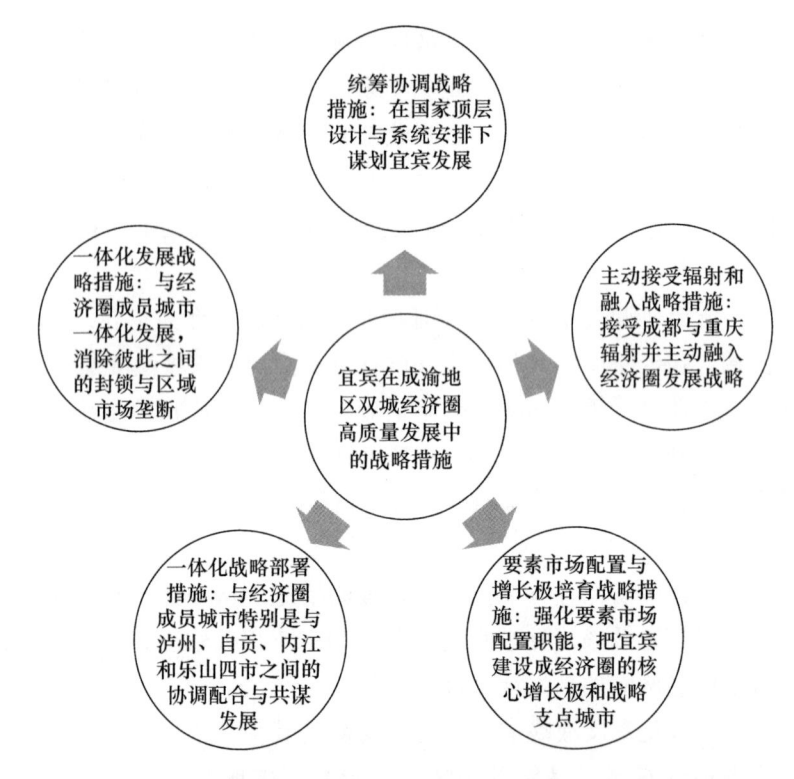

图 3-7-1 宜宾在成渝地区双城经济圈高质量发展中的战略措施

第二节 宜宾在成渝地区双城经济圈高质量发展中的重点措施

宜宾在成渝地区双城经济圈建设高质量发展中重点任务与实施路径确定后，还要采取重点措施，制定科学合理的政策并推动落实，才能够最终实现宜宾"五城"发展战略目标。宜宾在谋划和布局实现重点任务目标的现实路径的基础上，需要制定的重点措施包括五个方面。

其一，制定科学合理的发展战略规划。重点是制定宜宾推动成渝地区双城经济圈建设的总体发展规划，同时制定专项发展战略规划，包括交通基础设施建设战略规划、现代产业体系建设战略规划、国土空间布局与城镇建设战略规划、生态环境保护战略规划、公共服务共建共享建设战略规划、协调创新发展能力建设战略规划和体制机制创新战略规划。

第七章　宜宾在成渝地区双城经济圈高质量发展中的战略措施与政策选择

其二，主动接受成都和重庆两座中心城市的辐射。把宜宾发展战略融入成渝地区双城经济圈一体化体系中，借力使力，推动成都、重庆及其他国家中心城市的产业、要素和人才向宜宾流动和集聚，把宜宾建设成渝地区双城经济圈的新兴经济增长极及全国有影响力的经济中心城市。

其三，与成渝地区双城经济圈的兄弟城市分工合作与一体化发展。共同推进经济圈内部的交通基础设施和跨越城市的公共设施体系建设，拓展宜宾发展的经济腹地，推动宜宾高品质生活宜居新城建设。

其四，充分利用宜宾地理区位与交通优势。特别是成贵高铁、渝昆高铁、成自宜高铁的优势，推动长江上游宜宾—攀枝花—大理（丽江）高铁建设，同时强化宜宾是数字经济及数据金融中心建设，打造"高铁宜宾"和"数字宜宾"，推动宜宾高质量发展典范城市建设。

其五，充分利用国家发展战略和宏观政策的综合叠加优势效应。扩大宜宾对外开放的广大和深度，促进宜宾的国际化发展，把长江经济带建设、"一带一路"建设、南向陆海新通道建设、长江上游区域中心城市建设、四川省经济副中心建设融入成渝地区双城经济圈建设之中，推动宜宾的改革开放新高地城市建设。如图3-7-2所示。

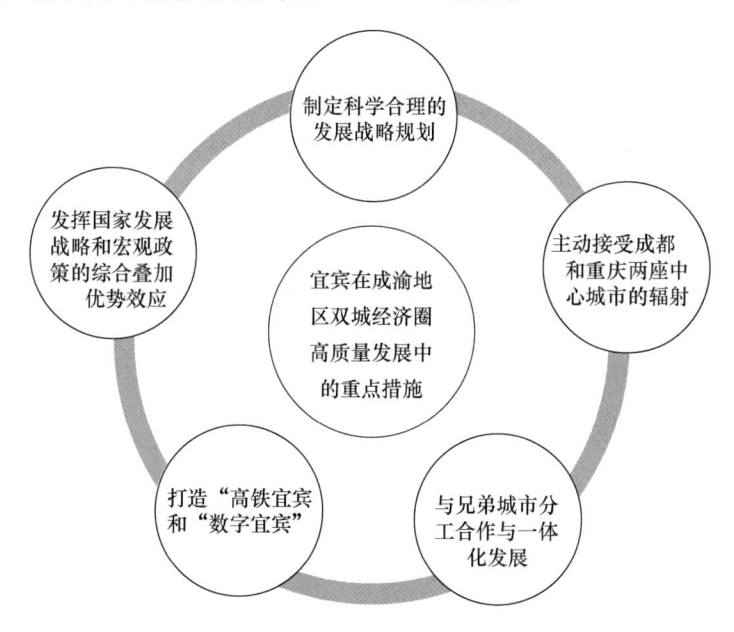

图3-7-2　宜宾在成渝地区双城经济圈高质量发展中的重点措施

第三部分　宜宾市在成渝地区双城经济圈高质量发展中的战略定位研究

第三节　宜宾在成渝地区双城经济圈高质量发展中的政策选择

宜宾在成渝地区双城经济圈高质量发展中的重点任务目标的顺利实现，除了确定实施路径和重点措施外，还需要制定和实施系列政策，保证宜宾推动成渝地区双城经济圈建设的重点措施的持续推进和最终贯彻落实。这些政策主要包括如下六个方面。

其一，新基建和投资促进政策。2020年年初至今，新冠肺炎首先在我国出现，现在全球超过200个国家受到新冠肺炎疫情的影响，2020年第一季度（1—3月），全国的国内生产总值同比下降6.8%，四川省国内生产总值同比下降3%，宜宾市的国内生产总值虽然没有出现负增长同只增长了0.3%。全球经济也进入下行通道，国际货币基金组织（IMF）预测2020年世界经济同比下降3%。国家发改委推出新基建建设计划，通过稳定投资推动国家经济增长。因此，宜宾需要抓住难得的机遇，推动新基建投资，同时加大招商引资力度，通过项目投资带动区域经济增长。

其二，生态环境保护政策。宜宾是长江首城，肩负着筑牢长江上游生态屏障、维护国家生态安全的重要使命。通过建设长江上游绿色发展示范区，宜宾可更好地联动长江沿岸城市，深化跨流域、跨区域生态保护合作，与长江中下游的重庆广阳岛、湖北武汉、上海崇明岛的串点成线、以点带面，将更有利于发挥整个长江经济带流域不同节点的作用，助力成渝地区双城经济圈形成优势区域重点发展、生态功能区重点保护的新格局。

其三，人口及人力资源开发政策。根据党中央、国务院印发《关于构建更加完善的要素市场化配置体制机制的意见》的文件要求，稳步推进要素市场化配置改革，大力推进宜宾户籍改革，遏制进宜宾户籍人口外流现象，增加宜宾的人口规模，同时强化人力资源开发。因为各城市人口和人才争夺日益激烈，宜宾必须做出创新之举，打破常规，才可能够谋得吸引人口的先机。建议宜宾成立专门机构，在借鉴其他城市经验基础上，出台创新性人口集聚和人力资源开发政策。

其四，现代产业发展与科技创新政策。必须把现代产业发展和科技创新结合起来，以5G高速互联网建设为切入点和突破口，在现有智能终端、轨道交通、汽车、新材料等新兴产业发展的基础上，率先启动大数据中心与物联网建设，促进云计算、人工智能、区块链技术等新兴技术及相关产业在宜宾的落地生根。宜宾需要与国内外高新技术企业和高校"攀亲戚""拉关系"，把宜宾融入全国乃至全球的高新技术研发和应用体系之中，形成成渝地区双城经济圈中最为重要的现代产业发展与科技创新节点城市。

其五，城市化与新兴城镇体系建设政策。2019年年末，宜宾市的户籍人口城镇化率只有37.87%，常住人口城镇化率只有51.19%，低于全省平均水平，2019年四川全省常住人口城镇化率为53.79%，更是低于全国平均水平，2019年全国常住人口城镇化比率为60.60%，而全国常住人口城镇化比率2015年就达到56.10%与成渝地区双城经济圈内的兄弟城市之间也存在差异，根据自贡市统计局公布的数据自贡市2019年常住人口城镇化率达到54.09%。这些宜宾最大的短板，也与把宜宾建设成成渝地区双城经济圈的经济中心城市和重要经济增长极的要求存在相当差距。因此，大力推进城市化和新兴城镇体系建设是宜宾发展的当务之急。

其六，数字经济及数字金融发展政策。随着5G网络体系和全国物联网体系建设的推进，特别是中国人民银行推动的数字人民币的发行与流通，特别是新冠肺炎疫情后在线办公、在线会议、在线教育的发展，数字经济及数字金融已经成为推动经济增长的新动能，宜宾需要考虑成立推动数字经济及数字金融的专门机构，把宜宾建设成成渝地区双城经济圈的数字经济及数字金融的中心城市之一。

其七，新开放与国际化发展政策。宜宾优越的地理区位优势和作为西南地区的高铁交通枢纽中心城市，需要有新的全球化视野，从全球化与国际发展角度制定全面对外开放合作政策，把宜宾建设成成渝地区双城经济圈的对外开放高地。宜宾需要以现有对外开放取得的成就为基础，制定和实施新开放与国际化发展政策，考虑成立专门的国际招商合作部门，推动"引进全球、走向世界"的新开放合作政策，在全球主要经济体、主要经济、金融与科技中心设立国际招商合作机构或者代理机构，把宜宾融入国家全方位开放合作体系中。

其八，乡村振兴和社会保障政策。宜宾在推进成渝地区双城经济圈高质量发展中，还不能够忽略乡村地区的发展，同时需要构建完善的社会保障体系，以维护宜宾社会经济秩序的稳定并为可持续发展提供良好的制度保障。虽然宜宾的城镇程度的不断提高，但乡村人口的仍然占有相当的比重，即使未来最终实现了社会主义现代化和我国已经建设成社会主义强国，也不能够忽略乡村地区发展。因此，制定乡村振兴和社会保障政策仍然是宜宾在成渝地区双城经济圈高质量发展中的重要任务。

简言之，宜宾在成渝地区双城经济圈高质量发展的历史进程中，需要明确重点任务，统筹安排和设计实施路径，谋划重点措施并制定配套政策体系，才能够顺利实现宜宾预期的发展战略目标。

第四节　结论

宜宾在成渝地区双城经济圈高质量发展中重点任务完成，选择明确实施路径，制定和实施相应的配套政策。重点措施涉及统筹发展规划、主动与成都和重庆的中心城市辐射、与兄弟城市共谋一体化发展与一体化部署、建设高铁宜宾与数字宜宾和充分利用国家多重战略的叠加政策优势。在制定和实施配套政策，这些政策主要包括：新基建和投资促进政策，生态环境保护政策，人口及人力资源开发政策，现代产业发展与科技创新政策，城市化与新兴城镇体系建设政策，数字经济及数字金融发展政策，新开放与国际化发展政策和乡村振兴和社会保障政策。可见，宜宾在成渝地区双城经济圈高质量发展中的战略定位和战略目标制定，需要对宜宾发展的条件和基础进行战略评价，需要科学的战略定位并制定合理的发展战略目标，同时需要从顶层设计和统筹安排的角度，制定发展战略规划和战略措施，最终实现宜宾推动成渝地区双城经济圈高质量发展中的"五城"发展战略目标。

第四部分

宜宾整合产教融合资源打造成渝地区双城经济圈科教"第三极"研究

第一章 引言

实施创新驱动发展战略，加快实现由低成本优势向创新优势的转换，可以激发经济活力，破解发展的深层次矛盾，为经济提供持续发展的强大动力。从国际形势来看，世界科技和产业正在酝酿这一场新的变革，生产要素跨区域流动日益频繁，市场融合程度不断加深，国际产业分工格局即将发生深刻演变，产教融合、产学研一体化成为发达经济体占领经济制高点的重要着力点。从国内形势来看，"一带一路"倡议落实、长江经济带建设、西部大开发新十年以及国家"十四五"开端同样为宜宾市打造成渝经济圈科教"第三极"提供了重要战略契机和广阔发展空间，其中，"一带一路"使得宜宾市成为对外开放的前沿，长江经济带科教走廊建设有利于宜宾承接先进的科学技术，西部大开发新十年为宜宾市挖掘经济潜力赋能，"十四五"规划需要科教有更大的作为，宜宾处于国家诸多战略相互交叠的有利地理位置。从省内情况来看，2020年1月3日，中央财经委第六次会议明确指出，推动成渝地区双城经济圈建设，在西部形成高质量发展的重要增长极，赋予成渝地区具有全国影响力的重要经济中心、科技创新中心和改革开放新高地、高品质生活宜居地的新定位，为宜宾市整合产教融合资源、打造科教"第三极"提供了重要机遇。

宜宾市有机会成为成渝地区双城经济圈科教"第三极"，与其地理位置、产业基础和科教实力有着极为密切的关系。从地理位置上看，成都和重庆都位于四川盆地的盆中地区，难以带动南部高原地区云南省和贵州省的发展，所以急需一座处于四川、云南和贵州三省交界处的城市，作为"第三极"中心城市。宜宾是四川省南向开放门户，是联结南亚、东南亚的重要通道，对外开放优势突出。宜宾积极建设全国性综合交通枢纽，铁路、高速公路、航空、水运等多种交通运输方式发展迅速，因此，宜宾成

第四部分　宜宾整合产教融合资源打造成渝地区双城经济圈科教"第三极"研究

为"第三极"城市的最佳候选城市。

国家政策、地理位置和交通条件为宜宾打造科教"第三极"提供可能性，自身的产业基础和产教融合则为之提供了必然性。宜宾市在近些年经济实力不断增强，在成渝地区仅次于重庆、成都和绵阳，产业结构也不断优化，高端产业和现代服务业对经济增长的贡献越来越显著。"双轮驱动"助推宜宾产业高效发展，传统产业打造特色品牌增强活力，新兴产业借助现代科技实现快速增长。产业实力的增强为科教进一步发展提供了强大的支撑和动力；2014 年以来，宜宾市通过发展"科教兴市"与"创新驱动发展"战略，利用长江经济带科教走廊的发展优势，不断扩大创新主体，培育创新能力，完善科教融合体系，在科技创新与现代教育事业培育上取得了长足进步，创新环境与人才培养环境也有了重大改善，为下一步引导川南经济区科教发展，建设与成渝遥相呼应的"第三极"奠定了发展本源；除了成都和重庆，宜宾和成渝地区其他城市相比，产教融合发展迅速，科创孵化平台以及产业技术研究院的建造遥遥领先，加之新区建设以及国家政府对于宜宾较为重视，都表明了宜宾市在近两年的产教融合发展中占据了龙头地位，已经成为成渝地区建设科教"第三极"的强力竞争者。但是宜宾市还存在创新企业数量较少、产业平台有待升级、高等教育亟待发展、体制机制有待完善、人才资源相对稀缺、校企对接仍需深化、协同创新能力不足、开放优势有待发挥等短板，面临周边城市目标趋同、同质竞争压力较大、高端平台建设缓慢、国家新区建设缺失、自贡内江协同发展、川南内部竞争增强、产教基础相对薄弱、综合体量存在短板、外部引进超速发展、内部产教对接度差、市内产业人才流失等威胁。

利用 SWOT 分析法，本报告确定宜宾当下的产教发展总战略应该是增长型（SO）战略，辅助战略为多元化（ST）战略和扭转型（WO）战略，提出的政策建议是协调政府和市场的关系，建立权责统一、决策科学、执行顺畅的服务管理体系；建设高层次的技术人才队伍，全面提高劳动者的素质水平；以三江新区为抓手，力争升级为国家级新区。

第二章 产教融合是经济发展的重要趋势

实施创新驱动发展战略,加快实现由低成本优势向创新优势的转换,可以激发经济活力,破解发展的深层次矛盾,从而为经济提供持续发展的强大动力。党的十九大报告更是鲜明提出:创新是引领发展的第一动力,是建设现代化经济体系的战略支撑。实施创新驱动发展战略,离不开科学技术,而科技的进步离不开教育的发展,两者共同构成了经济社会发展的重要支撑。很多国内外城市都竞相出台优惠政策,推动产教融合,打造经济发展的新引擎,其目的就是占领经济发展制高点,实现"直线飙车"或"弯道超车",获得持久的经济发展红利。

第一节 国外产教融合为宜宾市提供了借鉴和参考

当今世界的科技和产业正在酝酿这一场新的变革,生产要素跨区域流动日益频繁,市场融合程度不断加深,国际产业分工格局即将发生深刻演变,产教融合、产学研一体化成为发达经济体占领经济制高点的重要着力点,这些为宜宾市整合科教资源,承接产业转移,参与国际分工提供了重大历史机遇。

一 科教创新是推动产业转型和可持续发展的重要途径

国际竞争的实质是以经济和科技为实力基础的综合国力的较量,是创新力的博弈。进入 21 世纪后,创新力在国家实力中的作用进一步凸显,成为国家发展的原动力、综合国力的核心、国家竞争力的关键。很多国内外的城市为了自身利益的需要,致力于引进并整合域内科教资源,建立健全和城市定位相匹配的创新体系,改造传统产业,转变发展方式,推动产

◈ 第四部分　宜宾整合产教融合资源打造成渝地区双城经济圈科教"第三极"研究

业转型，典型代表是德国的鲁尔区。在20世纪70年代以后，鲁尔区的煤炭、钢铁等传统工业逐步衰退，工业结构单一、环境污染严重、大量人口外流、社会负债增加等问题使得鲁尔区的发展陷入了严重的困难。德国政府及时采取措施，依托众多的高校和科研机构大力扶持鲁尔区当地的信息、电子信息、生物技术等新兴产业；鼓励企业之间以及企业与研究机构之间进行合作，以发挥"群体效应"，并对这种合作下进行开发的项目予以资金补助；每个大学都设有"技术转化中心"，形成一个从技术到市场应用的体系。现在的鲁尔区已发展成为欧洲大学密度最大的工业区，实现了"华丽转身"，走上了可持续发展的道路。鲁尔区的成功经验表明，科教创新足以为城市产业转型赋能，宜宾市的高新技术产业产值和战略性新兴产业产值在工业产业增加值中占比正在加大，传统产业技术改造正在加速升级也足以证明这一点。

二　产教融合是建设创新型城市的必要条件

城市是资源汇聚之地，是科技创新中心的重要载体，尽管科技创新中心在资源禀赋、经济体制、国家政策、文化背景等方面存在一定差异，建设路径和发展模式也各不相同，根据刘硕的观点，主要的发展模式可以归结为政府主导型、市场导向型、政府—市场混合型。[①] 但是从最终的发展结果和政策举措来看，产教融合是科技创新城市的共性：美国旧金山硅谷及湾区高校云集，形成的湾区研究性大学—综合性大学—应用型学院相结合的完整高校集群，从高水平人才培育、基础研究开展、核心技术开发、创新成果转化和园区平台搭建等领域为硅谷和湾区不断输送持续创新所必需的人才供给与知识成果，居于创新主体的企业不断进入新领域、研发新科技、输出新成果、开拓产业迭代前沿、填补科技创新空白；日本东京近10年来的PCT专利申请数量稳居世界第一，是全球科技创新产出能力最强的城市，这与高校和研究机构在市内高密度的分布聚集着千丝万缕的联系，目前东京已经形成了职业能力开发促进中心与职业能力开发短期大学等共同组成的教育培训体系，成为一个典型的内生型全球科技创新中心；由英士国际商学院、联合国下属世界知识产权组织以及与美国康奈尔大学

---

① 刘硕、李治堂：《创新型城市建设国际比较及启示》，《科研管理》2013年第S1期。

联合发布的《2016全球创新指数》显示，新加坡创新投入指标排名位居世界榜首，一个很重要的因素是新加坡高度重视产教融合，新加坡高校有针对性地设置了大量创新创业教育课程，诸多企业向高校创新创业项目投资并提供专业指导，建立长期合作关系，建立了高校和科研机构科技成果产业孵化平台，以促进科技创新成果商业化程度的提升。

科技创新中心的兴起、更替及多极化，本质上是由科技革命、制度创新、经济长波等因素的历史性演变所决定的，也是时间与空间要素相互交织的结果。结合上述科技创新中心的发展情况，宜宾应当不断深化产教融合的深度和水平，挖掘和开拓发展潜力，为打造成渝地区双城经济圈科教"第三极"夯实产业基础、教育基础和科技基础。

三 借鉴国际经验，探索有宜宾特色的产教融合模式

科技创新中心的兴起、更替及多极化，本质上是由科技革命、制度创新、经济长波等因素的历史性演变所决定的，也是时间与空间要素相互交织的结果。纵观科技创新中心的发展历程，可以总结如下四种发展路径。

一是从科技园区走向科技创新中心。国际上有不少科技创新中心最初都是从园区发展而来的，随着科研机构的集聚，企业数量的增多，园区的地域范围和影响力也在逐渐扩大到整个城市范围，如美国硅谷、日本筑波。

二是从贸易中心、金融中心走向科技创新中心。严格地说，任何一个科技创新中心除了人为规划的科学城外，都是从原有的区域交易中心、贸易中心、产业中心发展而来的，这样的科技创新中心如纽约、伦敦为更多依托于城市原有的经济基础、金融资源、城市功能，尤其是城市的辐射能力。

三是从科学创新中心走向科技创新中心。科学创新中心的基本特征是依托当地既有的知名高校，如筑波、波士顿、剑桥、柏林等，依靠强大的基础研究能力推动科研成果转化为现实的生产力。

四是从完善区域科技创新体系走向科技创新中心。区域科技创新体系，既包括了高等教育、研究机构、企业等组成相互联系合作的科技创新链，也包括了科技创新投入机制、产出成效，同时还包括很多科技创新的基础和环境以及不同城市之间的协同合作，错位发展。如坐落于旧金山湾

◈ **第四部分　宜宾整合产教融合资源打造成渝地区双城经济圈科教"第三极"研究**

区的硅谷,由围绕旧金山湾的 4 个郡、30 个社区构成,其中斯坦福大学及周边发展创意与创新产业、天使基金、风投、初创企业,山景城(Mountain View)侧重于高科技应用软件业,Sunnyvale 与北圣何塞以半导体产业、软件业(Yahoo)为主,旧金山的社交网和生物科技很有竞争力,圣克拉拉的优势产业为半导体和芯片制造是优势产业。不同城市发挥各自的比较优势,错位发展,合理定位,取得了良好的规模效应,全面提高了这一区域的科技水平和竞争力。

宜宾在产教融合方面取得了很大的成效,呈现出了无中生有、从无到有、有中选优的生动局面。为了充分融入成渝经济圈,成为科教"第三极",需要明确自身在成渝地区双城经济圈定位,重点发展优势产业,避免同质化倾向和恶性竞争。

第二节　国内诸多战略政策在宜宾相互叠加

从国内形势起来看,"一带一路"倡议的提出和落实、长江经济带建设、西部大开发新十年以及国家"十四五"开端同样为宜宾市打造成渝经济圈科教"第三极"提供了重要战略契机和广阔的发展空间。

一　"一带一路"倡议使得宜宾市成为对外开放的前沿

改革开放以来,我国东南沿海凭借优越的地理位置和优惠的国家政策成为我国重要的经济重心,无论是产业结构、科技水平还是教育程度相较于我国中西部地区都占有压倒性的优势,而"一带一路"倡议的提出和落实,对于我国中西部地区是一项国际性的重大建设举措,使得中西部内陆地区的大部分省市从中国传统对外开放格局中的"末梢"一跃成为开放的前哨。沿线的省份和地区必须抓住这一重大历史机遇,根据"一带一路"倡议,立足本地优势制定科教政策和产业政策,才能实现经济社会发展效益的最大化。中国工程院胡文瑞院士在"一带一路"背景下的工程科技人才培养暨第十三届科教发展战略国际研讨会上指出:在"一带一路"倡议伟大实践中,具备"国际视野、战略思维、复合交叉"能力与素养的工程人才在其中扮演关键角色。这就要求我国以"推进建设"为抓手,加强沿线国家和地区高等工程教育的政策沟通,下大力气推动沿线国家高等工程教育的国际合作；相关高校要不断深化工程教育改革、做好人才培养工作，为"一带一路"建设提供纵深智力支持。①

位于我国西部地区的宜宾应当主动融入国家战略，充分发挥区位优势，引进消化科学技术，培养先进技术人才，开拓城市对外开放局面，加快建设成渝经济圈科教"第三极"的步伐。截至2019年10月，宜宾市已与18所大学签订战略合作协议，21所产业技术研究院、10个院士（专家）工作站、15个工程技术研究中心、5个重点实验室、5个省级科技企业孵化器、1个科技成果转移转化服务机构已正式运行，在校大学生达到5.7万人，留学生700余人，居全省第2位。

二 长江经济带建设有利于宜宾承接先进的科学技术

长江贯通我国东西，连接了三大经济地带，是货运量位居全球内河第一的黄金水道，是我国国土空间开发最重要的东西轴线，在区域发展总体格局中具有重要战略地位，覆盖了11个省级单位、40%以上的人口和46.20%的国内生产总值，长江经济带的建设已经成为和"一带一路"建设、京津冀协同发展并列成为《促进中部地区崛起"十三五"规划》的三大战略之一。2014年9月，国务院印发的《关于依托黄金水道推动长江经济带发展的指导意见》对长江经济带定位是具有全球影响力的内河经济带、东中西互动合作的协调发展带、沿海沿江沿边全面推进的对内对外开放带和生态文明建设的先行示范带；2016年9月，《长江经济带发展规划纲要》确立了长江经济带"一轴、两翼、三极、多点"的发展新格局，其中重庆是沿江绿色发展轴，沪蓉（成都）运输通道是北翼，成渝城市群是重要的一极。

宜宾市是四川省南向开放枢纽门户，地处国家"一带一路"和长江经济带结合部，沪瑞运输通道重要节点，在长江经济带中拥有极其重要的生态优势和地理位置。中国人民大学长江经济带研究院院长罗来军指出，宜宾市是国家战略的叠加之处，意味着能够享受更多的政策红利，宜宾通过打造内陆开放高地，通过沿江开放，成为我国沿海开放和沿边开放的连接

---

① 张炜、谢彦洁、李恒、庄逸雪：《"一带一路"背景下的工程科技人才培养暨第十三届科教发展战略国际研讨会综述》，《高等工程教育研究》2019年第1期。

第四部分　宜宾整合产教融合资源打造成渝地区双城经济圈科教"第三极"研究

带和汇集点。这有利于宜宾市吸引长江经济带沿线城市科技和人才落户宜宾，在原有的科教强市的基础上进一步发展为科教节点，延长长江经济带科教走廊的覆盖范围。

三　西部大开发新十年为宜宾市挖掘经济潜力赋能

2019年国务院的《政府工作报告》明确提出，要制定西部开发开放新的政策措施。同年3月19日，中央全面深化改革委员会第七次会议审议通过了《关于新时代推进西部大开发形成新格局的指导意见》，提出西部地区要更加注重抓好大保护，更加注重抓好大开放，更加注重推动高质量发展，寻求新的国家战略特区，借以打造新的发展极，推进西部大开发加快形成新格局，使得西部地区站在新的历史起点上再创辉煌。① 西部大开发新格局一个很重要的主题就是用好"一带一路"，如何通过开放促进经济发展，并成为我国面向西南的开放前沿。本书认为，用好"一带一路"，成为开放前沿，必然要求高质量的发展。只有高质量的发展，才能激发生产要素的活力，让财富的源泉涌流，只有高质量的发展，才能在对外开放中取得主动地位，利用好国内国外两大资源和两大市场，提高开放水平。而高质量的发展，意味着支持西部地区加强科技创新，加快新旧动能转换将是一项长期的任务。四川省社科院研究员盛毅认为，新一轮西部大开发阶段，重要的任务是建设现代化的经济体系，除了要加大产业发展力度，还要进一步发挥西部地区科创资源的优势，在西部地区形成具备自主创新能力的新兴产业，提高制造业的技术水平和推动传统产业的绿色发展。

宜宾市在2016年启动宜宾大学城和科技创新城建设以来，成绩斐然，硕果累累，系四川唯一推荐上报的国家产教融合型试点城市。在新的十年里，宜宾市当务之急是如何整合已有的科教资源，释放经济的创造力和发展动力，培育扶持地区的比较优势，对内协同发展，对外扩大开放。

四　"十四五"规划需要科教有更大的作为

党的十九大报告指出：从2020年到2035年，在全面建成小康社会的基础上，再奋斗十五年，基本实现社会主义现代化。我国经济实力、科技

---

① 贾若祥：《如何在新时代推进西部大开发加快形成新格局》，《中国发展观察》2019年第8期。

实力将大幅跃升，跻身创新型国家前列。而"十四五"是第一个十五年的开局规划，具有全局性和前瞻性的意义，着眼于瞄准国家重大战略和重大需求，着眼跻身创新型国家和建成世界科技强国的目标，这就需要科教有更大的作为，也为科教发展和产教融合提供了更大的发展空间。科技部部长王志刚在2021—2035年国家中长期科技发展规划重大专题集中研讨交流会上明确指出，规划战略研究要突出科技创新对现代化经济体系的战略支撑，体现科技创新与实体经济、现代金融、人力资源的协同发展。这就要求宜宾市不断调整产业和科研的结合方式和协同方式，建成城市创新系统，打通两者联系的最后一公里，最终达成"1+1>2"的效果。

第三节　四川省支持宜宾市打造科教"第三极"

四川省是我国西部地区人口最多、经济总量最大的省份，重庆市是我国西部地区唯一的直辖市，也是人口最多的直辖市。川渝地区是处于"一带一路"和长江经济带的重要结合部，连接西北和西南，沟通南亚和东南亚，是我国西部大开发的重要支点和战略依托，在区域发展格局中具有重大的战略地位和明显的比较优势。[①] 四川省积极把握重大历史机遇，大力推进创新型省份建设，加强成渝互动，支持宜宾市建立川南经济中心，宜宾市科教强市建设成绩喜人。

一　四川推进创新型城市建设和宜宾科教强市建设相得益彰

早在2013年，四川省就关于实施创新驱动发展战略增强四川转型发展新动力提出意见；2015年，四川省出台支持成都高新技术产业创建国家自主创新示范区的十条政策；[②] 同年，中央把四川列入国家系统推进全面创新改革试验区域；2016年，四川省对科研院所进行改革，印发《四川省

[①] 姚星、张永忠、姜玉梅：《深化四川省与"一带一路"沿线国家的经贸合作》，《国际贸易》2017年第11期。

[②] 四川省科技厅：《四川省人民政府关于印发支持成都高新技术产业开发区创建国家自主创新示范区十条政策的通知》，2015年7月3日，http://kjt.sc.gov.cn/zhuzhan/sjkjfg/20150703/21553.html。

第四部分　宜宾整合产教融合资源打造成渝地区双城经济圈科教"第三极"研究

科研院所改革总体方案》和《深化科研院所改革试点推进方案》;[①] 2017年,科技部批准《四川创新型省份建设实施方案》,四川省成为全国第8家获批建设国家创新型省份试点省份,《四川创新型省份建设实施方案》要求力争到 2020 年,基本建成国家创新驱动发展先行省和创新型四川,科技创新能力全面提升,创新支撑经济社会发展作用显著增强,科技与经济深度融合;2018 年,为推动创新型城市建设工作,四川省科技厅与省发展改革委员会联合印发了《四川省建设省级创新型城市工作指引》[②]。同年,为深入深化创新型发展,又提出加快县域创新驱动发展的意见,由省到市、由市到县,点面相连,多维共同发展。

宜宾市在 2016 年提出科教强市的重大战略决策,试图补齐科技、教育和产业方面的短板,这一系列政策和四川省创新型省份建设不谋而合,遥相呼应,而四川省先后出台的扶持科教和高新技术产业的政策意味着将会有更多的技术和人才资源落户四川,支持四川省的创新型省份建设,宜宾应当充分抓住这一重大政策利好,加速科研成果转化,积极利用科技创新助推省经济副中心建设,全力打造科教"第三极"。

二　成渝地区双城经济圈建设提高了宜宾的城市地位

如果说川渝是西部地区的战略支点和重要依托,成都和重庆则是支点城市,对于整个西南地区具有非常强大的辐射带动作用。2016 年 4 月,经国务院批复同意的《成渝城市群发展规划》规定成渝城市群到 2030 年实现由国家级城市群向世界级城市群的历史性跨越;2018 年 11 月,中共中央、国务院明确要求以重庆、成都为中心,引领成渝城市群发展,带动相关板块融合发展;2020 年 1 月 3 日,中央财经委第六次会议明确指出,推动成渝地区双城经济圈建设,在西部形成高质量发展的重要增长极,赋予成渝地区具有全国影响力的重要经济中心、科技创新中心和改革开放新高地、高品质生活宜居地的新定位。推动"一带一路"和长江经济带战略契

[①] 四川省科技厅:《中共四川省委办公厅、四川省人民政府办公厅关于印发〈四川省科研院所改革总体方案〉和〈深化科研院所改革试点推进方案〉的通知》,2016 年 4 月 28 日,http://kjt.sc.gov.cn/zhuzhan/sjkjfg/20160428/33253.html。

[②] 四川省科技厅:《关于〈四川省建设省级创新型城市工作指引〉解读》,2018 年 12 月 13 日,http://kjt.sc.gov.cn/zhuzhan/sjkjfg/20181213/33794.html。

合，加快中西部地区发展、拓展全国经济增长新空间，形成由沿海和沿江城市构成的T字形结构，实现国家的整体区域战略。

宜宾市能够成为成渝地区双城经济圈的科教"第三极"，优越的地理位置是一个重要方面。成都和重庆都位于四川盆地的盆中地区，难以带动南部高原地区云南省和贵州省的发展，所以急需一座处于四川、云南和贵州三省交界处的城市，作为"第三极"中心城市。宜宾的地理位置、交通枢纽地位和产业基础都是这个"第三极"城市的最佳候选城市。从这个维度上讲，宜宾市的肩负着"立足宜宾、服务川南、借力成渝、辐射滇黔、影响全国"的重任。在政府文件中也有不同程度的表述：《长江经济带发展纲要》指出宜宾是长江经济带的重要节点，《四川省城镇体系规划》提出宜宾是川南城市群中心城市，四川省委在十一届三次、四次全会都明确指出要培育壮大以宜宾、泸州为区域中心城市的川南城市群，支持宜宾市建设长江上游区域中心城市和全国性综合交通枢纽。[1] 2019年8月15日，中共四川省委教育工作委员会、中共四川省教育厅党组印发《关于印发〈支持宜宾市建设学教研产城一体化试验区的实施方案〉的函》，支持宜宾作为长江上游区域中心城市建设全省唯一的学教研产城一体化试验区。这一信号对于支持宜宾建立建成川南经济中心、成渝地区双城经济圈科教"第三极"无疑是一大利好。

三 宜宾市积极推进"双城"建设，成绩斐然，硕果累累

宜宾市出台《关于实施创新驱动发展战略的意见》，强调高新技术改造提升传统产业，推动科技和经济深度融合；[2] 出台了《关于加快推进宜宾大学城和科技创新城建设的意见》《关于促进高等教育加快发展推动宜宾加快建成全省经济副中心的意见》《宜宾市科技创新中心入驻机构和团队扶持及管理试行办法》等政策文件，大力实施"双城"建设战略，建设大学城和科技城，将产教融合作为相关政策的核心内容，着力营造良好的产教融合发展环境，从内部培养和外部引进两个方面发展所需的高学历、

---

[1] 陈皑:《"多规合一"引领城市转型——四川省宜宾市建设区域经济副中心的探索与思考》，《中国自然资源报》2019年第6期。

[2] 《宜宾市科技局，宜宾市实施科技创新，助推产业高质量发展》，《宜宾科技》2018年第1期。

第四部分　宜宾整合产教融合资源打造成渝地区双城经济圈科教"第三极"研究

高技能人才和高科技企业,增加创新主体。[①]

如果说地理位置为宜宾市打造成渝地区双城经济圈"第三极"提供了可能性,而"双城"建设则为宜宾市奠定了坚实的科教基础和产业基础,提供了必然性。宜宾市充分、深刻地意识到科教创新对于城市建设与发展的重要意义,积极推进大学城和科创城(以下简称"双城")建设,取得了可喜的成绩。在科教方面,截至2020年年初,宜宾"与四川大学、电子科技大学、上海交通大学、西南财经大学、西华大学、成都理工大学、成都工业学院、四川外国语大学成都学院、西南交通大学8所高校签署项目落地协议,双城"累计签约高校达18所,签署项目落地协议的高校达16所,办学高校达11所(7所开学、3所在建、1所已签约落地),在校大学生达5.7万人;宜宾的高校已与近20个国家的50余所高校和机构签订合作交流协议,已有500余人次高校教师、300余人次学生通过校际交换等项目赴境外深造锻炼;中国人民大学长江经济带研究院、宜宾同济汽车研究院等21所产业技术研究院、10个院士(专家)工作站、15个工程技术研究中心、5个重点实验室、5个省级科技企业孵化器、1个科技成果转移转化服务机构已正式运行。

在产业方面,截至2018年年底,战略性新兴产业的规模以上主营业务收入同比增长62.7%,其中智能终端产业同比增长565.2%、轨道交通产业同比增长59.2%、先进材料产业同比增长28.7%;全市高新技术产业总产值超过620亿元,新增高新技术企业10户和授权发明专利97项,技术合同交易额突破1亿元,西南地区首个区域性技术转移中心—国家技术转移西南中心川南分中心正式获批;建成13个重点工业园区,总面积53平方公里,入驻企业1271户,拥有国家级经济技术开发区1个,省级高新技术产业园区1个,四川省重点发展园区4个,在四川省率先实施工业园区总体发展规划;截至2019年年底,中兴、康佳等106家智能终端企业、奇瑞新能源汽车产业园、中车智轨产业园已经投产运行,引进宁德时代动力电池生产基地项目、极米智能光电产业园、中国移动(成都)产业研究院川南分院等重大行业标杆产业项目,产业集群化发展态势明显。

[①] 侯刚:《抓住"三个着力点",加快构建现代化经济体系》,《宜宾日报》2018年7月12日第4版。

2019年2—3月，省委彭清华书记、省政府尹力省长先后再次考察"双城"并予以充分肯定。

四　宜宾市建设三江新区，推动科教事业进入新台阶

宜宾市建设成渝地区双城经济圈"第三极"也面临着重大挑战，与成渝城市圈的其他城市的科技合作紧密度、融合度不高；与高校、科研院所合作主要在于成果的推广应用上，创新性活动较少，且高校科技成果转化效率低；研发投入强度（研发经费与国内生产总值之比）为1.19%，比全国（2.11%）、全省（1.72%）低0.92个、0.53个百分点，全市科技对经济的贡献率为49%全省（54%）低8.5个、5个百分点。综合科技创新水平指数51.2，比自贡、内江的58.87、53.56分别低7.67、2.36，仅比泸州50.44高0.76。这些问题在很大程度上制约了宜宾市科教"第三极"的建设进程。为了进一步巩固发展成果，深化产教融合，补齐发展短板，宜宾市在2020年3月出台了《宜宾市三江新区总体方案》，规划范围包括临港经开区、翠屏区宋家镇和南溪区罗龙街道局部、江南镇局部的6个街镇，面积约389平方公里，该示范区把推进产教融合为工作重点，全面统筹学、教、研、产、城五个方面的发展，发挥重点企业和重点行业的示范作用，最终建成国家产教融合建设示范区。

从全省发展大局看，设立宜宾三江新区，构建"一干多支、五区协同"区域发展新格局的有力支撑，有利于增强辐射带动区域发展能力和参与国内外产业分工协作能力，加快构筑川渝滇黔结合部区域经济中心，带动川南经济区一体化发展，培育成渝地区双城经济圈重要增长极。宜宾三江新区是四川省目前唯一省级新区，肩负着为全省探索区域协同发展新机制、探索城市转型发展新路径、探索产教城融合发展新模式、探索开放型经济发展新举措四项主要任务。这就意味着宜宾市科教事业将会有着更加广阔的发展空间，宜宾市有必要创新产教城融合的模式，走出一条具有宜宾特色的产教城融合道路。

第四节　小结

综上所述，宜宾市打造成渝地区双城经济圈科教"第三极"是宜宾市

第四部分　宜宾整合产教融合资源打造成渝地区双城经济圈科教"第三极"研究

破除发展难题、增强内生动力、提高城市地位、推进创新发展的必然结果，是空间因素、时间因素和产业因素共同配合的结果，是抓住机遇、赢得挑战的根本途径，是建设四川副中心、打造南向枢纽的快速通道和成渝地区双城经济圈科教"第三极"对宜宾保持发展持久动力意义重大且影响深远。本报告将会结合上述背景的分析，重点研究以下四个主要问题。

一是梳理国内外的产教融合典型案例，分析国内各项优惠政策为宜宾市释放的政策红利和历史机遇，全面认知了解宜宾打造成渝经济圈科教"第三极"所处的外部环境。

二是结合宜宾市的产业、科教和社会发展状况，梳理关键概念，分析产教融合理论、城市创新系统理论和城市群协同创新理论的指导意义，建立宜宾市整合产教融合资源打造成渝地区双城经济圈科教"第三极"的研究框架。

三是从政府工作报告、统计年报、官方网站和实地调研中指出宜宾市打造成渝地区双城经济圈科教"第三极"的产业基础、科教基础，分析宜宾和成都、重庆的互动联动情况，确认高新技术产业和科教的发展情况是否匹配科教"第三极"的定位，并指出其中的问题和不足。

四是怎样处理不同国家政策之间的协调对接，怎样协调当地发展目标和成渝地区双城经济圈的关系，根据宜宾市产教融合过程中存在的不足和短板，提出具有可操作性、可实施性、可推广性的对策和措施。

第三章 概念理解和指导理论

宜宾市打造成渝地区双城经济圈科教"第三极",其发力点在于产教融合,动力在于创新。本节将梳理一些重要概念,总结产教融合理论、城市创新系统理论和城市群协同创新理论对于宜宾市整合产教融合资源打造"第三极"的指导意义。

第一节 关键概念理解

一 成渝地区双城经济圈

2020年1月3日,中央财经委员会第六次会议提出成渝地区双城经济圈战略布局的概念,以同处西南地区的国家中心城市重庆、成都为核心,以"一带一路"和长江经济带为依托,在西部地区培育高质量发展的重要增长极。强化重庆和成都的中心城市带动作用,使成渝地区成为具有全国影响力的重要经济中心、科技创新中心、改革开放新高地、高品质生活宜居地,助推高质量发展。成渝地区双城经济圈的建立经历了成渝经济区和成渝城市群的演变。按照国家发展改革委在2011年5月印发《成渝经济区区域规划》,涵盖范围包括四川省的成都、德阳、绵阳、眉山、资阳、遂宁、乐山、雅安、自贡、泸州、内江、南充、宜宾、达州、广安15个市,区域面积20.6万平方公里,重庆市的万州、涪陵、渝中区、大渡口、江北、沙坪坝、九龙坡、南岸区、北碚、万盛、渝北、巴南、长寿、江津、合川、永川、南川、双桥、綦江、潼南、铜梁、大足、荣昌、璧山、梁平、丰都、垫江、忠县、开州、云阳、石柱31个区县。对于成渝经济区的规划是西部地区重要的经济中心、全国重要的现代产业基地、深化内陆开放的试验区、统筹城乡发展的示范区和长江上游生态安全的保障区;

第四部分 宜宾整合产教融合资源打造成渝地区双城经济圈科教"第三极"研究

2016年4月,《成渝城市群发展规划》在成渝经济区基础上划定了成渝城市群的范围,四川省剔除了部分县级单位,重庆市剔除了石柱县;成渝地区双城经济圈的范围和成渝城市群的范围保持一致。从"成渝经济区"到"成渝城市群",再到"成渝地区双城经济圈",成都和重庆始终是核心区,但是承担的角色发生了明显的变化,中央财经会议把成都和重庆推到合作共赢的新起点,是成都和重庆一体化发展的必然结果。较之成渝城市群的传统说法,成渝地区双城经济圈明显突出了成渝两大中心城市的作用,是其目的在于强化成都经济圈和重庆经济圈的互动,促进两地产业融合、科技协同,发挥其沟通西南西北、连接国内国外的独特优势,在竞争合作中带动整合西部地区的发展,和长江三角洲城市群遥相呼应,激活整个长江经济带,最终成为继京津冀、粤港澳大湾区、长三角之后的中国经济第四极。三个概念之间的关系如图4-3-1所示。

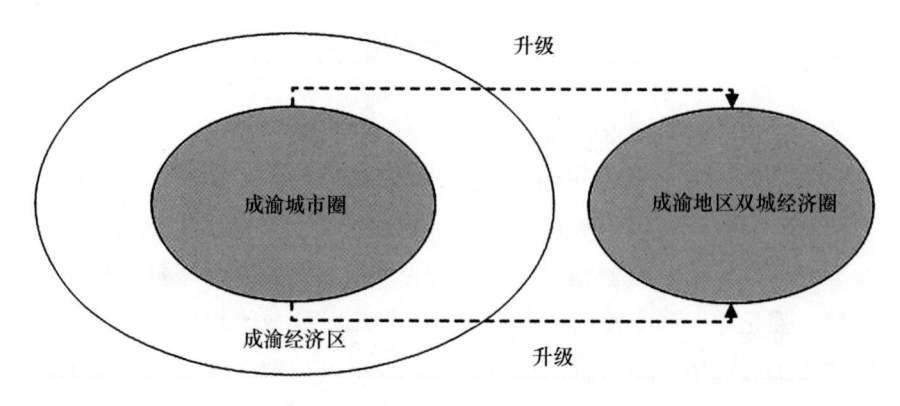

图4-3-1 成渝经济区、成渝城市群和成渝地区双城经济区关系

二 长江经济带科教走廊

长江经济带科教走廊是指主要以分布在上海、南京、苏州、合肥、九江、南昌、武汉、黄石、长沙、重庆等地的国家级高技术开发区、省市级开发区以及高等院校为主体,长约2400公里的沿江走廊。长江经济带科教资源富集,普通高等院校数量占全国的43%,研发经费支出占全国的46.7%,有效发明专利数占全国40%以上。长江沿线集聚了2个综合性国家科学中心、9个国家级自主创新示范区、90个国家级高新区、161个国家重点实验室、667个企业技术中心,占据了全国的"半壁江山"。早在

2000年，这一地区高技术产业增长速度就已呈现快于全国平均水平的势头，产值占全国开发区的70%。关于长江经济带科教走廊的定位在国务院发布的文件中也有十分明确的表述：2014年9月，国务院印发的《关于依托黄金水道推动长江经济带发展的指导意见》要求把长江经济带打造成"具有全球影响力的内河经济带、东中西互动合作的协调发展带、沿海沿江沿边全面推进的对内对外开放带和生态文明建设的先行示范带"，要求顺应全球新一轮科技革命和产业变革趋势，推动沿江产业由要素驱动向创新驱动转变，大力发展战略性新兴产业，促进成渝城市群一体化发展。结合宜宾的实际情况，本部分认为，宜宾市一旦成为科教"第三极"，将川滇黔分散的科教资源连成片，有利于长江经济带科教走廊延长从而覆盖至整个长江流域，有利于形成以长江经济带为轴线的产业和科教集群，带来集聚效应和规模效应。

三 成渝地区双城经济圈科教"第三极"

从字面含义来看，此处的"极"作为名词来看，指的是顶点，可以引申理解为端点和支撑。在这一概念中，宜宾市在科教方面足以成为成渝地区双城经济圈在川南地区一个重要的端点和支撑点。本报告认为，一个城市成为成都、重庆之外的"第三极"应当具备如下条件：地理位置不能距离成都和重庆太近，否则不利于"第三极"作用的发挥，尤其是在四川省，距离成都很近的绵阳和德阳难以承担"第三极"的作用，而宜宾市地处云贵川三省结合部，金沙江、岷江、长江三江交汇处，和成都、重庆保持着一定的距离，不至于产生大城市的"虹吸效应"，宜宾市作为川南经济区的重要城市，处于成渝贵昆四个城市的几何中心位置，与成渝构成成长三角区；和临近城市相比有一定的经济潜力和产业基础，即地区经济总量在城市群内名列前茅，R&D经费强度超过4%，高新技术产业（工业）主营业务收入占省内的比重大于5%，高等院校生师比在18以下，并且至少拥有一个国家级高新区。宜宾市在2019年的地区生产总值名列四川省第三位，仅次于成都和绵阳，名列川南地区第一位，是临近的城市泸州的1.25倍，乐山的1.39倍，自贡的1.82倍，而且宜宾系四川唯一推荐上报的国家产教融合型试点城市，宜宾三江新区是四川省目前唯一省级新区，四川省也大力支持宜宾作为长江上

✡ 第四部分　宜宾整合产教融合资源打造成渝地区双城经济圈科教"第三极"研究

游区域中心城市建设全省唯一的学教研产城一体化试验区，具备一定的条件；和成都、重庆保持互动联动关系，这种互动关系涵盖经济、交通和科教等诸多方面。因此，本报告认为，成渝地区双城经济圈科教"第三极"是指将以宜宾为核心的川南经济区打造成为成渝地区双城经济圈科技、教育、产教融合实现高质量发展的"第三极"，与成都、重庆构筑形成支撑成渝地区双城经济圈的"金三角"。

第二节　产教融合理论

一　什么是产教融合

产教融合，在某种程度上等价于产学研融合、产学研一体化，从广义的角度看，"学"和"研"都可以合并到"教"的部分，都承担着培养人才和技术研发等重要工作，而且从宜宾市的公文表述中，也都是将大学和科研机构并列的。从字面意思理解，产教融合是手段和结果的统一。产学研一体化的概念最早起源于1906年，美国的工程师施奈德率先用到"合作教育"这个概念，旨在充分利用学校、科研单位的优势资源，实现科学研究成果向现实生产力的转化。随着生产力的发展，和产学研理论内涵也越来越丰富，Fontana识别了协同创新过程中，合作研发、合同研究、合作教育、技术产业化四类模式。近些年，产学研一体化的基础上又演变了成"政产学研""政产学研金用"。但是无论产教融合或者产学研一体化的内涵发生了怎样的变化，核心内容都强调了产和教之间的衔接在于合作，新增的"政""金""用"通过合作内容、合作方式、合作途径等方面影响产和教。

二　产教融合的驱动因素

产学研一体化理论认为，科研、教育、生产不同社会分工在功能与资源优势上可以协同与集成，技术创新能够生产的上、中、下游对接耦合。企业和大学或科研机构分别作为"产"和"教"的两极，通过有效的合作，完全可以实现"1+1>2"的效果。影响产学研一体化主要的驱动因素主要有利益分配、文化价值、沟通与联络以及风险投资四个主要方面。

1. 利益分配因素

按照经济学的理性人假设，利润最大化促使企业做出最优的生产决策，效用最大会决定了高校是否会介入到企业的生产过程中，因此，从本质上看，产学研一体化是一种特殊的经济活动，两者之间的利益格局决定了合作的内容和水平，产学研一体化强调合作的双方完全可以找到一个利益结合点实现互利共赢，实现各方利益最优：企业通过生产工艺的改进把握市场制高点，获得优秀的人力资源；高校可以拓宽科研经费来源进而改善研究条件，培养学生的实战能力，引入竞争机制，推动教育改革。

2. 文化价值因素

从文化价值来看，企业一切行为都是以利润最大化为准则，讲求实效和盈利，管理较为严格，而高校崇尚自由独立，倡导"十年树木百年树人"，管理较为松散，两者之间的文化价值的差异，从本质上看就是经济效益和社会效益的差异。产教融合不仅是生产过程的融合，也是两种文化价值的协调。两者天然具有互补性，高校解决了技术问题，企业解决了市场问题，两者相辅相成，构成了一个硬币的两个方面。

3. 沟通与联络因素

沟通和联络也是影响产学研一体化的重要方面，产教融合必然要求产和教两端保持信息对称，通过信息的沟通和交换，把握市场和科技的前沿资讯，沟通与联络的载体具体表现横向联系网络和科技中介机构，在产教融合过程中发挥纽带、桥梁和催化的作用，通达的沟通和联络渠道在很大程度上节省了企业和高校的交易成本，在产学研一体化过程发挥着越来越重要的作用。

4. 风险投资因素

对于风险的态度也会影响产教融合的结果。不同于厂商的生产，技术的研发和人才的教育是周期长、见效慢的工程，尤其技术研发具有很大的不确定性，试错的成本很高，风险厌恶的企业一旦缺少技术研发的激励，产教融合就难以进行。这就决定了产教融合的过程中必须要有充足的风险投资作为保障，提升各方的合作信心。

5. 产教融合更需要政府推动

尽管产教融合是市场经济发展的必然结果，但是市场失灵现象决定了

✡ 第四部分　宜宾整合产教融合资源打造成渝地区双城经济圈科教"第三极"研究

政府在产教融合中不能袖手旁观。由美国社会学家亨利·埃茨科威兹和罗伊特·雷德斯多夫提出的三螺旋理论认为，实施产学研一体化离不开政府的规划和支持，政府主要通过提供财税支持、出台优惠政策、搭建信息平台促进产教融合。比如每八个小时就诞生一个创新型企业的以色列，通过控制孵化企业数量的方式保证孵化效率与质量，每个孵化器只能孵化8—15家企业，对孵化器运行状况会进行每个季度性的监督与结构性的监督，控制每个项目的预算、工作计划及工作节点等。在中国这样一个"大政府、小社会"的国家，政府在产教融合的影响更大。宜宾市做出建设"双城"的决策，前期的工作都是政府推动的，政府专门建立了双城服务局，建立三江新区，旨在为产教融合提供良好的外部环境。如果单纯依靠市场，科教资源和产业资源是很难在宜宾落地生根的。

第三节　城市创新系统理论

一　什么是城市创新系统？

所谓的城市创新系统指由城市范围内的企业、大学、科研机构、地方政府、市民等要素构成的有机创新整体，是由与知识创新和技术创新相关机构构成的有机网络系统。城市创新系统和国家创新体系、区域创新系统有着密不可分的联系。Freeman提出的国家创新体系特别强调了，城市不仅应该重视技术创新，而且应该将知识作为一种重要的经济资源，且在某种意义上，技术创新是知识的创造性应用；[1] Cooke（1992）认为，区域创新系统是指在一定的地理范围内，经常地、密切地与区域创新企业的创新投入相互作用的创新网络和制度的行政性支撑安排。[2] 从以上定义中可以明确的是，城市创新系统的发展和演变是国家创新体系、区域创新系统在微观程度的扩展和延伸。三者关系如图4-3-2所示。

二　产教融合是城市创新系统的重要内容

城市创新系统概念提供了分析驱动城市创新系统的五大基本要素。企

---

[1] Freeman, C., *Technology Policy and Economic Performance: Lessons from Japan*, London: Pinter, 1987.

[2] Philip Cooke., *Regional Innovation Systems: Competitive Regulation in the New Europe*, 1992.

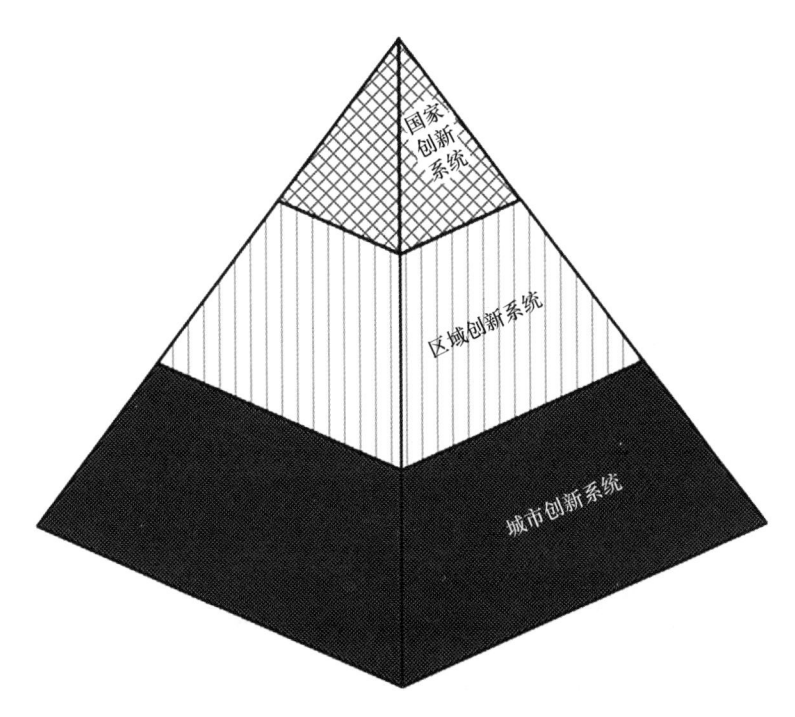

图 4-3-2 城市创新系统、区域创新系统和国家创新系统之间的关系

业的创新方式之一就是和大学或科研机构开展合作,合作的方式有提供科研资助、建立实习基地或者博士后流动站等。作为产教融合的重要一极,企业本身承担着科研成果商业化的责任,因此,世界上的发达国家都高度重视校企合作,例如,东京政府鼓励高校联合产业界共同创建研究中心,政府会拨专款进行补贴;大学和科研机构是产教融合的另一极,两者的作用基本相同,都承担着培养技术人才、创新知识技术、开拓研究领域、推广科技应用和产学研相结合等重要职责,对创新型城市的建设产生了直接关键的影响,企业对技术的需求刺激大学和科研机构不断开发新技术,新技术在企业的应用提高了生产效率,两者共同带动了当地的经济发展。合肥之所以成为我国四大科教基地,中国科学技术大学功不可没。

三 地方政府是城市创新系统的重要推动力

如何协调产和教的关系?地方政府需要有所作为。尽管打造科教"第

第四部分　宜宾整合产教融合资源打造成渝地区双城经济圈科教"第三极"研究

三极",融入成渝地区双城经济圈是市场经济发展的必然结果,但是政府的引领协调也不容忽视,政府承担着改善科研活动和营商环境、促进校企互动合作、打破生产要素流通阻碍、厘清市场规范秩序、及时纠正市场失灵等重要任务,尤其是对于科教基础较为薄弱的地区,政府的作用更为突出。典型的城市如首尔就是一个典型的政府主导型科教强市,先后经历了"引入模仿—吸收改进—自主创新"三个主要阶段,与之相对应的是韩国政府在这三个阶段依次出台了"工业立国、贸易兴国、科技立国—创造性发展战略—新增长战略"的支持措施。

四　市民是城市创新系统的建设者

市民是城市创新系统的参与者和受益者,主要作用体现在微观层面,通过个人消费、建言献策、学习研究、发明创造直接或间接参与城市创新系统的建设。市民的教育程度也往往能够体现出一个城市的发达程度,例如北京市在2018年每十万人口高等学校平均在校生数为5268人,重庆市也达到了3081人。

城市创新系统五大基本要素关系如图4-3-3所示。

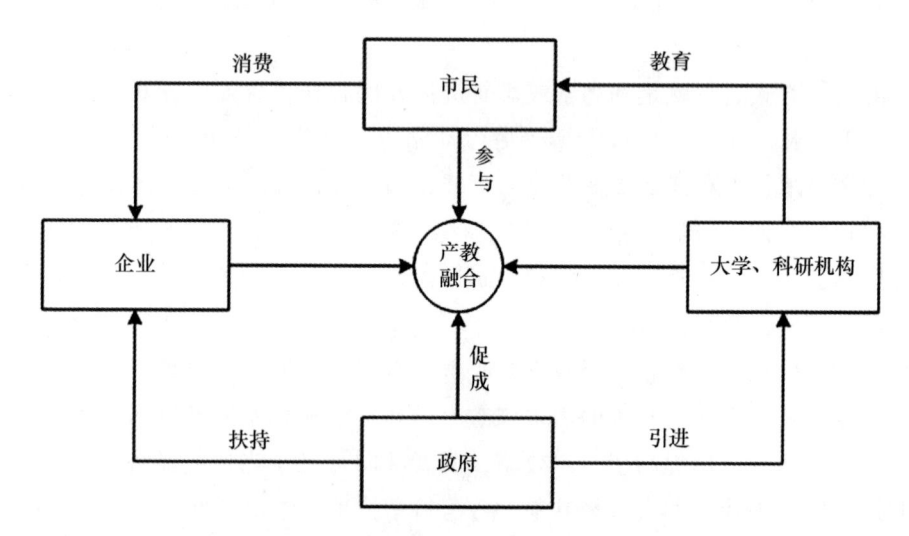

图4-3-3　城市创新系统五大基本要素关系

第四节 城市群协同创新理论

一 什么是城市群协同创新系统？

城市群协同创新系统是指在相对独立而又联系紧密的城市集合内部，多元创新主体以城市为载体通过城际关系互动，针对城市间以及城市内知识与技术的再创新和再利用，形成的知识流、技术流、信息流和物质流的循环创新型网络。城市群协同创新系统离不开完善的创新联系系统，包括基础设施、现代物流、产业分工和通信网络。城市群协同创新系统是创新比较优势、创新要素流动和创新网络形成三大要素交互作用的结果。

二 城市群具有协同创新优势

创新比较优势主要体现在不同城市有各自优势产业，区域内的城市之间互补性强于竞争性，形成最优的产业分工，实现利益最大化，比如成都的优势产业有新材料、电子信息、汽车产业、石油产业、航天航空，重庆以电子行业和汽车业为主，宜宾的产业在于白酒和农业，三座城市拥有各自的优势产业，为空间协作上提供了可能。

三 创新要素流动是城市群协同创新的条件

创新要素流动在本报告主要是资金、人才和技术等要素的流动。科教"第三极"本质上就是资金的竞争、人才的竞争和技术的竞争，资金、人才和技术等创新要素的有序流动，有利于要素持有者获得最大利益，破解城市的创新难题。当然，创新要素的流动也需要政府的介入，否则区域内中心城市的虹吸效应吸收周围城市的创新要素，拉大发展差距。比如在省域层面成都市在我国诸多省会城市首位度中名列前茅，这对于宜宾建设科教"第三极"是一个不小的挑战。

四 创新网络是城市群协同创新的基础前提

创新网络形成主要体现在基础设施方面，如交通网络、通信网络、物流网络，促进要素流通，增强中心城市的辐射能力，将不同城市连成一体，产生集群效应和规模效应。任何一个城市群创新系统都需要通达便捷的联系网络。例如长三角地区能够成为城市群协同创新系统和当地高密度的交通线路有着十分密切的关系。宜宾市能够成为科教"第三极"的客观条件之一就是位于全国性综合交通枢纽、全国铁路枢纽、全国区域流通节点城市的核心区域，建成了铁公水空立体交通体系，未来还会有4条高速铁路、7条普速铁路、12条高速公路。

五　三者的关系

笔者认为，创新优势产业和创新要素流动是客观基础，决定了一个城市在城市群中的地位和参与方式，而创新网络形成是促进城市群协同创新系统的客观条件，将不同城市连接在一起，增强了创新要素的流动性，从而为创新优势产业的优化升级提供动力，三者的关系如图4-3-4所示。需要说明的是，圆形的面积大小反应该城市的产业实力和科教实力，面积越大，则实力越强；箭头表示本市创新要素的流动方向。通过创新要素在不同城市之间，不同要素之间的相互作用，最终使得三个城市的产业实力和科教实力趋于均衡状态，表现在图中为三个城市在城市群协同创新系统建立之后圆形面积趋于一致，每个城市和之前相比实力也都有所增强，在图中演变为圆形的面积比以前更大了。

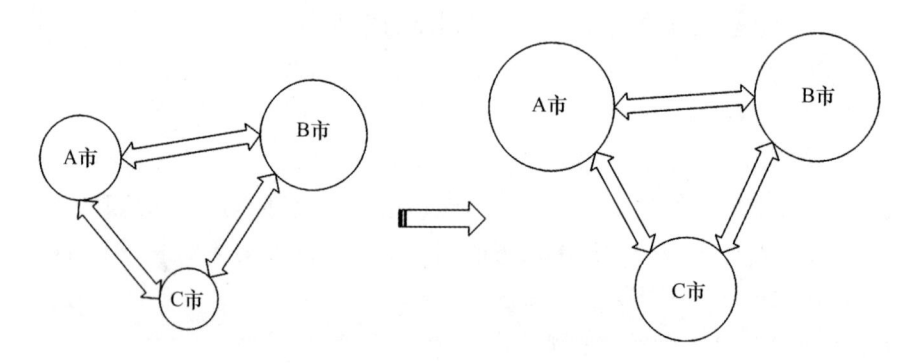

图4-3-4　城市群协同创新系统演变效果

第五节 产教融合、城市创新系统和城市群协同创新系统关系

综上所述，产教融合、城市创新系统和城市群协同创新系统都为宜宾市打造科教"第三极"提供了有效的理论指导，关于三者之间的关系，本报告认为，产教融合是后两者的基础，城市创新系统和城市群协同创新系统是产教融合在空间尺度的延伸。从发展路径来看，城市群协同创新系统的建立，经历了如下的过程，如图4-3-5所示。

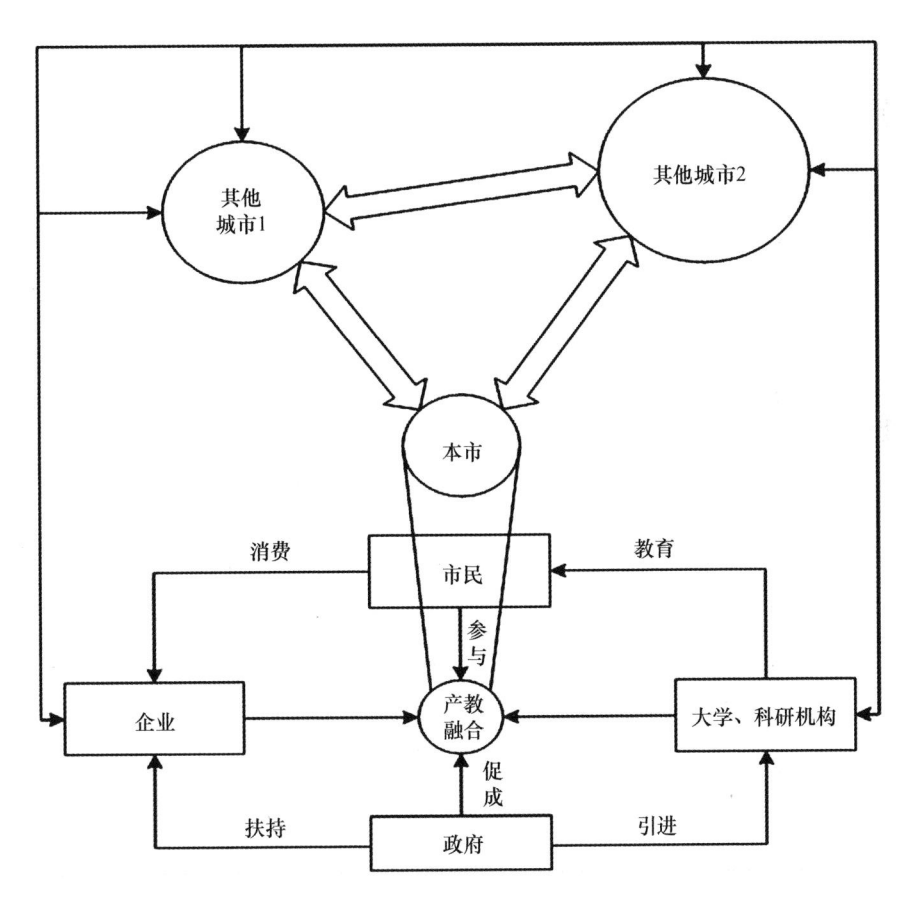

图4-3-5 产教融合、城市创新系统和城市群协同创新系统的交互关系

第四部分 宜宾整合产教融合资源打造成渝地区双城经济圈科教"第三极"研究

一 产教融合阶段

城市群内的不同城市通过建立产业园区或科技园区，设立博士后流动站，引进高等院校或科研机构、高新技术企业等形式等，为产教融合搭建平台。这些构成了宜宾市在2016年到2020年的主要工作内容。这些产业园区或者科教城空间分布上呈现出孤立点状分布，分散于各个城市之内，政府在这一阶段发挥主导作用，主要为企业培育市场，为产教牵线搭桥。

二 城市创新系统阶段

城市内部的高校、科研机构和企业已经基本落地扎根，企业和高校之间高度融合，高新技术产业的产值占本市的比重开始上升，高校学生的比重逐步扩大，城市之间的联系开始增强，城市之间的联系网络初步建立，政府在系统中的角色相对弱化，主要精力放在制度建设和创新氛围的营造，市场在资源配置中发挥主导作用。

三 城市群协同创新系统阶段

通达便捷的交通网络已经形成，人才、资金和技术在城市群内能够无障碍地自由流动，企业和高校形成了"你中有我，我中有你"的合作局面，城市发挥比较优势成为各自所在地域的中心和各自产业的中心，城市群的开放程度提高，资源完全由市场配置，政府之间的协调尤其重要，最终形成了政府、企业、高校良性互动的局面。

根据上述理论，本部分构建了分析宜宾市整合产教融合资源打造成渝地区双城经济圈科教"第三极"分析框架，如图4-3-6所示。

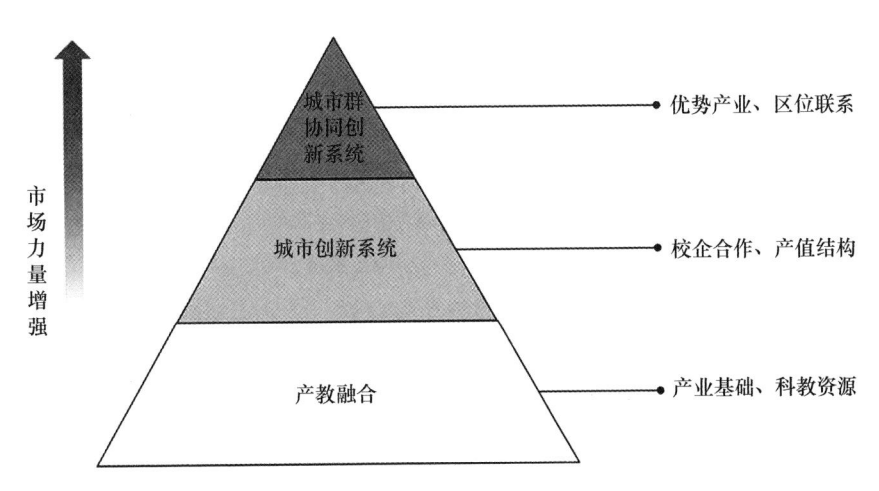

图4-3-6 宜宾市打造成渝双城经济圈成渝地区双城经济圈科教"第三极"分析框架

第四章　宜宾产教融合资源现状

近几年，宜宾大力实施"产业兴市"、"科教兴市"战略，产业、科教迅速发展，产教融合取得了显著成效。2020年1月3日，习近平总书记在中央财经委员会第六次会议上强调，要推动成渝地区双城经济圈建设，在西部形成高质量发展的重要增长极。成渝地区双城经济圈建设给宜宾带来了重大发展机遇，依托有利的地理位置，整合现有的产业、科教、产教融合资源，打造双城经济圈科教"第三极"，带动经济高质量发展，是宜宾接下来的战略重点。本章具体分析宜宾现有的产业、科教以及产教融合资源，通过梳理现状、相关政策以及与其他城市的对比分析，理清宜宾建设成渝地区双城经济圈科教"第三极"的优势和不足，从而进一步探讨相应的对策措施。

第一节　产业发展现状

宜宾市位于四川省南部，地处川、滇、黔三省结合部，金沙江、岷江、长江汇聚于此，素有"万里长江第一城"的美誉。近年来，宜宾市依托优越的地理位置和丰富的自然资源，坚持新的发展理念，深入贯彻落实创新驱动发展战略，积极主动融入全省"5+1"现代产业体系，加快推进产业兴市，坚定不移实施"产业发展双轮驱动"战略，不断优化经济发展环境，推动全市经济高质量发展，为科教建设提供了有力的支撑。与成渝地区双城经济圈其他主要城市相比，当前宜宾还需要加大力度推动创新发展，构建高端产业发展平台，以创新促进产业升级和结构调整，带动更高水平的对外开放与合作。

一 产业实力不断增强，为科教发展提供有力支撑

近年来宜宾经济增长加快，经济实力不断增强，在成渝地区仅次于重庆、成都和绵阳，产业结构也不断优化，高端产业和现代服务业对经济增长的贡献越来越显著。"双轮驱动"助推宜宾产业高效发展，传统产业打造特色品牌增强活力，新兴产业借助现代科技实现快速增长。产业实力的增强为科教进一步发展提供了强大的支撑和动力。

1. 经济总量不断攀升，产业结构逐步优化

2019年，宜宾实现地区生产总值2601.89亿元，位居四川省第3位，仅次于成都和绵阳，占四川省地区生产总值约5.6%。2018—2019年，按可比价格计算，宜宾地区生产总值的增速为8.8%，高于全省平均水平1.3个百分点，位居全省第1位，经济增长势头强劲。同年人均地区生产总值为57003元，比上年增长8.3%，高于全省平均水平1229元。[1] 总体来看，宜宾的经济实力在全省处于前列，在川南经济区中处于领先地位，且经济增长势头正盛。

从第一、第二、第三产业结构来看，2019年，宜宾市第一、第二、第三产业增加值分别为277.64亿元、1308.92亿元、1015.33亿元，占比由上年的10.8%、50.3%、38.9%调整为10.7%、50.3%、39%，产业结构变化不大，第二产业在经济中占据半壁江山，对经济增长的贡献率为57%。2018—2019年，宜宾第一、第二、第三产业增加值的增长速度分别为2.9%、9.6%、9.8%，分别高于全省平均水平0.1个、2.1个和1.3个百分点[2]。第三产业增加值的增长速度高于第一、第二产业，发展潜力较大，是宜宾经济快速增长的重要支撑，今后将在宜宾经济发展中发挥越来越重要的作用。如图4-4-1所示。

2. 传统产业改造升级，新兴产业加快发展

传统产业不断升级。宜宾致力于促进传统产业的改造和升级，让传统产业不断焕发新的活力，推动传统产业的现代化。2019年继续推动以酒

---

[1] 《宜宾市2019年国民经济和社会发展统计公报》，宜宾市人民政府，http://www.yibin.gov.cn/xxgk/jryb/tpbd/202004/t20200414_1263093.html。

[2] 同上。

第四部分　宜宾整合产教融合资源打造成渝地区双城经济圈科教"第三极"研究

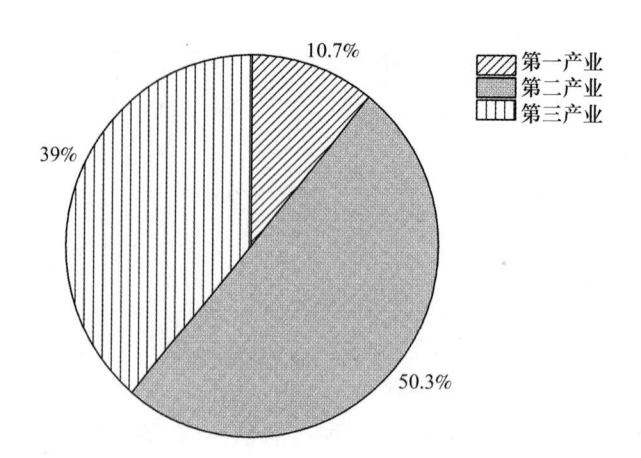

图4-4-1　宜宾市2019年三次产业增加值占比

资料来源：宜宾市2019年《国民经济和社会发展统计公报》。

类、化工、建材、机械产业为代表的传统特色产业转型升级，传统产业实现稳步增长，规模以上工业增加值同比增长8.9%。其中，酒类产业支柱地位突出，占全市规模以上工业增加值的比重近40%。机械、纺织、电力等传统特色产业规模以上工业增加值增速分别快于全部规模以上工业增加值增速9.8个、3.7个和1.4个百分点。宜宾还充分发挥茶、竹等传统产业的优势，不断提升"川红工夫"红茶、"宜宾早茶"的品牌知名度，深入挖掘竹文化，助推茶、竹产业发展。2019年，全市规模以上工业绿色食品加工业增加值同比增长7.8%，其中精制茶增长11.7%，比上年提升2.8个百分点；竹加工业增长14.5%，比上年提升4.6个百分点。精制茶、竹加工业对全市规模以上工业增长贡献率分别较上年提升0.4个、0.8个百分点[①]。

新兴产业加快发展。智能终端、新材料、轨道交通、页岩气、汽车、节能环保、医药、通用航空是宜宾的八大高端产业。2019年，八大高端成长型产业规模以上工业企业户数达149户，较去年增加44户；增加值同比增长25.9%，高于全市规模以上工业增加值增速15.5个百分点，其中：

---

① 《"双轮驱动"深入推进产业宜宾进程加快——宜宾市2019年经济运行统计监测系列分析之工业篇》，宜宾市统计局，http：//tjj.yibin.gov.cn/tjzl/tjfx/202002/t20200228_1226606.html。

智能终端产业同比增长57.1%，页岩气产业增长44.6%，轨道交通产业增长48.3%。增加值总量占全市规模以上工业的比重达22.5%，较上年提升3.4个百分点；对全市工业增加值增长的贡献率达47.8%，较上年提高4.6个百分点，[1] 新兴产业投资快速增长，以轨道交通、节能环保、新能源汽车、新材料等为代表的新兴产业投资增长19.0%、高于全社会投资增速6.1个百分点，占全社会投资的13.2%、较上年提升0.7个百分点。[2] 新能源汽车暨汽车投资和智能终端投资增速分别快于全部投资163.1个和60.7个百分点，[3] 充分显示出高端产业对经济的带动作用不断增强。

二 多项举措并行助推产业高质量发展

面对产业转型升级和结构调整的发展趋势，宜宾坚持新的发展理念，深入贯彻落实创新驱动发展战略，积极主动融入全省"5+1"现代产业体系，加快推进产业兴市，坚定不移实施"产业发展双轮驱动"战略，出台了一系列政策支持产业加快发展，为产业发展构建平台，提供优质服务，改善营商环境，鼓励创新发展。

1. 支持产业创新

"十三五"期间，宜宾制订、出台多项规划和政策，有力支持市内产业健康持续发展。如《中共宜宾市委宜宾市人民政府关于实施创新驱动发展战略的意见》《宜宾市人民政府关于加快推进数字经济发展的意见》《宜宾市人民政府关于印发宜宾市新一代人工智能发展工作方案的通知》《宜宾市"十三五"工业发展规划》《宜宾市医药产业发展规划》《宜宾市"十三五"综合交通运输发展规划》《宜宾市加快培育发展高新技术企业若干政策（试行）》等一系列政府文件，深入推进传统产业与新兴产业"双轮驱动"，一方面对传统优势产业进行改造升级，另一方面培育发展新兴产业，增强经济发展活力。

深化与高等院校、科研机构等的合作，大力引进高等院校入驻宜宾。

---

[1] 《"双轮驱动"深入推进产业宜宾进程加快——宜宾市2019年经济运行统计监测系列分析之工业篇》，宜宾市统计局，http://tjj.yibin.gov.cn/tjzl/tjfx/202002/t20200228_1226606.html。
[2] 《综合实力稳步提升经济发展质效并进——宜宾市2019年经济运行统计监测系列分析之综合篇》，宜宾市统计局，http://tjj.yibin.gov.cn/tjzl/tjfx/202003/t20200304_1228326.html。
[3] 同上。

第四部分　宜宾整合产教融合资源打造成渝地区双城经济圈科教"第三极"研究

不断推动产学研一体化，积极促进科技创新和成果转化，加强企业的创新主体地位，引导创新资源流向企业，促进资源的合理配置。不断推动工业化与信息化深度融合，开展互联网＋制造试点，推进工业大数据、工业云发展，实施"企业触网行动"，推动产业和产品的数据化、智能化。积极推动制造业和服务业创新，转变经济发展方式，培育新动能。这一系列政策支持推动了宜宾产业尤其是新兴产业的快速发展。

2. 搭建优质平台

为产业创新发展、高质量发展提供优质平台。2007年，宜宾高新区成立，2009年宜宾高新区被批准为省级高新技术产业园区。近年来，高新区加大力度建设大学城、科技城，并且形成了以高端装备制造为主导，新型服务业快速发展的初步格局，有力助推了产业的创新升级。2020年2月18日，省政府批准设立宜宾三江新区，这是省内第一个省级新区，新区将着力建设先进制造业集聚区、现代服务业集聚区、三江绿色生态走廊、滨江山水新城，力求打造创新型现代产业发展集聚区、国家产教融合建设示范区。三江新区的设立为宜宾各产业的发展提供了广阔平台和有力支撑。

此外，出台并实施《宜宾市工业园区主导产业定位指导意见》《宜宾市产业园区（经开区、高新区、工业园区）产业布局定位目录》，合理布局产业园区，科学定位，充分发挥各产业园区的特色和优势。大力推进园区基础设施建设和公共服务完善，为企业发展创造良好的环境。在园区内建立多元化创新创业平台体系，加强孵化器、物流、市场等综合服务保障体系建设，提高产业园区的承载能力。开发多样化的园区发展模式，探索园区内和园区间的协同合作机制。

3. 优化营商环境

宜宾出台并实施《宜宾市人民政府关于支持企业利用多层次资本市场发展壮大的意见》《宜宾市人民政府关于大力促进民营经济加快发展的意见》《宜宾市"十三五"市场监管规划》等一系列政策文件，积极为企业搭建进入资本市场的各类平台，为企业实现多渠道融资创造条件，不断降低企业的运营成本，优化企业的成长环境，鼓励民营企业做大做强，扶持中小企业发展，降低企业运营风险。实行严格的市场监管，建立公平有序的市场竞争环境，推动法治化建设。减轻企业负担，在鼓励发展的产业领域降低企业税收，实施补贴制度，旨在培育一批创新能力强、抗风险能力高的现代企业。

坚持"两个毫不动摇"，全面推动"放管服"改革，企业成本逐步降低，2019年规模以上工业企业每百元营业收入的成本为75.3元，比上年减少1.4元，微观主体活力不断增强，在创造就业、增加税收和技术创新、产业升级方面发挥着重要作用。不断深化对外开放，积极参与国际分工与竞争，为企业外贸出口创造便利。优化市内的企业生存环境，实施优惠政策吸引国内投资和外商直接投资，不断提高利用外资的能力和水平。

三 产业竞争力有待进一步增强

为进一步了解宜宾产业的发展情况，选取成渝地区双城经济圈的其他重点城市进行对比分析，选取的城市为：重庆、成都、绵阳、德阳、南充、泸州、达州、乐山、内江和自贡。这些城市中既有与宜宾地理位置相近的城市，也有争创四川省经济副中心的其他六个城市，与这些城市作比较，可以更清晰地认识宜宾产业发展中的优势和不足，为下一步产业发展确定方向和对策。

1. 经济增长优势明显，产业结构有待进一步优化

从表4-4-1中可以看出，宜宾市在11个城市中GDP总量排名第4，GDP增速排名第1，经济实力较强且发展速度快，增长潜力较大。除重庆和成都外，宜宾的竞争对手主要是绵阳和德阳，这两个城市也在争创四川省经济副中心的城市行列中。从经济总量上讲，2019年宜宾超过德阳，但仍不及绵阳；从经济增速上讲，宜宾在2019年一跃成为四川省第1，绵阳则紧跟其后。因此，宜宾建设四川省经济副中心面临着激烈的竞争。分产业看，宜宾第二产业占比较高，第三产业占比相对其他城市来说较低。第一产业增速各城市大体相同，第二、第三产业宜宾增速最快，说明宜宾未来的增长潜力较大。综合分析三次产业占比和三次产业对经济增长的贡献，宜宾在发挥第二产业优势的同时，第三产业仍需要加大力度发展。

将宜宾和重庆、成都进行对比，2019年宜宾的国内生产总值大约占重庆的11%，占成都的15%，经济总量与重庆、成都相差悬殊。但从国内生产总值的增速来看，宜宾（8.8%）高于重庆（6.3%）和成都

第四部分　宜宾整合产教融合资源打造成渝地区双城经济圈科教"第三极"研究

（7.8%），相对差距在缩小。与宜宾三次产业结构10.7∶50.3∶39相比，重庆的三次产业结构为6.6∶40.2∶53.2，成都的三次产业结构为3.6∶30.8∶65.6，宜宾的产业结构还有调整升级的空间，从宜宾第二、第三产业增加值增速远远高于第一产业和重庆、成都的第二、第三产业来看，宜宾的产业结构将逐步调整升级。为加快打造成渝地区双城经济圈科教"第三极"，宜宾必须着力于产业的创新升级，为科教发展提供支持和动力。

表4-4-1 成渝地区双城经济圈主要城市经济总量及结构（2019年）

城市	GDP（亿元）	三次产业增加值（亿元）			三次产业占比（%）		
		一	二	三	一	二	三
重庆	23605.77	1551.42	9496.84	12557.51	6.6	40.2	53.2
成都	17012.66	612.18	5244.62	11155.86	3.6	30.8	65.6
绵阳	2856.2	302.45	1151.34	1402.41	10.6	40.3	49.1
宜宾	2601.89	277.64	1308.92	1015.33	10.7	50.3	39
德阳	2335.9	234.6	1184.4	916.9	10	50.7	39.3
南充	2322.23	404.25	937.62	980.36	17.4	40.4	42.2
泸州	2081.26	216.98	1021.86	842.42	10.4	49.1	40.5
达州	2041.5	344.8	706.3	990.4	16.9	34.6	48.5
乐山	1863.31	242.68	801.88	818.75	13	43	44
内江	1433.3	240.5	489.88	702.92	16.8	34.2	49
自贡	1428.49	202.36	572.7	653.43	14.2	40.1	45.7

城市	GDP增速（%）	三次产业增加值增速（%）			三次产业对经济增长的贡献（%）		
		一	二	三	一	二	三
宜宾	8.8	2.9	9.6	9.8	4.2	57	38.8
绵阳	8.1	2.9	8	9.4	4	39.8	56.2
南充	8	2.9	9.4	9.3	7.3	50.1	42.6
泸州	8	2.6	8.2	9.5	3.5	55.7	40.8
成都	7.8	2.5	7	8.6	1.1	34.5	64.4
内江	7.8	2.9	8.9	8.8	6.5	38.6	54.9
自贡	7.8	2.9	8.2	8.7	11.2	41.7	47.1
达州	7.7	2.9	9.4	8.4	6.6	41.2	52.2
乐山	7.6	2.8	8	8.6	4.2	54.1	41.7
德阳	7.2	2.5	7.8	7.7	3.6	54.6	41.8
重庆	6.3	3.6	6.4	6.4	3.9	41.4	54.7

资料来源：各城市2019年国民经济和社会发展统计公报。

2. 高新技术产业发展平台有待升级

宜宾高新区目前是省级高新区，还没有成为国家级高新技术产业开发区。对比成渝地区双城经济圈其他城市，重庆、成都、绵阳、德阳、泸州、自贡、内江、乐山、攀枝花都已建成国家级高新区，尤其是重庆建成四个国家级高新区。因此，宜宾在高新技术产业发展平台和载体建设上还需要加大力度，这样才能满足成渝地区双城经济圈科教"第三极"的要求。重庆市、四川省国家级高新技术产业开发区如表4-4-2所示。

表4-4-2　　重庆市、四川省国家级高新技术产业开发区

城市	高新区名称	批准时间	主导行业
重庆	重庆高新区	1991.3	汽车、电子及通信设备、新材料
	璧山高新区	2015.9	装备制造、互联网
	荣昌高新区	2018.2	智能装备制造、食品医药、轻工陶瓷、农牧高新
	永川高新区	2018.2	装备制造、电子信息、新型材料、指挥交通与安全
成都	成都高新区	1991.3	信息技术、装备制造、生物
绵阳	绵阳高新区	1992.11	电子信息、汽车及零部件、新材料
自贡	自贡高新区	2011.6	节能环保、装备制造、新材料
乐山	乐山高新区	2012.8	新能源装备、电子信息、生物医药
泸州	泸州高新区	2015.2	装备制造、新能源、新材料、医药
攀枝花	攀枝花高新区	2015.9	钒钛钢铁、化工、有色金属加工
德阳	广汉高新区	2015.9	通用航空、医药、食品
内江	内江高新区	2017.2	医药、装备制造、新材料

资料来源：科学技术部火炬高技术产业开发中心《国家高新区名单》。

3. 对外开放优势尚未充分发挥

省委十一届三次全会明确提出支持宜宾创建全国性综合交通枢纽、四川南向开放枢纽门户，宜宾市拥有突出的战略地位、优越的交通条件和良好的开放平台，应当发挥优势，打造成渝地区双城经济圈南向开放的引擎。对比以下几个城市的进出口总额发现，宜宾的对外贸易发展还不具有

第四部分　宜宾整合产教融合资源打造成渝地区双城经济圈科教"第三极"研究

优势（见图4-4-2）。2018年，宜宾进出口总额分别相当于重庆、成都的1.86%、1.95%，差距悬殊（见图4-4-3）。为打造成渝地区双城经济圈科教"第三极"，宜宾应当进一步提高产品质量，推动产业技术创新，引进吸收外来先进技术和经验，提升对外开放的水平，从而推动成渝地区双城经济圈对外开放走向新阶段。

根据以上分析，宜宾近些年经济实力不断增强，产业结构逐步优化，传统产业和新兴产业都表现出较强的活力。宜宾坚持"创新驱动发展"、"产业发展双轮驱动"，不断促进产业技术改造和升级，出台多项政策激发企业活力，促进产业和科教的深度融合发展。当前，宜宾要想增强在成渝地区双城经济圈中的竞争力，打造经济圈科教"第三极"，还需要进一步优化产业结构，增强创新能力，并发挥开放优势，增强对周边地区的辐射带动能力。

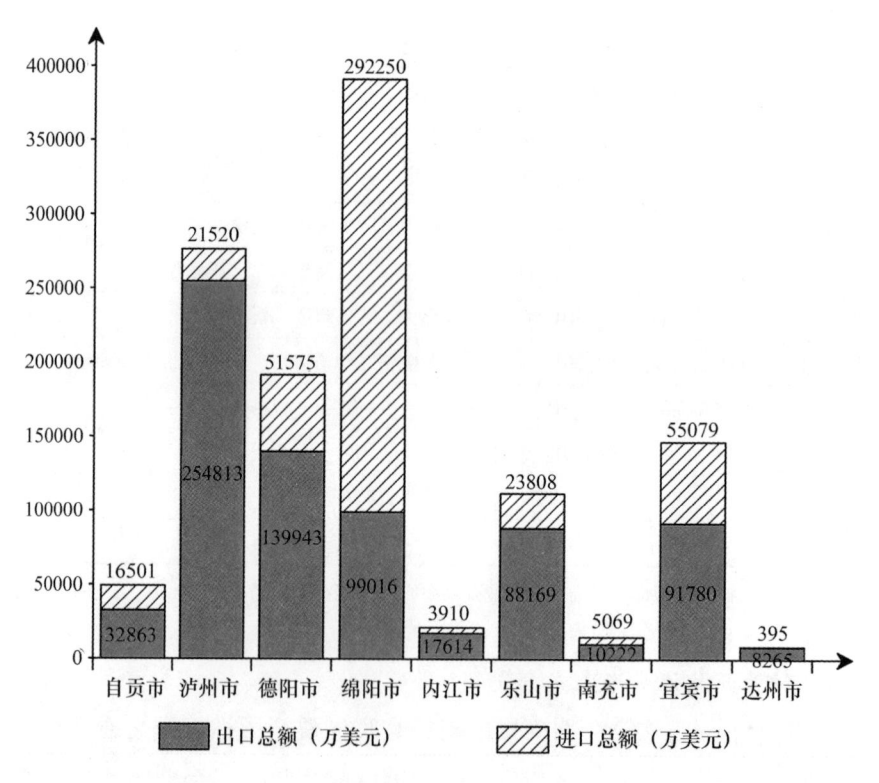

图4-4-2　部分城市2018年出口、进口总额

资料来源：各城市统计局。

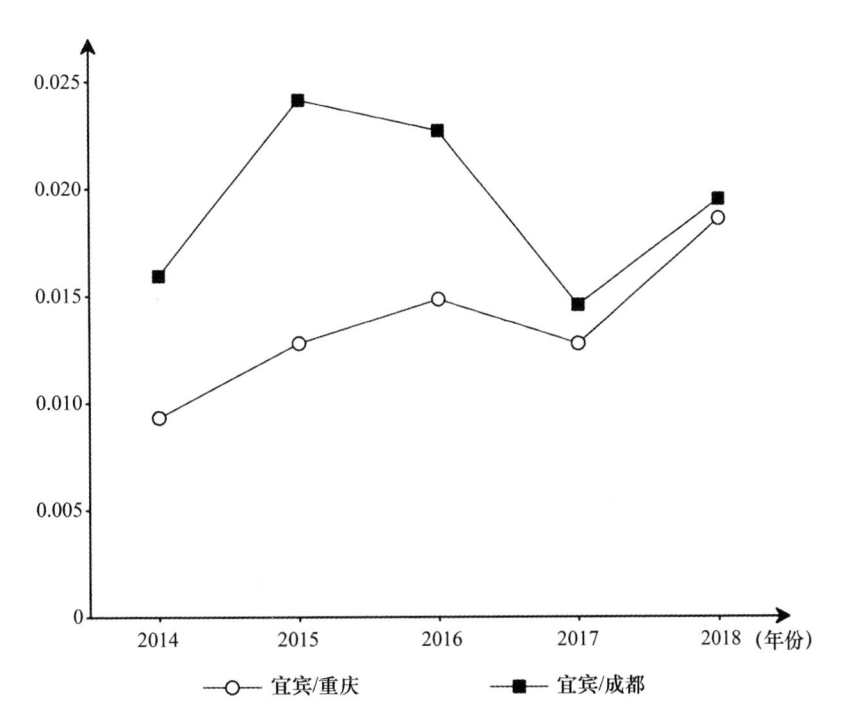

图 4-4-3　2014—2018 年宜宾进出口总值与重庆、成都的比值
资料来源：各城市统计局。

第二节　科教"第三极"建设基础

科技是国家强盛的资本，教育是国家发展的基础。近年来，宜宾市充分认识到科技、教育对于实现"创新驱动"、要素集聚以及经济发展的重要性，对于科教的重视程度不断提高，把握机遇增加创新主体、夯实科教基础、完善科教体系，逐步成为川南经济区内的科教发展中心，为自身创新发展和建成成渝地区双城经济圈"第三极"打下了牢固基础。

一　科教发展部门现状

自 2014 年以来，宜宾市通过发展"科教兴市"与"创新驱动发展"战略，利用长江经济带科教走廊的发展优势，不断扩大创新主体，培育创新能力，完善科教融合体系，在科技创新与现代教育事业培育上取得了长

第四部分　宜宾整合产教融合资源打造成渝地区双城经济圈科教"第三极"研究

足进展,创新环境与人才培养环境也有了重大改善,为下一步引导川南经济区科教发展,建设与成渝遥相呼应的"第三极"奠定了发展本源。

1. 基础设施渐趋完善,科教实力攀升

经历2016—2019年三年的发展,宜宾市基础科教体系渐趋完善,科教综合实力稳步提升。三年中,全市累计专利申请量11669件,专利授权量累计6867件,其中2019年全年申请专利3152件,获得授予专利2010件(申请发明专利469件,获得授予发明专利105件),较2018年各有11.8%与16.6%的净增长。同时,宜宾市2019年全年新认定高新技术企业34家,省科技成果转移转化示范企业13家,省级科普基地2家,市级科普基地6家;获省科技进步奖一等奖2项、二等奖3项、三等奖9项。最为惊人的是,2019年宜宾市完成技术合同登记114项,交易额3.89亿元,登记额是上年的3.6倍。在此基础上,宜宾市获全省首批支持建设的省级创新型城市,加之2020年新确定的"三江新区"与科教城市的建设,宜宾市已经迈入了科教发展的黄金轨道。

教育方面,截至2019年,全市拥有各级各类学校1567所(不含普通高等院校、技工校、职业培训机构),在校生87.26万人,专任教师5.22万人;全年普通本专科招生1.1万人,在校生5.09万人,毕业生1.36万人,高校总数达到10所;拥有研究生培养单位4个,共招收研究生393人;成人本专科在校生1.7万人,参加学历教育自学考试4.35万人次,为科研、高端产业提供了良好支撑。[1]

2. 高校资源内外结合,发展成果显著

自2016年宜宾市大学城科创城建设启动以来,宜宾市紧紧围绕"科教兴市"总体战略,坚持"城市围绕大学建、产业依托教育兴"的建设理念,设立宜宾市双城服务局(以下简称"双城服务局")聚焦大学建设与科创体系完善,通过院校招引与培育并驾齐驱实现了高校资源的迅速发展。

外部引进方面,宜宾市紧扣城市科技与高端教育的发展需求,以政府为起点从上到下明确具体目标定位、广泛对接+重点攻坚,不断与各高等

---

[1]《宜宾市政府信息公开电子政务办公室,宜宾市2019年国民经济和社会发展统计公报》,2020年1月14日,http://www.yibin.gov.cn/xxgk/jryb/tpbd/202004/t20200414_1263093.html。

院校进行洽谈，吸引院校来宜宾办学或开办研究机构。从 2016 年至今，宜宾双城服务局先后与中国人民大学、同济大学、上海交通大学、四川大学、电子科技大学、上海交通大学、西南财经大学、西华大学、成都理工大学、成都工业学院、四川外国语大学成都学院等 18 所高校签订了项目合作协议，并与 16 所高校签订了项目落地协议，已确定在宜宾市办学的高校达到了 11 所。2019 年，双城服务局与相关高校座谈 150 余次，全年实现了在校大学生 5.7 万人，较 2016 年实现了"两个翻番"[1]，高等教育经过 3 年多的发展，已经由宜宾教育"短板"转变为了支撑市内经济的重要部分。宜宾市对于外部高校的引进大大提升了自身的科研水平与广度，同时对本土产业也带来了巨大的潜在附加效益，但也存在部分引进大学建立分校时出现的与宜宾产业不对口、发展模式不相符等问题，因此宜宾应在继续坚持大力引进战略的同时更加注重专业的对口。

内部培育方面，在大力引进高校资源的同时，宜宾对于自身本来拥有的院校资源也投入相应资源进行发展培养。近年来，由于政府的支持加大以及外部高校引进的带动作用，宜宾市本土的几所本专科院校（宜宾学院、中国白酒学院、宜宾职业技术学院）也有了显著的发展，且本土院校由于更加适配宜宾的产业，因此能为宜宾高科技产业的发展提供更多的基层后备人才，如宜宾当地的只能终端产业"宜宾格莱特科技有限公司"，其在宜宾的生产公司聘用人员的 2/3 都是宜宾本地的职业学院的培养人才。当然，宜宾本土院校还是存在科研实力弱与发展底蕴不足的"硬伤"，这就需要政府在引进高校资源时推动发展本地教育与加强财政支持，形成内外部联动发展科教、经济的大格局。

3. 研发技术大力推进，协同发展迅速

在外部引进高校研究所逐渐加速之际，宜宾市对于研发机构总体的建设以及技术中心的创建也进入了繁荣期。随着创新型城市建设进入关键阶段，宜宾在市级层面不断取得创新建设的突破。

依托于宜宾的"双城"建设以及临港经济区的建设，宜宾市到 2018 年年底建成 16 家省市级产业技术研究院与 8 家省级以上重点实验室，同

---

[1]《宜宾市大学城科创城建设服务局，城市围绕大学建　产业依托教育兴》，2020 年 1 月 14 日，http://scfwj.yibin.gov.cn/scdt/202001/t20200118_1210846.html。

第四部分　宜宾整合产教融合资源打造成渝地区双城经济圈科教"第三极"研究

时拥有省级农业科技园区17家（其中国家级1家），省级国际科技合作基地1个，创新载体以及平台数不胜数。其中，宜宾市科技创新中心（建于2019年3月）作为宜宾科创城的核心，引入清华启迪集团实施整体运营，依托政策激励、科研实验室与高端创新产业入驻，结合宜宾"8+2"产业发展新政，不断聚集人才、推进高新技术研发以及成果转化，提出了打造"长江智谷"的宏大目标。[①] 目前，中国人民大学长江经济带研究院、哈尔滨工业大学宜宾产业技术研究院、电子科技大学智慧信息系统产业技术研究院等7所产研院及宜宾中星技术智能系统有限公司（邓中翰院士工作站）等科研团队已正式成立和入驻，促使其科研体系不断完善。

宜宾市研发机构和技术中心的建设近年来为科技创新提供了越来越强的助力，2019年，全市国家高新技术企业较上年增长75%，预计全年科技对经济增长贡献率达56%，这与宜宾市重视科研产业息息相关。

4. 科研环境多元优化，平台体系完整

科研环境的培育是一个漫长却收益深远的工作。宜宾市借助一系列发展创新活力、推动创新产业集聚的改革政策逐步建立起了宜宾自身的创新集聚体系。2018年，宜宾市R&D经费支出23.82亿元，同比增长10.8%，R&D经费支出占全市GDP比重为1.18%；[②] 建立宜宾商业银行科技支行，将科技金融结合起来，以金融促科研。政府大额的研发投入在财政金融方面为科研环境的建设奠定了良好的基础。

宜宾市以搭建校企合作平台开始，逐步建设成果交流、协同创新、集聚园区等多元化的平台，逐步深化创新体系与完善创新环境，以链条化、多层面的创新创业平台概念将高校、职高、科研院所、园区、孵化系统串联起来。2019年"双城"建设中，宜宾市新获批省级科研创新孵化平台9个，完成年度目标的450%，促成高校、科研机构与企业联合攻关、科研课题合作项目20项以上，组织产研院所企业行活动4场次以上；2019年11月，临港产业区开启建立临港省级科技成果转移转化示范区，预计建成

[①] 宜宾市人民政府：《关于宜宾"双城"建设　你想了解的都在这里》，2019年9月16日，http：//web.yibin.gov.cn/sy/tt/201909/t20190916_1124432.html。

[②] 宜宾市人民政府：《2019年宜宾市人民政府工作报告》，2019年1月11日，http：//www.yibin.gov.cn/xxgk/zdlyxxgk/gzbg/201901/t20190111_481683.html。

各类专业孵化机构 100 家、入孵企业 1000 家，建设技术转移示范机构与科技成果转移转化特色示范基地 5 个，为"双城"研发功能区添砖加瓦。①

除此之外，农业作为宜宾的基础性产业，也在逐渐向创新产业的方向发展。近年来，宜宾市政府将孵化机制引入宜宾农业科技园区，改革农业科技园区管委会，对宜宾特色农业（竹业、油茶、花卉等）进行体制改革与高端商品创造，也成为科研环境建设中的一个重要支点。

二 宜宾市科教相关政策驱动

1. 基础战略助推发展环境完善

进入"十三五"后，宜宾市在创新驱动发展建设方向上不断深化，借助长江经济带发展规划的东风，于市委五届党代会先后提出了"产业发展双轮驱动"战略、科教兴市战略、"人才＋"等一系列基础战略，并出台了《中共宜宾市委宜宾市人民政府关于实施创新驱动发展战略的意见》强调创新发展的重要性，强调引进并培育创新主体、实现创新概念常态化、打造坚实创新基础、吸引创新要素集聚等战略目标，为宜宾市构建科技创新环境、打造科教强市提供了支撑。② 在成渝地区双城经济圈批准建设之际，宜宾政府审时度势，出台了一系列文件强调发展各方位资源，尤其是科教资源，从而占据战略优势地位，提升宜宾市在省内的影响力，打造高质量发展与科教"第三极"。

2. 战略落地推动科教体系深化

在科教兴市等一系列基本战略的基础上，为深化创新发展机制、加速科教体制改革，宜宾市相继出台了诸多政策推进战略的落地，这些政策的阶段划分详如表 4-4-3 所示。

2014 年 9 月宜宾市政府在《宜宾市国民经济和社会发展第十二个五年规划纲要（三）》文件中提出了"要构建科教人才高地，加快建设人才强市和创新型城市"的重大决策。2016 年 10 月，宜宾开启"打造科教强

---

① 宜宾市大学城科创城建设服务局：《宜宾市大学城科创城建设服务局关于 2019 年工作总结及 2020 年工作安排的报告》，2020 年。
② 中国网：《科教宜宾：城市建设助推创新与科教发展》，2018 年 11 月 21 日，http://www.china.com.cn/opinion/think/2018-11/21/content_74161948.htm。

市，建设宜宾大学城和科技创新城"（以下简称"双城"）的重要中长期部署，并相继出台了《支持智能终端产业发展的若干政策》《关于加快推进宜宾大学城和科技创新城建设的意见》《关于促进高等教育加快发展推动宜宾加快建成全省经济副中心的意见》《宜宾市科技创新中心入驻机构和团队扶持及管理试行办法》等政府文件推动科教事业的向前发展，近年来宜宾市通过产业引进、大学建设、人才培养多重体系在科教发展、"双城"建设上不断前进。

表4-4-3　　　　　　　　宜宾市科教发展政策总结表

时间	阶段特点	重要文件
2014.9—2017.3	探索期：科教中长期建设项目部署，将科教发展政策逐步落实到操作层面	《宜宾市国民经济和社会发展第十二个五年规划纲要（三）》《关于加快推进宜宾大学城和科技创新城建设的意见》
2017.4—2018	基础建设期：启动科教重大项目的建设（"双城"），落实创新主体引进培育	《宜宾市深化市级财政科技计划管理改革方案》《宜宾市关于共同建设四川省重大科研基础设施和大型科研仪器平台的实施方案》
2019年至今	加速建设期：科教建设更加细化、分工更加明确，同时顺应时代开启了新一轮建设规划	《中共宜宾市委关于设立宜宾临港新区的决定》《宜宾市大学科技园区建设方案》《宜宾三江新区总体方案》

资料来源：课题组根据宜宾市人民政府网站信息整理。

2018年年初，宜宾市人民政府先后印发《宜宾市深化市级财政科技计划管理改革方案》与《宜宾市创新管理优化服务培育壮大经济发展新动能加快新旧动能接续转换工作方案》，利用财政力量保障创新管理优化服务，激发创新主体活力与社会创新理念。同时期，宜宾市科技局为深化创新驱动发展战略，提出了发展高新技术、改造传统产业、引进并培育新兴产业以及加快科技成果转化的具体措施，成为宜宾市推进创新、科技的全新指南。随后，宜宾市出台《宜宾市科研院所改革试点责任分工方案》《宜宾市关于共同建设四川省重大科研基础设施和大型科研仪器平台的实施方案》等更加细分的方案，围绕创新驱动发展制定了一系列相应的发展科教的战略。

进入2019年，宜宾市在科教事业建设中进入了加速期，科教政策也更加细化、导向性更强，并结合时代特性奋力开拓科教发展新道路，例如《宜宾市人民政府办公室关于印发宜宾市促进科技与金融结合特色试点工作实施方案的通知》《宜宾市人民政府关于印发宜宾市新一代人工智能发展工作方案的通知》《宜宾市科创中心入驻机构和团队扶持及管理试行办法的通知》等都表现了强导向性这一特点。宜宾将科教事业从横纵两个维度不断深入，出台《中共宜宾市委关于设立宜宾临港新区的决定》等文件推动建立科教创新示范区，以及《宜宾市大学城科创城人才公寓管理办法（试行）》等文件保障"双城"规划建设；重视科技引进与科技园建设，相关文件包括《宜宾市拟引建国家大学科技园宜宾园区的报告》《宜宾市大学科技园区建设方案》等具有连续性的报告文件。

2020年到来之际，宜宾市在三江新区以及成渝地区双城经济圈的影响下，必然会迎来更大的机遇与挑战，为此宜宾也首先出台了《宜宾三江新区总体方案》这样一个总括性文件，并及时召开规划座谈会，不断敦促各部门编制有关三江新区的建设完善政策。在新形势下，要发挥自身地理、经济、社会优势在成渝地区激烈竞争中脱颖而出，宜宾市政府就必须紧跟发展潮流、不断细化科教事业、扩大科教实力与影响力，逐步建设成为成渝地区科教"第三极"。

三 成渝地区双城经济圈科教发展对比

宜宾作为南丝绸之路起点、"三江汇流"之地，历来具有重要的地理、经济战略地位。近年来宜宾科教事业不断发展、多元资源不断扩大，已经成为川南经济区科技创新中心与四川省重要的创新城市，"科教兴市"战略取得阶段性成果。进入2020年，宜宾迎来了三江新区建设与成渝地区双城经济圈的历史性机遇，如何借助科教发展与圈内城市达成"竞争+互补"态势，在成渝地区双城经济圈协同发展中占据重要地位，进而打造成渝经济圈内联结各地的科教发展"第三极"，这是我们下面要进行对比的问题。

对于城市间的科教发展的对比包含许多因素，下文我们将主要基于城市政策与定位、科技基础、教育基础三个方面对成渝地区双城经济圈内的城市进行数据比对，分析宜宾市的科教发展优劣势及发展方向。

第四部分 宜宾整合产教融合资源打造成渝地区双城经济圈科教"第三极"研究

1. 共同强调科教发展,定位相似竞争激烈

四川省"鼓励和支持有条件的区域中心城市争创全省经济副中心"政策(四川省十一届三中全会,2018年6月)一经出台,便吸引了绵阳、德阳、乐山、宜宾、泸州、南充、达州七个区域中心城市开始激烈的竞争。以上七个省内的对比城市,加之在"一干多支"政策鼓励下快速发展的川南经济区域内部发展较好的城市自贡、内江,以及成渝经济圈内的发展龙头:成都市和重庆市,我们将宜宾市与这10个城市进行政策的对比,详细内容如表4-4-4所示。

表4-3-4　　　　　　　　宜宾市及周边城市政策概况

城市	总体战略	科教发展相关目标
宜宾	继续推进"一干多支、五区协同"战略,努力建设全省经济副中心,建设好三江新区,全面加入成渝地区双城经济圈规划,打造新的增长极。	服务长江经济带科教走廊战略,开创科教城发展新时代;配合宜宾发展定位,优化引进高校学科结构;整分结合筹建大学科技园区;新增入驻科研机构、企业4个以上,新引进(获批)省级科研创新(孵化)平台2个以上。
重庆	协同推进"一带一路"、长江经济带发展、新一轮西部大开发等国家战略,贯彻落实成渝地区双城经济圈建设的重大战略部署;积极发挥"三个作用",稳步推进"两地""两高"目标。	深入实施科教兴市和人才强市行动计划,推进重庆科学城建设,深化开发区创新发展;壮大创新主体,力争高新技术企业达到3500家、科技型企业突破2万家;加大科技创新投入,全社会研发经费支出占地区生产总值比重达到2.1%左右。
成都	成渝地区双城经济圈建设战略落地,推进"一干多支、五区协同"新格局建设,加速形成"四向拓展、全域开放"立体全面开发新态势。	加快建设国家自主创新示范区,争取一批国家级创新基地和项目落户,加快建设成都超级计算中心;加快成德绵国家科技成果转移转化示范区建设。
绵阳	加快建成全省经济副中心,认真落实"一带一路"建设、新一轮西部大开发等国家战略;抢抓成渝地区双城经济圈建设重大历史机遇,全方位对接、深层次融入。	坚定以创新促进转型发展,推动科技城建设实现新突破;重点发展创新产业,加强信息基础设施建设;攻关核心技术,力争实施转移孵化项目100项以上,企业研发投入占全社会研发投入比重达35.5%,新增省级企业技术中心4家、省级制造业创新中心1家;加大"双创八大升级行动"实施力度。
德阳	紧扣全面建成小康社会目标任务,抢抓国家大力推动成渝地区双城经济圈建设和省委"一干多支"战略重大机遇;坚决打赢"三大攻坚战",扎实做好"六稳"工作。	大力推进创新驱动发展,完成280项改革任务;强化知识产权创造、运用和保护,新增国家授权发明专利220件以上,实施重大科技成果转化项目30项以上。

续表

城市	总体战略	科教发展相关目标
乐山	大力实施"一干多支、五区协同""四向拓展、全域开放"等战略部署；奋力冲刺2000亿元经济总量，经济增速走在全省七个区域中心城市前列总目标。	继续推进高新区省级科技成果转移转化示范区、科技服务业产业集聚区等平台建设，推进创新型人才、高技能人才和产业工人队伍建设，新建院士（专家）工作站4家。
泸州	坚持稳中求进工作总基调，坚决打赢三大攻坚战，科学规划"十四五发展"，奋力争创全省经济副中心。	加快建设国家知识产权试点城市和省级创新型城市，争创升级工程技术研究中心、科技成果转移转化示范区、技术转移示范机构。
南充	加速实施"一干多支、五区协同"战略，建设成渝第二城、争创全省经济副中心；聚焦总量"三突破"、增速"三高于"、排位"一方阵"总目标，保持经济持续健康发展和社会大局稳定。	大力推进创新驱动发展战略，积极争创省级创新型城市；扎实推进双创中心等平台建设，深入实施"嘉陵江英才工程"和"三奔计划"，强化科技协同创新。
达州	紧扣全面建成小康社会目标任务，以供给侧结构性改革为主线，坚决打赢"三大攻坚战"，确保全面建成小康社会和"十三五"规划圆满收官。	持续推进科研平台与孵化器建设，助力产业转型升级；加强财政对科技研发的支撑，全方位构建创新驱动发展体系；力争科技对经济的贡献率提升至58%。
自贡	大力推动成渝地区双城经济圈、西部陆海新通道建设，实施宏观政策逆周期调节；深入实施"一干多支、五区协同""四向拓展、全域开放"战略，积极推动川南经济区一体化、内自同城化发展。	支持高新区创建国家创新型特色园区，加快建设光电新材料产业技术工程中心、哈工大自贡技术转移中心，建成自贡创新中心、科技服务中心，新增省技术创新平台5个以上，实施重点技术攻关项目50项以上。
内江	坚持以供给侧结构性改革为主线，抢抓成渝地区双城经济圈建设重大战略机遇，大力实施"产业项目提升年"，着力构建"5+4+5"现代产业体系。	深入推进省级创新型城市创建工作，加快建设创新驱动发展先行市和示范区；深化市校合作和产学研协同创新，加大研发投入，实施市级以上重大科技成果转化项目20个。

资料来源：根据各城市2019—2020年政府文件梳理。

基于表4-4-4不难看出，成渝经济圈城市在总体发展战略上都紧扣国家创新驱动战略以及省级重点发展战略，并根据这些战略因地制宜地制定自身发展战略。科教战略上各分析城市之间具备相当程度的同质化，重视技术创新、成果转化、科研服务等平台建设，强调加大研发和与周边城市协同发展。进入双城建设的新时代后,各城市也争先恐后地推出了发展自身科教的政策,与宜宾的"建设科教'第三极'"高度相似,这种战略的高度同质化不可避免地会造成资源竞争与战略牵制,因此宜宾市在自身科教发展中要注意寻求差异化,充分利用自身优势,提升资源与创新主体吸引力。

2. 科技发展差异较大,地区重视程度不同

对比宜宾市与成渝地区双城经济圈中重点城市的科技现状,可从发展基础与发展潜力双向维度上剖析宜宾科教发展的地位与战略。采用2018年九大同层级城市(除去成渝)的科学技术支出、R&D经费内部支出和科研人员数量及增长率分别描述两个维度,结果如表4-4-5所示。

表4-4-5 2018年九大城市科技情况对比

城市	科学技术支出(万元)	科学技术支出占比	R&D经费内部支出(万元)	R&D经费投入强度	科研人员数(人)	科研人员同比增长率
宜宾	18981	0.46%	244450	1.21%	510	102.38%
绵阳	255424	6.26%	1523706	0.25%	117	-18.75%
德阳	21934	0.81%	572636	0.56%	157	-5.42%
乐山	10085	0.33%	150290	3.55%	86	-5.50%
泸州	30344	0.74%	122896	8.99%	72	-5.26%
南充	19568	0.40%	103588	0.75%	365	-14.12%
达州	15413	0.37%	67787	0.65%	175	-3.32%
自贡	35940	1.46%	109506	0.48%	318	-23.37%
内江	16793	1.30%	57641	0.73%	280	-0.71%

资料来源:EPS数据库。

从数据来看,绵阳的科学技术支出占比(6.26%)占据绝对一位,泸州的R&D经费投入强度(8.99%)遥遥领先。除去重庆和成都,宜宾市科学技术支出的绝对额与相对额都不占优势,但在R&D经费内部支出金额中排名第三位,在绵阳市和德阳市之后。可见,宜宾在科技经费投入上仍与先进城市存在较大差距,在基础体量上与"第三极"仍有一段差距,但宜宾对科研发展的重视程度较高,打造科技"第三极"的前景较好。

在发展潜力方面,得益于宜宾近年的外部高校引进以及创新平台搭建

政策，2019 年宜宾在科研人数方面有了巨大的飞跃，并与其他城市的负增长形成了鲜明对比，证明宜宾在资源集聚与人才吸引方面逐渐强势，增长极的增长优势初显，为科技发展体系的构建提供了强大助力。

3. 教育基础相对薄弱，未来高速增长可期

教育资源方面，成渝双城地区呈现极其不平衡的现状，重庆和成都在各个方面远远领先于其他城市（见图 4-4-4），很难作为宜宾市对比对象，因此我们主要分析宜宾与另外 8 市的教育资源基础以及发展现状，在此基础上展望教育"第三极"的建设前景。

首先，教育资源基础重点体现在普通高等学校的数量以及高等教育在校学生数上，我们利用各市 2018 年的统计公报整理了相关数据进行对比（见图 4-4-5），具体分析如下：

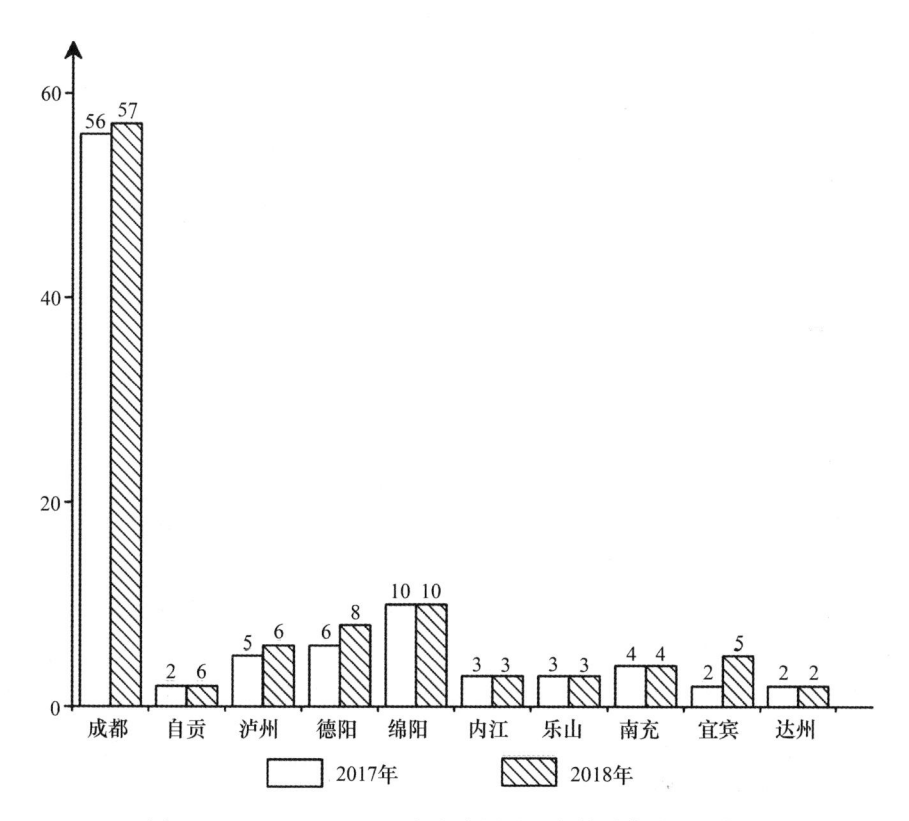

图 4-4-4　2017—2018 年宜宾周边城市普通高等学校数量

资料来源：EPS 数据库。

第四部分 宜宾整合产教融合资源打造成渝地区双城经济圈科教"第三极"研究

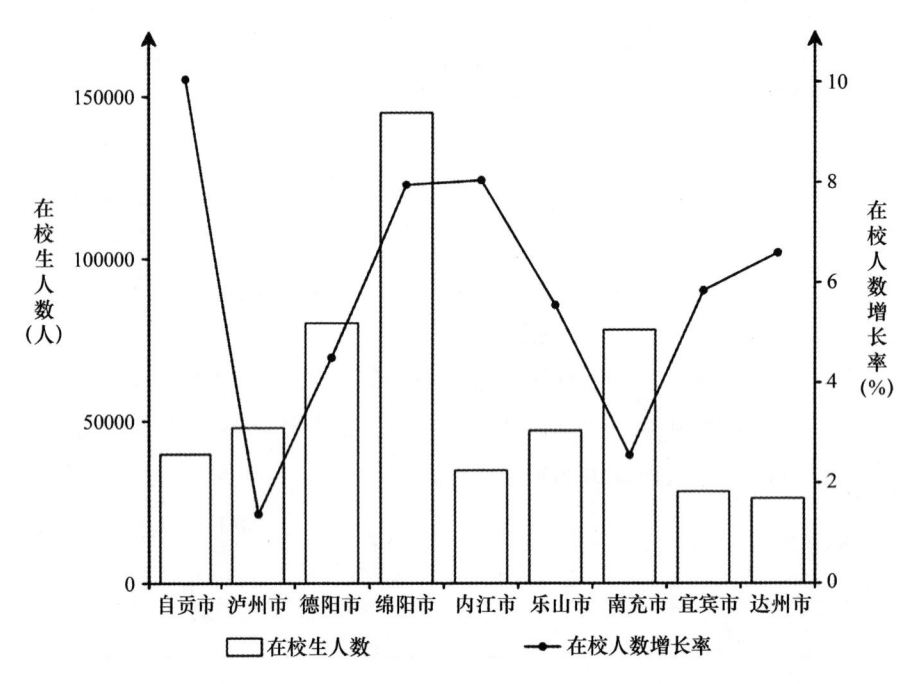

图 4-4-5　2018 年宜宾周边城市普通高等学校在校人数及增长率

资料来源：EPS 数据库。

从图 4-4-4 和图 4-4-5 可以明显看出，宜宾市在普通高等学校数量上不占优势，2018 年，宜宾市仅拥有普通高等学校 5 所，少于德阳、绵阳、泸州三市，但增长率比较可观，总体增长数也排名第一，显示出快速发展的势头，未来宜宾还要继续坚持高校引进与培养的战略，在保持普通高等学校高引进的同时逐渐掌握体量优势，构建与"第三极"相符的基础水平。

另外，从普通高等学校在校生人数及其同比增长率来看，2018 年宜宾市在校人数增长率为 5.84%，在 9 座城市中排名第 6 位，说明宜宾市人才培养方面还有较大欠缺，这是宜宾掌握教育优势的一个建设难点，高校与教师资源引进的根源还是在于人才的培养，教育的优势需要宜宾对于人才更强的吸引力与更高水平的培养体系构建做支撑，这样才有可能发展成为地区内重要的科教"第三极"。

4. 相较成渝落后巨大，综合发展任重而道远

宜宾要想建成科教"第三极"，在科教层面就必须形成与成渝两城相匹配的发展水平，因此我们需要将宜宾与成渝双城进行相应的对比，结合与主要竞争城市的对比确定宜宾的科教发展目标，更量化地指引宜宾随后的科教建设。

首先，我们对比了宜宾与成渝三者在2018年的科技、教育体量现状，采取的数据为科学技术支出、R&D经费内部支出、县级以上科研机构情况、普通高等学校在校学生与专任教师情况以及高等学校科研机构活动人员数。通过对比，可以很明显地看出，宜宾无论是在总体体量还是对比比例上都与成渝有着较大的鸿沟，最明显的就是科技支出两项指标只有成渝的1/37与1/15左右，在新时代的发展中，宜宾要想建成"第三极"，至少要实现科技支出15倍与R&D支出10倍的跨越从而超越绵阳稳坐成渝地区第三的位置，相应的研发中心建设、科研活动、成果转化也要实现相符的增长（见表4-4-6）。

表4-4-6　　　　　　2018年成渝宜城市科教情况对比

城市	宜宾	成都	重庆
科学技术支出（万元）	18981	730705	685887
科学技术支出占比	0.46%	3.98%	1.51%
R&D经费内部支出（万元）	244450	3923101	3646309
R&D经费投入强度	1.21%	2.56%	2.56%
县级以上科研机构总数（个）	7	72	64
县级以上科研机构从业人员（人）	510	11901	—
高等学校科研机构活动人员（人）	958	51270	54386
普通高等学校在校学生数（人）	28200	840297	827945
普通高等学校专任教师数（人）	1414	49448	42946
普通高等学校生师比	19.94	16.99	19.28

资料来源：EPS数据库、重庆市2019年统计年鉴。

在科研人数上的差距依旧巨大，宜宾在实现支出增速发展之下，要不断利用自身的政策吸引力集聚人才和科研机构，在机构总数与研发人员数上至少达到成渝双城的半数，才能实现科技研发的有力增长与对周边地区

第四部分　宜宾整合产教融合资源打造成渝地区双城经济圈科教"第三极"研究

的资源整合与带动。

宜宾在教育上与成渝的发展差距相较科技更为遥远,宜宾市普通高等学校的引进与建设需要得到政府更大的重视,结合上述与周边城市的对比,宜宾短期内达到成渝地区的教育体量第三位并不现实,因此宜宾应继续保持自身的增长速度,短期内以德阳和南充两市为目标,实现学校规模的四倍增长,占据成渝地区的上位优势,长期赶超绵阳,至少达到在校学生数 300000 人、专任教师数 20000 人以及生师比 17 左右,建设强大的教育基础支撑科技的高速发展。

其次,在制定了相应门槛值的前提下,我们需要分析成自宜三市在科教基本面上的增长率,从而分析宜宾短期内发展的战略安排。分析采用三市 R&D 经费支出以及普通高等学校的在校人数 2014—2018 年的增长率指标(见表 4-4-7)。

表 4-4-7　　　　2014—2018 年成渝宜城市科教增长对比

城市	年份	R&D 经费支出增长率	普通高等学校的在校人数增长率
宜宾	2014	116.80%	5.89%
	2015	-3.16%	3.58%
	2016	4.47%	1.09%
	2017	9.23%	3.73%
	2018	11.76%	5.84%
成都	2014	9.23%	3.23%
	2015	17.33%	3.62%
	2016	12.23%	4.74%
	2017	14.60%	3.26%
	2018	18.43%	2.80%
重庆	2014	14.37%	4.65%
	2015	22.37%	3.59%
	2016	22.34%	2.28%
	2017	10.09%	2.62%
	2018	9.61%	2.82%

资料来源:EPS 数据库、重庆市 2019 年统计年鉴。

由表 4-4-7 可得，宜宾在近五年内增长率逐渐攀升，尤其是科技方面（R&D 经费支出增长率）有明显的飞跃，但总体并未与成渝拉开差距，宜宾若想追赶成渝的科教水平，则必须继续提升科教的增长率，必须明显超过成渝建设水平，才能具备长期内建设科教"第三极"的增长能力。

第三节 产教融合发展现状

宜宾是四川省唯一推荐上报的国家产教融合型试点城市，获批全省唯一的"学教研产城"一体化试验区，在"产业发展双轮驱动"战略和"科教兴市"战略下，宜宾的产教融合取得了显著成效，但与此同时也面临着融合困难、竞争压力大等问题。如何更深层次推动产教高质量融合，发挥长江经济带科教走廊作用，是打造成渝地区双城经济圈科教"第三极"的关键问题。

一　产教融合取得显著成效

宜宾积极促进科技、教育、产业深度融合与高质量发展，近年来在市校合作、校企合作、高等教育学科专业建设、产教融合平台建设以及龙头企业发展方面取得显著成效，有力地推动了科教、产业的快速发展。

1. 市校合作与校企合作取得重大进展

目前，宜宾已与中国人民大学、同济大学、哈尔滨工业大学等 18 所高校签署战略合作协议，与中国人民大学、同济大学、哈尔滨工业大学、电子科技大学、西华大学、四川理工学院、成都信息工程大学银杏酒店管理学院等 16 所高校签署项目落地协议，在宜宾办学高校有 11 所，大学生在校人数达 5.7 万人，高校数量和在校大学生数量是 2016 年的将近 4 倍，四川大学宜宾园区、电子科技大学研究生院宜宾分院、四川轻化工大学宜宾校区、西华大学宜宾校区 4 所高校在宜宾正式开学，"双城"建设取得卓越成效。

校企合作方面，宜宾坚持以企业发展需求为导向，加快完善需求对接，打造校企合作多种渠道，对企业技术研发的需求进行动态发布。在宜宾高校积极开办与产业发展联系密切的学科专业。2019 年，宜宾市科研机

第四部分　宜宾整合产教融合资源打造成渝地区双城经济圈科教"第三极"研究

构与市内企业开展了近200项联合攻关、技术研发及市场化项目。全市开展川大宜宾企业对接会等专场活动6次，涉及校地企600余人次，并举办"产研院宜宾企业行"活动12场。宜宾学院、四川轻化工大学宜宾校区、宜宾职业技术学院以及相继入驻的高校与研究院，围绕白酒、汽车、智能制造、轨道交通、大数据等优势产业和新兴产业，与本地企业开展多样化合作，助推宜宾高质量发展。

2. 专业学科、人才培养与产业的匹配度逐步提高

目前宜宾主要高校积极对接四川省"5+1"现代产业体系和宜宾市"8+2"产业，深化校企、校地合作。

宜宾学院成立竹学院、川茶学院，为竹、茶等传统优势产业发展提供支持；与市政府、省质监局等五家单位联合建成全国第一个质检学院，成立智能终端四川省重点实验室、电子测试技术产业研究院、新材料产业技术研究院等。

宜宾职业技术学院设置电子信息与人工智能学院、智能制造学院、现代农业学院、五粮液技术与食品工程学院、新材料与化工能源学院、汽车与轨道交通学院等，紧扣宜宾"8+2"产业发展。

四川轻化工大学宜宾校区作为宜宾大学城入驻的第一所高校，是中国酒业协会授牌的"中国白酒学院"，拥有酿酒生物技术等省级重点实验室，以及四川省白酒工程技术中心、四川省传统酿酒产业改造升级协同创新中心等一批学科学术平台，为宜宾支柱产业酒类产业发展提供支撑。

四川大学宜宾园区重点在新兴材料、建筑规划设计、水利工程、高端制造、环境保护等方向开展科研活动和人才培养，与五粮液集团公司签署协议，由五粮液出资组建高端人才专项基金，用于四川大学高端人才引进、聘用。

电子科技大学研究生院宜宾分院致力于智慧信息和智能制造领域的设计、关键技术开发、科技成果转化、高新企业孵化、创新创业投资、高端人才培养及其他服务，促进宜宾战略性新兴产业和先导性服务业的快速发展，提高宜宾市智慧信息和智能制造产业发展质量和效益。

西华大学宜宾校区与宜宾市合作共建研究院及相应实验室、工程（技术）研究中心、孵化器（园）、技术转移中心、中试及产业化基地，在新能

源汽车、新材料、高端装备制造、智慧农业、机器人试验等领域开展技术研发、成果转移转化、项目申报、项目论证、项目咨询、技术服务等合作。

3. 产教融合的载体建设步入新阶段

2019年3月，高新技术产业园正式开园，引入清华启迪集团整体运营，同济汽车研究院等9所产研院和邓中翰院士工作站在宜宾落地。此后国家技术转移西南中心川南分中心、欧阳明高院士工作站等4家科研机构即将入驻。四川轻化工大学宜宾校区、电子科大研究生院宜宾分院等院校分别获批了酿酒专用粮工程技术中心、人工智能研究院等9个省级科研创新（孵化）平台。中国人民大学长江经济带研究院、宜宾同济汽车研究院等21所产业技术研究院、10个院士（专家）工作站、15个工程技术研究中心、5个重点实验室、5个省级科技企业孵化器、1个科技成果转移转化服务机构已在宜宾正式运行。

宜宾拥有各类创新载体和平台400多个，推动了宜宾传统优势产业和新兴产业的快速发展。五粮液集团、天元集团、丝丽雅集团等龙头企业实现技术突破，攻克多项关键技术；引进和建成的新型产业企业如朵唯、金立、凯翼汽车等企业采用先进技术，实现快速发展。在高等院校、职业学校、科研院所、园区、县（区）建设众多分散式、多层面、链条化的创新创业平台，积极构建"苗圃产业园+创客空间+科技孵化器"的孵化培育体系，为产教融合提供平台与服务，积极推进"学教研产城"一体化试验区建设。

4. 龙头企业带动能力增强

宜宾市在快速发展的过程中，形成了一批生产技术先进、产品质量好、品牌效应好的龙头企业，这些龙头企业是产教融合发展的典范，在带动宜宾经济快速发展、提质增效方面发挥着关键作用。

宜宾五粮液集团有限公司是以酒业为核心主业，以大机械、大金融、大物流、大包装、大健康多元发展的特大型国有企业集团。[①] 主要从事白酒生产和销售，是白酒行业龙头企业，公司主要产品五粮液酒是我国浓香型白酒的典型代表。2019年营业收入突破千亿元，第八代经典五粮液成功

---

① 五粮液集团，https：//www.wuliangye.com.cn/zh/main/main.html#/g=BRAND&id=12。

第四部分　宜宾整合产教融合资源打造成渝地区双城经济圈科教"第三极"研究

上市,"五粮液"品牌在 2019(第 25 届)中国品牌价值 100 强评价中以 1638.12 亿元的品牌价值居白酒制造类第一位。

宜宾普什集团有限公司是五粮液集团全资子集团公司,是一家拥有"大机械"和"新包装"两大产业集群,集现代化、多元化、国际化为一体的高科技企业集团。集团引入世界一流的尖端设备,以全球视角推动并提升自身管理水平,对资源和产品进行标准化和科学化管理,获得国家、省、市等各级科技进步奖 95 项,获授权专利 600 余件,参加、主持制定行业标准 31 项,拥有 1 个国家级实验室、6 个省级技术中心和 1 个省级工业设计中心,并研发出多项国家重点新产品;拥有国家授权商标 103 件,其中国家驰名商标 2 件、四川省著名商标 4 件、四川省名牌产品 11 件。普什集团现为海关出口信用认证企业,海关总署"红名单"企业;产品与服务遍布国内外市场,远销欧美及东南亚 60 多个国家与地区。[①]

宜宾天原集团有限公司是我国最早的氯碱化工企业之一,现为中国氯碱工业协会理事长单位,所属产业涉及氯碱化工、钛化工、新材料、新能源、环保产业、研发设计、供应链管理等多个领域,在加快推动绿色高质量可持续发展等方面起到积极示范作用的全国行业领跑者、行业标杆企业。[②] 名列中国企业 500 强、中国石油和化学工业百强,是四川省突出贡献企业和宜宾市支柱骨干企业。天原集团秉承"天原核心竞争力必须建立在科技领先上"的创新理念,持续推进科技创新,创建有国家级认定企业技术中心和博士后科研工作站,建立有系统完善的技术创新体系。拥有先进专利和专有技术 100 多项。天原集团为全国首批循环经济试点企业、循环经济标准化试点企业、国家知识产权优势培育企业、国家技术创新示范企业。[③]

宜宾丝丽雅集团有限公司是全球最大的生物基纤维素纤维生产企业之一,首届"中国大企业集团竞争力 500 强"之一。企业构建了盐坪坝纺织工业园区,打造了以"生物基纤维材料"产业为根基,以"循环经济"产业和"新兴生物"产业为战略一元,以地产和贸易为辅助一元的"一基二

---

① 普什集团,http://www.pushi.com.cn/index/auto/brief/m/1.html。
② 天原集团,https://www.ybty.com/about/。
③ 宜宾天原集团股份有限公司百度百科,https://baike.baidu.com/item/宜宾天原集团股份有限公司/452823?fr=aladdin。

元"产业集群。丝丽雅致力于用领先的科技和创新的管理引领行业发展，建立了"国家级博士后科研工作站"和"国家认定企业技术中心"，并被确认为"国家级创新型企业""国家级循环经济试点企业"和"国家高新技术企业"，企业现已拥有多项领先技术和自主知识产权，并建立了遍布多个国家和地区的营销网络。[①]

中核建中核燃料元件有限公司隶属中国核工业集团公司，经过多年的不断发展，现已成为以核电燃料元件为主导产业，香料、锂钙、锂电池为主要民品产业，集生产、科研和国内外贸易为一体的国有军民结合型大型骨干企业，是我国唯一的压水堆核电燃料组件生产基地，国家级企业技术中心，拥有我国最大的锂金属生产线、最大的专业柱式锂电池生产线、天然香料、合成香料的主要加工厂。[②]

此外还有四川安吉物流集团有限公司、宜宾海丝特纤维有限责任公司、宜宾海丰和锐有限公司、宜宾纸业股份有限公司、四川浪莎控股股份有限公司、四川省茶业集团股份有限公司等大型企业，这些行业内的领先企业带动了投资、就业和技术创新，是宜宾产教融合发展的典范。

二　多措并举推进"学教研产城"深度融合

在创新驱动发展战略、"产业发展双轮驱动"、"科教兴市"等战略的指引下，宜宾抓住产教融合型试点城市的发展机遇，推动科研机构、高等院校与企业开展多种形式的合作，开展产教融合基础设施、服务平台建设，积极引进和培养相关人才，为产教融合创造了良好的环境。

1. 大力推进"学教研产城"一体化

宜宾抓住产教融合型试点城市的发展机遇，着力打造"学教研产城"一体化试验区。出台《宜宾市科创中心（宜宾启迪科技园）发展规划（2019—2025）》《市科研中心入驻管理和扶持办法》等文件，完善产教融合的体制机制。强调企业的创新主体地位，出台优惠政策激励企业与高校、科研机构合作，助力创新主体之间的对接和衔接。多渠道拓宽企业融

[①] 丝丽雅集团，www.cn-grace.com/index.php? m = content&c = index&a = lists&catid = 2。
[②] 中核建中核燃料元件有限公司百度百科，https://baike.baidu.com/item/中核建中核燃料元件有限公司/1917649? fr = aladdin。

第四部分　宜宾整合产教融合资源打造成渝地区双城经济圈科教"第三极"研究

资，推动形成多元化的科技创新和产业发展投融资模式，实现创新资源、教育资源和产业资源的合理配置。

重点引进与"8+2"产业紧密关联的高等院校、科研院所和高新技术企业，推动科技、教育、人才、产业的深度融合。建设高水平的配套基础设施，为产教融合建立优质的公共服务体系，降低交易成本。加大宣传力度，打造特色品牌，提升城市形象，在全社会营造产学研一体化、科教融合的良好氛围，动员社会力量共同参与建设产教融合型城市。逐步建立监测机制，合理评估创新创业的绩效，对有突出贡献的企业、事业单位和个人实行表彰奖励，激发创新活力。

2. 建设产教融合载体平台

宜宾加快构建"1234"新格局，即以"一座产教融合的国际化知识城市、双城（大学城、科技创新城）、三园（高教园、高职园、大学科技园）、四基地（一带一路国际留学生基地、国家科技创新基地、产教融合实训基地、全国创业孵化示范基地）"为支撑，推动科教融合取得新突破。即将建设的西南实训中心、四川互联网学院、高技能人才培训基地、西南人力资源服务业产业园等产教融合重大平台项目将进一步打造成渝地区技术技能人才培养基地和沿海产业转移承接基地。

利用大数据、云计算等现代信息技术，着力打造"宜宾市产教融合综合信息服务平台"，实现企业、院校、机构、政府之间的信息畅通和协同发展。坚持企业的创新主体地位，鼓励企业和高校、科研机构建立产教联盟和实训中心，推动优势产业和新兴产业的技术升级和创新。充分发挥市场作用，建立和完善区域性技术交易市场，保护自主知识产权，促进科技成果的高效转化。进一步建立产教融合公共服务平台，为各大创新主体提供基础设施和公共服务，并逐步完善体制机制，增强产教融合的协调性。

3. 培养和引进专业人才

实施"人才+"战略，积极构建产业化、市场化人才体系。出台多项人才引进和培养政策，提高人才待遇，为人才发展创造良好环境。着力完善教育体系，打造先进教学队伍，大力推进"双城建设"，培养大批现代化科研与教育人才。

积极发展职业技术教育，大力弘扬工匠精神。不断提高技术工人的待遇，加大表彰力度，开展多种多样的职业技能竞赛，组织各行业的技能型领军人才进院校、进教案、进课堂、进企业、进车间，发扬劳动光荣精神，营造尊重劳动、尊重专业技能的社会氛围。

精简审批流程，为多元化办学提供优质服务。鼓励支持社会力量以各种有效形式举办高等教育和职业教育，实现产业发展与科研教育的深度对接和融合。探索院校招生、培养、就业与企业招工、生产的联动机制，鼓励有条件的企业建设专家工作站、产品研发中心、生产性实训基地，深化校企合作，形成校企联合培养人才的格局。根据产业发展方向，不断优化高校的学科设置，支持高校与国内外企业合作，培养专业素质过硬的新型人才。

三 宜宾市产教融合现状与对比

宜宾市于 2019 年 10 月发布《宜宾市建设国家产教融合型城市试点方案》（以下简称《试点方案》），将产教融合战略作为发展创新、构建新增长极的一项重要举措。立于成渝地区双城经济圈建设的新背景下，宜宾市要通过整合产教融合资源打造科教"第三极"，就必须在重视自身发展的同时，掌握周边城市的发展现状，紧跟改革步伐并超前发展。

1. 多个层级竞争，融合压力较大

在建成四川省经济副中心以及新发的成渝双城建设背景下，宜宾及其周边城市在产教融合层面都倾注了足够的心血，下面我们将对各地的政策进行简要分析对比。

宜宾市在《试点方案》中提出了宜宾产教融合所面临的内生动力不够强劲、供需对接不够精准、人才储备不够充足与体制机制不够融通四点重要问题，针对这些问题，宜宾市提出了构建学教研产城一体化新格局、协同育人、互融共促，以及建设试点企业与载体项目的详细方案。

重庆市、成都市作为成渝经济圈的"领头羊"，得益于各自雄厚的产业科教资源，出台了诸如科学城建设、"政企校行"整体推进、校企合作人才培养、高校协同创新等一系列全面性政策，充分利用地区内优势的产业集聚、高校协同要素，形成了细致的产教融合体系。

省级层面，与宜宾同时竞争省经济副中心的绵阳、德阳、乐山、泸

第四部分 宜宾整合产教融合资源打造成渝地区双城经济圈科教"第三极"研究

州、南充、达州六市,又在双城经济圈建设中开启了新一轮竞争。这些城市从自身发展与战略定位出发,提出了具有地方特色的产业、科教以及两者融合的发展政策。其中绵阳、德阳得益于资源的相对优势,提出了加速推进科技研发+成果转化平台、强化省级技术中心地位的政策目标;另外四市在政策制定过程中更加依赖自身的比较优势,提出强化现有优势并争取抢占更多资源促进产科转化的主体战略。

川南区层面,自贡与内江两市在产教融合层面与宜宾仍有较大差距,基于现状,两市提出强化两地合作,结合优势产业,集聚科教资源,实现两地产教融合的协同推进。[①]

根据上面的分析不难看出,宜宾市要想整合产教融合资源构建成渝科教"第三极",就必须重视省级层面的激烈竞争,保证自身政策与建设速度的领先;同时也要以重庆成都为标杆,实现协同发展与资源对接;还要适当关注川南区其余城市的发展,立足于川南区经济中心去竞争构建新的增长极。

2. 产教发展领先,融合问题突出

产教融合重点就是将教育链、人才链与产业链有机衔接,利用教育的优先发展培育高素质人才,进而带动产业的创新发展,因此我们先对各周边城市进行产教中人才培养水平进行分析,使用各省市普通高等学校与中等职业学校的生师比进行对比,结果如表4-4-8所示。

表4-4-8 2018年成渝双城经济圈十一城市人才培养水平对比

城市	普通高等学校			中等职业学校		
	在校学生数(人)	专任教师数(人)	生师比	在校学生数(人)	专任教师数(人)	生师比
宜宾	28200	1414	19.94	68766	2685	25.61
重庆	827945	43700	18.95	396909	19120	20.76
成都	840297	49448	16.99	199494	9453	21.10
绵阳	145055	7151	20.28	42194	1716	24.59
德阳	80224	4283	18.73	25827	1238	20.86
乐山	47087	2509	18.77	31399	1444	21.74
泸州	47978	2664	18.01	60550	2226	27.20

---

① 根据各城市2020年国民经济和社会发展统计公报整理。

续表

城市	普通高等学校			中等职业学校		
	在校学生数（人）	专任教师数（人）	生师比	在校学生数（人）	专任教师数（人）	生师比
南充	78078	4094	19.07	57632	2737	21.06
达州	26167	1330	19.67	62819	3285	19.12
自贡	39868	2000	19.93	24241	1189	20.39
内江	34741	1724	20.15	30682	1318	23.28

资料来源：EPS数据库。

从表4-4-8数据中不难看出，成都市与重庆市的地位不可撼动，宜宾市在普通高等学校的体量上处于下位圈（总第10名），但生师比的比例较高，人才培养的相对水平较高；在中等职业学校的体量上，宜宾得益于本土职业学院的发展，无论是总量还是生师比（25.61）都名列前茅。可见宜宾在专业技术人才的培养上有明显优势，但仍需提升高等科研人才的培养体量，继续加大高校引进与研究机构建设。

从表4-4-9中不难看出，宜宾市在除去成渝两市的九个城市中产教融合发展迅速，达成成果最为亮眼，尤其是科创孵化平台以及产业技术研究院的建造遥遥领先于其余八市，加之新区建设以及国家政府对于宜宾较为重视，都表明了宜宾市在近两年的产教融合发展中占据了龙头地位，已经成为成渝地区建设科教"第三极"的强力竞争者。

表4-4-9　2018—2019年成渝双城经济圈十一城市产教融合对比

城市	高新产业	研发与平台构建
宜宾	宜宾市科研机构与市内企业开展了近200项联合攻关、技术研发及市场化项目。全市开展川大宜宾企业对接会等专场活动6次，涉及校地企600余人次，并举办"产研院宜宾企业行"活动12场。	9所产研院，人工智能研究院等9个省级科研创新（孵化）平台落地；正式运行21所产业技术研究院、10个院士（专家）工作站、15个工程技术研究中心、5个重点实验室、5个省级科技企业孵化器以及1个科技成果转移转化服务机构。
重庆	高新技术企业超过3100家，科技型企业突破1.6万家。	新创建2家国家级工业设计中心，引进新型研发机构31家；6个环大学创新生态圈建设。

第四部分　宜宾整合产教融合资源打造成渝地区双城经济圈科教"第三极"研究

续表

城市	高新产业	研发与平台构建
成都	2018年高新技术产业产值10071.5亿元	截至2018年年末，建成市级以上科技企业孵化器及众创空间200家
绵阳	大型科学仪器共享平台设备总数超过6000台（套），全年服务企业超过3700次	培育省级现代农业园区3个
德阳	高新技术产业主营业务收入达1184亿元、增长12%，新增高新技术企业21家	"6+8"产业功能区格局加速形成，园区集中度70.9%，新增省级企业技术中心11家、创新创业团队10家、高层次人才101人
乐山	高新区总部类企业超过100家，新增国家高新技术企业19家、国家科技型中小企业43家	乐山光伏产业园跻身"5+1"产业重点特色园区
泸州	建成2个新兴产业项目，开工建设1个技术改革企业	新形成创新成果80项，获批组建国家技术转移西南中心泸州分中心；获批省级开发区6个
南充	2018年"五大百亿战略性新兴产业"蓬勃兴起，实现产值258亿元、增长率13.8%	2018年科技对经济增长贡献率超过50%，国家农业科技园区通过科技部验收，中法农业科技园试开放
达州	—	达州经开区成功创建省高新区
自贡	新兴产业产值增长10.3%，110户企业技改有序推进	航空产业园、荣县和富顺工业园成功创建省级开发区；建成国省级创新平台10个，航空与燃机关键制造技术等20项重点科技成果实现转化，新增国家高新技术企业10户
内江	技改投资预计增长14.9%	入围首批省级创新型城市，建成全国模范院士（专家）工作站1家，省级院士（专家）工作站4家，实施市级以上重大科技成果转化项目36项

资料来源：根据各城市2019—2020年政府工作报告与相关文件整理，表中未标明时间的全部为2019年城市业绩。

与此同时，我们也要看到宜宾在高新产业总体体量上并非排名前列的城市，科技创新与产业的对接也存在着内生的问题，创新与产业的联合度差。因此宜宾也要戒骄戒躁，基于自身情况与周边城市产教发展现状的基础，首先提升产研的结合与成果转化率，依靠引致的经济增长推进高科技研发与高新技术企业的加速扩张，实现地方性高速发展与建设科教"第三极"的产教融合资源奠基。

3. 交通优势凸显，联动成渝加速

宜宾深谙自身的交通区位优势，立足内外两层级不断发挥自身的交通枢纽作用与交通产业研发优势。向内联合中车株洲推行智轨建设，已通车T1线，保障了宜宾西站、临港经开区与宜宾大学城的三方联系，并实现与高铁无缝衔接，在城市公共交通方面占据了发展领先地位。[1] 对外，宜宾得益于自身的地理位置，建造了机场、高铁、高速公路的全方位交通体系，2019年，宜宾五粮液机场建成并正式通航、成贵高铁宜宾段通航、成自宜高铁建设加速，对于宜宾促进城市联动与贸易流动起到了很大作用，2020年宜宾市重点项目名单中涉及了成自宜高铁、叙毕铁路、渝昆高铁、宜西攀大（丽）高铁、珙县至叙永铁路与宜宾市竹海石海休闲旅游度假线，丰富了宜宾自身作为长江经济带上游经济走廊枢纽的作用，表明了宜宾推进对外联系、拉大与周边城市的贸易差距、深化与成渝联动的建设决心，科教"第三极"建设外部保障提高。

在交通线路完善的情况下，宜宾愈加注重与成都的合作，借助成都的高发展水平实现自身的快速发展。自2018年成都与宜宾签署深化区域协同发展合作协议开始，宜宾与成都在物流、产业、公共服务、研发设计中心的建设上不断推进，出台了13项专项合作协议。在此基础与双城建设的新背景下，2020年3月25日，四川华西五粮液国际医养管理中心项目、五粮液集团新经济中心项目在成都签约，是成都市与宜宾市落实"一干多支、五区协同"发展战略、深化区域协同发展的又一重大合作项目，[2] 宜宾逐步融入成都，共同推动高质量产研发展，加强了打造科教"第三极"中城市联动这一必需要素。

---

[1] 世界轨道交通资讯网，《"智轨"正式落户四川宜宾》，2019年12月1日，http://rail.ally.net.cn/html/2019/difangtielu_1211/55141.html。

[2] 宜宾零距离，《总投资近100亿元！宜宾和成都签了2个重大项目》，2020年3月24日，http://bbs.ybvv.com/thread-1570911-1-1.html。

第四部分　宜宾整合产教融合资源打造成渝地区双城经济圈科教"第三极"研究

当然，宜宾在建设科教"第三极"的同时，也要不断加强与重庆方面的联系，但当前宜宾与重庆的联系关系薄弱，缺乏政府间的直接联系，更多的依靠民间贸易的不稳定联系，这不利于宜宾与成渝双城形成联动。与任意一极的互动匮乏都会严重阻碍宜宾的产教发展，弱化科教"第三极"的建设优势。因此，宜宾应利用好自身的交通条件，与重庆深化产业、科研合作，加强政府间的联系，逐步构建三方联动支撑经济圈内科教发展的态势。

第五章　宜宾市打造成渝地区双城经济圈科教"第三极"SWOT分析

本节运用SWOT方法分析宜宾市打造成渝地区双城经济圈科教"第三极"的优势、劣势、机遇和威胁，并提出应对战略。

第一节　优势（打造"第三极"的内部优势）

当前，宜宾充分利用和整合现有产教融合资源，打造成渝地区双城经济圈科教"第三极"有自身内部的明显优势，这些优势是宜宾科教进一步发展的坚实基础，也是有待挖掘和开拓的发展潜力，在打造成渝地区双城经济圈科教"第三极"，发挥长江经济带科教走廊作用的过程中，应当尽可能发挥这些优势，挖掘发展潜力，助推宜宾科教、产业发展。

一　地理位置优势显著，交通枢纽助推开放

宜宾位于川南经济区的核心区域，川南经济区位于成渝贵昆四个城市几何中心，与成渝构成三角区，是实现区域协同发展的关键地区。宜宾还是长江首城，国家确定的成渝城市群沿江城市带区域中心城市，在长江经济带区域协同发展中发挥着重要的作用。宜宾是四川省南向开放门户，是联结南亚、东南亚的重要通道，对外开放优势突出。除此之外，宜宾积极建设全国性综合交通枢纽，铁路、高速公路、航空、水运等多种交通运输方式发展迅速，有力地推动了区域开放与合作。优越的地理位置和交通条件为宜宾产业、科教发展提供了良好的平台，有助于充分发挥长江经济带科教走廊作用，助力宜宾打造成渝地区双城经济圈科教"第三极"。

第四部分　宜宾整合产教融合资源打造成渝地区双城经济圈科教"第三极"研究

二　经济实力逐渐增强，产业结构不断升级

近年来，宜宾经济实力迅速增强。2019年，宜宾地区生产总值位居四川省第3位，仅次于成都和绵阳，增速为8.8%，位居全省第1位，经济增长势头强劲。宜宾智能终端、新材料、轨道交通、页岩气、汽车、节能环保、医药、通用航空八大高端产业技术水平不断提高，发展活力逐渐增强。现代服务业有序发展，服务业在促进投资、带动就业、拉动经济增长等方面发挥着越来越重要的作用。经济实力的增强为科教发展奠定了基础，产业结构的不断优化对科教发展形成了需求，助推了宜宾科教事业的快速成长，有利于增强宜宾科教在成渝地区双城经济圈的竞争力。

三　优势品牌特色突出，传统产业活力增强

宜宾的传统产业如酒、茶、竹等品牌优势明显，特色突出，行业地位较高。"五粮液"品牌在2019（第25届）中国品牌价值100强评价中居白酒制造类第一位。宜宾的茶、竹等传统产业如"川红工夫"红茶、"宜宾早茶"的品牌知名度较高，竹文化挖掘潜力大，可以助推茶、竹产业健康持续发展。传统产业在具有规模优势和品牌优势的基础上，具有技术改造升级的实力和需求，因此传统特色产业在产教融合方面可以发挥很大的作用，助推相关技术的研发和升级，为科教发展提供源源不断的动力。

四　双城建设成效显著，创新载体实力提升

近几年，宜宾大力开展"双城"建设，科研院所、高等院校纷纷入驻，2018年年底建成16家省市级产业技术研究院与8家省级以上重点实验室，同时拥有省级农业科技园区17家（其中国家级1家），省级国际科技合作基地1个。2019年宜宾市科技创新中心建成，为科技创新提供了更广阔的平台。已经确定在宜宾办学的高校达11所，在校大学生人数迅速增加。通过近几年的努力，宜宾在科教领域取得了显著成效，形成了科教融合发展的初步格局，有助于进一步融入长江经济带科教走廊，为建设成渝地区双城经济圈科教"第三极"奠定了基础。

五 科教资源逐步集聚，创新氛围日益浓厚

在"双城"建设和各项政策的推动下，科研机构、高等院校、各类人才、各类项目等科教资源不断向宜宾集聚，企业创新动力不断增强。目前，宜宾的市场监管逐渐完善，逐步确立企业的创新主体地位，不断为企业创新搭建良好的平台和提供优质的服务，大力推进基础设施的建设，促进产业与科教融合发展。在"科教兴市"战略的引领下，宜宾大力发展科技与教育，鼓励创新，奖励人才，在全社会形成了创新的氛围，有效地推动了"学教研产城"一体化，为形成产业与科教良性互动的发展模式创造了条件，有效推动了成渝地区双城经济圈科教"第三极"的建设。

六 校企对接初步完善，人才培养模式多元

为推进产教融合，促进科技创新转化为生产力，宜宾积极推进校企合作，以企业发展需求为导向，加快完善需求对接，打造校企合作多种渠道，对企业技术研发的需求进行动态发布。同时，在高校之外，鼓励有条件的企业创建实训基地或者开办高等教育或技术教育，建立多元化的人才培养模式，增强人才和产业发展的匹配程度。除此之外，宜宾积极引进国内外优秀人才，加强与国内外大企业的项目合作，推动宜宾更高质量地发展。产教融合的进一步发展，将有助于宜宾加快整合各类资源，带动经济、科教全方位实力的提升。

第二节 劣势（打造"第三极"的关键障碍）

宜宾目前距建成成渝地区双城经济圈科教"第三极"还有一定的差距，存在自身内部发展的不足和短板，这些不足和短板是宜宾当前面临的关键问题，必须高度重视并予以解决，否则将影响宜宾科教、产业实力的进一步提升，影响宜宾的区域辐射和带动能力，阻碍成渝地区双城经济圈科教"第三极"的建设步伐。

一 科技投入有待提高，创新实力有待增强

与其他城市相比，宜宾的科学技术支出占比和R&D经费投入强度还

第四部分　宜宾整合产教融合资源打造成渝地区双城经济圈科教"第三极"研究

比较低，在激烈的竞争中还不具备优势，应当进一步加大投入力度并提高资金的利用效率。在创新实力方面，尽管宜宾近年来在创新方面做出了大量努力，也取得了显著成果，但是与重庆、成都、绵阳等城市相比还有差距，在科教领域还有很大的成长空间。创新实力的提升并不是一蹴而就的，而是需要比较漫长时间的积累，逐步建立创新体系，集聚创新资源，并逐步形成产业发展和科技创新良性互动的模式，在这个方面，宜宾还需要较大的努力，尤其是与建设成渝地区双城经济圈科教"第三极"的目标相比，宜宾目前的科技创新实力还有待增强。

二　创新企业数量较少，产业平台有待升级

宜宾的国家级技术创新示范企业、省级技术创新示范企业数量还比较少，产业和科教融合发展的模式还在探索当中。目前，四川省技术创新型企业大多集聚在成都，形成一家独大的局面。宜宾要想建成成渝地区双城经济圈科教"第三极"，缩小与成都、重庆的差距，推动区域协同发展，就要大力推动创新型企业建立和发展，才能带动产业和科教的快速增长。在创新企业的发展平台方面，宜宾目前还没有建成国家级高新技术产业开发区，而主要竞争城市都有国家级新区，因此宜宾的产业创新平台还有待升级。成渝地区双城经济圈科教"第三极"要求宜宾科教具备一定的辐射带动能力，因此宜宾应当加快建设创新平台。

三　教育基础比较薄弱，高等教育亟待发展

如前分析，宜宾的高等院校数量较少，与其他城市相比不具有优势，而且高等院校的知名度不高，没有一所"双一流"大学，宜宾先前的教育更加偏重职业技术教育，因此高等教育的基础比较薄弱。在高等教育的发展上，尽管宜宾近些年加快引进，但引进之后如何快速成长，如何建设有竞争力的学科专业，如何与宜宾本地的经济社会发展更好地融合，这都是需要进一步关注的问题。因此，高等教育不能仅仅追求数量，更要注重质量。成渝地区双城经济圈科教"第三极"的建设中，高等教育基础薄弱是一个非常关键的问题，需要集中力量进行解决，否则将难以形成辐射和带动周边地区的能力。

四 体制机制有待完善，人才资源相对稀缺

科教实力的提升离不开体制机制的完善。在大力促进创新资源集聚的基础上，如何高效利用现有的创新资源，是建设创新型城市的关键问题。宜宾目前的短板在于，创新激励的体制机制还有待完善，需要进一步释放科技创新和教育发展的活力，减轻企业的负担，进一步给予企业较大的发展空间，为企业发展提供公共服务，继续推行"放管服"改革。在人才引进和培养方面，面对激烈的竞争，宜宾需要探索吸引人才、留住人才、创造人才的合理机制，以解决当前人才资源不足的问题，建设成渝地区双城经济圈的又一人才高地。

五 专业设置仍需调整，校企对接仍需深化

在当前宜宾的几所高校中，都围绕宜宾的产业体系，进行了相关学科的设置和建设，以对接产业发展，更好地助力宜宾的经济建设。但目前的专业设置中技术性专业相比基础研究更多，技术性专业固然很重要，但是仅靠技术性专业还不能满足宜宾的发展目标。宜宾必须进一步调整专业设置和学科建设，培养一批创新型人才，以实现高端产业领域的技术突破，增强高端产业的竞争力。校企对接方面还需要进一步加强，打通校企合作的壁垒，促进信息和资源的充分流动。只有这样才能推进产业和科教深度融合，打造成渝地区双城经济圈科教"第三极"。

六 协同创新能力不足，开放优势有待发挥

如前所述，宜宾的地理位置优越，交通条件良好，为宜宾与川南经济区、成渝、滇黔、长江经济带以及南亚、东南亚等地区的合作与交流提供了便利。但是目前宜宾的区域开放与合作水平还比较低，与周边地区没有形成协同创新、协同发展的良好局面，自身所具备的优势没有得到充分发挥。如何实现高质量的区域合作，实现合理的区域分工与优势互补，是宜宾下一步需要着重关心的问题，也是建设成渝地区双城经济圈科教"第三极"的关键问题。

第四部分　宜宾整合产教融合资源打造成渝地区双城经济圈科教"第三极"研究

第三节　机遇（打造"第三极"的重大机遇）

宜宾市科教发展的外部机遇主要在于两个方面：省级政府的政策与自身在外部的优势。其中省级政府近些年对于宜宾的大力培育（三江新区、竞争自由、成都与宜宾的深切互动）是宜宾形成建设科教"第三极"最大的外部基础，另外，立足于宜宾自身的高速发展，其对高端人才、高新企业、高校研究所的强吸引力也是其发展产教融合的重大机遇。

一　成渝双城建设开启，科教发展环境向好

成渝地区双城经济圈建设国家政策的提出，为成渝地区的协同发展与构建国家级乃至世界级城市群搭建了基础。这样的建设目标就要求成渝整合全省资源，在全省大力推进产业建设与创新发展。不难预见，基于宜宾市在川南经济区举足轻重的地位，宜宾市必然会成为双城经济圈建设重要增长极，因此省内会对宜宾市的科教发展提出更高的要求并提供更强力的外部支撑。

二　省内竞争管制宽松，产教发展自由度高

四川省自提出"鼓励和支持有条件的区域中心城市争创全省经济副中心"政策以来，便逐步放开对于省内城市建设竞争的管制，希冀依赖省内城市的激烈竞争推进省内经济的快速发展。这样的政策提升了各城市制定自身产业建设、科教发展、产教融合的自由度，造成了各省市之间的激烈竞争，这种竞争不断推进宜宾市自身政策制定、产业建设、科教发展的全面提升。

三　三江新区批准建设，高端产业齐聚宜宾

三江新区作为四川省首个被批准建设的省级新区，不仅体现出宜宾近年来创新的高速发展被四川省政府逐渐重视并出台各种相关政策支持宜宾市高新产业与科教的发展，还展现了宜宾在先进制造业与现代服务业集聚上的发展潜力。随着三江新区建设的不断推进，宜宾将吸引相关产业、科研人员等创新要素不断集聚，逐步扩大自身与周边城市在高新企业、科研

能力上的差距。这是进入 2020 年以来宜宾面临的第一个重要发展机遇，也是打造科教"第三极"的新兴强势发展点。

四 川南内部科教领先，排头作用不断深化

宜宾虽然在产教融合的大部分层面要落后于绵阳、德阳两市，甚至在一些层面也不如南充、泸州等市，但宜宾得益于自身与成都的距离以及在交通上得天独厚的枢纽地位，以强大的制造业和对外开放撑起并串联了川南经济区的发展。作为成渝地区双城经济圈建设中不可缺少的川南经济区增长极，宜宾于其中占据的支柱地位不言而喻，且得益于宜宾的高速发展，其已成为四川省内重要的发展节点。

五 高新人才吸引增强，集聚速度遥遥领先

2016—2019 年四年内，宜宾通过产业发展双轮驱动、科教强市、大学城科创城建设等诸多产教发展政策，实现了远超于省内其他城市的科教创新发展。同时，得益于宜宾对于人才落户的强力政策，其对高新人才的吸引力产生较大的增强。结合本书中科教方面的分析，宜宾在实现高校引进、人才集聚等创新资源落户等方面的速度远超四川其余各市，为自身的高新技术发展、产业创新提供了强力支撑。

六 科研机构落地增多，产教融合建设良好

在人才吸引力不断深化的背景下，科研机构建设的基础在宜宾不断深厚，必然引起了省内科研机构迁入以及全国范围内高校研究所在宜宾的设立。宜宾市也基于自身的优势产业不断推进产研的结合，不断提升制造业的研发水平与研发成果转化，在产教融合资源整合方面逐渐完善，创新平台、产业孵化器、创新体系的建设完善都在不断推进宜宾市产教融合的程度与生产力。

第四节 威胁（打造"第三极"的外部压力）

外部威胁的发现主要在于竞争压力与竞争实力两个方面。竞争压力方面，最大的威胁还是在于各层级地区的同质化竞争，无明显特质的城市必

第四部分　宜宾整合产教融合资源打造成渝地区双城经济圈科教"第三极"研究

然会陷入内耗的泥潭,其次也要防备城市之间的联合发展;竞争实力方面,宜宾在国家新区建设上的缺失显示出国家的关注度还不够,另外宜宾也存在着基础薄弱与人才吸引力不足的明显问题。

一　周边城市目标趋同,同质竞争压力较大

四川省放开内部城市建设竞争的政策确实提升了各城市的建设自由度,但随之带来的是更加激烈的省内竞争与内耗。各个城市为实现建成四川省经济副中心的目标,近年来在生产、教育等社会各个方面展开了非完全良性的竞争,这样的互相抢占资源、恶性集聚人才的方式并不利于四川省的总体发展,也不可避免的对宜宾市产教融合发展造成了极大的外部威胁,这些都是宜宾在建设"第三极"上城市竞争的压力。

二　高端平台建设缓慢,国家新区建设缺失

要想建成科教"第三极",国家的政策支撑与新区建设是必不可少的。宜宾市受限于自身发展基础的落后,即便2019年实现了全省瞩目的科教发展,在全省也处于产教融合改革的领头羊,其在高端产业、创新平台的建设上依然落后于周边城市,与主要竞争对手绵阳、德阳的差距也依旧巨大。此外,四川省作为国家近年来发展长江上游经济带的重要省份,得到了诸多国家级新区落地的支撑,但宜宾在这方面的建设上处于缺失状态,相较成绵德落后较多,形成了明显的短板。

三　自贡内江协同发展,川南内部竞争增强

川南经济区作为宜宾打造成渝科教"第三极"的基础平台,对于宜宾整合产教资源形成成渝经济增长极异常重要。但在川南经济区内部的城市,当前也并未确定以宜宾为主导的发展策略,仍然存在着一定的资源、生产竞争,尤其是自贡与内江为了加速发展更是出台了协同发展的方针政策,对宜宾必然会造成一定的区内威胁。

四　产教基础相对薄弱,综合体量存在短板

关于产教基础水平的问题,我们已在第四章中详细探讨过。宜宾建成成渝地区科教"第三极"的战略主要来源于交通枢纽的优势以及近些年的

高速发展，但在当前产业与教育方面，宜宾的产教是存在比较劣势的部分，宜宾自身现有的产业和教育水平并未占据省内的上位圈，尤其是高等教育缺失这方面的问题，依旧需要宜宾区继续推进自身的高校引进与内部培养政策。

五 外部引进超速发展，内部产教对接度差

宜宾从18年开始对于高校的引进随着大学城与科创城的建设逐步加速，如前所述，18个项目合作协议的签署、11个高校校区或研究所的落地对于宜宾的科教的发展提供了强大助力。但在继续保持"宜宾速度"的同时，宜宾本地产业与引进高校研究的对接问题逐渐浮现出来，一些引进高校的科研项目对于宜宾自身的生产发展、产业创新研发并未做到密切相关，流于"高屋建瓴"的一些本地研究院是宜宾亟须改进并完善的产教融合漏洞，这也是"第三极"所必须具备的全面发展特质。

六 人才竞争愈演愈烈，市内产业人才流失

四川省内城市（除成都）的同质化竞争在人才市场上愈演愈烈，随着国家与省相继出台鼓励创新驱动发展与产业转型的政策，人才资源在四川省内成为了各城市竞争的重要元素。各市为了在人才大战中不落后于其他城市，对于人才的引进与本地化愈发重视，使得宜宾在自己薄弱的教育以及基础产业方面发生了较严重的人才流失问题，这是宜宾在下一步整合产教资源建设科教"第三极"的大方针下需要高度重视的。

第五节 产教融合战略分析与战略选择

依据第三部分的现状分析以及SWOT分析原理，我们总结了宜宾市在产教融合发展科教方面的内部优势、劣势与外部的机遇、威胁，下面基于这四个层面分析阐述宜宾的产教发展战略并确定其打造科教"第三极"的主战略。

一 SO战略

SWOT分析中，SO战略是扩大内部优势、抓住外部机会的攻击性战

◆ **第四部分　宜宾整合产教融合资源打造成渝地区双城经济圈科教"第三极"研究**

略,该战略要求宜宾应主动出击吸引资源、提升产教融合水平,大力推动自身科教发展。

首先,在产教融合的基础层面,宜宾应优先把握成渝地区双城经济圈的建设机遇,依据自身特有的三江新区建设与大学城科创城建设,吸引全省高新制造业与现代服务业的落地,出台相关政策继续推进地区内高校落户与人才集聚,建立完善科研与产业联动的创新发展机制,实现产教基础水平的腾飞。同时,宜宾也应注意竞争中的协同合作,通过地区间产业链的连接、协同创新平台的建设,在自身强势发展基础上联合周边城市形成更大的产业创新平台,以便于自身构建更大范围的增长极。

其次,在基础水平的支撑下,宜宾应发挥自身传统产业的优势,实现有激励、有针对性的科教人才引进与产研一体化进程推进,同时根据建设成渝科教"第三极"的目标,宜宾应将视野继续放宽,寻求与国内产业链对接、建设国家级创新平台与新区的重大机会,不断优化自身的竞争优势,将宜宾打造成川南地区、成渝地区建设必不可少的科教增长极。

最后,宜宾还应注重产教融合相关配套事业的发展,实现经济科教的循环联动。发挥自身长江上游交通枢纽的区位优势,提升对外开放水平,从而带动自身相关产业发展和技术水平提高;放大自身基础农业的优势,通过科研平台、孵化器等建设推进农业现代化与产品的创新发展;发展弘扬三江文化、哪吒文化,提升人民的文化自信与对外的文化感染力,提升对外部人才的内在吸引力等。

二　ST战略

ST战略是深化自身优势、降低外部威胁的多元化战略,在此战略层面上,宜宾应该借助自身优势发展,逐渐弱化外在威胁,实现科教的多元化发展。

宜宾整合产教资源建设科教"第三极"的主要优势在于自身的本土强势产业和"双城"建设的支撑,地理与交通也提供了间接的支撑。宜宾若想借助自身优势发展去减轻外部威胁,首先需要做的就是对于自身产业的加大扶持和"双城"建设的加速推进,只有搭建好产教两个层面的基础建设地基,才能站在更高的维度上去发展科研与创新,才能逐渐弱化周边城市激烈竞争的负面效应,建成连接整个地区并与成渝形成联动的"第三极"。

在观念上,宜宾市政府必须正视短期与绵阳德阳的发展差距,利用自己特有的内部优势打造特色的产教发展战略,站在省政府的角度上思考宜宾成为成渝地区不可替代的增长极的内外部原因,并充分利用这些优势,在战略层面上首先跳出同质竞争圈,然后利用优势的大力发展吸引人才、提高产研成果转化,逐步追上绵阳和德阳,成为名副其实的科教"第三极"。

三 WO 战略

WO 战略是克服内部劣势、利用外部机会的扭转型战略。在 WO 战略中,宜宾应当积极完善在科教方面的不足,抓住外部机遇,将劣势转化为优势,并进一步建立科教发展的新优势。

如前所述,宜宾产教融合发展的劣势包括科技创新水平不足、高等教育基础薄弱、人才资源比较稀缺、校企合作有待深化等等,宜宾应当坚持"产业兴市""科教兴市"的战略,完善体制机制,加大投入力度,力求克服现有的劣势,培育产业和科教的竞争力。

同时,应当积极利用外部的机会,如长江经济带建设、"一带一路"建设、成渝地区双城经济圈建设、川南经济区建设等,大力引进科研院所、高等院校,加强区域合作,从而不断克服上述劣势,并将发展劣势转化为发展优势,打造成渝地区双城经济圈科教"第三极"。

在利用外部机会的同时,宜宾要不断挖掘新的优势,在一些领域做大做强做精,从而逐步建立起发展优势,配合外部机遇,实现腾飞。

四 WT 战略

WT 战略是克服内部劣势、回避外部威胁的防御型战略。在 WT 战略中,宜宾应当着重弥补科教发展方面的劣势,避免同其他城市恶性竞争,找准自身定位,助推特色发展。

宜宾在推动资源合理配置,克服前述科教发展劣势的基础上,应当关注主要竞争城市的发展方向和发展条件。在自身不具备优势的情况下,应当极力避免相似定位、同质发展的情况,应当找准自身的发展定位和发展特色,在具有比较优势的领域大力发展,从而提高有限资源的利用效率,

第四部分　宜宾整合产教融合资源打造成渝地区双城经济圈科教"第三极"研究

在诸多不利的条件下找到突破口。比如宜宾可以就自己现有的特色产业进行技术研发和人才培养，实现和其他城市的错位发展。

在这个过程中，即使外部的竞争激烈，也应当积极探索区域合作的有效模式，在合作中找准定位、弥补劣势，推动产业、科教的持续发展。

五　战略选择与相应措施

立足于上述对宜宾市机威优劣以及象限战略的分析，我们可以深入分析探讨宜宾市在综合层面上所处的总体水平，并根据SWOT的象限选择确定宜宾当前发展的主战略及辅助战略。

1. 战略选择分析

宜宾市的目标是整合产教资源建成成渝科教"第三极"，这就表明宜宾市的主要竞争对手是四川省内的较发达城市（除去成都），因此在自身劣势层面，虽然程度不同，但宜宾所面临的科教基础薄弱、人才资源吸引力不高等主要问题也是其余城市正在面临的。相反，宜宾在自身优势层面，近年发展增速稳坐第一、教育发展明显优于周边城市，这些都是依赖宜宾自身的科教发展政策而产生的特异性优势，加上不可复制的交通枢纽等自然地理优势，宜宾在内部优势层面明显占据科教发展主动。

在外部机遇/威胁层面，宜宾得益于自身的高速增长，逐渐得到了国家和省政府的高度重视，主要体现在三江新区的批准建设等诸多方面。虽然宜宾市在自身产教基础上与绵德两市还有一定差距，但发展速度与发展潜力都已超越这两个城市，在四川省高自由度的发展竞争政策下，宜宾可以凭借自身的高速发展吸引更多的资源、创新载体与平台的集聚，因此宜宾在外部层面面临的主要是机遇利用问题。

由此，我们确定宜宾当下的产教发展总战略应该是增长型（SO）战略，辅助战略为多元化（ST）战略和扭转型（WO）战略，剔除不符合宜宾市当前发展的防御型（WT）战略。宜宾市打造成渝地区双城经济圈科教"第三极"的SWOT分析如表4-5-1所示。

2. 主战略应对措施

在增长型战略为主的情形下，宜宾应立足发扬自身优势并把握外部众多机遇实现远超竞争者的高速发展，具体措施如图4-5-1所示。

第五章 宜宾市打造成渝地区双城经济圈科教"第三极"SWOT分析

表4-5-1 宜宾市打造成渝地区双城经济圈科教"第三极"的SWOT分析

	S（优势）	W（劣势）
	1. 地理位置优势显著，交通枢纽助推开放； 2. 经济实力逐渐增强，产业结构不断升级； 3. 优势品牌特色突出，传统产业活力增强； 4. 双城建设成效显著，创新载体实力提升； 5. 科教资源逐步集聚，创新氛围日益浓厚； 6. 校企对接初步完善，人才培养模式多元。	1. 科技投入有待提高，创新实力有待增强； 2. 创新企业数量较少，产业平台有待升级； 3. 教育基础比较薄弱，高等教育亟待发展； 4. 体制机制有待完善，人才资源相对稀缺； 5. 专业设置仍需调整，校企对接仍需深化； 6. 协同创新能力不足，开放优势有待发挥。
O（机遇）	SO战略	WO战略
1. 成渝地区双城建设开启，科教发展环境向好； 2. 省内竞争管制宽松，产教发展自由度高； 3. 三江新区批准建设，高端产业齐聚宜宾； 4. 川南内部科教领先，排头作用不断深化； 5. 高新人才吸引增强，集聚速度遥遥领先； 6. 科研机构落地增多，产教融合建设良好。	1. 把握时代发展机会，实现产教水平腾飞； 2. 拓宽视野扩大发展，优化自身竞争优势； 3. 推进配套优势深化，提升创新文化吸引。	1. 认清产教发展劣势，积极完善体制机制； 2. 把握外部发展机会，促进劣势转为优势； 3. 加强区域开放合作，培育内部发展优势。
T（威胁）	ST战略	WT战略
1. 周边城市目标趋同，同质竞争压力较大； 2. 高端平台建设缓慢，国家新区建设缺失； 3. 自贡内江协同发展，川南内部竞争增强； 4. 产教基础相对薄弱，综合体量存在短板； 5. 外部引进高速发展，内部产教对接度差； 6. 人才竞争愈演愈烈，市内产业人才流失。	1. 正确认知自身优势，优先发展相关产教； 2. 立足省内建设目标，寻求自身特色战略； 3. 借助优势带动全局，弱化竞争负面效应。	1. 促进资源合理配置，克服内部发展劣势； 2. 产教发展知己知彼，力求避免同质竞争； 3. 积极寻求区域合作，找准定位错位发展。

第四部分　宜宾整合产教融合资源打造成渝地区双城经济圈科教"第三极"研究

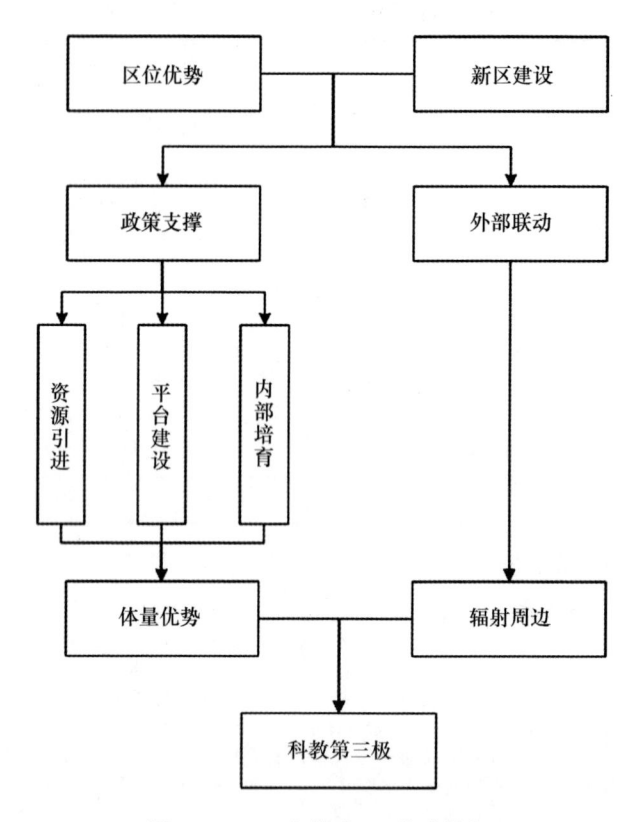

图 4-5-1　主战略 SO 战略构想

首先，宜宾应占据并加固政策上的领先优势，宜宾在近几年的"双城"建设中已经建立了深厚的政策支撑优势，随着新时代的发展，宜宾也顺应时代开始研究成渝地区双城经济圈中的作用。因此，在之后的城市产教融合、科教建设上，宜宾政府也应保持自身对环境的敏感度、抢先采取顺应时代发展的相关政策，使宜宾在基础层面永远领先周边城市，作为建设"第三极"的基础条件。

其次，在相关政策支撑下，宜宾应发挥好前述诸多优势，如交通区位优势、三江新区建设等，在产业、科教、产教融合的三方面把握好资源引进、内部培育、平台搭建、体系构造多方位建设，在多元化的层面上抢占先机，提升自身实力，在综合指标上首先达成成渝之下的"第一城"地位，成为川南甚至更大范围上的科教标杆城市。

第五章 宜宾市打造成渝地区双城经济圈科教"第三极"SWOT分析

宜宾整合产教融合资源建设科教"第三极"的总视野应该放在对经济圈整体的支撑上，因此在自身占据优势地位后，宜宾应不断加强与成渝双极的互动、推进与周边城市的联系、达成与成渝合作带动全省科教进步的战略意图，在体量、发展、带动三方面真正成为足以支撑成渝地区科教发展的"第三极"。

3. 辅助战略互补措施

在确定了主战略执行的前提下，基于宜宾仍然存在的较严重的内部劣势与威胁，我们还可以借鉴多元化战略和扭转型战略对宜宾市科教发展的短板进行补足。如图4-5-2所示。

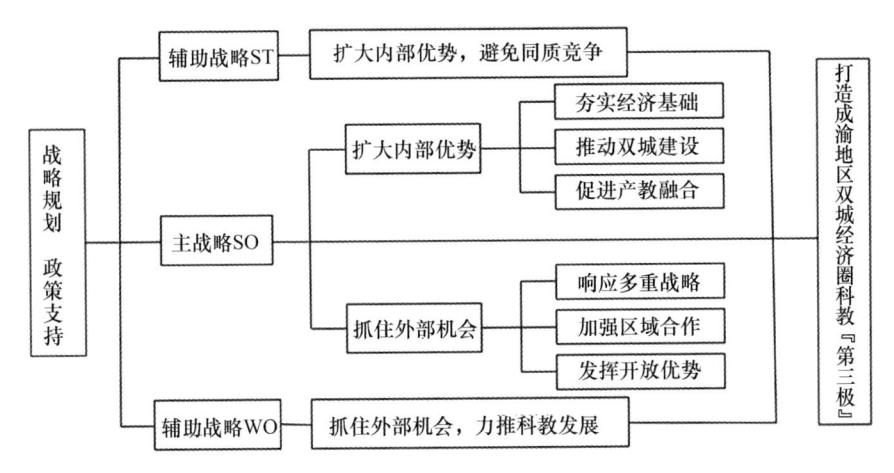

图4-5-2 宜宾打造成渝地区双城经济圈科教"第三极"战略构想

根据之前的总结，宜宾市最大的劣势在于科技、教育总体体量上的差距，不仅是与成渝双城的巨大差距，还有与绵德的发展差距，宜宾最大的威胁在于周边城市的同质化竞争。因此要想克服这两个重大的发展阻碍，宜宾可以借鉴ST与WO战略进行缺点的补足。

首先是劣势方面，宜宾受限于早期发展的不力，在体量上与绵德的差距可以借助扭转型战略进行调整。首先利用当下的外部强大机遇加速自身的发展进程并转变省政府重视程度，形成自身发展特色从而诱导外部产业迁移与人才移动，保证增速水平逐渐缩小差距，然后逐渐利用强大机遇带动人才集聚、科教发展，脚踏实地的扭转发展基础薄弱的相关问题。

第四部分　宜宾整合产教融合资源打造成渝地区双城经济圈科教"第三极"研究

其次是威胁方面，宜宾面临的外部较强同质化竞争是省政府的政策使然，而宜宾领先于周边竞争城市是自身因地制宜的领先政策与巨大的发展潜力，增速遥遥领先的宜宾城可以通过发展阶段的压制不断保持领先优势，形成不同于周边城市的发展战略，逐步推进建设领先、人才迁入、辐射周边地区的发展态势，脱离同质化竞争，形成不可复制的成渝极化发展，达成建设"第三极"的相关任务。

第六章　政策建议与目标任务

第一节　指导思想和总体原则

以习近平新时代中国特色社会主义思想为指导，深入贯彻党的十九大和十九届二中、三中、四中全会精神，认真落实省委十一届三次、四次、五次、六次全会精神，按照省委"一干多支、五区协同"战略部署，全面贯彻新发展理念，以供给侧结构性改革为主线，坚持高起点规划、高标准建设、高质量发展、高水平管理，大力培育新动能、激发新活力、塑造新优势，着力促进产城融合发展、推动优势产业集聚、深化改革扩大开放，巩固"双城"建设成果，加快构建宜宾现代人才、教育和科技发展体系，推动人才与发展有效匹配、教育与产业紧密对接、科技与经济深度融合，加快建成生态宜居、经济繁荣、社会文明、人民幸福的绿色高质量发展新区，为争创全省经济副中心、推进川南经济区一体化发展、打造成渝地区双城经济圈重要增长极提供新支撑。

总体原则：以科教兴国和人才强国战略为指引，以科技创新转化为生产力为核心，不断完善创新体制机制，为科技创新提供良好的配套设施和发展环境；创新教育体制和人才培养模式，建成具有宜宾特色的区域科教体系，人才队伍质量规模"双提升"，教育服务发展更加有力；创新资源供给充分、配置高效合理，符合创新驱动发展规律；高新技术产业实现快速发展，产业结构科学合理，产业集群优势特色显著；企业创新主体更加强大，地位明显增强，自主创新能力持续提升；大众创业、万众创新环境更加优越，科技成果转化及产业化能力大幅提高；对外开放不断扩大、创新绩效不断提高、创新获得感明显增强；区域联动繁荣发展，引领和带动川南经济区的辐射效果逐步显现；建成国家创新型城市，宜宾科教综合实

✡ **第四部分　宜宾整合产教融合资源打造成渝地区双城经济圈科教"第三极"研究**

力和引领辐射作用与省经济副中心相匹配，成为立足宜宾、辐射滇黔、影响西南的成渝地区双城经济圈科教"第三极"。

第二节　阶段性工作任务拆分

一　巩固"双城"建设成果，补齐发展短板，形成产教融合的内循环

"双城"建设为宜宾市带来了可观的效益，在成渝地区双城经济圈带来了很好的影响，这一阶段宜宾应当致力于巩固建设成果和发展优势，重点解决科技投入有待提高、创新实力有待增强、创新企业数量较少、产业平台有待升级、教育基础比较薄弱、高等教育亟待发展、校企对接仍需深化、协同创新能力不足、开放优势有待发挥等一系列问题。因此在这一阶段，宜宾市通过发展优势产业带动科教发展，通过科教发展改造优势产业，打造科教融合的"内循环"，即宜宾市内部科研、教育和产业之间有机互动，科研机构的最新成果和大学培养的科教人才能够为宜宾当地的企业所用，提供创业学习的课程，缩短科研成果转化为经济成果的周期，企业为科研机构、高等院校提供研究经费的支持，提供大学生实习培训机会，拆除科教城、产业园、高等院校和其他区域的边界。政府打造产教融合的内循环，必须依靠政府作为背后推手引导和支持科教事业推进，应当发挥政府政策便利性的优势，集聚资本、人才等多种资源：人才方面，实行对外吸引人才落户的优惠政策，对内不断提高教育水平，双管齐下，逐步满足科教发展要求；资本方面，大力建设三江新区，优先高新技术企业入驻，通过产业园、科技园孵化创新型企业，推动优势产业向高科技研发和高级别管理转变，同时，强化与成都、重庆两大西南中心城市展开合作，促进技术创新和人才引进。宜宾市应利用科学技术驱动和教育大力发展促进绝大部分行业发展，并形成对周边城市的带动效应，不断强化地方性科教强市职能，形成创新型城市的极点带动效应。

总的来说，这一阶段政府应当打通产教融合的最后一公里，破解阻碍产教融合的政策性因素和体制性因素，扩大政府在科研、基础设施、产业园区、创新型企业扶持等方面的投入，不断提高科技水平和教育水平，加强基础设施建设，巩固重点产业，实行创新驱动。

二 打造川渝"学教研产城"一体化产教融合示范区,形成产教融合外循环

随着产教融合的内循环在宜宾市落地、扎根,下一阶段要将三江新区升级为特色鲜明、优势突出、西部一流、国内知名的"学教研产城"一体化产教融合示范区。政府要充分利用在前一阶段产教融合的成果,围绕名优白酒、智能终端、装备制造、先进材料等重点行业,组建产教联盟、搭建平台载体、培育示范企业,推进学教研产城一体发展,打造"长江国际科教创新城",最终实现学教研产城深度融合发展的现代化城市基本建成,引领区域高质量发展的示范作用充分彰显,全面建成生态宜居、经济繁荣、社会文明、人民幸福的高品质生活宜居地三大重要目标。政府、企业和高校或科研机构要紧扣成渝地区双城经济圈的发展规划,有选择、有目的、有规划地错位发展优势产业,打造产教融合的外循环系统,即不同城市的政府之间在产业政策、发展规划、科教资源等方面相互协调,鼓励高校跨区域办学,鼓励企业跨区域投资,产教融合跨越行政界线,企业不仅和本地高校建立合作关系,还要和外地的高校、企业建立良好的合作关系。这一阶段宜宾市政府主要任务在于和成都、重庆之间协调规划,消除产教融合外循环系统的行政障碍,从而最大限度发挥市场作用,弱化政府主导的局面。

三 建设成渝地区双城经济圈科技创新副中心

首先,城市之间错位发展,进一步扩大和川南经济区其他城市的发展优势,在巩固提升白酒、能源等传统产业的同时,大力发展信息、新能源、生物、新材料等低耗的新兴产业,优化产业结构比重,成为成渝地区双城经济圈中部分产业的绝对中心;其次,努力提高大学生在城市人口的分布密度,重视人才的培养质量和引进质量,推动高校的外延式发展向内涵式发展转变,建成辐射滇黔的创新区域网络,吸引创新要素集聚,成为川南地区绝对的科教中心,科教实力在成渝地区双城经济圈中成为仅次于成都和重庆的第三大城市。宜宾市的企业和高校和城市群的其他企业和高校能够有效对接,共建研发机构、共建生产实体、共同申报重点项目,以便创新资源实现最优化配置,成为成渝地区双城经济圈产教融合的典范城市。随着北京、上海、广州等一线城市劳动力等生产成本的提高,很多大

型企业的研发机构逐渐向我国的二线城市撤退，所以宜宾市要抓住机遇，吸引这些机构到宜宾市落户，把宜宾市打造成吸纳高端科研人员的平台。届时，学教研产城深度融合发展的现代化城市基本建成，引领区域高质量发展的示范作用充分彰显。

第三节　重点措施与机制保障

一　正确协调政府和市场的关系，建立权责统一、决策科学、执行顺畅的服务管理体系

合理制定决策规划，坚持"一把手抓第一生产力"，建立领导小组，制定科教工作发展战略和规划，监督工作实施进展，定期开展工作总结和奖励表彰。认真贯彻落实党中央和四川省政府关于科教发展的各项决定，正确理解中央财经委第六次会议精神，认真学习《四川省激励科技人员创新创业十六条政策》《宜宾市关于加强自主创新和成果转化工作的意见》《宜宾市科技奖励办法》《宜宾市全面创新改革先行区推进措施》等一系列政策文件的基础上，巩固"双城"建设成果，做好宜宾市本地科教强市政策和成渝地区双城经济圈政策的衔接和对接。

改进党和政府对科教工作和产教融合的管理方式和服务方式。随着宜宾市产教融合业已取得丰硕成果，政府的工作角色也应当及时转变，要让企业成为科技创新的主体，推动科技和教育领域的市场化改革，政府在这个过程中更多地发挥引领、服务和监督的作用，包括引导资源向优势产业和战略性新兴产业集中，搭建科教发展平台，建立完善的现代科技服务业，实行政策激励和支持孵化，引导金融资源更多流向科教领域和高新技术产业领域，建立健全成熟的市场准入机制和绩效考核机制，凡是没有达标的孵化企业暂停优惠。

政府各部门之间应当通力合作，简化工作程序。简化高新技术产业入驻、人才落户和市场准入等方面的审批程序，建立产教融合"一站式"服务平台，打通不同部门之间的工作联系，打破行政体系部门之间的条块分割。推进部门之间的信息共享、标准共认和体系共建，让企业或个人办事"至多跑一趟"。宜宾市在整合产教融合资源的过程中，也需要政府各部门之间齐抓共管，既要防止真空地带，又要防止重复管理，既要落实主体责

任，又要防止九龙治水，以此为契机，逐步形成权责统一、决策科学、执行顺畅的服务管理体制。

二　建设高层次的技术人才队伍，全面提高劳动者的素质水平

从本质上来看，宜宾市打造科教"第三极"，就是对于人才的竞争，技术的竞争，建设高层次的技术人才队伍，需要从人才的引进和培养和技术的投入与产出两大方面、四个小点着手行动。

人才的引进方面，要借助于成渝地区双城经济圈的"东风"，扩大在成都和重庆两地的人才招聘力度，鼓励在外的宜宾学子回乡就业。建立人才需求信息采集和动态发布制度，加强人才统计与需求预测，增强人才引进的精准性和科学性，不断放宽紧缺人才的落户限制，校企之间合作建立博士后流动站和院士工作站，改善科研工作环境；分层次向引进人才提供购房补贴和住房补贴，对于高层次人才配偶可协调就业，子女可优先安排到公办中小学、幼儿园入读。高端人才的家庭主要成员可享受同等医疗服务；分类推进人才评价机制改革，科学设置评价标准，改进和创新人才评价方式，对于人才引进工作完成的比较好的企业或事业单位，或者提高了产业效益，或者带动了更多的人才落户，要予以表彰，以资鼓励。

人才的培养方面，要努力扩大大学招生规模，做好基础教育，除了吸引更多的高等院校入驻宜宾，还要改革教学方式，改善高校内部管理，以公共知识产出最大化、知识创新资源利用和协同效应最大化为价值导向，将高校定位于偏向理论导向的基础研究和任务导向的应用研究，依托高校的优势学科群，与科研院所、行业、企业、地方政府以及国际社会等进行深层次合作，形成协同创新的科教结合有机整体，解决国家发展需求和重大科学问题；推动本土高校和成都、重庆院校的人才联合培养和学分互认，鼓励三地的大学生交换学习。随着时间的推移，宜宾市高等院校学生数量会逐渐增多，宜宾市政府还要在留住人才方面下足功夫，如何留住本土人才可以参考人才引进政策。

技术投入方面，要建立以高校或科研机构为和企业主体，政府协调推进的产学研一体化投入机制，政府加大对于高校的科研经费支持力度，也鼓励企业赞助高校科研经费。应保持知识创新主体的适度差异，引导科研机构与高校之间进行良性的竞争与密切的合作，推动二者实现良好互动和

第四部分　宜宾整合产教融合资源打造成渝地区双城经济圈科教"第三极"研究

持续发展；推动知识创新模式的升级，鼓励系统内不同主体的联合创新、不同主题基层学术组织的自主联合创新、跨越主体便捷的个人合作创新以及联合系统外企业参与产业科学和技术科学研究等，鼓励宜宾本土高校和成都、重庆的院校联合举办学术年会活动、联合攻关技术难题；支持科研院所与高校在自主权限内实施各种科教结合的活动。

技术产出方面，积极支持与相关单位、企业共建区级专家工作室，促进科研成果在宜宾转化落地，积极推动校（院）地互派挂职；采用产业园区、科技园区、众创空间等形式孵化创新型企业，通过财政、税收、金融等手段减少这类企业的成本，畅通融资渠道；对于值得推广、能够提高居民生活质量的科研技术产品可以在全市乃至全省建立推广站，扩大受众范围；继续推进"科技型企业知识价值信用贷款"和免抵押、免担保、基准利率的"人才贷"。增速遥遥领先的宜宾城可以通过发展阶段的压制不断保持领先优势，形成不同于周边城市的发展战略。

三　以三江新区为抓手，力争升级为国家高新区

三江新区作为四川省首个被批准建设的省级新区，不仅体现出宜宾近年来创新的高速发展被四川省政府逐渐重视并出台各种相关政策支持宜宾市高新产业与科教的发展，还展现了宜宾在先进制造业与现代服务业集聚上的发展潜力。随着三江新区建设的不断推进，宜宾将吸引相关产业、科研人员等创新要素不断集聚，逐步扩大自身与周边城市在高新企业、科研能力上的差距。这是进入2020年以来宜宾面临的第一个重要发展机遇，也是打造科教"第三极"的新兴强势发展点。结合第四章的分析可以了解到，宜宾市缺少国家高新区，所以三江新区的重要性不言而喻。

以三江新区为纽带主动融入成渝地区双城经济圈建设。加强区域合作，建立互利共赢的税收分享机制、成本分担机制和重大项目协作机制。促进新区与周边城市、周边区域在基础设施互联互通、产业协作共兴、公共服务共建共享、生态环境共保共治等方面协同联动，聚焦关乎国计民生和技术前沿重点产业，促进市场统一开放、要素自由流动、资源高效配置，为经济区、城市群一体化发展提供可复制的经验。

以三江新区为载体打造产教融合的样板工程。合理规划三江新区的产业布局和科教布局，只有通过严格的绩效评估、风险评估和投资前景评估

才可以入驻三江新区，鼓励企业和高校合作共建或自建专业和特色公共服务平台，加强孵化功能，把三江新区打造为"创新型企业孵化平台"；发挥科教中介的功能，用好市级科技资源共享平台，动态遴选发布科技成果、研发服务和技术需求等信息，吸引有核心技术的企业落地；围绕宜宾主导产业，支持宜宾本土高校、外地高校，尤其是成都和重庆的高校在三江新区建立实习基地和科研基地，加大新产品、新工艺开发转化力度；减免税收和费用，提供相应的土地、厂房、工位等方面的补贴，降低企业运营成本；建立动态的高新技术企业在三江新区的进出机制，未达标的企业予以清退。

以三江新区为支点促进高新科技企业发挥科技辐射能力。支持专业化技术转移平台，指导企业用好国内外知名技术转移机构在渝设立的技术转移机构，鼓励成渝企业积极参与宜宾市科技要素交易中心登记、交易等技术转移，推动经济圈不同城市之间的科技成果双向流动；指导企业科学布局专利，提高对发明专利申请与授权的重视程度。每年新增授权发明专利200件以上，每年完成科技成果登记80件以上，每年新认定市级高新技术产品50件以上；推动技术供需有效对接，着眼大数据智能化引领创新驱动发展和军民两用技术的双向转移转化，积极组织企业参与中国国际智能产业博览会、军民融合博览会、深圳高新技术成果交易会等品牌性活动，推动建立成渝地区双城经济圈的高新技术企业经验交流会。

四　构建区域创新体系，实现和成都、重庆在产教融合的协同

扬长避短，在巩固前期成果的基础上，和成都、重庆错位发展。从第四、五章的内容可以了解，成都和重庆是成渝地区绝对的核心城市，成都的优势产业有新材料、电子信息、汽车产业、石油产业、航天航空，重庆以电子行业和汽车业为主，宜宾的产业在于白酒和农业。因此，宜宾市可以利用先进的科学技术大力改造传统产业，提高生产效率；立足本地生物资源丰富的优势，推动生物药尤其是特色基因药物的研发生产，力求成为四川生物技术产业高地；以绿色发展为理念，使用木、竹等再生资源生产质量高的建材产品，促进资源的回收利用，实现循环发展。

加快打造引领区域创新发展的增长极，形成区域创新体系梯次发展布局，实现城市内部创新体系和区域协同创新体系的互动融合。城市内部要

第四部分　宜宾整合产教融合资源打造成渝地区双城经济圈科教"第三极"研究

建设以国家高新区—省级高新区—市区县工业区为引领的三级区域创新体系，以临港工业园区和三江新区为龙头，省级高新区为基础，推动产业实力雄厚的市区县工业区升级为省级高新区，推动省级高新区成为国家高新区；在成渝地区双城经济圈，要以粤港澳大湾区国际科技创新中心和广深港科技创新走廊创新协同机制为蓝本，吸收代表性园区或地区的实践经验，加强与成都、重庆的创新体系联动，实现区域创新体系的战略协同，打通创新要素的流通渠道，完善基础设施建设，抓住重点产业间的互补性，有选择、有目的地错位发展本地特色产业，成为经济圈内特色产业的中心，扩大高等院校的招生规模和科研机构的落地数量，成为众多学科领域或前沿科技的研发中心。其中城市内部创新体系是打造区域协同创新体系的基础。

参考文献

陈瑞莲：《欧盟国家的区域协调发展：经验与启示》，《理论参考》2008年第9期。

董文华：《长吉图经济合作开发中地方政府合作机制研究》，硕士学位论文，吉林财经大学，2012年。

官锡强、欧阳华：《广西北部湾经济区城市整合协调机制的博弈模型》，《城市发展研究》2010年第9期。

韩刚、杨晓东：《制度创新：东北三省区域政府合作的突破口》，《哈尔滨市委党校学报》2008年第1期。

何磊：《京津冀跨区域治理的模式选择与机制设计》，《中共天津市委党校学报》2015年第6期。

何玮、喻凯：《粤港澳大湾区政府合作研究——基于世界三大湾区政府合作经验的启示》，《中共珠海市委党校珠海市行政学院学报》2018年第1期。

姬兆亮：《区域政府协同治理研究》，硕士学位论文，上海交通大学，2012年。

解亚红：《协同政府：新公共管理改革的新阶段》，《中国行政管理》2004年第5期。

李艳玲、刘金陈、孟浩：《成渝携手唱好"双城记"3问成渝地区双城经济圈建设》，《成都日报》2020年1月6日。

刘鉴：《走出园区发展同质化困境》，《中国工业评论》2015年第4期。

刘书明：《基于区域经济协调发展的关中天水经济政府合作机制研究》，博士学位论文，兰州大学，2011年。

刘志慧：《宜宾融入成渝双城经济圈建设需要把握三个重点》，《宜宾日

参考文献

报》2020年1月17日。

马海龙：《行政区经济运行时期的区域治理》，华东师范大学，2008年。

马克思：《资本论》（第三卷），人民出版社2003年版。

马明珠：《淮海经济区经济发展中政府合作研究》，硕士学位论文，中国矿业大学，2019年。

米本家：《成渝城市群区位优势突出 发展前景广阔》，https://baijiahao.baidu.com/s?id=16647268363294 60686&wfr=spider&for=pc.2010-04-23。

聂亚珍、沈燕、张莉、秦金波：《区域一体化进程中地方政府间利益合作机制的建构——以黄石黄冈为例》，《湖北师范大学学报》（哲学社会科学版）2019年第6期。

齐子翔：《府际关系背景的利益协调与均衡：观察京津冀》，《改革》2014年第2期。

秦长江：《欧盟促进区域协调发展经验与启示》，《创新科技》2015年第6期。

孙迎春：《国外政府跨部门合作机制的探索与研究》，《中国行政管理》2010年第7期。

唐任伍、赵国钦：《公共服务跨界合作：碎片化服务的整合》，《中国行政管理》2012年第8期。

闫新新：《地方政府间合作的必要性、困境和策略选择》，《中国集体经济》2016年第33期。

姚腾：《省级政府间经济合作机制的研究》，南京理工大学，2013年。

于刚强、蔡立辉：《中国都市群网络化治理模式研究》，《中国行政管理》2011年第6期。

赵崇生：《长江三角洲地区区域合作取得实质性进展》，《宏观经济管理》2007年第6期。

Anselin, L., Localindicators of Spatialassociation—LISA, *Geographical Analysis*, Vol. 27, pp. 93 - 115, http://dx.doi.org/10.1111/j.1538-4632.1995.tb00338.x.

Aucoin P., Administrative Reform in Public Management: Paradigms, Principles, Paradoxes and Pendulums, *Governance*, 2005, Vol. 3, No. 2.

参考文献

Baldwin, R. E. Martin, P. and Ottaviano, G. I. P. , "Globalincomedivergence, Trade, and industrialization: the Geography of Growth Take-offs", *Journal of Economic Growth*, 2001, Vol. 6.

Blouri, Y. and Von Ehrlich, M. , On the Optimal Design of Place-based Policies: a Structural Evaluation of eu Regional Transfers, Social Science Electronic Publishing, 2017.

Bollino, C. A. and Micheli, S. , "Regional Coordination of European Environmental Policies", *Journal of Policy Modeling*, 36 (6), 1152–1165.

Brezis, E. S. , Krugman, P. R. and Tsiddon, D. , "Leap frogging in International Competition: A Theory of Cycles Innational Technological Leadership", *American Economic Review*, 83.

Hardin, G. , Hardin, Garrett, Hardin, G. and Hardin, Garret, The Tragedy of Commons, Science, 1968, 162.

Hood C. , "A Public Management for All Seasons?", *Public Administration*, 1991, Vol. 69, No. 1.

Philippe, Martin, and, Gianmarco, I. , P. and Ottaviano, "Growing Locations: Industry Location in Amodel of Endogenous Growth", *European Economic Review*, 1999.

Shapley, L. S. , A Value for n-person Games, Contributions to the Theory of Games, 1953.

Tobler, W. R. , "Supplement: Proceedings International Geographical Union, Commission on Quantitative Methods a Computer Moviesimulat-in Gurban Growth in the Detroitregion", *Economic Geography*, 1970, Vol. 46.

Weimer D. L. , *Reinventing Government, How the Entrepreneurial Spirit is Transforming the Public Sector*, by David Osborne and Ted Gaebler, New York: Addison-Wesley, 1992.

作者简介

李　林　重庆邮电大学党委书记、教授。目前担任国家社科基金项目评审专家、工信部电信经济专家委员会副理事长、重庆市科技局项目评审专家、重庆市工业物联网协同创新中心理事长、重庆高等教育学会副理事长等职务。

杨继瑞　成都市社会科学界联合会主席、中国消费经济学会会长、中国区域经济学会副理事长等、经济学博士，教授（国家二级）、国务院政府特殊津贴专家、中组部联系专家、四川省首批学术带头人。

保建云　中国人民大学国际政治经济学研究中心主任，中国国际经济关系学会常务理事，中国软科学研究会理事，教育部哲学社会科学重大课题攻关项目首席专家，国家教育部新世纪优秀人才。

文余源　中国人民大学区域与城市经济研究所所长，中国区域科学协会理事兼副秘书长，全国经济地理研究会常务理事兼副秘书长，中国地理学会经济地理专业委员会委员。

罗来军　长江经济带研究院院长、中国人民大学长江经济带研究院院长、国家发展与战略研究院研究员、经济学院教授、博导、国家教育部新世纪优秀人才，现挂职海南省委政策研究室副主任。